deutsch.ideen 6

Sprach- und Lesebuch

Ulla Ewald-Spiller, Heike Frauenknecht,
Martina Geiger, Günter Graf,
Winfried Harst, Frauke Mühle-Bohlen,
Harald Philipps, Hans Stammel

Schroedel

deutsch.ideen 6

Spach- und Lesebuch für das Gymnasium
10. Jahrgangsstufe

Herausgegeben von
Günter Graf und Hans Stammel

Erarbeitet von
Ulla Ewald-Spiller, Heike Frauenknecht, Martina Geiger,
Günter Graf, Winfried Harst, Frauke Mühle-Bohlen,
Harald Philipps, Hans Stammel

Druck A [3] / Jahr 2009
Alle Drucke der Serie A sind im Unterricht parallel verwendbar.

Redaktion: Manfred Zmy
Herstellung: Gabrielle Pfaff, Nicole Hotopp
Illustrationen: Christiane Grauert, Niels Schröder, Marei Schweitzer
Typografie und Satz: Farnschläder & Mahlstedt Typografie, Hamburg
Umschlaggestaltung: Janssen Kahlert Design & Kommunikation GmbH, Hannover
Druck und Bindung: Westermann Druck GmbH, Zwickau

ISBN 978-3-507-**42056**-4

Inhaltsverzeichnis

Methoden lernen

Das Lernen lernen

Sprechen und Schreiben

Praktische Rhetorik

Das Schreiben lernen

Erörtern

Interpretieren

Mit Texten und Medien umgehen

Erzählende Texte

Sprache und Stil

Wort- und Sprachkunde

Nachschlagen

Verzeichnis der Textsorten

Methoden lernen

Das Lernen lernen

Berufspraktikum

Jede Schülerin und jeder Schüler des Gymnasiums sollte im Laufe der Schulzeit einmal ein Berufspraktikum absolvieren, um auf diese Weise in die Berufswelt „hineinzuschnuppern“.

In diesem Kapitel wirst du einige Schülerinnen und Schüler der 10. Klasse bei ihrem Praktikum begleiten, z. B. bei einem Arzt, in einer Halbleiterfirma, bei einem Rechtsanwalt, in einem Rechenzentrum und in einem Tauchladen. Du wirst erfahren, wie man für den schriftlichen Praktikumsbericht recherchiert und wie man diese Dokumentation anfertigt.

- Welches Berufsbild würde dich in einem Berufspraktikum interessieren?
- Was erwartest du von einem Praktikum?

Tagesbericht *Evelyn Schneider*

Die Zehntklässlerin Evelyn hat ihre Praktikumswoche bei Dr. Fabert, einem niedergelassenen Arzt für Anästhesiologie, verbracht. Sie begleitete ihn vor allem in verschiedene Arztpraxen, in denen er an fest eingerichteten OP-Tagen für die Vorbereitung und Durchführung aller Arten von Betäubungen (Vollnarkose, regionale und lokale Anästhesie) zuständig ist. Ihre Erlebnisse und Erfahrungen während des Praktikums hat die Schülerin schriftlich dokumentiert. Hier ist ein Auszug aus einem Tagesbericht:

Anästhesiologie: Wissenschaft von der Schmerzbetäubung, den Narkose- und Wiederbelebungsverfahren

Mittwoch, 6. April

Der Mittwoch hat meinen beruflichen Wunschvorstellungen voll entsprochen: Wir waren bei dem Chirurgen Dr. Leubner in Weinsberg. Obwohl Dr. Leubner auch D- und Unfallarzt ist, hat er sich auf Handchirurgie spezialisiert. Bei den Operationen am Handgelenk oder Ellbogen ist in der Regel keine Vollnarkose nötig, nur eine Regionalanästhesie. Die Regionalanästhesie unterscheidet sich von der Lokalanästhesie dadurch, dass nicht nur stellenweise, sondern eher großräumig betäubt wird, z. B. der komplette Arm. Dr. Fabert setzt dann den Plexus-Blocker.

D-Arzt: Durchgangsarzt; oft Unfallchirurg, der im Auftrag von Berufsgenossenschaften arbeitet

Plexus-Blocker: Anästhetikum, mittels dessen ein ganzes Geflecht aus Nervenfasern betäubt wird (z. B. gesamte Nervenversorgung im Arm)

Überwiegend war ich bei Operationen am Karpaltunnel-Syndrom dabei. Diese Krankheit tritt v. a. bei Frauen zwischen dem 40. und 50. Lebensjahr auf. Dabei drückt ein Band, das im Bereich des Handgelenks auf der Handinnenseite im sogenannten Karpaltunnel verläuft, so stark auf den Nervus medianus, dass man ein taubes Gefühl in Daumen, Ring- und Mittelfinger empfindet. Bei der Operation wird es mit einem kleinen Schnitt einfach durchtrennt. Damit der Operateur die wichtigen Nerven, den Karpaltunnel und das Band während der Operation gut erkennen kann, wird blutarm operiert. Dafür musste ich das Blut aus dem Arm in Richtung Schulter drücken; am Oberarm habe ich eine Manschette befestigt, die so stark aufgepumpt wird, dass nur noch wenig Blut in den Arm zurückfließen kann. Da ich ansonsten nicht viel bei der Anästhesie helfen konnte, hat Dr. Leubner mich in sein Vorgehen einbezogen. […]

Karpaltunnel: Handwurzelkanal, der auf der Innenseite der Hand den Übergang zwischen dem Unterarm und der Hand bildet

Nervus medianus: der die Hand versorgende Nerv

Später waren dann noch einige Patienten zum Prämedizieren, also Vorgespräch führen, da. Ich durfte mit den Patienten den Narkoseaufklärungsbogen ausfüllen, Dr. Fabert hat anschließend über seine Vorgehensweise und bestehende Risiken aufgeklärt.

Die Operationen heute waren wirklich beeindruckend. Ich kann mir gut vorstellen, später einmal diese Richtung einzuschlagen. Die Anästhesie stand heute eher im Hintergrund, ich konnte nicht viel Praktisches machen. Dafür habe ich beim Prämedizieren die „trockene Medizin“ kennen gelernt.

1. Welche Erfahrungen hat Evelyn an ihrem Praktikumstag gemacht?
2. Sprecht darüber, was der Sinn einer schriftlichen Dokumentation des Berufspraktikums ist.

Fachbegriffe recherchieren

Evelyn kann zwar einiges von den sie betreuenden Ärzten erfahren, aber sie möchte sich manche der komplizierten medizinischen Fachbegriffe und Sachverhalte zusätzlich durchlesen bzw. Abbildungen dazu anschauen. Neben der privaten Fachbibliothek ihres betreuenden Arztes stehen ihr die Stadtbibliothek und das Internet zur Verfügung. Für ihre Suche nach dem Funktionieren des „Plexus-Blockers" hat sie sich einige Schlagwörter notiert:

Plexus-Blocker — Anästhesie
Handchirurgie — Regionalanästhesie
Medizin — Nervus medianus
Narkose

1. Mit welchen der aufgeführten Begriffe würdet ihr euch in einer Bibliothek bzw. im Internet auf die Suche machen? Sprecht über eure Strategien.
2. Evelyn gibt zunächst beim Online-Suchdienst ihrer Bibliothek das **Schlagwort** „Medizin" ein. Überlegt, warum dies nur wenig sinnvoll ist.

Schlagwort
→ S. 311

Suchtipps für Rechercheprofis

- Erste Suchbegriffe mit Hilfe von Nachschlagewerken oder den Katalogen der Suchmaschinen finden
- Den Suchbegriff nicht zu eng, aber auch nicht zu weit wählen; generell vom Speziellen zum Allgemeinen suchen; führt der spezielle Begriff zu keinem Ergebnis, bietet sich ein Oberbegriff an.
- Als Schlagwörter eignen sich v. a. Substantive in ihrer Grundform.
- Tippfehler vermeiden
- Mit Synonymen (bedeutungsgleichen oder -ähnlichen Begriffen) suchen
- Mit einem Platzhalter (*) suchen, wenn man alle Ergebnisse mit einem bestimmten Wortstamm erhalten möchte (z. B. medizin*, wenn man auch Ergebnisse mit dem Adjektiv „medizinisch" bekommen möchte)
- Evtl. Suche vom deutschsprachigen auf den weltweiten Teil des Internets ausdehnen
- Suchbegriffe logisch verknüpfen
- Bei der Auswahl der Suchbegriffe die Größe der Bibliothek berücksichtigen

3. Ein Schüler sucht während seines Praktikums in einem Architekturbüro nach einer Formel für die Berechnung von Treppenhöhe und -tiefe. Fertigt eine Schlagwortliste an und recherchiert mit Hilfe der Suchtipps in der Bibliothek und im Internet.

Quellenprotokoll …

Für jede benutzte Quelle legt Evelyn auf einer Karteikarte ein Quellenprotokoll an. Darin hält sie neben einigen Stichwörtern zum Inhalt die Angaben fest, die sie später für ihr Literatur- und Quellenverzeichnis benötigt. Hier sind zwei ihrer Quellenprotokolle – eines zu einem Fachbuch und eines zu einer Internetquelle:

TIPP
Man kann effektiver arbeiten, wenn man sich am Computer eine Formatvorlage für Buch- bzw. Internetquellen erstellt und vervielfältigt.

PSCHYREMBEL, Willibald Nr. 3
Klinisches Wörterbuch
260. Auflage
De Gruyter, Berlin 2004
Stadtbibliothek Heilbronn:
Medizin Val Lexi

Äußerst ergiebiges Nachschlagewerk zu allen medizinischen Fachbegriffen; alphabetisch geordnet; aber: viele Abkürzungen!!!

(WIKIPEDIA) Nr. 4
Medizinstudium
Letzte Aktualisierung: 21.12.05
http://de.wikipedia.org/wiki/Medizinstudium
Entnahmedatum: 04.01.06

Interessante Informationen zu Dauer und Ablauf des Medizinstudiums, zum Zielberuf, Arbeitsmarkt etc. (verwendbar im abschließenden Kapitel!)

4. Welche Informationen enthalten die **Quellenprotokolle** jeweils?
5. Fertige zu einer Recherche, die du in der Bibliothek oder im Internet gemacht hast, zwei Quellenprotokolle an (für eine Buch- und eine Internetquelle).

Quellenprotokoll → S. 311

… und Quellenverzeichnis

Alle benutzten Buch- und Internetquellen stellt Evelyn am Ende ihres Praktikumsberichts in einem Quellenverzeichnis zusammen, aus dem hier ein Ausschnitt zu sehen ist:

Literatur- und Quellenverzeichnis
[…]
Larsen, Reinhard: Anästhesie. Frankfurt a. M.: Urban und Schwarzenberg 1985.
Ungerer, Otto: Der gesunde Mensch. Hamburg: Dr. Felix Büchner Handwerk und Technik 1987.
Vieten, Markus: Berufsplaner Arzt. 5. Auflage. Stuttgart: Thieme Verlag 2003.
www.anästhesia.de/museum/ (Stand: 18.12.1998). BG Klinikum Bergmannsheil Bochum – Uniklinik; Klinik für Anästhesiologie, Intensiv- und Schmerztherapie. Entnahmedatum: 29.04.2005.
www.dr-gumpert.de/html/karpaltunnel-syndrom.html (Stand: 29.12.2005). Verantwortlich für den Inhalt: Dr. med. N. Gumpert. Entnahmedatum: 04.01.2006.

6. Bringe die beiden Quellen, zu denen oben die Quellenprotokolle abgedruckt sind, in die vorgegebene Form des Verzeichnisses und zeige, an welcher Stelle im **Quellenverzeichnis** sie stehen müssen.

Quellenverzeichnis → S. 310

Das Experteninterview: Auf die Fragen kommt es an …

Philipp hat sein Praktikum bei der Firma Atmel Germany GmbH durchgeführt, einem Halbleiterunternehmen, das elektronische Bauelemente z. B. für die Automobilindustrie oder zur mobilen Kommunikation herstellt. Um an Informationen für seine Dokumentation zu gelangen, befragt er die Pressesprecherin der Firma.

Fragetypen:
- Geschlossene Fragen: Fragen, die mit Ja oder Nein oder mit konkreten Fakten beantwortet werden können.
- Offene Fragen: Fragen nach dem Wie? Warum? Wozu? eines Sachverhalts
- Sehr offene Fragen: Fragen nach der persönlichen Meinung oder Weltsicht des Gesprächspartners
- Mehrfachfragen: Mehrere Fragen werden auf einmal gestellt.

Wie viele Mitarbeiter sind hier am Standort beschäftigt?
Hier am Standort sind ungefähr 770 Mitarbeiter beschäftigt, zur Atmel Germany GmbH gehören insgesamt rund 1000 Mitarbeiter und zu Atmel Corporation, unserem Mutterkonzern, ca. 8000 Mitarbeiter weltweit.

Kooperieren Sie bei der Entwicklung eines Produktes mit anderen Unternehmen? Ja, fallweise mit Entwicklungspartnern.

Wie beurteilen Sie die Konkurrenz durch andere Chiphersteller?
Die Konkurrenz ist in der Halbleiterindustrie groß. Man muss gute Preise und innovative Produkte bieten, um im Wettbewerb zu bestehen. Die Halbleiterbranche ist sehr schnelllebig, deshalb ist der Innovationsdruck besonders groß.

Inwiefern ist das Unternehmen von der Globalisierung betroffen, welche Vor- und Nachteile bringt dies und wie reagiert die Firmenleitung darauf?
Die Halbleiterindustrie ist bereits seit Langem eine globale Industrie. Viele unserer Wettbewerber sind amerikanische oder asiatische Unternehmen. International aufgestellte Produktions- und Entwicklungsprozesse sind normal. Die dazu gehörende Arbeitsteilung und die Kommunikation über die Kontinente hinweg sind notwendig. Es bringt für die Arbeit des Einzelnen eine große Bereicherung mit sich. Man lernt in der Zusammenarbeit andere Menschen und Kulturen kennen und kann viel für sich mitnehmen.

Wie sind die Karrierechancen für jemanden, der bei Atmel arbeitet?
Wer einen guten Job macht und sich ständig weiterentwickelt, der wird schnell mehr Verantwortung bekommen. Wir haben Programme für die Nachwuchskräfteentwicklung und für die fachliche und persönliche Weiterbildung, mit denen wir unsere Mitarbeiter fördern.

Wie schätzen Sie die Zukunft der Halbleiterindustrie ein?
Die Anwendungsmöglichkeiten sind noch lange nicht ausgeschöpft und werden auch in Zukunft ungeahnte Chancen bieten.

Fragetechniken
→ S. 310

7. Ordne die Fragen aus Philipps Interview dem jeweiligen Fragetypus in der Randspalte zu.
8. Diskutiert über die Vor- und Nachteile der einzelnen **Fragetechniken**.

Eine Umfrage bei den Kollegen

Bei der Firma Atmel Germany GmbH wird bei den Mitarbeiterinnen und Mitarbeitern Beginn und Ende der Arbeitszeit von einem Zeiterfassungssystem registriert. Aber es wird auch über die Einführung von „Vertrauensarbeitszeit“ diskutiert, d. h. jeder erfüllt seine Aufgaben, ohne dass die Arbeitszeit registriert wird. Philipp befragt dazu einige Mitarbeiter bei Atmel: „Was halten Sie von der Einführung der Vertrauensarbeitszeit?“

Eckard Massa, 38, Entwicklungsingenieur, Gronau:

„Finde ich ganz gut, es setzt aber auf Arbeitgeber- und Arbeitnehmerseite sehr viel Vertrauen voraus. Entscheidend ist auch die Einstellung des Vorgesetzten. Ab wann ist für ihn die geforderte Arbeit erledigt?“

Kristina Laukhuf, 27, Projektmanagerin, Obersulm:

„Die Vertrauensarbeitszeit bringt für den Arbeitnehmer mehr Flexibilität, da starre Arbeitszeitvorschriften gelockert werden können. Dadurch können z. B. die Kreativität und die Effektivität des Einzelnen gefördert werden. Dies ist vorstellbar z. B. in den Entwicklungszentren. Die Vertrauensarbeitszeit ist aber andererseits sicher nicht in allen Arbeitsbereichen durchführbar.“

Marco Lampp, 33, Entwicklungsingenieur, Wüstenrot:

„Prinzipiell finde ich es sehr sinnvoll, die Arbeitszeit so flexibel wie möglich zu gestalten. Dazu gehört auch die Vertrauensarbeitszeit.
Das kann für Arbeitnehmer und Arbeitgeber ein angenehmes Betriebsklima schaffen. Jedoch kann es auch zu großen Problemen kommen, wenn das Vertrauen gebrochen wird und kein Nachweis der tatsächlichen Arbeitszeit vorhanden ist.“

9. Welche Daten über seine Interviewpartner dokumentiert Philipp?
10. Welche Fragetypen eignen sich für eine **Umfrage**, welche nicht?

Umfrage
→ S. 312

Jura studieren – ja oder nein?

Alexandra macht ihr Betriebspraktikum in einer Anwaltskanzlei. Sie möchte später vielleicht Jura studieren und recherchiert für ihren Praktikumsbericht über die Berufschancen als Juristin. Sie findet unter anderem folgende drei Dokumente:

FAQ: frequently asked questions (häufig gestellte Fragen)

A FAQ Studieninteressenten

Aus der Webseite der Zeitschrift Jurawelt

Du überlegst, Jura zu studieren, bist aber noch nicht ganz sicher? Im Folgenden haben wir für dich ein paar FAQ zusammengestellt, die in unserem Forum immer wieder auftauchen, und hoffen, es hilft dir weiter! […]

Wie sieht es auf dem Arbeitsmarkt aus?

Schlecht. Die besten zehn Prozent haben kaum Probleme, die „schlechten“ fünfzig bis siebzig Prozent starke bis sehr starke. Ein paar Tatsachen: Staat und Kommunen haben kein Geld, stellen also auch fast nicht ein. Die Zahl der Anwälte hat sich in den letzten Jahren vervielfacht, und auf ca. 132 000 Anwälte, die den Markt jetzt schon überfüllen, kommen ca. 190 000 Studenten, von denen auch mehr als 80 % diesen Beruf ergreifen werden. Dazu wird sich die Konkurrenz auf dem Arbeitsmarkt durch einige Reformen in letzter Zeit noch verschärfen. Der damalige bayerische Justizminister hat bereits 2001 davor gewarnt, ein Jurastudium zu beginnen, und seitdem ist die Lage nicht besser geworden.

Andererseits haben sehr gute Absolventen die Chance auf extrem hohe Gehälter, und natürlich kannst auch du zu diesen sehr Guten gehören. Nur wiege dich nicht in der Illusion, auch mit einem mittelmäßigen Ergebnis leicht einen Job zu finden, weil man als Jurist ja so vielseitig ist: Dieser Spruch stammt aus anderen Zeiten.

Übrigens kommt es bei der Jobsuche hauptsächlich auf die Note an und weniger auf Vitamin B – keine Angst also, auf dem Arbeitsmarkt chancenlos zu sein, nur weil der Papa nicht Anwalt ist!

Einzelberatung bei der Bundesagentur für Arbeit

B **Jurastudium: Was sagt das Arbeitsamt?**

Alexander Wittek

Aus der Zeitschrift StudJur, Heft 01/2003

Hinterher ist man meistens klüger – aber manchmal ist es dann schon zu spät. Das gilt auch für Nachwuchsjuristen. Die im Studium gesammelten Qualifikationen entscheiden über das Wohl und Wehe von jobsuchenden Junganwälten auf einem angespannten Arbeitsmarkt. […]

Nach wie vor besitzen die Examensnoten die größte Relevanz – allerdings weniger für die tatsächliche Einstellung als vielmehr die Chance, zum engeren Kreis der zum Vorstellungsgespräch geladenen Bewerber zu gehören. […]

Außerdem ist die Studiendauer ausschlaggebend. […] Auch müssen sich Nachwuchsjuristen um Zusatzqualifikationen bemühen. Insbesondere Fremdsprachenkenntnisse und Auslandsaufenthalte sollten nicht fehlen. Letztere belegen zusätzlich interkulturelle Kompetenz. Das unterstreicht auch Alexander Unverzagt: „Ich kann nur jedem sagen: möglichst früh raus!“ Als weitere Zusatzqualifikation gelten Computerkenntnisse, aber auch die Promotion steht nach wie vor hoch im Kurs. […]

C **Nur mit Zusatzqualifikationen haben Juristen eine Chance**

Aus der Webseite der Burschenschaft Franconia in Münster

Mit der Anwaltsausbildung des Deutschen Anwaltsvereins nach dem Studium haben junge Juristen „fast eine Arbeitsplatzgarantie“ – das war eine der Aussagen von Rechtsanwalt Claus Renzelmann, der am vergangenen Dienstag bei der Burschenschaft Franconia an der Himmelreichallee zusammen mit seinem Kollegen Volker Vohmann über „Berufschancen für Juristen“ informierte. […]

Seit 1990 ist die Zahl der in Deutschland tätigen Rechtsanwälte von 56 000 auf 132 000 gestiegen. Die Zahl der Rechtsstreitigkeiten ist aber in den letzten Jahren fast gleich geblieben. „Der Wettbewerb ist härter geworden“, stellte der Fachanwalt für Arbeits- und Steuerrecht Volker Vohmann fest. Dies und die wachsende Komplexität des juristischen Regelwerks mache es für kleine Anwaltskanzleien mit einem oder zwei Juristen immer schwerer, ein Auskommen zu finden. […] Bei den Anforderungen an Berufseinsteiger gäbe es dabei große Unterschiede: Mittelständische Kanzleien legten zum Beispiel mehr Wert auf Praxisnähe als die Großkanzleien. Renzelmann: „Wer im Studium und im Referendariat nicht in einer Anwaltskanzlei gearbeitet hat, gilt als uninteressierter Drückeberger.“ So werde das korrekte Ausfüllen eines Mahnbescheids teilweise als Einstellungstest genutzt. Besonders wertvoll sei die berufsbegleitende Anwaltsausbildung des Deutschen Anwaltsvereins. Renzelmann: „Damit haben junge Juristen fast eine Arbeitsplatzgarantie.“ Allerdings müsse der Jung-Jurist dafür einen Ausbildungsanwalt finden und die Kosten von rund 2000 Euro selbst tragen. Ebenfalls karrierefördernd: die Ausbildung zum Fachanwalt in einem oder zwei Gebieten. […]

1. Werte Alexandras Recherche-Ergebnisse aus.
2. Welche Informationen aus den drei Dokumenten würdest du in einem Praktikumsbericht wiedergeben?

Im Rausch der Tiefe …

Lino hat sein Berufspraktikum im Tauchladen „Landsend“ absolviert. Er interessiert sich vor allem für die medizinische Seite des Tauchens und recherchiert über das Phänomen des Tiefenrauschs bei Tauchern. Folgende Materialien hat er dazu gefunden:

A

Handbuch des Tauchens

N_2: Stickstoff

Als Tiefenrausch oder Stickstoffvergiftung bezeichnet man beim Tauchen mit Pressluft die Nervenfunktionsstörungen durch zunehmenden N_2-Teildruck in größeren Wassertiefen. Eine solche N_2-Vergiftung kann bei Teildrücken ab ca. 3,2 bar auftreten. Wird unter Wasser Pressluft geatmet, so entspricht dies einer Tauchtiefe von 30 m. […]

Die wahrscheinlichste Hypothese über die Ursache des Tiefenrausches erklärt die narkotische Wirkung des N_2 damit, dass sich dieses sehr gut fettlösliche Gas in den fetthaltigen Bestandteilen der Zellmembran löst und, bildlich gesprochen, zu einer „Aufquellung“ der Membran führt. […]

B

Internet

Der Tiefenrausch als Folge einer Stickstoffvergiftung ist abhängig von der Tiefe. Dabei ist der Partialdruck* des Stickstoffes ausschlaggebender, jedoch nicht einziger Faktor. Der Tiefenrausch kann von weiteren Faktoren abhängen. So können Stress und Angst während des Tauchganges, Erschöpfung, Alkohol, Drogen, Medikamente und Schlafmangel eine Stickstoffvergiftung begünstigen. […]

Beim ersten Anzeichen eines Tiefenrausches sollte man sofort mit dem Aufstieg beginnen. Da die Stickstoffvergiftung vorwiegend die Impulsweitergabe des Gehirns behindert, können die Effekte des Tiefenrausches durch einen Aufstieg um einige Meter wieder verschwinden. […]

* **Partialdruck:** Teildruck

C

Aussagen von Interviewpartnern

Tauchlehrer Klaus Grimmeissen: „Wenn einer einen Tiefenrausch bekommt, dann meint man, dass er betrunken ist. Er hat einen richtigen Tunnelblick, reagiert nicht mehr auf Zeichen und weiß nicht mehr, wo oben und unten ist. Deshalb kommt es oft vor, dass jemand mit Tiefenrausch übermütig wird und immer weiter nach unten abtaucht, anstatt nach oben zu gehen. Einmal musste ich meinen Tauchpartner richtig zwingen aufzutauchen, um ihn zu retten. Aber so oft kommt Tiefenrausch nun auch nicht vor und so dramatisch ist es meistens auch nicht.“

Axel Mai, Besitzer des Tauchladens: „Je tiefer man taucht, desto höher ist der Teildruck des Stickstoffs in der Atemluft. Wenn Stickstoff jedoch zu lange unter erhöhtem Druck eingeatmet wird, wird er giftig. So kommt es dann zum Tiefenrausch. Das ist wie eine Art Vergiftung oder Narkose durch Stickstoff.“

1. Versuche selbst, mit Hilfe der Quellen einen kleinen Text über das Phänomen des Tiefenrauschs zu erstellen.

Das Phänomen des Tiefenrauschs

In seinem Praktikumsbericht hat Lino den Tiefenrausch als Beispiel für die Gefahren des Tauchsports beschrieben:

Eine der Gefahren beim Tauchen ist der sogenannte Tiefenrausch, eine „Stickstoffvergiftung“[1]. Ab einer Tauchtiefe von 30 m treten im Wasser „Teildrücke […] ab ca. 3,2 bar [auf]“[2], und der Stickstoffanteil der Atemluft steigt so stark an, dass er für den Körper giftig wird. Der Taucher bekommt dann laut Aussage von Axel Mai, dem Besitzer des Tauchladens Landsend, eine Art „Narkose durch Stickstoff.“ Im Handbuch Tauchen wird die Wirkung des Stickstoffs im Körper folgendermaßen erklärt:

> Die wahrscheinlichste Hypothese über die Ursache des Tiefenrausches erklärt die narkotische Wirkung des N_2 damit, dass sich dieses sehr gut fettlösliche Gas in den fetthaltigen Bestandteilen der Zellmembran löst und, bildlich gesprochen, zu einer „Aufquellung“ der Membran führt.[3]

Doch nicht allein der Teildruck des Stickstoffs führt zum Tiefenrausch. In einer Internetquelle werden auch andere Faktoren, wie z. B. Angst, Erschöpfung, Drogen- oder Alkoholkonsum, genannt.[4]

Ein Taucher im Tiefenrausch reagiert unter Wasser ungewöhnlich und unvorhersehbar und verliert möglicherweise die Orientierung. „Deshalb kommt es oft vor, dass jemand im Tiefenrausch übermütig wird und immer weiter nach unten abtaucht, anstatt nach oben zu gehen“, schildert der erfahrene Tauchlehrer Klaus Grimmeissen seine Erlebnisse.

Als Taucher ist man also stets angehalten, auf das Verhalten des Tauchpartners zu achten. Im Notfall muss man einen Taucher mit Stickstoffvergiftung zum Aufstieg zwingen. Steigt man einige Meter auf und erreicht damit einen niedrigeren Wasserdruck, so „können die Effekte des Tiefenrauschs […] wieder verschwinden.“[5]

Beispiele für Zitiertechniken:
- Vorangestelltes wörtliches Zitat (in Anführungszeichen)
- Eingebettetes wörtliches Zitat
- Nachgestelltes wörtliches Zitat
- Eingerücktes längeres wörtliches Zitat
- Zitat eines einzigen Wortes
- Zitat mit grammatischen Anpassungen oder Auslassungen
- Sinngemäßes Zitat

1 Aus: http://www.tauchsport.de/buch/tiefenrausch.html, 19. 1. 2006.
2 Aus: Handbuch Tauchen, München, Wien, Zürich: BLV Verlagsgesellschaft 1996, S. 145.
3 Aus: Handbuch Tauchen, München, Wien, Zürich: BLV Verlagsgesellschaft 1996, S. 146.
4 Vgl: http://www.tauchsport.de/buch/tiefenrausch.html, 19. 1. 2006.
5 Aus: http://www.tauchsport.de/buch/tiefenrausch.html, 19. 1. 2006.

2. Wie hat Lino die Belege und Quellen in seinen Text eingearbeitet? Überprüfe es anhand der in der Randspalte aufgeführten Zitiertechniken.
3. Recherchiere selbst zu einem Thema deiner Wahl und schreibe dazu einen Text, in dem du diese **Zitiertechniken** anwendest.

Zitiertechniken → S. 312

Ein formvollendeter Text …

Anna, eine Schülerin der zehnten Klasse, die ihr Betriebspraktikum in einem Rechenzentrum verbracht hat, hat gerade einen Teil ihres Hauptkapitels fertiggestellt. Sie möchte nun wissen, ob sie das Kapitel so abgeben kann. Ein Profi im Formatieren von Texten markiert die Fehler, die Anna bei der äußeren Gestaltung gemacht hat:

– Fehlertext! – – Fehlertext! – – Fehlertext! – – Fehlertext! – – Fehlertext! –

4. Ablauf und Formen der Erkundung

4.2 MONTAG: **Morgens:** Einführung in die Abteilung für Benutzerhilfe und Supportabhandlung (User-Help-Desk). Diese Abteilung ist eher als 0180er-Hotline ausgerichtet. Sie ist zuständig für Drucker, Netzwerke, Computer etc., deren Besitzer anrufen, wenn etwas nicht funktioniert. Eine enge Zusammenarbeit findet statt mit der Abteilung für Technologie und Systematik, die ich am Tag zuvor bereits besucht hatte. **Nachmittags:** Ich war in der für Firewall zuständigen Abteilung. Zunächst wurde ich von Frau Angelika Partner in das Aufgabengebiet und die Funktion dieser Abteilung eingeführt. So wurde mir z. B. erklärt, dass eine Mail verschiedene Szenarien durchlaufen muss. Sie wird drei Mal gefiltert, bevor sie ankommt. Ziel der Arbeit dieser Schutzabteilung ist es, Internet-Viren und Computerwürmern die Zugriffsmöglichkeiten auf den PC zu verwehren. Ganz schön heftig, was da so alles auf dem PC landen kann …

4.3 DIENSTAG: An diesem Tag wurde ich eingeführt in die Technologie und Systematik der Regionsnetze. Die Kommunen, Firmen und andere Betriebe, die mit dem Rechenzentrum zusammenarbeiten, sind durch Netzverbindungen mit dem Großrechner im RZ verbunden. Es war für mich sehr interessant zu beobachten, welche D
aten im Rechenzentrum zusammenlaufen, aber wirklich zu t
un gab es in dieser Abteilung für mich nichts. Wenn man mal einen halben Tag nur zuschaut, wird man ziemlich müde. Da war es dann zur Abwechslung richtig aufmunternd, dass ich zusammen mit meiner Mitpraktikantin fortgeschickt wurde, um Nachschub für die Teeküche zu besorgen. […]

???

– Fehlertext! – – Fehlertext! – – Fehlertext! – – Fehlertext! – – Fehlertext! –

Tipps

1. Dein Format ist zwar in Ordnung (DIN-A4), aber du solltest es bloß einseitig beschreiben.
2. Deine Arbeit braucht an allen Seiten einen ausreichend breiten Rand (oben: 2,5 cm; unten: 2,5 cm; links: 4 cm; rechts: 2 cm).
3. Die Größe deiner Schrift ist genau richtig, und deine Überschriften kannst du tatsächlich durch eine größere Schrift oder Fettdruck hervorheben, aber bitte entscheide dich für eine gut lesbare Schriftart (z. B. Times New Roman 12 pt oder Arial 11 pt) und bleibe dabei.
4. Bei deinem Zeilenabstand tun einem ja die Augen weh! Also: eineinhalbzeilig schreiben!
5. Nach einer Kapitelüberschrift solltest du eine Leerzeile lassen; auch nach Unterüberschriften solltest du auf jeden Fall mit einer neuen Zeile beginnen.
6. Wenn du insgesamt mehr Absätze machst (bei jedem neuen Sinnabschnitt), versteht man als Leser besser, welche Gedanken zusammengehören.
7. Ich denke, es ist optisch ansprechender, wenn du deinen Text im Blocksatz schreibst. Achte dann aber bitte darauf, dass die Abstände zwischen den Wörtern nicht zu groß werden.
8. Zur besseren Orientierung in deinem Bericht benötigst du eine fortlaufende Seitennummerierung (zentriert oder rechtsbündig, oben oder unten); die Seitenzählung beginnt i. d. R. mit dem Titelblatt, aber aufgedruckt erscheint die Seitenzahl erst ab dem Beginn des Textteils.
9. Am Seitenende kannst du fortlaufend nummerierte Fußnoten einfügen, in denen du z. B. Fachbegriffe erläuterst oder auf entsprechende Erläuterungen, Abbildungen und Zusatzmaterialien im Anhang verweist.
10. Schaue deine fertige Arbeit genau auf „Pannen“ (z. B. Zeilensprünge, Tippfehler etc.) durch – so etwas kann immer passieren!
11. Wenn du Abkürzungen verwendest, solltest du diese vorher einführen und dann einheitlich benutzen.
12. Auch für die sprachliche Gestaltung habe ich noch Verbesserungsvorschläge: Schreibe bitte in ganzen Sätzen, bleibe möglichst sachlich; auch Umgangssprache passt nicht in den Praktikumsbericht.

1. Schreibe Annas Text am Computer ab und formatiere ihn mit Hilfe der Anmerkungen neu.

Die „Visitenkarten“ der schriftlichen Dokumentation

Titelblatt und Inhaltsverzeichnis sind für den ersten Eindruck, den ein Leser von einer schriftlichen Dokumentation bekommt, entscheidend. Gelungene Beispiele könnten etwa wie folgt aussehen:

Heinrich-von-Kleist-Gymnasium Heilbronn

Berufserkundungsbericht

in den Fächern Deutsch/WPG Kl. 10
Betreuende Lehrerin: Frau Dressel
Erkundungszeitraum: 4.–8. April 2005

Berufsfeld
Computerkauffrau/-kaufmann

Regionales Rechenzentrum Franken
Weipertstr. 47
74076 Heilbronn

Anna Kramer
Wagnerstr. 33/1
74211 Leingarten

Mai 2005

Inhaltsverzeichnis

2. Teilt eure Klasse in zwei Gruppen auf. Eine Gruppe stellt übersichtlich Gestaltungskriterien für das Titelblatt zusammen, die andere für das Inhaltsverzeichnis. Tauscht eure Ergebnisse anschließend aus.

3. Schaut euch das Inhaltsverzeichnis genau an: Diskutiert, ob diese **schriftliche Dokumentation** inhaltlich Sinn und Zweck eines Berufserkundungsberichts erfüllt.

Schriftliche Dokumentation
→ S. 311

Die Qual der Wahl

Die Entscheidung für einen Beruf ist eine der wichtigsten Entscheidungen im ganzen Leben. Da lohnt es sich schon, einige Zeit zu investieren, um eine wirklich überlegte und fundierte Wahl zu treffen.
Glücklicherweise kann man von verschiedenen Stellen Hilfe bei der Berufswahl bekommen. Hier einige Tipps:

Informationsmaterial

Die Agentur für Arbeit (Arbeitsamt) bei dir vor Ort hält jede Menge Informationsmaterial bereit, zum Beispiel die „Blätter zur Berufskunde", Informationen über die neuesten Berufe, eine Job- und Lehrstellenbörse usw.

Internetinformationen

Natürlich kann man sich auch im Internet informieren. Dazu hier einige interessante Links:

- Das Magazin der Berufsberatung: *http://www.was-werden.de*
- Ein Ratgeber zu vielen Stichworten rund um Beruf und Bewerbung: *http://www.jobware.de/ra/ra.htm*
- Zur Ausbildungsentscheidung: *http://www.berufswahl.de/fmg.htm*
- Kurzinfos zu allen Ausbildungsberufen finden sich in alphabetischer Reihenfolge unter: *http://www.ihk-ausbildung.de*

Informationsgespräche

Das BIZ (Berufsinformationszentrum) in der Agentur für Arbeit bietet Informationsgespräche mit Berufsberatern an, in denen versucht wird herauszufinden, welcher Beruf bzw. welches Studium am besten zu einem passt.

Ebenfalls in der Agentur für Arbeit kann man mit Hilfe von Psychologen und an Testcomputern herausfinden, für welchen Beruf man geeignet ist.

Informationen zum Berufspraktikum

Nicht nur zur Berufswahl, sondern auch zum Berufspraktikum gibt es Hilfen im Netz:

- Praktikumsbörsen: *http://www.stern.de/karriere/start/laufbahn/praktikum/pr_links.html*
- Grundregeln, an die man sich bei einem Berufspraktikum halten sollte: *http://www.berufs-und-studienwahl.de/praktika.htm*
- Weitere Tipps zur schriftlichen Dokumentation des Berufspraktikums: *http://ham.nw.schule.de/steingym/normal/hilfe/prakt.htm*

1. Probiere verschiedene der angesprochenen Hilfen zur Berufswahl aus.

Sprechen und Schreiben

Praktische Rhetorik

Blick in das Plenum des Deutschen Bundestages in Berlin

Die Kunst des Redens

Seit der Antike wird die Rhetorik als Kunst der Beredsamkeit (lat. eloquentia) bezeichnet. Entsprechend sagt man auch ‚jemand sei eloquent', und meint damit, dass er gut reden könne. Dies gilt wahrlich nicht für alle Rednerinnen und Redner, auch nicht für manche Politiker, die im Parlament eine Rede halten. Dem einen oder anderen wünschte man da schon, dass er die Anleitungen und Regeln aus der „Praktischen Rhetorik" beherzigen möge.

- Wann und wo hast du das letzte Mal eine Rede gehört? Was ist dir aufgefallen?
- Welche Redeerfahrungen habt ihr schon selbst gemacht? Sprecht darüber.

Papst Urban II.: „Deus lo vult!“

Papst Urban II. ruft am 27. 11. 1095 auf der Synode von Clermont-Ferrand in einer Rede zum ersten Kreuzzug auf. Er spricht von den Leiden der Christenheit und der Notwendigkeit der „Befreiung“ Jerusalems von den „Ungläubigen“. Angeblich prägt er auch das spätere Motto der Kreuzzüge: „Deus lo vult!“ (Gott will es!)

Joseph Goebbels: „Wollt ihr den totalen Krieg?“

Als Reichspropagandaminister hält Joseph Goebbels am 18. 2. 1943 im Berliner Sportpalast eine Rede, in der er die deutsche Bevölkerung von der Notwendigkeit zu überzeugen versucht, den praktisch verlorenen Krieg weiterzuführen. Er formuliert zehn Fragen an das „deutsche Volk“ und ruft zur Führertreue und zum „totalen Krieg“ auf.

Martin Luther King: „I have a dream“

Der schwarze Theologe und Bürgerrechtler Martin Luther King spricht bei seinem „Marsch auf Washington“ am 28. 8. 1963 vor 250 000 Menschen von seinen Traum eines gerechten und versöhnten Amerikas: „[…] I have a dream that one day on the red hills of Georgia the sons of former slaves and the sons of former slaveowners will be able to sit down together at a table of brotherhood. […]“

1. Vergleicht die Anlässe der Reden.
2. Informiert euch über die Folgen.
3. Diskutiert, welche Wirkungen politische Reden heute haben können.

Nachschlagen → S. 298

Sprech- und Redetraining

Zwerchfellatmung

Die folgenden vier Schritte helfen euch, die „Zwerchfellatmung“ einzuüben. Ihr könnt sie gemeinsam ausprobieren, solltet sie aber auch allein außerhalb des Unterrichts üben.

1. Langsam durch die Nase einatmen. Die Luft fließt zuerst in den unteren Teil der Lunge, dann in den mittleren und zuletzt in den oberen. Dabei wölbt sich der Bauch leicht nach außen; die Schultern bewegen sich aber nicht nach oben.
2. Die Luft fünf Sekunden anhalten. Dabei aus der Bauchgegend einen leichten Druck nach oben (die „Stütze“) aufbauen.
3. Aus dem Bauch heraus die Luft langsam wieder entweichen lassen, bis die Lunge völlig entleert ist.
4. Mit entleerter Lunge weitere fünf Sekunden warten, dann wieder wie beschrieben einatmen.

Nachrichtensprecher

Jeder Schüler sucht einen kurzen Zeitungsartikel (15–20 Zeilen) und druckt ihn gut lesbar auf einem DIN-A4-Blatt aus. Die Blätter werden gemischt und verteilt. Ein Tisch wird als Rednerpult zentral vor die Klasse gestellt.

Die Schüler kommen einzeln nach vorn und verlesen ihren Artikel im Stil eines TV-Nachrichtensprechers. Wichtig ist dabei, den Text vorauseilend mit den Augen zu erfassen. So kann während des Sprechens immer wieder Blickkontakt mit der „Kamera“ – also den Zuhörern – hergestellt werden.

Ein-Begriff-Reden

Die Klasse bildet einen Halbkreis, und eine große Stoppuhr wird aufgestellt. Jeder Schüler schreibt verdeckt einen Begriff des täglichen Lebens auf ein Kärtchen und steckt dies seinem linken Nachbarn zu. Dieser steht auf, tritt vor die Gruppe, sucht einen sicheren Stand und stellt Blickkontakt mit seinem Publikum her. Dann erst liest er den Begriff und spricht anschließend genau eine Minute lang darüber. Ein Mitschüler stoppt die Zeit. Anschließend applaudiert die Klasse, und der Sprecher geht an seinen Platz zurück. Nun besteht die Möglichkeit, dem Vortragenden Rückmeldung zu geben.

Drei-Begriff-Reden

Es werden Kärtchen mit je drei Begriffen vorbereitet, die in einem erkennbaren Zusammenhang stehen (z. B. Freiheit – Individualität – Gemeinschaft).

Die Übung wird in Gruppen von 8–10 Schülern ausgeführt, die sich in kleinen Halbkreisen setzen. Ein Schüler tritt vor die Gruppe und bekommt den ersten Begriff zugerufen. Er beginnt eine Rede zu diesem Begriff. Nach einer Weile wird ihm der zweite Begriff zugerufen, den er in seinen Vortrag einbauen muss, dann der dritte. Die Redezeit sollte zwischen ein und zwei Minuten betragen.

Kuriose Gesetze aus den USA

Manchmal kann man über Gesetze ja schon den Kopf schütteln, wie etwa bei diesen Beispielen aus den USA. Stelle dir vor, du bist ein Jurist und sollst zu diesen Gesetzen Stellung nehmen. Dabei kannst du sie befürworten oder ablehnen. Für dein Plädoyer hast du eine Minute Zeit.

All diese Gesetze haben, zumindest in einigen Countys, noch Gültigkeit.

Connecticut
In Devon ist es verboten, nach Sonnenuntergang auf den Straßen rückwärts zu laufen.

Indiana
In Spades ist es verboten, Konservendosen aufzuschießen, wenn man den Büchsenöffner vergessen hat.

Georgia
In Atlanta verstößt es gegen das Gesetz, wenn eine Giraffe an einer Telefonzelle oder an einem Laternenpfahl festgebunden wird.

Michigan
In Detroit ist es den Männern gesetzlich verboten, ihre Frauen sonntags böse anzuschauen.

1. Führt die Sprech- und Redeübungen durch.
   Achtet dabei besonders darauf, wie eure Mitschüler und Mitschülerinnen mit der Problematik des „Sprechdenkens“ umgehen.

INFO

- **Sprechen** und **Reden** kann man trainieren. Man lernt dabei die Fähigkeit, während des Redens schnell Gedanken zu entwickeln und sie angemessen vorzutragen.

Nachschlagen → S. 298

Nachschlagen → S. 298

Die Rede

Informations-, Meinungs-, Gelegenheitsrede

Du findest hier einen Kasten mit Informations-, Meinungs- und Gelegenheitsreden, außerdem die Anfänge einiger Reden:

Abiturrede des Schulsprechers – Parteitagsrede – Plädoyer des Staatsanwalts – Rechenschaftsbericht beim Kleintierzüchterverein – Begrüßung der Kultur-Delegation – Architektenrede beim Richtfest – Urteilsverkündung – Eröffnung einer Kunstausstellung – „Die Notwendigkeit der Rentenreform" – Zum Jahrestag der Befreiung vom Nationalsozialismus – „Goethe, ein Leben" – Einweihung des Kinderspielplatzes – Auszeichnung der Preisträger des Wettbewerbs „Jugend musiziert" – Verleihung des Literaturnobelpreises – Parlamentsrede – Predigt – Grabrede – Festrede – Bürgermeisterrede

Liebes Brautpaar,

heute ist ein ganz besonderer Tag. Dass unsere Kinder, die sich lieben und sich gefunden haben, den Bund der Ehe schließen, ist gar nicht mehr so selbstverständlich. Liegt es nicht im Trend der Zeit, nur noch ein Single-Dasein führen zu wollen? Liegt es nicht im Trend der Zeit, nur noch einen Lebensabschnittsgefährten zu haben?
Umso glücklicher bin ich, dass unsere Kinder sich für den Bund der Ehe entschieden haben. Ehe und Familie sind immer noch die tragenden Pfeiler unserer Gesellschaft. Das ist heute gar nicht mehr so selbstverständlich.
...

Liebe Genossinnen und Genossen,

heute steht uns eine schwierige Wahl bevor. Unsere Parteivorsitzende möchte aus privaten Gründen nicht mehr für das Amt kandidieren.
Wir blicken auf eine erfolgreiche Ära zurück und sehen zugleich in eine schwierige Zukunft, nämlich eine würdige Nachfolgerin unserer Parteivorsitzenden zu finden. Deshalb gilt zuerst unser Dank ihrer vorzüglichen Parteiarbeit. Sie hatte angesichts innerparteilicher Grabenkämpfe keine leichte Rolle. Es ist ihr Verdienst, die verschiedenen Gruppierungen innerhalb unserer Partei wieder an einen Tisch gebracht zu haben.
...

Hohes Gericht,

wir haben hier den Fall eines heimtückischen und brutalen Mordes verhandelt. Die Beweislage ist eindeutig. Die beiden Zeugen haben übereinstimmend bestätigt, dass der Täter kurz nach 21 Uhr blutüberströmt und fluchtartig die Wohnung seiner ehemaligen Frau verlassen hat. Die Gutachter haben darüber hinaus die volle Schuldfähigkeit des Täters festgestellt.
…

Liebe Freunde der Kunst,

ich darf Sie alle herzlich zu unserer heutigen Vernissage begrüßen. Mein Dank gilt zunächst dem Gemeinderat unserer Stadt, der uns großzügig diesen Festsaal zur Verfügung gestellt hat. Ein ganz besonderer Dank gilt aber unseren jugendlichen Künstlern, die uns hier ihre Erstlingswerke präsentieren.
…

Liebe Gemeinde,

schwere Tage liegen hinter uns. Sie betreffen das ganze Dorf, also auch Sie und mich. Wir dürfen über das, was vorgefallen ist, nicht einfach hinweggehen. Zunächst gilt unser Mitgefühl unseren ausländischen Freunden, denen auf brutale Weise Gewalt angetan wurde. Aber wir dürfen uns von den jugendlichen Tätern – auch sie gehören zu uns – nicht abwenden. Nach ihrer Bestrafung durch die Justiz werden wir uns ganz intensiv um sie kümmern müssen.
…

Liebe Eltern, liebe Kinder,

endlich ist es so weit und unsere Kleinen können nun auf dieser schönen Anlage miteinander spielen. Es war nicht leicht – kann ich Ihnen sagen –, sich gegen einige Bürgerproteste, vor allem der Anwohner rund um diesen Spielplatz, durchzusetzen. Sicherlich wird es etwas lauter werden als früher, wenn unsere Kinder hier herumtollen. Aber ist Kinderlärm denn so schlimm?
…

1. Ordne die Redeanfänge den im Kasten genannten Redearten zu.
2. Ordne die Redearten im Kasten den Kategorien *Information, Meinung* und *Gelegenheit* zu. Suche weitere Beispiele dafür.
3. Setze einen von dir gewählten Redeanfang fort.
4. Verfasse selbst einen Redeteil zu einer weiteren Redeart aus dem Kasten.

Planungsaspekte

Bei der Planung einer Rede kann man sich an der antiken Rhetorik und der dort für die Entwicklung einer Rede gebräuchlichen Formel orientieren. Du findest hier auch drei Beispiele zu den einzelnen Redeteilen:

I = Inventio = Sammeln von Gedanken
D = Dispositio = Gliederung der Gesichtspunkte
C = Conclusio = Schlussfolgerung aus den Ausführungen

1

1 Verbrennung von fossilen Stoffen
1.1 ...
...
2 Treibhausgase
2.1 ...
...

2

Der Umweltschutz ist für die Menschheit vielleicht die größte Herausforderung der nächsten Jahrzehnte. Es muss alles getan werden, um ihm weltweit in den politischen Entscheidungen Priorität einzuräumen. Denkbar sind gesetzliche Verankerungen.

3

Treibhausgase – Behinderung der Wärmeabstrahlung – Verbrennung von fossilen Stoffen – energiereiche Strahlung – FCKW: Sprühdosen, Kühlmittel – Öl, Gas, Benzin, Kohle – Schmelzen von Gletschern und Polarkappen – Wärmeabgabe und Reflexion – Küstenregionen überflutet – Viehzucht – Brandrodung – Zunahme der Bodenerosion – Aufheizung der Atmosphäre – Sümpfe – Mülldeponien – Stürme – Dürregebiete – Erderwärmung

1. Ordne die Beispiele 1–3 den Redeteilen „Inventio", „Dispositio" und „Conclusio" zu. Ergänze die Beispiele jeweils.
2. Arbeitet in Gruppen einen Kurzvortrag zu dem Thema aus und tragt ihn vor.

Der Vampyr. Eine Rechtfertigung* *Loriot*

* Text in originaler Orthografie

Meine Damen und Herren. Haben Sie sich schon einmal Gedanken darüber gemacht, daß es in unserem Wohlstandsstaat eine notleidende Bevölkerungsgruppe gibt, an der sogar die Reformpläne einer sozialistischen Regierung vorbeigegangen sind?

Der Vampyr gehört in der Bundesrepublik zu einer Minderheit. Als Wähler ist er somit uninteressant. Noch vor wenigen Jahren in aller Munde, ist er heute nahezu in Vergessenheit geraten. Was wird für alternde oder in Not geratene Vampyre getan? Nichts! Im Gegenteil: wir werden unter Mißachtung des Grundgesetzes in der freien Ausübung unserer Lebensgewohnheiten vorsätzlich behindert. Es sind Fälle bekannt, in denen unbescholtene Vampyre öffentlicher Verfolgung ausgesetzt wurden, weil sie nächtlichen Straßenpassanten, in netter Form, Blut entnommen hatten. Ein gesunder Vampyr benötigt pro Nacht ein bis zwei Liter frisches Damen- oder Herrenblut. Dafür verzichtet er aber auch auf Teigwaren, Obst, Käse und Gemüse.

Durch die ablehnende Haltung der Bevölkerung greifen schwere Depressionen und Ernährungsschäden gerade unter jugendlichen Vampyren in erschreckendem Maße um sich. Allein in Rheinland-Pfalz waren im Jahre 1970 mehr als 2000 Vampyre zwischen zwei- und dreihundert Jahren bettlägerig.

Was ist das für ein Staat, der in jedem Jahr Milliarden für die Rüstung ausgibt und keinen Tropfen Blut für seine Vampyre übrig hat. Da stimmt doch was nicht!

Es ist kurz vor 12. Wir wenden uns an die Öffentlichkeit. Wer spendet Blut, Särge, warme Decken und Zahnersatz? Wer nimmt junge Vampyre in den Ferien auf?

Wer schnell hilft, hilft doppelt. Geldspenden erbeten auf Postscheckkonto Baden-Baden 22 648.

Mögliche Redegliederung

- EINLEITUNG
- HAUPTTEIL
- SCHLUSS

Mögliche Gliederung des Hauptteils

Drei-Punkte-Gliederung

- WAR-Stand (Entwicklung)
- IST-Stand (Gegenwart; Beispiele)
- SOLL-Stand (Zukunft, Entwicklung)

1. Trage diese Rede vor.
2. Untersuche den Aufbau der Rede. Inwieweit orientiert sie sich an den Vorschlägen auf den beiden Kärtchen?

Fünf-Punkte-Gliederungen

Bei komplexeren Problemen wird eine Drei-Punkte-Gliederung dem Thema unter Umständen nicht mehr ausreichend gerecht. In diesen Fällen kann man sie zu einer Fünf-Punkte-Gliederung erweitern. Hier findest du zwei Möglichkeiten:

Problemlösungsformel

Die Problemlösungsformel steigt vom Besonderen zum Allgemeinen auf:

1. Ist-Zustand, Lage, Analyse (evtl. Missstand)
2. Darlegung der Ursachen, der Fehlerquellen und evtl. Analyse
3. Zielformulierung (Soll-Zustand)
4. Wege zur Verwirklichung des Soll-Zustandes, Problemlösung
   a) Wie es nicht gelöst werden sollte
   b) Wie es tatsächlich gelöst werden sollte
5. Zusammenfassung und Aufforderung zur Aktion

Standpunktformel

Die Standpunktformel verläuft vom Allgemeinen zum Besonderen:

1. Standpunkt: A vertritt die Auffassung …
2. A begründet dies wie folgt: …
3. B meint hingegen: …
4. B begründet wie folgt: …
5. Eigener Standpunkt: Ich selbst tendiere zu …, weil …

Verkürzt kann die Standpunktformel auch lauten:
1. Standpunkt, 2. Begründung, 3. Beispiele, 4. Schlussfolgerung, 5. Aufforderung

3. Wie unterscheiden sich die beiden Möglichkeiten?
4. Findet in Gruppenarbeit Anwendungsmöglichkeiten für beide Gliederungen und stellt sie euch gegenseitig vor.
5. Schreibt eine kurze Rede mit einer Fünf-Punkte-Gliederung, etwa zum Thema „Klimawandel“ oder „Lehrstellenmangel“.

Publikum und Redeeröffnung

Unterschiedliche Reden finden in der Regel vor einem ebenso unterschiedlichen Publikum statt. Je nach Anlass wird sich die Zuhörerschaft nicht nur altersmäßig, sondern auch hinsichtlich ihrer Interessen, ihrer Vorbildung, ihrer Einstellungen zum Thema und ihrer Aufnahmebereitschaft erheblich unterscheiden und bildet nur in den seltensten Fällen eine homogene Gruppe. Redeeröffnungen nehmen auf das Publikum Bezug und verweisen häufig auf den Redeinhalt.

Redeeröffnung 1 *Loriot*

Meine sehr verehrten, lieben Vettern und Cousinen,

noch vor wenigen Tagen stand die Frage im Raum: Wer hält die Damenrede? Nun, sehr einfach, ein junger Vetter zwischen 20 und 30, dem schwachen Geschlecht und galanten Abenteuern nicht abgeneigt, dabei schön wie Apoll und unverdorben, kurz, die Wahl fiel auf mich.
[...]

Redeeröffnung 2 *Loriot*

Sehr geehrter Herr Ministerpräsident, sehr geehrter Herr Staatsminister,
sehr verehrte Herrn Oberbürgermeister und Bürgermeister,
meine sehr verehrten Damen und Herren,

als Leiter des Referats für kulturelle Angelegenheiten auf Bundesebene und stellvertretender Kulturbeauftragter des Rahmenausschusses der Sonderbereiche Kunst und Integration, Kunst und Kommunikation und Kunst und kulturelle Koordination zur Aktivierung und Optimierung der Bundesmodelle für kulturelle Investitionsprogramme übermittle ich Ihnen, auch im Auftrag des persönlichen Referenten der Abteilung kulturelle Öffentlichkeitsarbeit des Herrn Bundeskanzlers sowie des Arbeitskreises Kunst und Kultur im Informationsstab des Herrn Bundespräsidenten die herzlichsten Grüße. [...]

1. Vor welchem Publikum werden die beiden Reden gehalten?
   Inwiefern bestimmt es die Redeeröffnung?
   Diskutiert darüber.
2. Entwerft in Gruppenarbeit Redeeröffnungen vor folgendem Publikum:
   Seniorenheimbewohner, Mitschüler, Motorsportfans, Trauergemeinde, im Gericht, im Kindergarten.
3. Tragt eure Texte vor und diskutiert, inwieweit sie gelungen sind.

Liebe Zuhörerinnen und Zuhörer …

Du findest hier weitere Beispiele für Redeeröffnungen. Neben dem Publikumsbezug unterscheiden sie sich auch inhaltlich:

1 Liebe Abiturientinnen und Abiturienten!
Sehr verehrte Eltern!
Liebe Kolleginnen und Kollegen!
„Non scholae, sed vitae discimus.“ –
Nicht für die Schule, fürs Leben lernen wir. Ich bin mir sicher, dass Sie dieser Satz auf vielfache Art und Weise während ihres Schullebens begleitet hat.
[…]

2 Liebe Mitschüler!
Heute ist für uns ein Tag von besonderer Bedeutung: Nach 13 Jahren Schule verlassen wir endgültig diese Institution.
[…]

3 Es war das Jahr 1937. Die Geschichte dieses Mannes, um den es hier geht, beginnt in einem kärglichen Bauernhaus im Voralpenland. Nur dem Zufall eines weitsichtigen Dorfschullehrers ist es zu verdanken, dass …

Möglichkeiten der Redeeröffnung:
- Eigenes Erlebnis
- Historisches Ereignis
- Aktueller Anlass
- Zitat/Spruch
- Anekdote
- Rhetorische Frage
- Anlass der Rede
- Berufung auf eine Autorität

4 Meine sehr verehrten Damen und Herren!
Als ich mich heute auf dem Weg zu dieser Veranstaltung befand, hörte ich zufällig im Autoradio die Nachricht von einer geradezu unvorstellbaren Naturkatastrophe in Asien.
[…]

5 Wenn es eine Gerechtigkeit gibt, warum versagt sie dann hier?
Liebe Zuhörer!
Die vergangenen Ereignisse sind so unfassbar, dass es mir schwerfällt …

4. Welche Redeeröffnungen werden in den fünf Reden gewählt?
5. Probiert andere Möglichkeiten aus.

Ratschläge erfahrener Redner

Viele erfahrene Redner, aber auch Schriftsteller, haben sich originelle Gedanken über das Gelingen einer Rede gemacht und dabei Ratschläge formuliert. Hier findest du einige Beispiele:

Ratschläge für einen guten Redner *Kurt Tucholsky*

Hauptsätze. Hauptsätze. Hauptsätze.

Klare Disposition im Kopf – möglichst wenig auf dem Papier.

Tatsachen, oder Appell an das Gefühl. Schleuder oder Harfe.

Ein Redner sei kein Lexikon. Das haben die Leute zu Hause.

Der Ton einer einzelnen Sprechstimme ermüdet; sprich nie länger als vierzig Minuten.

Suche keine Effekte zu erzielen, die nicht in deinem Wesen liegen.

Ein Podium ist eine unbarmherzige Sache – da steht der Mensch nackter als im Sonnenbad.

Merk Otto Brahms Spruch: Wat jestrichen is, kann nich durchfalln.

Noch mehr Ratschläge ...

Reden = motivieren
Reden = plastisch formulieren
Reden = Geschichten erzählen
Reden = Zielgruppe studieren

Lee Iacocca, amerikanischer Manager und Publizist

Tritt frisch auf, mach's Maul auf und hör bald wieder auf.

Martin Luther

Es genügt nicht, zur Sache zu reden. Man muss zu den Menschen reden.

Stanislaw Jerzy Lec, polnischer Aphoristiker

Das Verständlichste an der Sprache ist nicht das Wort selber, sondern Ton, Stärke, Modulation, Tempo, mit denen eine Reihe von Worten gesprochen werden – kurz die Musik hinter den Worten, die Leidenschaft hinter dieser Musik, die Person dieser Leidenschaft: Alles das also, was nicht geschrieben werden kann.

Friedrich Nietzsche, Philosoph

1. Wähle ein Zitat, welches dich besonders anspricht. Erläutere es in einer kurzen Rede.
2. Welche Ratschläge sind besonders schwer umzusetzen? Diskutiert in der Klasse über Ursachen und Lösungsmöglichkeiten.

Wandplakat

Im Folgenden findest du Hinweise, die dir bei der Vorbereitung einer Rede oder einer Präsentation helfen können:

1 Die Kerngedanken gehören in den Hauptteil, du musst dir aber auch einen effektiven Einstieg und Schluss überlegen.

- Vermeide einen negativen Einstieg.
- Komme schnell zum Thema.
- Mache die Zuhörer neugierig (z. B. durch persönliches Erlebnis, Zitat, aktuelle Daten usw.).
- Kündige den Schluss an.
- Wiederhole am Schluss kurz die Kernaussagen.
- Stelle den Bezug zum Anfang her und schließe somit den Bogen.
- Ermuntere das Publikum zu Rückfragen.

2 Eine gute Rednerin / ein guter Redner muss frei sprechen.

- Orientiere dich an vorher festgelegten Stichworten.
- Verwende Stichwortkarten im Postkartenformat.
- Beschreibe sie nur einseitig mit ein oder zwei Hauptgedanken.
- Formuliere keine Sätze.
- Übe deinen Vortrag, indem du ihn frei auf Kassettenrekorder sprichst.

3 Bemühe dich darum, verständlich zu sprechen.

- Die vier Verständlichmacher sind: Einfachheit, Übersichtlichkeit, Kürze und Anregungen der Zuhörer durch Bildmaterial usw.
- Einfachheit drückt sich in Wortwahl und Satzbau aus.
- Übersichtlichkeit lässt sich durch eine Gliederung (Folie, Tafelanschrieb usw.), durch Überleitungssignale sowie durch eine Tischvorlage mit Gliederung für die Zuhörer erzielen.
- Erkläre Fachbegriffe.
- Binde deine Zuhörer durch Fragen, Aufgaben usw. ein.
- Sprich in angemessener Lautstärke.
- Sprich im Zweifelsfall eher langsamer als zu schnell.
- Gönne dir und deinen Zuhörern eine Sprechpause.

3. Welche der genannten Aspekte hältst du für besonders wichtig?

Körpersprache: Gestik und Mimik

4. Beschreibe Gestik und Mimik der Redner und Rednerinnen möglichst genau. Welche Haltung vermitteln sie? Welche Wirkung haben sie auf dich?
5. Bereitet Kurzreden vor und haltet sie voreinander in kleinen Gruppen. Beobachtet dabei Gestik und Mimik der Vortragenden und erstellt euch gegenseitig Steckbriefe.

Eine Auswahl ...

Die Gliederung einer Rede in „Inventio“, Dispositio“ und „Conclusio“ wurde in der antiken Rhetorik um die „Elocutio“ ergänzt. Darunter versteht man die sprachliche Ausgestaltung der Rede durch gezielte Verwendung rhetorischer Figuren bzw. Mittel. Du findest im Folgenden eine Auswahl derselben mit kurzen Definitionen und den dazugehörigen Textbeispielen.

Definitionen

1. Anapher	Wiederholung des Anfangswortes in mehreren Sätzen oder Zeilen
2. Alliteration	Gleich klingender Anlaut bei mehreren Wörtern
3. Hyperbel	Übertreibung um der besseren Wirkung willen
4. Rhetorische Frage	Scheinfrage; die Antwort soll sich selbst ergeben und wird daher nicht erwartet.
5. Parallelismus	Gleiche Bauweise zweier Sätze
6. Klimax	Steigerung vom schwächeren zum stärkeren Ausdruck
7. Antithese	Entgegenstellung, Aufstellung von Gegensätzen
8. Chiasmus	Überkreuzstellung von syntaktisch oder semantisch einander entsprechenden Satzgliedern
9. Ellipse	Auslassung, verkürzte Satzkonstruktion
10. Euphemismus	Beschönigung
11. Inversion	Umstellung von Satzgliedern, abweichend vom normalen Sprachgebrauch
12. Metapher	Bildlicher Ausdruck durch Fügung von Wörtern, die nicht zusammengehören (bildliche Übertragung)
13. Neologismus	Wortneuschöpfung
14. Personifikation	Vermenschlichung eines Gegenstandes
15. Vorgriff	Ein möglicher Einwand wird vorweggenommen.

Beispiele

A Es dauerte Tage, Wochen, Monate, viele, viele Jahre.

B Tausendfaches Talent und tosendes Temperament

C Sind wir uns nicht alle einig?

D Wir wollen nicht, dass Misstrauen uns zerfrisst, sondern dass Vertrauen sich aufbaut.

E Wir fordern bessere Schulen. Wir fordern mehr Lehrer.

F Wann, wenn nicht jetzt, müssen wir handeln?
Wann, wenn nicht morgen, werden wir büßen?

G Wir haben etwas Außergewöhnliches erreicht.

H Gerechtigkeitslücke

I Die Revolution frisst ihre Kinder.

J Sie wissen nicht, was sie wollen, und wollen nicht, was sie wissen.

K Entsorgungspark

L Ohne Wenn und Aber!

M Natürlich werden nachher einige sagen …

N Unheimlich ist mir das Ganze.

O Redefluss

1. Versucht zunächst in kleinen Gruppen, die Beispiele den dazu passenden Definitionen der rhetorischen Figuren bzw. Mittel zuzuordnen.
2. Diskutiert anschließend mit der ganzen Klasse darüber, wo und warum ihr Schwierigkeiten mit der Zuordnung hattet.

INFO

Nachschlagen → S. 298

- Es gibt verschiedene **Redearten**, wobei Anlass, Publikum und Ziele zu berücksichtigen sind.
- Zentrale Planungsaspekte sind **Inventio, Dispositio** und **Conclusio**.
- Das Gelingen einer Rede hängt wesentlich von ihrer **Gliederung**, der Verwendung **rhetorischer Mittel**, der **Redeeröffnung** und der **Vortragsweise** ab.

Nachschlagen → S. 298

Redeanalyse

Schülerrede

Wegen rückläufiger Einwohner- und sinkender Schülerzahlen hat die Stadt beschlossen, statt der erforderlichen aufwendigen Investitionen in die zwei alten Gymnasien „Schiller“ und „Max Planck“ einen Neubau zu erstellen und die beiden Gymnasien zusammenzulegen. Dieses Vorhaben schafft viel Unruhe. Der Schulsprecher des Schiller-Gymnasiums hält bei einer Informationsveranstaltung seiner Schule folgende Rede:

Freunde, Mitschüler, Mitstreiter!

Das Schiller-Gymnasium wird ausgelöscht! Dieses geradezu ungeheure Ereignis führt uns heute hier zusammen: der Plan zur willkürlichen Zerschlagung unseres Traditionsgymnasiums.

Doch ich kann allen diesen bürokratischen Kleingeistern, dieser selbstherrlichen Vernichtungsfraktion, jetzt schon versichern: Wir werden Widerstand leisten! Wir halten unsere Tradition aufrecht!

Und so frage ich euch alle: Wollen wir diesen Schildbürgerstreich, diese „Denkfabrik“, dieses Bildungsmonstrum? Dürfen wir dieser monströsen Architektenherrlichkeit zustimmen? Sollen wir politische Profilierungssucht unterstützen?

Nein! Nein! Und nochmals nein!

Kein vernünftiger Bürger unserer Stadt wird, bei objektiver Prüfung des Sachverhalts, diesem Vorhaben zustimmen! Kein Schillerianer wird die Zerstörung seiner schulischen Wurzeln einfach hinnehmen, kein Schiller-Schüler dem schwätzenden Schwachsinn schwärmerisch folgen um den Preis der Vertreibung aus der schulischen Heimat.

Was soll dieses Gerede von der Chance des Neubeginns, vom Aufbruch in die Bildungszukunft. Das sind keine Worte, das sind Worthülsen, mehr noch, das sind Politikerphrasen! Schönfärber und Wortkleisterer sind ausgeschickt, um mit ihren verbalen Leimruten einfache Geister zu fangen.

Doch das wird ihnen nicht gelingen, denn sie haben nicht mit den Schillerianern gerechnet. Für uns lautet die Losung hier und heute: Widerstand statt Anpassung, Geborgenheit statt Massenbetrieb, Leistung statt Gleichmacherei, gesunde Konkurrenz statt krankhafter Verschmelzung, Tradition mit Zukunft statt Zukunft ohne Tradition!

So rufe ich euch allen zu:

Reiht euch ruhig ein in die Reihe der Schillerianer! Misstraut den trojanischen Pferden der Kulturbürokratie! Schützt unser Schiller-Gymnasium!

Metapher – Klimax – Neologismus – rhetorische Frage – Anapher – Hyperbel – Alliteration – Antithese – Parallelismus

1. Suche in dem Redetext Stellen, die den im Kasten genannten rhetorischen Figuren entsprechen.

John F. Kennedy während seiner Rede vor dem Schöneberger Rathaus in Berlin

Rede des amerikanischen Präsidenten John F. Kennedy
(gehalten am 26.6.1963 in Berlin)

J. F. Kennedy war der 35. Präsident der USA (1961–1963), geb. 1917 in Brookline (Mass.), gest. (ermordet) in Dallas am 22.11.1963. Kennedy studierte Jura, zeichnete sich im Krieg als Marineoffizier aus und wandte sich früh der Politik zu (Demokrat). 1947–1953 war er Abgeordneter im Repräsentantenhaus, 1953–1960 Senator für Massachusetts. 1960 wurde Kennedy als Kandidat der Demokraten gegen den republikanischen Kandidaten Nixon zum Präsidenten gewählt.

Meine Berliner und Berlinerinnen,

ich bin stolz, heute in Ihre Stadt zu kommen als Gast Ihres hervorragenden Regierenden Bürgermeisters, der in allen Teilen der Welt als Symbol für den Kampf- und Widerstandsgeist Westberlins gilt.

Ich bin stolz, auf dieser Reise die Bundesrepublik Deutschland zusammen mit ihrem hervorragenden Herrn Bundeskanzler besucht zu haben, der während so langer Jahre die Politik der Bundesregierung bestimmt hat nach den Richtlinien der Demokratie, der Freiheit und des Fortschritts.

Ich bin stolz darauf, heute in Ihre Stadt in der Gesellschaft eines amerikanischen Mitbürgers gekommen zu sein, General Clays, der hier in der Zeit der schwersten Krise tätig war, durch die diese Stadt gegangen ist, und der wieder nach Berlin kommen wird, wenn es notwendig werden sollte.

Vor zweitausend Jahren war der stolzeste Satz, den ein Mensch sagen konnte, der: Ich bin ein Bürger Roms. Heute ist der stolzeste Satz, den jemand in der freien Welt sagen kann: Ich bin ein Berliner.

Ich bin dem Dolmetscher dankbar, dass er mein Deutsch noch besser übersetzt hat. Wenn es in der Welt Menschen geben sollte, die nicht verstehen oder nicht zu verstehen vorgeben, worum es heute in der Auseinandersetzung zwischen der freien Welt und dem Kommunismus geht, dann können wir ihnen nur sagen, sie sollen nach Berlin kommen.

Es gibt Leute, die sagen, dem Kommunismus gehöre die Zukunft. Sie sollen nach Berlin kommen.

Und es gibt wieder andere in Europa und in anderen Teilen der Welt, die behaupten, man könne mit dem Kommunismus zusammenarbeiten. Auch sie sollen nach Berlin kommen. Und es gibt auch einige wenige, die sagen, es treffe zwar zu, dass der Kommunismus ein böses und ein schlechtes System sei, aber er gestatte es ihnen, wirtschaftlichen Fortschritt zu erreichen. Aber lasst auch sie nach Berlin kommen.

Ein Leben in Freiheit ist nicht leicht, und die Demokratie ist nicht vollkommen. Aber wir hatten es nie nötig, eine Mauer aufzubauen, um unsere Leute bei uns zu halten und sie daran zu hindern, woanders hinzugehen.

Ich möchte Ihnen im Namen der Bevölkerung der Vereinigten Staaten, die viele tausend Kilometer von Ihnen entfernt lebt, auf der anderen Seite des Atlantiks, sagen, dass meine amerikanischen Mitbürger stolz, sehr stolz darauf sind, mit Ihnen zusammen selbst aus der Entfernung die Geschichte der letzten 18 Jahre teilen zu können. Denn ich weiß nicht, dass jemals eine Stadt 18 Jahre lang belagert wurde und dennoch lebt in ungebrochener Vitalität, mit unerschütterlicher Hoffnung, mit der gleichen Stärke und mit der gleichen Entschlossenheit wie heute Westberlin.

Die Mauer ist die abscheulichste und stärkste Demonstration für das Versagen des kommunistischen Systems. Die ganze Welt sieht dieses Eingeständnis des Versagens. Wir sind darüber keineswegs glücklich; denn, wie Ihr Regierender Bürgermeister gesagt hat, die Mauer schlägt nicht nur der Geschichte ins Gesicht, sie schlägt der Menschlichkeit ins Gesicht. Durch die Mauer werden Familien getrennt, der Mann von der Frau, der Bruder von der Schwester, und Menschen werden mit Gewalt auseinandergehalten, die zusammenleben wollen.

Was von Berlin gilt, gilt von Deutschland: Ein echter Friede in Europa kann nicht gewährleistet werden, solange jedem vierten Deutschen das Grundrecht einer freien Wahl vorenthalten wird. In 18 Jahren Frieden und der erprobten Verlässlichkeit hat diese Generation der Deutschen sich das Recht verdient, frei zu sein, einschließlich des Rechtes, die Familien und die Nation in dauerhaftem Frieden wiedervereinigt zu sehen, in gutem Willen gegen jedermann.

Beim Besuch Kennedys hatte die DDR-Führung das Brandenburger Tor mit rotem Stoff und einer riesigen DDR-Flagge „blickdicht" gemacht, sodass es Kennedy nicht möglich war, von seiner westlichen Aussichtsplattform in den Osten zu schauen.

Sie leben auf einer verteidigten Insel der Freiheit. Aber Ihr Leben ist mit dem des Festlandes verbunden, und deshalb fordere ich Sie zum Schluss auf, den Blick über die Gefahren des Heute hinweg auf die Hoffnung des Morgen zu richten, über die Freiheit dieser Stadt Berlin und über die Freiheit Ihres Landes hinweg auf den Vormarsch der Freiheit überall in der Welt, über die Mauer hinweg auf den Tag des Friedens mit Gerechtigkeit.

Die Freiheit ist unteilbar, und wenn auch nur einer versklavt ist, dann sind nicht alle frei. Aber wenn der Tag gekommen sein wird, an dem alle die Freiheit haben und Ihre Stadt und Ihr Land wieder vereint sind, wenn Europa geeint ist und Bestandteil eines friedvollen und zu höchsten Hoffnungen berechtigten Erdteiles, dann, wenn dieser Tag gekommen sein wird, können Sie mit Befriedigung von sich sagen, dass die Berliner und diese Stadt Berlin 20 Jahre die Front gehalten haben.

Alle freien Menschen, wo immer sie leben mögen, sind Bürger dieser Stadt Westberlin, und deshalb bin ich als freier Mann stolz darauf, sagen zu können: Ich bin ein Berliner.

2. Informiere dich über die politische Situation in Berlin zur Zeit des Kennedy-Besuches.
3. Analysiere den Aufbau der Rede: Wie wird sie eröffnet, welche Gliederungsaspekte werden in ihr umgesetzt?
4. Untersuche den Gebrauch der rhetorischen Mittel.

INFO

- Besonderes Augenmerk bei Redeanalysen ist auf die Art der **Eröffnung** und die **Gliederungsaspekte**, vor allem aber auf die Verwendung **rhetorischer Mittel** zu richten.

Nachschlagen → S. 298

Das Schreiben lernen

Gedanken über das Schreiben

Wer unklar schreibt, hat auch unklar gedacht.

Einen guten Text schreiben ist wie einen schönen Stoff weben.

Behandle den Leser deines Textes wie ein ansprechbares Du oder einen besten Freund!

Der Satz ist die kürzeste Verbindung zwischen dem, was man schreiben will, und dem, was man gedacht hat.

Schreiben von Einfall zu Einfall, von Satz zu Satz – und fertig ist der Text!

- Welche dieser Äußerungen über das Schreiben von Texten entspricht deiner Vorstellung am ehesten?

Schreiberfahrungen

Nachschlagen → S. 298

Schreibertypen

Der Kaffeetrinker
Schiebt das Schreiben vor sich her, hat allerdings viele Ideen, wartet auf weitere Eingebungen, ist nicht sehr produktiv.
Stärke: Schreibt oft durchdachte Texte.
Schwäche: Gerät leicht in Zeitnot.

Der Streicher
Der kritische Blick geht bis auf die Knochen. Viel getilgt, wenig festen Text.
Stärke: Selbstkritik.
Schwäche: Produktion, Zeitnot.

Der Sammler
Reiner Sachverständiger und Quellenforscher, droht aber fortwährend in Informationen zu ertrinken.
Stärke: Weiß inhaltlich viel, hat Sachkenntnis.
Schwäche: Verliert häufig den Leser aus dem Auge.

Der Dekorateur
Schreibt langsam, jede Einzelheit zählt, setzt das Tüpfelchen auf das „i“.
Stärke: Schreibt schön formulierte Texte.
Schwäche: Verliert „die klare Linie“ ziemlich oft aus den Augen.

Der Kleber
Schreibt schnell, oft ohne Ziel, kommt vom Hundertsten ins Tausendste, klebt alles aneinander.
Stärke: Gedankenreichtum.
Schwäche: Oft zusammenhanglose Texte.

Der Schachspieler
Planer des Schreibprozesses, mit einem Blick für eigene Ziele und die des Lesers.
Stärke: Struktur und Zielstrebigkeit.
Schwäche: Hat nicht immer neue Ansichten.

1. Gehörst du zu einem dieser Scheibertypen? Gibt es noch weitere? Diskutiert darüber.

Erzählszenario

In vielen Schulen oder Klassen werden Schreibwettbewerbe veranstaltet. Ihr könnt das in eurer Klasse ausprobieren und z. B. einen Erzählimpuls wie den folgenden vorgeben. Die besten Texte werden von einer Jury ausgewählt und in einer Anthologie veröffentlicht oder im Rahmen eines Erzählcafés vor Publikum an eurer Schule vorgetragen.

In der Mitte des Zimmers ein Tisch. Schwarze Stühle. Die Uhr zeigt 11. An der Wand neben dem Fenster zur Straße ein Plakat. In einer Bodenvase hinter der geöffneten Tür ein Baseballschläger. Unzählige Zeitungen auf dem dunklen Parkett. Ein Fernglas liegt auf der Fensterbank, daneben ein ungeöffneter Brief.

1. Nutze das Szenario für eine Erzählung und schreibe sie auf.

Der Mann auf dem Plakat *Sonja Holzschuh*

Der nachfolgende Aufsatz stammt aus dem Landeswettbewerb „Deutsche Sprache und Literatur Baden-Württemberg 2005“ und ist ausgezeichnet worden.

Sie schließt auf, betritt die Wohnung. Schaut sich um, schüttelt den Kopf. Verdammter Schweinestall! Kann der nicht mal aufräumen!? Jetzt ist man mal ’n paar Tage nicht da, schon sieht’s aus wie bei Hempels unterm Sofa! Unzählige Zeitungen auf dem dunklen Parkett. Bierflaschen, Schnapsflaschen. Sie stellt eine Einkaufstasche auf den Tisch in der Mitte des Zimmers, schwarze Stühle stehen um ihn herum. Bevor ich anfang’ zu kochen, räum’ ich am besten erst mal auf, kann doch keiner leben in so ’nem Saustall. Sie wirft einen Blick auf die Uhr. Die Uhr zeigt 11. Der kommt ja sowieso erst um halb fünfe. Ist dann total fertig, wie immer, von dem bisschen Arbeit, das der da macht. Hab also noch massig Zeit!

Sie beugt sich zu den Zeitungen herunter, betrachtet sie kurz, schiebt sie dann zusammen, legt sie zur Seite. Ist doch heut’ die Einweihung von dem Denkmal. Gleich hier um die Ecke. Machen ja ’n riesiges Aufheben drum. Lauter Extraberichte, dabei ist das doch alles Geschichte, kann man doch sowieso nicht mehr ändern! Das interessiert doch niemanden mehr, nervt doch alle nur noch! Sagt der ja immer, dass das alles erfunden wär’, die würden alle nur lügen. In den Lagern wär’n nämlich gar nicht so viele umgebracht worden, das weiß der aus dem Leuchter-Report. Na, ich weiß nicht!

Ihr Fuß stößt gegen etwas. Was sin’n das für Scheiß-CDs!? Nimmt sie in die Hand. Schüttelt den Kopf. Störkraft, Böhse Onkelz!, Landser? Was sin’n das für

Namen!? Wahrscheinlich so'n Heavy-Metal-Zeugs, hört ja immer nur so'n Krach. Kann mir auch egal sein.

Ihr Fuß stößt gegen etwas Hartes. Sie bückt sich. Was liegt denn jetzt schon wieder rum, kann man nicht mal drei Schritte laufen, ohne dass man auf was tritt? Die Bier- und Schnapsflaschen. Sie räumt sie weg. Der kann was wegsaufen! Oder waren etwa seine Kameraden da – wenn die zusammen sind, saufen die doch sowieso nur! Was anderes können die doch gar nicht.

Sie richtet sich auf, lässt den Blick durchs Zimmer schweifen. Entdeckt in einer Bodenvase hinter der geöffneten Tür einen Baseballschläger. Der gehört da aber wirklich nicht hin. Nimmt ihn in die Hand. Wenn ich er wär', dann hätt' ich dieses Ding schon längst weggeschmissen, der spielt doch gar kein Baseball. Steht nur dauernd im Weg! Aber er hat ihn halt von 'nem Kameraden. Sie bringt ihn zur Garderobe.

Auf dem Boden eine Bomberjacke. Sie hängt sie auf. Potthässliches Teil! Wie kann man so was nur anziehen? Daneben ein Springerstiefel. Sie schaut sich um. Wo ist der andere? Unter dem Sofa. Vor dem Sofa geht sie in die Knie, hebt ihn auf. Stellt ihn zu dem anderen. Drecksloch!

Sie dreht sich um. Ihr Blick fällt auf das Plakat. Der Mann. Er hat kurzes, schwarzes Haar, auf eine Seite gekämmt, einen kleinen Schnauzer. Trägt ein braunes Hemd und eine schwarze Krawatte, eine braune Hose und schwarze Stiefel. Eine Uniform, braun. Ein vergrößertes Foto. Die Farben verblasst. Er sieht ernst aus. Entschlossen. Aber nicht böse, nicht bedrohlich. Nur seine Augen sehen immer noch so unheimlich aus. Obwohl er schon lange tot ist. Hättest ruhig 'n bisschen fröhlicher dreinschauen können! Hast wahrscheinlich aber nix zum Lachen gehabt. Auch egal, wenn ich hier erst mal eingezogen bin, dann landest du als Erstes auf dem Müll! Mit dem Baseballschläger!

Quietschende Reifen. Lautes Hupen. Dann Stille. Sie tritt ans Fenster. Sie sieht nichts, die Straße ist leer. Auf der Fensterbank ein Fernglas. Sie hebt es hoch, dreht es in den Händen. Legt es zurück. Daneben ein Brief. Ungeöffnet. Sie nimmt ihn. Reißt ihn auf. Überfliegt ihn. Lacht laut. Abschiedsbrief! Wer schreibt denn so was! Hah. ... Sich in die Luft sprengen, heute, fünf nach elf, nur 'n paar Meter von hier! Scherzkeks! Aufschneider! Wetten, der ist pünktlich um halb fünf da! Macht dann Riesenaugen, weil ich schon zurück bin und für ihn gekocht hab. ... Hah! ... Der und seine Kameraden, das sind doch alles nur Mitläufer, oder so! Ich lach' mich tot! Der hat doch gar nich' den Mumm für so was. Oller Schlappschwanz!

Sie hält den Brief in der Hand, schaut auf die Uhr, lauscht (...)

2. Gelingt es der Schülerin, den Leser in die Geschichte hineinzuholen?

3. Vergleicht eure eigenen Erzählungen und tauscht euch über eure Schreiberfahrungen aus.

Kriterien für eine Erzählung

Die Dramaturgie einer Erzählung hängt von fünf Faktoren ab:

1

Die Erzählperspektive
- Mit der Wahl der Erzählperspektive bestimmt der Autor / die Autorin, mit welcher Figur sich die Leser identifizieren.
- Wer erzählt?
- Was weiß der Erzähler?
- Was geschieht mit der Hauptperson der Geschichte?

2

Die Idee der Geschichte
- Ist sie interessant?
- Witzig?
- Ungewöhnlich?
- Spannend?
- Stimmig?
- Glaubwürdig?

3

Das Milieu / der Ort
- Wo trägt sich das Hauptgeschehen zu? – Wie viele Nebenschauplätze sind sinnvoll, welche sind überflüssig oder störend?
- Wie wird die Atmosphäre sprachlich gestaltet?
- Kennzeichnet der Ort auch die Handlung?

4

Die Personen
- Sie sind für den Leser die „Türöffner" zur fiktiven Welt. Kann der Leser sich ein Bild von ihnen machen?
- Kann er sich in sie einfühlen?
- Erzeugen sie Mitgefühl / Antipathie / Interesse?

5

Die Erzählhandlung
- Welcher Konflikt tritt auf?
- Was für Geheimnisse werden aufgedeckt?
- Wie viele Erzählstränge gibt es?
- Ist die Handlungsführung logisch?
- Bieten sich Rückblenden an?
- Wie ist die Gewichtung von Handlungsschwerpunkt und Nebenhandlungen?
- Hält der Spannungsaufbau den Leser gefangen?

4. Prüft in Dreiergruppen, ob die von euch geschriebenen Erzählungen diese Kriterien erfüllen.
5. Verwendet die Kriterien auch bei der Auswahl der gelungensten Texte.

Nachschlagen → S. 298

INFO

- Das Ausprobieren von Schreibanlässen, z. B. bei der Teilnahme an einem Schreibwettbewerb, erweitert die eigenen Schreiberfahrungen, weckt Schreibmotivation und fördert die Schreibkompetenz.

Schreibprozesse

Nachschlagen → S. 299

Aufgabenstellungen im Deutschaufsatz

A *Rose Ausländer:* Als ich aus der Kindheit floh … *(Extra: Projekt, S. 173)*
Analysiere das Gedicht nach Inhalt und Form und interpretiere es.

B *Hans Joachim Schädlich:* Schwer leserlicher Brief *(S. 117)*
Interpretiere die Kurzgeschichte. Belege deine Aussagen mit Textstellen.

C „Für meine Freunde tue ich alles." –
Erörtere diese Äußerung.

D *Friedrich Schiller:* Maria Stuart, V, 10
Interpretiere den Monolog und berücksichtige dabei, in welchem inneren Konflikt sich Leicester befindet und wie sich das in der Sprache ausdrückt.

E *Robert Walser:* Das Stellengesuch *(S. 110)*
1. Wie verstehst du die satirisch-kritische Aussageabsicht dieses Textes?
2. Beziehe Stellung zu der Aussage des Textes.

F In einigen Bundesländern wird „Benimm-Unterricht" als Schulfach eingeführt, um das soziale Miteinander zu fördern. –
Prüfe die Notwendigkeit einer solchen Maßnahme.

G *Friedrich Schiller:* Maria Stuart, II, 4
Schreibe den Brief, der Elisabeth so ans Herz geht. –
Berücksichtige dabei alle wichtigen Hinweise aus dem Drama.

Fragenkatalog:
- Welche konkreten Vorgaben enthält die Schreibaufgabe?
- Welche Erwartungen stellt das Thema an mich?
- Wie ist mein persönliches Verhältnis zu dem Thema?
- Worauf muss ich besonders achten?
- Welche Tücken stecken in der Aufgabe?
- Welche Vorarbeiten muss ich leisten?
- Wie viel Zeit muss ich einplanen?

1. Was verlangen die verschiedenen Aufgabenstellungen vom Schreiber? Bildet zu jeder Aufgabe eine Gruppe und gestaltet ein Wandplakat. Ihr könnt euch an dem Fragenkatalog orientieren.

2. Schreibe einen Aufsatz zu dem Thema C:
„Für meine Freunde tue ich alles."– Erörtere diese Äußerung.

TIPP
Kläre mit deinem Lehrer, ob du den Aufsatz als Zusatzleistung im Fach Deutsch anrechnen lassen kannst!

Erörterungsaufsatz *Schülertext*

Hier findest du den Aufsatz eines Schülers der 10. Klasse zu dem Thema: „Für meine Freunde tue ich alles." – Erörtere diese Äußerung.

Die Frage, was ein jeder für seine Freunde alles macht, ist wohl eine Frage, die nur jeder für sich selbst beantworten kann. Das ist jedoch oft gar nicht so leicht. Deshalb möchte ich die Probleme, denen sich jeder, der eine Antwort auf diese Frage sucht, stellen muss, im Folgenden aufführen und meine eigene Meinung zu diesem Thema darlegen.

Es gibt zwei Arten von Gefallen, die ich für meine Freunde tun kann. Den einen mache ich freiwillig und ohne Zutun des Freundes, z. B. komme ich auf ihn zu und frage ihn, ob ich ihm am Nachmittag für die Schule helfen soll. Der andere Gefallen wird von meinem Freund erwartet und gewünscht. Hier stößt man oft an seine eigenen Grenzen und hat Hemmungen, dem Freund zu helfen.

An diesem Punkt stellt man sich die Frage: „Muss ich wirklich alles für meine Freunde tun?" und „Werde ich nicht vielleicht nur ausgenutzt?" Diese Fragen haben natürlich eine gewisse Berechtigung. Man kann nur schwer eine Antwort auf diese Fragen finden und sie sind deshalb als Argument gegen die Aussage „Für meine Freunde tue ich alles" zu sehen.

Des Weiteren muss ich selbst oft kürzer treten, wenn ich meinen Freunden helfen will. So ist das Nachhilfegeben und Zusammenlernen oft vertane Zeit, da man selbst nichts lernt. Ich habe diese Erfahrung schon mehrmals gemacht. Auch hier tritt der Aspekt des Ausgenützt-Werdens wieder auf. Man weiß nicht, ob sich das Helfen wirklich „lohnt" und die Freundschaft eine gute ist. Manchmal kann man sich sogar in Gefahr bringen, wenn man einem Freund einen Gefallen tun will, wie z. B. dass er illegale Dinge will. In diesem Fall steht eindeutig fest, dass man sich andere Freunde suchen sollte. Auch sollte man die Freundschaft nicht vor das Leben anderer oder sein eigenes stellen. Liest man den Satz „Für meine Freunde tue ich alles" nämlich genauer, so merkt man, dass er auch solche Dinge beinhaltet.

Nun muss es jedoch gar nicht erst so weit kommen. Oft lässt sich eine gute Freundschaft schon daran ausmachen, dass man von den Dingen, die man für jemand anderen macht, auch etwas zurückbekommt. Das heißt, man bekommt auch mal Hilfestellung vom Freund, wenn man diesem geholfen hat. Unter diesem Gesichtspunkt lässt sich die Frage des Ausgenütztwerdens sehr einfach beantworten. Kommt vom Freund keinerlei Hilfestellung zurück, so wird man ausgenutzt. Kommt von ihm Hilfestellung, so wird man nicht ausgenutzt.

Das Argument wiederum bestärkt die Aussage „Für meine Freunde tue ich alles". In diesem Fall spricht die Aussage für ein sehr gutes Verhältnis zwischen den Freunden. Tut man für seine Freunde alles, so steigt auch das Ansehen unter allen anderen Leuten, da diese merken, dass sie bei einem Hilfe erwarten können.

Speziell das Verhältnis zu den Freunden wird besser, wenn man für diese alles macht. Sie lernen einem zu vertrauen und wissen, dass sie in Krisensituationen auf einen bauen können.

Durch dieses tiefe Vertrauen erhält man auch eine gewisse Nähe, die einem sehr gut tun kann. Vielen Leuten gefällt es, anderen einen Gefallen zu tun. Sie freuen sich darüber, andere an ihrem Erfolg teilhaben zu lassen.

Zusammengefasst ist es, meiner Meinung nach, sehr wichtig, für die Freunde so viel zu tun, wie einem möglich ist. Allerdings sollte man ein gewisses Maß nicht überschreiten. Man sollte seine eigene Hemmschwelle nicht übertreten und auch das Gesetz nicht vor die Freundschaft stellen. Ich denke, dass man in einer guten Freundschaft viel von den Dingen, die man für einander tut, zurückbekommt. Sei es durch Gefallen oder freundschaftliche Nähe. Letztlich basiert alles auf Vertrauen, wie weit man für einen Freund geht.

1. Beurteile und bewerte diesen Schüleraufsatz mit Hilfe der Bewertungskarten auf Seite 52.

Kommentar

Der folgende Kommentar ist in Gruppenarbeit entstanden. Er fasst zentrale Kritikpunkte einzelner Schülerkommentare zusammen.

Wir finden einige Stellen in deinem Aufsatz interessant, weil sie uns zum Nachdenken angeregt haben, z. B. der Aspekt des Ausgenützt-Werdens (Z. 20, Z. 31, Z. 55). Allerdings gibt es auch mehrere Äußerungen, bei denen uns nicht deutlich geworden ist, was du eigentlich sagen willst. Wir hätten auch gerne gewusst, was du eigentlich für eine Position beziehst in Bezug auf das Thema. Wir glauben, das liegt vor allem an folgenden Punkten:

1. Du hast die Dialektik des Themas nicht genau erfasst: Man tut alles für seine Freunde, und man tut nicht alles für seine Freunde (etwa wenn sie kriminelle Dinge tun).
2. Der etwas unklare gedankliche Aufbau. Schau dir auch mal die häufigen inhaltlichen Wiederholungen an!
3. Die zum Teil ungenaue Argumentation (z. B. Z. 45–57). Es fehlen einleuchtende Beispiele, und es überzeugt uns nicht, wenn du nur davon sprichst, dass man „etwas zurückbekommt“ (Z. 48), aber überhaupt nicht deutlich wird, was du damit eigentlich meinst. Hier hättest du das Argument entfalten müssen.
4. Du verwendest Begriffe, die du nicht näher erklärst (z. B. „eigene Grenzen“, Z. 16, „illegale Dinge“, Z. 36, „Hilfestellung“, Z. 49, „Verhältnis“, Z. 59/63, „gewisse Nähe“, Z. 68, „Vertrauen“, Z. 67/82).
5. Schade, dass du den Schluss deines Aufsatzes so allgemein gehalten hast. Wir hätten gern erfahren, was „du“ denkst und nicht, was „man“ denkt.

2. Wo stimmst du dem Kommentar zu, wo nicht?

3. Was würdest du ergänzen? – Schreibe es auf. Du kannst auch einen eigenen Kommentar schreiben.

Bewertungskarten: Erörterung

1 Inhalt

Einleitung
Hinführung:
1. Knüpft (direkt / zu schnell) an das Thema an
2. Weckt (geschickt / nur teilweise) das Interesse des Lesers
3. Nimmt Argumente / das Ergebnis vorweg
4. Führt vom Thema weg

Begriffe werden (genügend / falsch / nicht) geklärt
Themafrage/These: wird (richtig / unvollständig / nicht) formuliert

Hauptteil
Oberpunkte/Unterpunkte: klar / unklar formuliert
Argumentation:
1. Führt (einige / zu wenige / keine / wesentliche) Argumente zur Stützung der These an
2. Argumente werden (vollständig / teilweise / nicht) entfaltet
3. Behauptung ohne Begründung / falsche Schlussfolgerung

Inhaltliche Fehler:
Das Thema ist (teilweise / völlig) verfehlt

Schluss
Ergebnis: Interessanter ergänzender Ausblick / langweilige Zusammenfassung

2 Aufbau

Gliederung: Sie enthält (eine / keine klare Ordnung / Sätze statt Begriffe bzw. Stichwörter; eine / keine klare Struktur)
Aufbau: nicht / zu wenig / eindeutig erkennbar
Überleitungen: vorhanden / nicht vorhanden
Abschnitte: durchgehend vorhanden / fehlen

3 Rechtschreibung

Groß- und Kleinschreibung / Getrennt- und Zusammenschreibung – sonstige R-Fehler – fehlerhafte Kommasetzung

4 Sprache

Schreibstil: sachlich angemessen / unangemessen subjektiv / Wiederholungen / Nominalstil / Füllwörter
Wortwahl: treffende Begriffe / ungenaue Begriffe
Satzbau: variationsreich / teilweise zu lange und zu komplizierte Hypotaxen / angemessene Parataxen

4. Lest die Bewertungskarten sorgfältig durch.
5. Bildet Dreiergruppen. Führt eine Schreibkonferenz durch, in der ihr eure Erörterungsaufsätze gegenseitig lest und Anmerkungen macht. Verwendet dazu die Karten 1 bis 4.
6. Schreibt am Ende einen Kommentar unter den Aufsatz. Dazu könnt ihr die Formulierungen auf den Bewertungskarten verwenden.

Selbstdiagnose

Hier findest du die Selbsteinschätzung des Schülers, dessen Erörterungsaufsatz in der Schreibkonferenz von zwei Mitschülerinnen kommentiert und bewertet worden ist.

A. Bestandsaufnahme

Stärken Was ich inzwischen gut kann

- Im inhaltlichen Bereich:
  - Ich finde viele Argumente zur Bestätigung bzw. Widerlegung einer These.
  - Ich vergesse nicht mehr so oft, geeignete Beispiele anzuführen.
  - Ich bringe selbst Erlebtes ein, damit der Aufsatz anschaulicher wird.
- Im sprachlichen Bereich:
  - Ich beherrsche den sachlichen Stil bei der Erörterung.
  - Ich beherrsche die Rechtschreibung und Zeichensetzung ziemlich gut.

Schwächen Was ich noch nicht so gut kann

- Im inhaltlichen Bereich:
  - Die Einleitung ist noch zu allgemein gehalten.
  - Meine Argumente wiederholen sich, die Beispiele sind noch zu dürftig.
- Im Aufbau:
  - Ich unterscheide zu wenig zwischen Ober- und Unterbegriffen.
  - Die Überleitungen klingen teilweise ziemlich holprig.
- Im sprachlichen Bereich:
  - Ich neige zu Wiederholungen.
  - Die Sätze sind zu eintönig, teilweise zu verschachtelt, Satzverknüpfungen fehlen.

B. Zielsetzungen

Um die Schwächen in den Griff zu bekommen, werde ich folgende Schritte unternehmen:

Problem	Schritte
Langweilige Einleitung	– Mehrere Varianten ausprobieren – Sich einen konkreten Leser vorstellen

1. Nutze die angeführten Aspekte der Bestandsaufnahme für die Einschätzung deines Erörterungsaufsatzes.
2. Tausche dich mit einem Partner/einer Partnerin aus, wenn es um geeignete Schritte geht, die bestehenden Schreibprobleme zu lösen.

INFO

Nachschlagen → S. 299

- Die Kenntnis der **Anforderungen** in Schreibaufgaben trägt zur besseren Bewältigung bei.
- Die Anwendung von **Bewertungskriterien** hilft beim Überarbeiten der Schreibarten und dient der Verbesserung der eigenen Schreibfähigkeit.
- **Selbstdiagnose** schärft den Blick dafür, wo man als Schreibender im Augenblick steht.

Schreibberatung an der Schule

In vielen Schulen ist eine Schreibberatung schon organisiert worden. Sie dient der Verbesserung der Schreibfähigkeit der Schülerinnen und Schüler. Im Folgenden bekommt ihr Anregungen, wie ihr an eurer Schule ein solches Projekt einführen könnt. Dazu ist zunächst ein angemessener Raum als Schreibwerkstatt wichtig, aber auch die Einsetzung von kompetenten Schreibberatern.

Die Werbung

Die Schreibberaterinnen und Schreibberater machen für ihr Projekt Werbung, indem sie ein Werbeplakat entwerfen oder in die Unter- und Mittelstufenklassen gehen und sich vorstellen. Auch Elternabende eignen sich für eine solche Werbekampagne.

Schüler beraten Schüler beim Schreiben

Du weißt nicht, wo du anfangen sollst?
Du kannst nicht interpretieren?
Du bekommst das viele Material nicht in den Griff?
Du schreibst schlechte Aufsätze?

Dann bist du richtig bei unserer Schreibberatung

Wo: Raum 306
Wann: Freitag 14.00 Uhr – 16.00 Uhr

Die Organisation

An der Tür hängt ein Schild mit den Öffnungszeiten. Es sind außerdem die Namen und die E-Mail-Adressen der Leiterin und der Tutorinnen verzeichnet. Gleich neben dem Eingang ist eine Tafel mit Anschlägen zum Monatsplan und zu laufenden Kursen aufgestellt:

- Vorbereitung von Klassenarbeiten
- Besprechung und Verbesserung von Klassenarbeiten
- Workshops zu bestimmten Textsorten (Märchen, Erzählung, Bericht, Bewerbung, Erörterung usw.)
- Termine für individuelle Beratung
- Fächerübergreifendes Schreiben
- Planung einer öffentlichen Lesung von Schülertexten
- Planung einer Veranstaltung: Schreib-Profis zu Gast
- Teilnahme an Wettbewerben
- Teilnahme an Schreibaktionen: z. B. „In der Straße, in der ich wohne“

- Sammelt weitere Aufgaben für die Schreibberatung.
- Sucht euch Helfer für dieses Projekt: z. B. die SMV, einen Lehrer, die Schulleitung, Eltern, die euch unterstützen.
- Sammelt weitere Ideen, wie die Schreibberatung an eurer Schule aufgebaut werden kann.

Wie wird man Schreibberater/Schreibberaterin?

Ein vorbereitender Workshop wird an der Schule unter fachkundiger Leitung durchgeführt: „Schnuppertage“ zum schulischen Schreiben unter fachkundiger Leitung.

8–10 Schülerinnen und Schüler werden dann von Studierenden des Lehramts zu Schreibberatern ausgebildet. Sie lernen, wie verschiedene Methoden des Schreibens genutzt werden können: z. B. für die Ideenfindung das Brainstorming; für den Schreibplan die Mind-Map; für die Textüberarbeitung die Schreibkonferenz.

Beratungsprotokoll

Datum 6. Juli (Folgeberatung vom 29. Juni)
Textsorte Referat (Geschichtliche Hintergründe des Dramas „Maria Stuart“ von Friedrich Schiller)
Beratungsschwerpunkt Die Stofffülle konzentrieren
Klasse 10

Verlauf Zunächst schildert die Schülerin, dass im Gespräch mit dem Deutschlehrer der genaue Titel des Referats geklärt wurde. Als Schwerpunkt für die Beratung wird die Arbeit an der Stoffauswahl und Gliederung festgelegt. Die Schülerin liest die mitgebrachte Gliederung laut vor und gibt selbst Feedback zur Grobstruktur der Gliederung: Die Dreiteilung ist klar und plausibel. Allerdings fällt ihr selbst auf, dass der eigentliche Schwerpunkt des Referats – der geschichtliche Hintergrund des Dramas – aufgrund zu vieler Details nicht deutlich wird. Die Beraterin (Klasse 11) bestätigt diesen Eindruck.

Die Beraterin schlägt der Schülerin vor, eine fiktive E-Mail an einen Freund zu entwerfen, in dem sie das Wesentliche der geschichtlichen Hintergründe hervorhebt. Damit werden zentrale Aspekte präzise benannt und durch Nachfragen der Beraterin anschaulich. Arbeitsvereinbarung: Die Schülerin soll zu Hause diese einzelnen Aspekte, die gleichzeitig auch ihre Gliederungspunkte im Hauptteil sind, durch ihr Material konkretisieren. Bis zum Wochenende soll diese Arbeit geleistet sein, um Zeit für den Vortrag und die Auswahl der Medien zu haben.

Was ein Schreibberater / eine Schreibberaterin können muss:
- Gut zuhören
- Mut machen
- Beratungsgespräch führen
- Beratungsbedarf erkennen
- Feedback geben
- Zum Schreiben motivieren
- Allgemeine Arbeits- und Lernstrategien anwenden
- Ideenfindung anstoßen
- Den Schreibprozess in den Mittelpunkt stellen
- Zielvorgaben vereinbaren
- Zeit festlegen

- Kannst du dir vorstellen, eine Schreibberatung aufzusuchen?
- Hast du vielleicht Lust, selber Schreibberater zu werden?

Sprechen und Schreiben

Erörtern

Zum Bild:
Raffael (1483–1520):
Die Philosophenschule von Athen (Ausschnitt)

Das Erörtern ist keine Erfindung der Lehrer. Es hat eine lange Tradition. Auf dem Ausschnitt aus dem Deckengemälde „Die Philosophenschule von Athen“ in der Stanza della Segnatura des Vatikan, das der italienische Renaissancekünstler Raffael geschaffen hat, siehst du ein Gruppenbild der um 1500 n. Chr. als maßgeblich angesehenen Wissenschaftler und Philosophen der Antike: links Platon im roten Gewand, rechts seinen Schüler Aristoteles im blauen Gewand, links unten am Pult Heraklit und rechts unten auf den Treppenstufen Diogenes.

- Was haben die Tätigkeiten der vier Philosophen mit dem Erörtern zu tun? Diskutiert darüber.

„Philosophy for Kids" …

… so heißt eine Internetseite, auf der philosophische Themen für Jugendliche aufbereitet werden. Das folgende Gespräch ähnelt den Gesprächen des Philosophen Sokrates, die uns über Platon (Bild s. S. 56) überliefert sind:

Alissa Und ich dachte, sie wäre meine Freundin.

Joy Meinst du Norma?

Alissa Ja, Norma. Weißt du, was sie gemacht hat?

Joy Nun, ich schätze, es hat etwas mit Jonathan zu tun, oder?

Alissa Ganz genau. Sie ist doch tatsächlich mit meinem Freund Jonathan ins Kino gegangen, ohne es mir zu sagen!

Joy Und jetzt ist sie nicht mehr deine Freundin?

Alissa Natürlich nicht, wie denn auch?

Joy Was verstehst du eigentlich unter „Freundin"?

Alissa Na ja, eine Freundin ist jemand, der dich mag und …

Joy Und was noch?

Alissa … und gern mit dir zusammen ist.

Joy Und du meinst, jetzt mag dich Norma nicht mehr und möchte auch nicht mehr mit dir zusammen sein.

Alissa Dazu wird sie nicht mehr Gelegenheit haben. Das ist vorbei. Sie ist für mich gestorben.

Joy Kann ich verstehen, aber du hast meine eigentliche Frage nicht beantwortet. Du hast gesagt, dass Norma nicht mehr deine Freundin ist. Und du hast auch gesagt, dass eine Freundin jemand ist, der einen mag und gern mit einem zusammen ist. Das heißt, du glaubst, entweder mag dich Norma nicht mehr oder aber sie möchte nicht mehr mit dir zusammen sein. Aber ich glaube nicht, dass das stimmt. Ich glaube, sie mag dich genau so sehr wie immer und möchte noch mit dir zusammen sein.

Alissa Aber ich habe doch gesagt, dazu wird sie keine Gelegenheit mehr haben, nicht nachdem sie mir das angetan hat.

Joy Aber du hast mich immer noch nicht ganz verstanden. Du hast gesagt, Norma ist nicht mehr deine Freundin. Aber du hast nicht gesagt, dass sie dich nicht mehr mag oder mit dir zusammen sein möchte, wenn du ihr dazu Gelegenheit geben würdest.

Alissa Ja, gut, ich verstehe, was du damit meinst. Na ja, dann muss doch mehr an einer Freundschaft sein als nur das, was ich eben gesagt habe. Ich glaube, der andere muss dir auch etwas bedeuten, nur weil man ist, wie man ist. Ich kann Norma aber nicht viel bedeuten, wenn sie bereit ist, mit meinem Freund ins Kino zu gehen, ohne mir vorher etwas zu sagen […]

1. Um welches Thema geht es in diesem Gespräch?
2. Was hat dieses Gespräch mit dem Erörtern zu tun?

Nachschlagen → S. 299

Die dialektische Erörterung

Einfache (lineare) Erörterung:
Sie beschäftigt sich gleichsam nur mit dem „Für" eines Themas.

Aufsatzthemen

Normalerweise kann man leicht feststellen, ob das Aufsatzthema eine einfache oder eine dialektische Erörterung verlangt. Die folgende Auflistung enthält einige leichte, aber auch einige knifflige Themen.

1 „Du mit deinem Ehrgeiz!"
Erörtere, ob Ehrgeiz etwas Positives oder Negatives ist.

2 Immer mehr Menschen, auch Jugendliche, unternehmen große Anstrengungen, ihr Äußeres zu verändern. Nenne Gründe für diese Entwicklung.

3 Meine Lieblingslektüre – Kriminalliteratur, Fantasyliteratur, Abenteuerliteratur. Lege dar, was dich an einem dieser Genres der Literatur fasziniert.

4 Müssen Tierversuche in der medizinisch-pharmazeutischen Forschung sein? Erläutere die Vor- und Nachteile dieses Forschungsbereichs.

5 Nachgeben – immer ein Zeichen von Schwäche?
Erörtere.

6 „Im Zeitalter elektronischer Medien wird die Zeitung zunehmend überflüssig." Erörtere, inwieweit du dieser Behauptung zustimmen kannst.

7 Was erwartest du von Literatur, die in der Schule gelesen werden sollte?
Erörtere.

8 „Anpassung ist notwendig." – „Anpassung ist gefährlich."
Nimm Stellung zu diesen Aussagen.

9 In einigen Bundesländern wird Benimmunterricht als Unterrichtsfach eingeführt, um das soziale Miteinander zu fördern. Prüfe die Notwendigkeit dieser Maßnahme.

10 „Wer mich nicht kritisiert, meint es gut mit mir."
Erörtere, ob du dieser Meinung zustimmen kannst.

Dialektische (antithetische) Erörterung:
Sie beleuchtet das „Für" und „Wider eines Problems und verdeutlicht den eigenen Standpunkt.

1. Welche der hier aufgelisteten Themen verlangen eine einfache, welche eine dialektische Erörterung?

Typ 1 und Typ 2

Um das Argumentationsgerüst für den Hauptteil einer dialektischen Erörterung zu erstellen, hat man zwei Gliederungsmöglichkeiten zur Verfügung:

Typ 1	Typ 2
A. Einleitung	**A. Einleitung**
B. Hauptteil	**B. Hauptteil**
Pro-These *1. Argument* – Erläuterung, Beleg, Beispiel, Folgerung *2. Argument* – Erläuterung, Beleg, Beispiel, Folgerung *3. Argument …* **Kontra-These** *1. Argument* – Erläuterung, Beleg, Beispiel, Folgerung *2. Argument* – Erläuterung, Beleg, … usw.	**Pro-These** *1. Argument* – Erläuterung, Beleg, Beispiele, Folgerung ⇔ Einwände, Einschränkungen – Erläuterung, Beleg, Beispiel, Folgerung *2. Argument* – Erläuterung, Beleg, Beispiel, Folgerung ⇔ Einwände, Einschränkungen – Erläuterung, Beleg, usw. *3. Argument …* **Kontra-These** *1. Argument* – Erläuterung, Beleg, Beispiel, Folgerung ⇔ Einwände, Einschränkungen – Erläuterung, Beleg, Beispiel, Folgerung *2. Argument* – Erläuterung, Beleg, … usw.
C. Schluss	**C. Schluss**

1. Erläutere den Unterschied zwischen Typ 1 und Typ 2 der dialektischen Erörterung. Beachte die Farben.
2. Welcher Typ passt besser zu den folgenden beiden Aufsatzthemen?
   – *Erörtere die Vor- und Nachteile der Einführung von Benimmunterricht als Schulfach.*
   – *Inwieweit stimmst du der Einführung von Benimmunterricht als Schulfach zu?*

Der Hauptteil der dialektischen Erörterung – Typ 1

Hier findest du den Hauptteil eines Erörterungsaufsatzes zu dem Thema: „Erörtere die Vor- und Nachteile der Einführung von Benimmunterricht als Schulfach."

Führt man Benimmunterricht an den Schulen ein, so hat das den großen Vorteil, dass diejenigen Mütter und Väter entlastet werden, die mit der Erziehung ihrer Kinder überfordert sind. Das hat z. T. damit zu tun, dass sie alleinerziehend sind, Stress im Beruf haben und ihnen daher die Zeit und die Kraft fehlt, sich um ihre Kinder zu kümmern und ihnen die Regeln des sozialen Miteinanders beizubringen. So kommt es, dass diese Kinder, weil sie es nicht gelernt haben, oft keine guten Manieren besitzen, unhöflich sind, sich respektlos gegenüber Älteren verhalten und manchmal auch nicht in der Lage sind, Konflikte gewaltfrei zu lösen. Hier kann die Schule durch Benimmunterricht nachholen, was im Elternhaus versäumt wurde.

Hinzu kommt, dass durch ein Unterrichtsfach „Richtiges Benehmen" die Schülerinnen und Schüler auch auf das spätere Leben vorbereitet werden, denn sie verbessern, wenn sie gute Manieren haben, ihre Sozialkompetenz im Privatleben. Sie haben nämlich bereits in der Schule gelernt, ihren Mitmenschen gegenüber höflich und rücksichtsvoll zu sein. Durch ein solches Verhalten verschaffen sie sich später Respekt und Ansehen, denn man ist gern mit jemandem zusammen, der weiß, was sich gehört. Aber auch im Berufsleben verbessern sich ihre Chancen, denn wer pünktlich ist und zuverlässig, umgänglich gegenüber seinen Kollegen und seinen Vorgesetzten, wird als Mitarbeiter sehr geschätzt und kann daher auch leichter Karriere machen als derjenige, der sich flegelhaft benimmt.

Am wichtigsten ist aber der Gesichtspunkt, dass durch Benimmunterricht das Schulklima im Allgemeinen verbessert wird. Wenn nämlich in einer Klasse Schülerinnen und Schüler sitzen, die gelernt haben, sich zu benehmen, wird dadurch die Unterrichtssituation besser. Der Lehrer muss in einer solchen Klasse weniger oft zur Ruhe ermahnen, und er kann unterrichten, ohne gestört und unterbrochen zu werden. Davon profitieren alle Schülerinnen und Schüler, weil sie mehr lernen können. Doch nicht nur im Klassenzimmer, sondern im ganzen Schulhaus entsteht eine Atmosphäre, in der sich alle Beteiligten des Schullebens wohlfühlen: die Schüler, die Lehrer und die Eltern. Herrscht dagegen ein rüpelhafter Umgangston, werden die Lehrer respektlos behandelt, Schülerinnen und Schüler, die sich am Unterricht beteiligen wollen, niedergebrüllt oder gemobbt, so entsteht rasch eine Atmosphäre der Aggressivität und Einschüchterung, und eine solche Schule wird zu einem Ort, mit dem sich niemand mehr identifizieren kann.

Diese drei Argumente sprechen dafür, den Benimmunterricht zu einem ordentlichen Schulfach wie Englisch oder Französisch zu machen. Doch es gibt

auch drei Argumente, die verdeutlichen, dass die Einführung dieses neuen Unterrichtsfachs keine sinnvolle Maßnahme ist.

Gegen den Benimmunterricht kann man einwenden, dass die Rahmenbedingungen dafür ziemlich ungünstig sind, da die Schülerinnen und Schüler bereits jetzt einen vollen Stundenplan haben und 36 Unterrichtsstunden, verteilt auf fünf Tage in der Woche, keine Seltenheit sind. Will man in dieser Situation nun auch noch zwei Stunden Benimmunterricht einführen, gibt es noch längere Schultage, noch mehr Nachmittagsunterricht und noch weniger Zeit für Hausaufgaben und die eigenen Hobbys. Hinzu kommt, dass in großen Klassen Benimmunterricht nicht in angemessener Weise durchgeführt werden kann, weil sich gerade in diesem neuen Unterrichtsfach die Lehrerin oder der Lehrer dem Einzelnen und seinen individuellen Schwierigkeiten widmen müsste. Dies ist aber bei 33 Schülerinnen und Schülern nicht möglich. Angesichts dieser Rahmenbedingungen muss man sich fragen, ob es nicht ausreicht, wenn jede Lehrkraft in ihrem Fachunterricht vorlebt, was gutes Benehmen heißt.

Außerdem spricht gegen den Benimmunterricht, dass die Erziehung eigentlich Aufgabe der Eltern ist. Sie – und nicht die Lehrerinnen und Lehrer – sind die Erziehungsberechtigten, sie müssen ihren Kindern von klein auf beibringen, was es heißt, sich gut benehmen zu können. Wenn nämlich Benimmunterricht eingeführt wird, so werden womöglich noch mehr Eltern ihre Erziehungsaufgaben vernachlässigen, weil sie der Meinung sind, die Schule sei dafür zuständig.

Benimmunterricht erscheint aber vor allem deswegen als eine unsinnige Maßnahme, weil gutes Benehmen keine Angelegenheit von zwei Unterrichtsstunden ist. Pünktlich, zuverlässig, höflich, umgänglich, hilfsbereit und freundlich ist doch nur derjenige, der von sich aus und ohne fremde Anleitung eingesehen hat, dass es sinnvoll ist, sich so zu verhalten. Das erleben Eltern jeden Tag, die mit den wohlmeinenden Ratschlägen scheitern, die sie ihren Kindern erteilen, die diese aber ebenso schnell vergessen wie Jahreszahlen oder geografische Daten. Wenn sie nun auch noch in der Schule eine Situation erleben, die sie aus dem Elternhaus kennen, werden sie sich vielleicht noch mehr dagegen sperren und die Regeln des sozialen Miteinanders erst recht nicht annehmen.

1. Erstelle die Gliederung, die dem Text zugrunde liegt.
2. Diskutiert die Pro- und Kontra-Argumente.

Der Hauptteil der dialektischen Erörterung – Typ 2

Die Gliederung

Die dialektische Erörterung kann in der Formulierung der Argumente differenzierter gestaltet werden. Der folgende Auszug aus einer Gliederung kann als Grundlage für eine solche differenzierte Erörterung dienen.
Das Thema lautet: „Inwieweit stimmst du der Einführung von Benimmunterricht als Schulfach zu?"

1 Argument: Entlastung der Eltern

1.1 *Begründung:* Mütter und Väter oft überfordert
1.1.1 *Erläuterung:* Viele alleinerziehend
1.1.2 *Erläuterung:* Stress im Beruf
1.2 *Folge:* Keine Zeit und keine Kraft für Erziehung
⇔ *Einwand:* Nicht alle Alleinerziehenden sind Rabeneltern
1.3 *Folge:* Kinder haben keine guten Manieren
⇔ *Einwand:* Nicht alle von diesen Kindern haben schlechte Manieren
1.3.1 *Beispiel:* Unhöflich, respektlos, gewaltbereit
1.4 *Fazit:* Schule übernimmt Aufgabe des Elternhauses
⇔ *Einwand:* Schule kann Versäumnisse im Elternhaus nicht korrigieren

2 Argument: Vorbereitung aufs spätere Leben

2.1 *Begründung:* Sozialkompetenz im Privatleben verbessert
2.2 *Folge:* Mehr Respekt und Ansehen, größere Beliebtheit
2.3 *Begründung:* Sozialkompetenz im Berufsleben verbessert
2.4 *Folge:* Beliebt bei Kollegen
⇔ *Einwand: …*
2.5 *Folge:* Bessere Karrierechancen
⇔ *Einwand:* Oft gute Manieren nur aus Berechnung
⇔ *Einwand: …*

1. An welchen Stellen der beiden Argumente zeigt sich, dass diese Gliederung differenzierter ist als beim Typ 1 (vgl. S. 59)?
2. Welche Einwände oder Einschränkungen könnte man an den beiden freien Stellen unter 2.4 und 2.5 noch einfügen?

Der Aufsatz zur Gliederung

Die in dem Gliederungsauszug für die dialektische Erörterung Typ 2 dargestellten Argumente hat der Schüler folgendermaßen ausformuliert:

Führt man Benimmunterricht an den Schulen ein, so hat das den großen Vorteil, dass diejenigen Mütter und Väter entlastet werden, die mit der Erziehung ihrer Kinder überfordert sind. Zwar sind beileibe nicht alle, die alleinerziehend sind oder Stress im Beruf haben, zwangsläufig Rabeneltern, doch fehlt gerade dieser Gruppe oft die Zeit und die Kraft, sich um ihre Kinder zu kümmern und ihnen die Regeln des sozialen Miteinanders beizubringen. So kommt es, dass manche Kinder, weil sie es nicht gelernt haben, oft keine guten Manieren besitzen, unhöflich sind, sich respektlos gegenüber Älteren verhalten und leider auch nicht immer in der Lage sind, Konflikte gewaltfrei zu lösen. Hier kann die Schule durch Benimmunterricht z. T. nachholen, was im Elternhaus versäumt wurde, auch wenn man kritisch einräumen muss, dass natürlich nicht alle Kinder, nur weil ihre Erziehung vernachlässigt wurde, sich zu Rüpeln entwickeln und dass die Schule niemals alle Fehler korrigieren kann, die im Elternhaus gemacht wurden.

Hinzu kommt, dass durch ein Unterrichtsfach „Richtiges Benehmen" die Schülerinnen und Schüler auch auf das spätere Leben vorbereitet werden, denn sie verbessern, wenn sie gute Manieren haben, ihre Sozialkompetenz im Privatleben. Sie haben nämlich bereits in der Schule gelernt, ihren Mitmenschen gegenüber höflich und rücksichtsvoll zu sein. Durch ein solches Verhalten verschaffen sie sich später Respekt und Ansehen, denn man ist gern mit jemandem zusammen, der weiß, was sich gehört. Aber auch im Berufsleben verbessern sich ihre Chancen, denn wer pünktlich ist und zuverlässig, umgänglich gegenüber seinen Kollegen und seinen Vorgesetzten, wird als Mitarbeiter sehr geschätzt und kann daher auch leichter Karriere machen als derjenige, der sich flegelhaft benimmt. Allerdings verleiten gerade die beruflichen Aufstiegschancen manchen dazu, gute Manieren, z. B. einen freundlichen, zuvorkommenden Umgangston, vorzutäuschen. Deswegen müssen die Schülerinnen und Schüler rechtzeitig den Unterschied lernen zwischen einer echten, d. h. von Herzen kommenden Höflichkeit und einer gespielten, die sich jemand nur aus Berechnung zu eigen macht, damit er im Beruf und anderswo schneller vorankommt.

3. Wie wird der Auszug aus der Gliederung (s. S. 62) sprachlich umgesetzt?
4. Notiere dir die entsprechenden Formulierungen.
5. Formuliere die weiteren Argumente des Aufsatzes zum Thema „Benimmunterricht" (s. S. 60 f.) in der gleichen Weise aus, nachdem du die zugrunde liegende Gliederungsskizze in derselben Weise erweitert hast, wie dies auf S. 62 geschehen ist.

Einleitungstypen

... zum Aufsatzthema „Im Zeitalter elektronischer Medien wird die Zeitung zunehmend überflüssig." Erörtere, inwieweit du dieser Behauptung zustimmen kannst.

A Zunächst einmal will ich klären, was ich unter „elektronischen Medien" verstehe. Im Allgemeinen denkt man dabei an den Rundfunk, an das Radio und Fernsehen und an den PC. Ich will mich in meiner Erörterung auf das letzte hier genannte Medium beschränken und der Frage nachgehen, inwieweit es zutreffend ist, dass der Computer und vor allem der damit mögliche Internet-Zugang die Zeitung überflüssig machen oder nicht.

B Die Zeitungen, gedruckte Medien also, sind fast so alt wie der Buchdruck. Im letzten Jahrhundert kamen das Radio und das Fernsehen hinzu, und seit ca. 20 Jahren verfügen immer mehr Haushalte über einen PC. Mit der Möglichkeit, über Computer und Internet die aktuellsten Nachrichten aus dem World Wide Web abzurufen, stellt sich die Frage, ob die Zeitung als Medium nicht auf Grund dieser technischen Möglichkeiten überflüssig wird.

C Die Zahl der Zeitungsabonnenten nimmt rapide ab. Erst in der letzten Woche wurde die angesehene ... Zeitung von einem ausländischen Medienkonzern aufgekauft. Der Grund für diesen wirtschaftlichen Niedergang einiger Zeitungsverlage liegt auf der Hand: Immer mehr Menschen informieren sich mit Hilfe von Radio oder Fernsehen, oder sie holen sich ihre Informationen aus dem Internet und lesen Online-Zeitungen. Daher stellt sich die Frage, ob Zeitungen im Zeitalter der elektronischen Medien nicht zunehmend überflüssig werden.

D Kürzlich teilte mir mein Freund Carlo mit, dass sein Vater sein Zeitungsabonnement gekündigt hat. Das Geld dafür könne er sich sparen, hat Carlos Vater gesagt, weil er die aktuellsten Nachrichten ja auch im Radio hören, im TV sehen oder sich aus dem Internet besorgen könne. So wie Carlos Vater denken viele und behaupten daher, dass die Zeitung im Zeitalter elektronischer Medien überflüssig wird. Inwieweit kann man dieser These zustimmen?

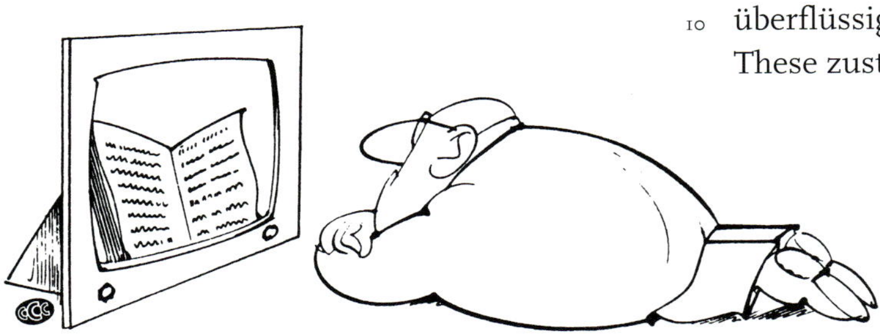

1. Wodurch unterscheiden sich die vier Einleitungstypen?
2. Schaue dir die Aufsatzthemen auf S. 58 an. Nenne je ein Aufsatzthema, für das sich der Einleitungstyp A, B, C oder D eignet.
3. Verfasse eine Einleitung nach Typ A, B, C oder D zu einem der Themen aus der Liste auf S. 58.

Schlusstypen

Es gibt verschiedene Möglichkeiten, einen dialektischen Erörterungsaufsatz abzuschließen. Das wird an folgenden Auszügen und unvollständigen Sätzen aus verschiedenen Schlusstypen deutlich:

1 Bislang wurde die Frage behandelt, ob … Im Wesentlichen ging es dabei um den Gesichtspunkt, dass … Dabei wurde jedoch übersehen, dass … Gerade dies scheint wichtig, weil … Wie sich im Laufe der Erörterung nämlich gezeigt hat, wird man das Thema nicht so eng diskutieren dürfen, sondern muss es in einen größeren Zusammenhang einbetten … Es handelt sich letztendlich nur um den Teilaspekt eines größeren Problems, nämlich um die Frage, ob … Eine Einengung auf … wird dem Thema nicht gerecht.

2 Das in der Themenstellung angesprochene Problem hat mich unmittelbar angesprochen und mir die Möglichkeit zu einer kritischen Selbstreflexion meines eigenen Verhaltens geboten. Im Laufe der Erörterung ist mir nämlich bewusst geworden, wie sehr auch ich … Ich muss mich abschließend fragen, ob nicht auch ich …

3 Die Erörterung hat gezeigt, dass die provokant formulierte These, …, so nicht stehen bleiben kann. Sinnvoll ist es, in diesem Zusammenhang den Fragen nachzugehen, wer diese Behauptung, …, überhaupt aufstellt, warum und wie er dies tut. Die Beantwortung dieser Fragen zeigt, dass die Befürworter der diskutierten These ein bestimmtes Interesse vertreten … Man wird sie also mit demselben Recht, mit dem sie behaupten, …, sie mit der Gegenthese konfrontieren können, dass …

4 Einleitend wurde die Behauptung aufgestellt, dass … Zu diesem Problem gibt es zwei Positionen. Die Befürworter vertreten im Allgemeinen die Ansicht, dass …, die Gegner sind im Wesentlichen der Meinung, … Aus den genannten Argumenten für und gegen … sollen einige wichtige Aspekte herausgegriffen werden. Einerseits ist zu bedenken, dass … Andererseits darf aber nicht außer Acht gelassen werden, dass …

5 Die Erörterung hat den Nachweis erbracht, dass die Position … falsch ist, denn erstens wird man festhalten müssen, dass … Ferner muss beachtet werden, dass … Schließlich – und das ist der wichtigste Punkt! – zeigt es sich, dass … Daraus ergibt sich ganz eindeutig, dass die Position … vorzuziehen ist.

1. Welche Möglichkeiten gibt es, den Schluss für einen dialektischen Erörterungsaufsatz zu gestalten?
2. Welche Texthinweise helfen dir dabei?
3. Verfasse zu jedem der hier genannten Schlusstypen einen Schluss. Themen für Erörterungsaufsätze findest du auf S. 58.

Die sprachliche Gestaltung eines Erörterungsaufsatzes

Im Folgenden sind je zwei Argumente aus zwei Schüleraufsätzen abgedruckt zum Thema: „Kleidung ist für Jugendliche eine Möglichkeit, ihre eigene Individualität zu unterstreichen.“ – Erörtere, ob du dieser Behauptung zustimmen kannst.

1. Schüleraufsatz

Wir leben heutzutage in der Welt der Massenmedien. Keiner, und vor allem kein Jugendlicher, wird gern zum Außenseiter oder grenzt sich ab. Viele folgen dem aktuellen Trend, und da dann fast jeder mehr oder weniger das Gleiche trägt, ist die Hervorhebung der eigenen Persönlichkeit schwierig. Die meisten in einer Klasse tragen eine Hose, die eine ganz bestimmte Form hat.

Die Modewelt hängt stark von jugendlichen Käufern ab. Jugendliche müssen zwischen so vielen Einflüssen sich entscheiden. Und gerade diese Entscheidung fällt den meisten Jugendlichen sehr schwer, da sie noch auf der Suche nach ihrer Persönlichkeit sind und daher auch nach dem eigenen Stil. Viele Jugendliche kaufen jede Saison etwas Neues und legen die alten Sachen, obwohl sie kaum getragen wurden, zuhinterst in den Schrank.

2. Schüleraufsatz

Gegen diese Behauptung spricht die Tatsache, dass die meisten Jugendlichen dem aktuellen Trend folgen, der von den Massenmedien vorgegeben wird, sich also nicht abgrenzen oder zum Außenseiter werden wollen. Eine Folge dieses Modediktats ist, dass alle mehr oder weniger das Gleiche tragen und eine Hervorhebung der eigenen Persönlichkeit schwierig ist. In einer Klasse tragen zum Beispiel die meisten eine Hose, die eine ganz bestimmte Form hat.

Gewichtiger ist ein weiteres Argument: Jugendliche sind auf der Suche nach ihrer Persönlichkeit und auch nach ihrem eigenen Stil. Folglich können sie sich nicht zwischen so vielen Einflüssen entscheiden, denen sie durch die Modewelt ausgesetzt sind. Sie kaufen also jede Saison etwas Neues, obwohl die alten Sachen kaum getragen wurden und zu Hause im Schrank hängen.

1. Wodurch unterscheiden sich der erste und der zweite Schüleraufsatz? Achte jeweils auf den Beginn der Absätze.
2. Suche in dem Schüleraufsatz zum „Benimmunterricht“ (s. S. 60 f.) nach ähnlichen Formulierungen wie im zweiten Schüleraufsatz.

Argument, Erläuterung, Beleg, Beispiel und Folgerung

Zum Aufsatzthema „Warum unsere Schulhöfe verbessert werden müssen" findest du im Folgenden eine Gliederung und einen Aufsatz-Ausschnitt:

Schüleraufsatz (Ausschnitt)

Unsere Schulhöfe müssen verbessert werden, denn der Schulhof kann als Handlungs- und Erfahrungsfeld genutzt werden, das es den Schülerinnen und Schülern zu eröffnen gilt. Mit anderen Worten: Sie müssen Orte zur Verfügung haben, an denen sie ihre Handlungskompetenz erproben und erweitern können. So zeigt es sich, dass in einem veränderten Schulhof Erfahrungen möglich sind, die vielen Unterrichtsbereichen zugutekommen. Beispielsweise könnten im Biologieunterricht auf dem Schulhof Schulgärten oder Biotope angelegt werden, im Sportunterricht Kletterwände, und die Physiklehrer könnten Wetterbeobachtungsstationen aufbauen. Dadurch werden Lernmöglichkeiten für die Schüler geschaffen, von denen diese längerfristig profitieren werden, denn sie müssen Verantwortung übernehmen für die Schulgärten und Biotope; sie entwickeln Mut, Kraft und Geschicklichkeit an der Kletterwand, und sie schärfen ihre Beobachtungsgabe im Umgang mit der Wetterstation.

Gliederung

1 Schulhof als Handlungs- und Erfahrungsfeld
1.1 Ort für soziales Lernen
1.2 Erfahrungen für alle Unterrichtsbereiche
1.2.1 Schulgärten, Biotope
1.2.2 Kletterwände
1.2.3 Wetterbeobachtungsstationen
1.3 Lernmöglichkeiten für die Kinder
1.4 Verantwortungsbewusstsein, Geschicklichkeit, genaue Beobachtung

1. Durch welche sprachlichen Mittel (farbig unterstrichen) werden Argumente, Erläuterungen, Belege, Beispiele und Folgerungen kenntlich gemacht?

INFO

Nachschlagen → S. 299

- Erörterungsthemen verlangen entweder eine **einfache** (lineare) oder eine **dialektische** (antithetische) **Erörterung.**
- **Gliederungsskizzen** für den Hauptteil einer Erörterung können nach dem Typ 1 oder dem Typ 2 angelegt werden. Beim **Typ 1** folgt auf die Pro-These die Kontra-These, beim **Typ 2** werden die Argumente sowohl der Pro- als auch der Kontra-These eingeschränkt.
- Bei der **Einleitung** hat man die Wahl zwischen einer Erläuterung des Themas, einem historischen Überblick, einem aktuellen Ereignis oder einem persönlichen Erlebnis.
- Beim **Schlussteil** hat man die Wahl zwischen Ausweitung, kritischer Reflexion, persönlicher Stellungnahme, Zusammenfassung und begründeter Entscheidung.
- Die Verknüpfung innerhalb einer Argumentation muss sprachlich verdeutlicht werden.

Nachschlagen → S. 300

Die textgebundene Erörterung

Terror mit der echten Jeans *Sigrid Latka-Jöhring*

Wenn die Vorweihnachtszeit naht oder der Geburtstag ihrer Sprösslinge, geraten Mütter zunehmend in Stress. Denn die Zeiten, als Kinder sich noch über jedes Geschenk freuen konnten, sind restlos vorbei. Heutzutage beherrscht das Marken-Kauderwelsch die Kinderzimmer, Kinder und Heranwachsende setzen ihre Eltern immer mehr unter Druck, wenn es darum geht, „das Richtige" zu kaufen. Ein bisher nie da gewesener Konsumterror herrscht oft in Familien. In vielen Schulen und Cliquen genießen inzwischen nur jene „Kids" Aufmerksamkeit und Ansehen, die Trendmarken tragen. Während die Eltern allzu häufig resignieren, jubeln die „Markendurchsetzer", nämlich jene alerten Werbemacher, die sich in den Agenturen den Kopf darüber zerbrechen, wie sie Kinder und Heranwachsende am nachhaltigsten beeinflussen können. Schließlich geht es hier um eine ernst zu nehmende Kaufkraft. Die etwa sieben Millionen Jungdeutschen im Alter von 7 bis 15 Jahren verfügen insgesamt über 17 Milliarden Mark im Jahr. […]

Wenn die Jugendlichen entscheiden und die Eltern zahlen, tun Letztere das oft mit sehr ambivalenten Gefühlen. Einmal sind sie stolz darauf, dass der Nachwuchs „auf der Höhe der Zeit ist", finden die Sachen aber meistens preislich überhaupt nicht angemessen. Auf der anderen Seite lassen sie sich beschwätzen, dass das richtige „Outfit" heutzutage von großer Bedeutung sei. Nur wer die richtigen Jeans, die richtigen T-Shirts und Turnschuhe trage, gelte etwas in der Clique, heißt es dann. Denn dort wird entschieden, was „super-in" und was „mega-out" ist. Vor allem auf Schulhöfen wird Alltagskleidung mit größter Aufmerksamkeit begutachtet und es wird gleichzeitig beschlossen, wer dazuge-

alert: munter, flink

ambivalent: doppelwertig, zwiespältig

hört, nämlich zu den Trendsettern und Meinungsführern. So stehen Kinder und Jugendliche häufig unter einem enormen Konsumdruck. Markenprodukte, die meistens weder besser noch origineller sind als andere, sind ihre Statussymbole, stiften Identität. Die Eltern wehren sich häufig darum nicht, weil sie wollen, dass ihre Sprösslinge mithalten können.

Sieg für die Agenturleute! Sie kassieren hohe Honorare für das Durchsetzen einer Marke. Und der Hersteller schlägt die hohen Werbungskosten wieder auf den Preis. So zahlen am Ende die Jugendlichen teuer dafür, dass sie auf so raffinierte Weise beeinflusst worden sind.

Es ist ein perfides System. Es trifft junge Menschen in einem Stadium der Persönlichkeitsentwicklung, in dem wichtige Weichen gestellt werden. Zum Beispiel was soziale und ökonomische Verantwortung, sprich den Umgang mit anderen und mit Geld, anbetrifft. Und Eltern haben in Zeiten, die wirtschaftlich schwerer werden, größte Mühe, die kindlichen Wünsche annähernd zu erfüllen. Vor allem alleinstehende Mütter mit kleinem Budget sind ratlos, wenn sie das falsche Spielzeug auf den Gabentisch gelegt haben. […]

perfide: heimtückisch

Was kann man tun? Verbraucherschützer raten Eltern zu mehr Aufklärungsgesprächen, damit junge Menschen kritischer werden. „Nicht flüchten, sondern standhalten. Öfter nein sagen und dabei bleiben. Nicht weil Ihnen das Kind die Ausgabe nicht wert ist, sondern weil der Wert des Kindes sich nicht an der Höhe der Konsumausgaben misst“, sagt eine Beraterin der Arbeitsgemeinschaft der Verbraucherverbände in Bonn.

1. Lies den Text genau durch.
Welches Problem spricht er an?

Schlüsselbegriffe

Im Folgenden findest du eine Liste mit wichtigen Begriffen des Textes, aber auch einigen weniger wichtigen.

Stress – Geschenk – Marken-Kauderwelsch – Druck – Konsumterror – Trendmarken – Markendurchsetzer – Kopf – Kaufkraft – ambivalente Gefühle – Outfit – Clique – Alltagskleidung – Trendsetter – Konsumdruck – Statussymbole – Agenturleute – Identität – Werbungskosten – perfides System – Persönlichkeitsentwicklung – Geld – soziale und ökonomische Verantwortung – Wünsche – Gabentisch

2. Suche die Schlüsselbegriffe heraus. Begründe deine Wahl.
Woran erkennst du, welche Begriffe wichtig sind?

Kernsätze

Im Folgenden sind Kernsätze zu den beiden im Text angesprochenen Bereichen genannt, d. h. zu den Jugendlichen sowie ihren Eltern und zu den Werbeleuten.

1 „Ein bisher nie da gewesener Konsumterror herrscht oft in Familien. In vielen Schulen und Cliquen genießen inzwischen nur jene ‚Kids' Aufmerksamkeit und Ansehen, die Trendmarken tragen." (Z. 6–8)

2 „Während die Eltern allzu häufig resignieren, jubeln die ‚Markendurchsetzer', nämlich jene alerten Werbemacher, die sich in den Agenturen den Kopf darüber zerbrechen, wie sie Kinder und Heranwachsende am nachhaltigsten beeinflussen können." (Z. 8–11)

3 „Wenn die Jugendlichen entscheiden und die Eltern zahlen, tun Letztere das oft mit sehr ambivalenten Gefühlen." (Z. 14–15)

4 „Nur wer die richtigen Jeans, die richtigen T-Shirts und Turnschuhe trage, gelte etwas in der Clique, heißt es dann." (Z. 18–20)

5 „So stehen Kinder und Jugendliche häufig unter einem enormen Konsumdruck. Markenprodukte, die meistens weder besser noch origineller sind als andere, sind ihre Statussymbole, stiften Identität." (Z. 23–26)

6 „Sieg für die Agenturleute! Sie kassieren hohe Honorare für das Durchsetzen einer Marke. Und der Hersteller schlägt die hohen Werbungskosten wieder auf den Preis. So zahlen am Ende die Jugendlichen teuer dafür, dass sie auf so raffinierte Weise beeinflusst worden sind." (Z. 28–31)

7 „Es ist ein perfides System. Es trifft junge Menschen in einem Stadium der Persönlichkeitsentwicklung, in dem wichtige Weichen gestellt werden. Zum Beispiel, was soziale und ökonomische Verantwortung, sprich den Umgang mit anderen und mit Geld, anbetrifft." (Z. 32–35)

8 „Nicht flüchten, sondern standhalten. Öfter nein sagen und dabei bleiben. Nicht, weil Ihnen das Kind die Ausgabe nicht wert ist, sondern weil der Wert des Kindes sich nicht an der Höhe der Konsumausgaben misst […]." (Z. 40–43)

3. Stimmst du der Auswahl zu? Begründe.
4. Diskutiert darüber, ob noch weitere Sätze des Textes als Kernsätze gelten könnten.

Textwiedergabe

Die Aufgabenstellung zur schriftlichen Form der textgebundenen Erörterung enthält in der Regel zwei Anforderungen, etwa:

1. *Gib den Inhalt des Textes wieder.*
2. *Setze dich mit ihm auseinander.*

Aufgabe 1 wird auf dieser Seite vorgestellt, und zwar in Form von zwei Vorschlägen (A und B), die verglichen werden sollen. – Die Aufgabe 2 folgt auf der nächsten Seite.

A Konsumterror beherrscht die Szene, da die Jugendlichen mit Trendmarken die Clique dominieren. Wer also etwas gelten will, muss mithalten. Aus Gründen der identitätsstiftenden Wirkung der Markenartikel ist der Druck auf die Jugendlichen ungeheuer groß. Dies ist ein perfides System, weil die Jugendlichen aufgrund ihres zwanghaften Konsumverhaltens Eigenschaften wie soziale und ökonomische Verantwortung nicht ausbilden können – und dies ausgerechnet in einer wichtigen Phase ihrer Entwicklung. Auch die Eltern befinden sich in einer Problemsituation. Die Sorge, dass ihre Kinder in der Clique nichts gelten könnten, führt dazu, dass sie resignieren und schließlich ihren Kindern die teuren Markenprodukte kaufen. An dieser Entwicklung sind vor allem auch die profitorientierte Werbebranche und entsprechend ihre nachhaltigen manipulativen Strategien schuld, die die Jugendlichen stark beeinflussen.

B Die Autorin Sigrid Latka-Jöhring beschreibt in ihrem Zeitungsartikel „Terror mit den echten Jeans“ die Problemsituation vieler Jugendlicher: Nur wer die richtigen Markenartikel trägt, gilt etwas in der Clique; das führt zu einem enormen Konsumdruck.

Einleitend skizziert die Autorin kurz die Ausgangssituation der Jugendlichen: Konsumterror beherrscht die Szene, da die Jugendlichen mit Trendmarken die Clique dominieren. Wer also etwas gelten will, muss mithalten. Daraus folgert Latka-Jöhring, dass aus Gründen der identitätsstiftenden Wirkung der Markenartikel der Druck auf die Jugendlichen ungeheuer groß ist. Und die Kritik der Verfasserin gipfelt schließlich in dem Begriff „perfides System“. Dieser besagt, dass die Jugendlichen aufgrund ihres zwanghaften Konsumverhaltens Eigenschaften wie soziale und ökonomische Verantwortung nicht ausbilden können – und dies ausgerechnet in einer wichtigen Phase ihrer Entwicklung. – Die Autorin erwähnt aber auch die Problemsituation der Eltern: Die Sorge, dass ihre Kinder in der Clique nichts gelten könnten, führt dazu, dass sie resignieren und schließlich ihren Kindern die teuren Markenprodukte kaufen.

Nach Meinung der Verfasserin sind an dieser Entwicklung vor allem auch die profitorientierte Werbebranche und entsprechend ihre nachhaltigen manipulativen Strategien schuld, die die Jugendlichen stark beeinflussen.

5. Worin unterscheiden sich die Textwiedergaben?
Welche hältst du für die überzeugendere? Warum?

„Perfides System“

Es folgt die zweite Aufgabe der schriftlichen Form der textgebundenen Erörterung. Entsprechend findest du hier die exemplarische Erörterung eines Kernsatzes und zugleich einer zentralen These des Textes:

Aufgabe 2

„Es ist ein perfides System. Es trifft junge Menschen in einem Stadium der Persönlichkeitsentwicklung, in dem wichtige Weichen gestellt werden. Zum Beispiel, was soziale und ökonomische Verantwortung, sprich den Umgang mit anderen und mit Geld, anbetrifft.“ – Setze dich mit dieser provokanten These auseinander.

Eine mögliche Gliederung

1. *Einleitung*
   Der Begriff „perfides System“
2. *Hauptteil*
   2.1 Eine wichtige Entwicklungsphase
   2.2 Ökonomische Verantwortung
   2.3 Soziale Verantwortung
3. *Schluss:*
   Zustimmung

Der Aufsatz

Der Begriff „perfides System“ beschreibt treffend die Situation der jungen Menschen: Sie werden in einer ganz wichtigen Entwicklungsphase ihres Lebens von den Werbestrategien kalt erwischt. Denn soziale und ökonomische Verantwortung lassen sich so nicht aufbauen.

Die Jugendlichen befinden sich in einem Stadium der Persönlichkeitsentwicklung, das für ihr weiteres Leben besonders wichtig ist. Sie müssen lernen, soziale und ökonomische Verantwortung zu übernehmen, d. h. mit anderen Menschen und mit Geld angemessen umzugehen. Sie können dies aber nicht lernen, wenn sie der raffinierten Produktwerbung, z. B. zu den richtigen Jeans, den richtigen T-Shirts und richtigen Turnschuhen, auf den Leim gehen. Sie müssen diese teuren Artikel einfach haben, weil es in der Clique „super-in“ ist.

Ökonomische Verantwortung kann dabei aber nicht ausgebildet werden, denn manchen Eltern fällt es sicher finanziell schwer, ihren Kindern die teuren Markenartikel zu kaufen. Welche Mutter und welcher Vater werden aber der Tochter oder dem Sohn den Kauf der teuren Klamotten verweigern, wenn die Kinder z. B. mit der Bemerkung auftreten: „Dann werde ich halt in der Gruppe nicht anerkannt und isoliert.“ Oftmals legen sich die Eltern für ihre Kinder krumm, indem sie bei den Ausgaben für sich selbst sparen.

Auch soziale Verantwortung kann nicht entwickelt werden, vor allem deshalb nicht, weil die Clique Schüler, die die teuren Klamotten nicht besitzen, ausgrenzt; denn nur der, der die richtigen Jeans trägt, gilt etwas in der Clique. Welches Gruppenmitglied aber bringt schon den Mut auf, gegen die Ausgrenzung des „ärmeren“ Schülers zu opponieren? Es riskiert dann vielleicht, auch selbst ausgeschlossen zu werden. Und ein Umdenken der ganzen Gruppe ist nicht zu erwarten. Dazu macht das Tragen toller Jeans einfach zu viel Spaß.

Dem Kernsatz oder der These des Textes kann man zustimmen. Perfide ist dieses Werbesystem deshalb, weil das Tragen der Markenartikel einerseits Spaß macht und die Identität in der Gruppe stärkt; andererseits werden aber auch dadurch wichtige Weichen für die Persönlichkeitsentwicklung, z. B. die Ausbildung sozialer und ökonomischer Verantwortung, falsch gestellt.

1. Würdest du dieser Erörterung des Kernsatzes zustimmen? Diskutiert darüber.
2. Untersuche die Erörterung genauer:
   - Wie werden die Argumente entfaltet?
   - In welcher Weise ist das übliche Aufbauschema realisiert (Einleitung, Hauptteil, Schluss)? – Prüfe daraufhin die Gliederung.

„Die Markendurchsetzer“

Neben der kritischen Beschreibung der Problemsituation junger Menschen wirft der Text an einigen Stellen aber auch einen kritischen Blick auf diejenigen, die das Problem verursachen: die „Markendurchsetzer“.

Textstellen

1 „Während die Eltern allzu häufig resignieren, jubeln die ‚Markendurchsetzer‘, nämlich jene alerten Werbemacher, die sich in den Agenturen den Kopf darüber zerbrechen, wie sie Kinder und Heranwachsende am nachhaltigsten beeinflussen können. Schließlich geht es hier um eine ernst zu nehmende Kaufkraft.“ (Z. 8–12)

2 „Sieg für die Agenturleute! Sie kassieren hohe Honorare für das Durchsetzen einer Marke. Und der Hersteller schlägt die hohen Werbungskosten wieder auf den Preis. So zahlen am Ende die Jugendlichen teuer dafür, dass sie auf so raffinierte Weise beeinflusst worden sind.“ (Z. 28–31)

3. Setze dich mit den Textstellen zu den „Markendurchsetzern“ auseinander. Verfasse eine schriftliche Erörterung dazu.

INFO

Nachschlagen → S. 300

- Die **textgebundene Erörterung** bezieht sich auf Sachtexte.
- Sie erfordert zwei Vorgänge: die **Klärung des Inhalts** und die **Auseinandersetzung** mit ihm.
- Sie stellt vor allem die folgenden Anforderungen: der **Entfaltung der Argumente** und dem üblichen **Aufbauschema** (Einleitung, Hauptteil, Schluss) sowie der **Gliederung**.

Nachschlagen → S. 300

Die literarische Erörterung

San Salvador *Peter Bichsel*

Er hatte sich eine Füllfeder gekauft.

Nachdem er mehrmals seine Unterschrift, dann seine Initialen, seine Adresse, einige Wellenlinien, dann die Adresse seiner Eltern auf ein Blatt gezeichnet hatte, nahm er einen neuen Bogen, faltete ihn sorgfältig und schrieb: „Mir ist es hier zu kalt“, dann, „ich gehe nach Südamerika“, dann hielt er inne, schraubte die Kappe auf die Feder, betrachtete den Bogen und sah, wie die Tinte eintrocknete und dunkel wurde (in der Papeterie garantierte man, dass sie schwarz werde), dann nahm er seine Feder erneut zur Hand und setzte noch großzügig seinen Namen Paul darunter.

Dann saß er da.

Später räumte er die Zeitungen vom Tisch, überflog dabei die Kinoinserate, dachte an irgendetwas, schob den Aschenbecher beiseite, zerriss den Zettel mit den Wellenlinien, entleerte seine Feder und füllte sie wieder. Für die Kinovorstellung war es jetzt zu spät.

Die Probe des Kirchenchors dauerte bis neun Uhr, um halb zehn würde Hildegard zurück sein. Er wartete auf Hildegard. Zu all dem Musik aus dem Radio. Jetzt drehte er das Radio ab.

Auf dem Tisch, mitten auf dem Tisch, lag nun der gefaltete Bogen, darauf stand in blauschwarzer Schrift sein Name Paul.

„Mir ist es hier zu kalt“, stand auch darauf.

Nun würde Hildegard heimkommen, um halb zehn. Es war jetzt neun Uhr. Sie läse seine Mitteilung, erschräke dabei, glaubte wohl das mit Südamerika nicht, würde dennoch die Hemden im Kasten zählen, etwas müsste ja geschehen sein.

Sie würde in den „Löwen“ telefonieren.

Der „Löwen“ ist mittwochs geschlossen.

Sie würde lächeln und verzweifeln und sich damit abfinden, vielleicht.

Sie würde sich mehrmals die Haare aus dem Gesicht streichen, mit dem Ringfinger der linken Hand beidseitig der Schläfe entlangfahren, dann langsam den Mantel aufknöpfen. Dann saß er da, überlegte, wem er einen Brief schreiben könnte, las die Gebrauchsanweisung für den Füller noch einmal – leicht nach rechts drehen – las auch den französischen Text, verglich den englischen mit dem deutschen, sah wieder seinen Zettel, dachte an Palmen, dachte an Hildegard.

Saß da.

Und um halb zehn kam Hildegard und fragte: „Schlafen die Kinder?“ Sie strich sich die Haare aus dem Gesicht.

1. Lies dir den Text genau durch. Notiere dir Fragen zu Textstellen, die du nicht verstanden hast.

Analyse- und Interpretationsskizze

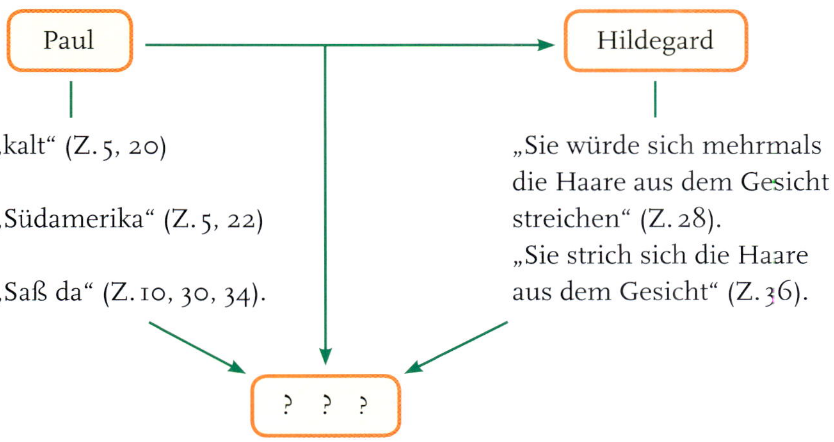

2. Bestimme durch eine genaue Analyse des Textes, welches Problem Paul hat. – Du kannst dazu die Skizze nutzen.

Rituale – die verkannten Baumeister des Alltags

Gewohnheiten bieten Halt in einer unüberschaubaren Welt

Ob Messer, ob Löffeln: den Grundsatzstreit übers Frühstücksei sparen wir uns. Auch der harte Zugriff auf die Zeitung – er wie immer die Politik, sie das Lokale – soll uns nicht weiter stören. Die Geschichte nimmt ihren Ausgang schon viel eher. Frühmorgens fängt sie an beim Weckerklingeln. Der eine steht auf metallisches Scheppern, der andere fährt auf den schrillen Signalton ab – „Matrose ahoi!“ Der Schöngeist erwacht zu Beethoven, der Zeitgeist zu den Backstreet Boys. Der Weckruf in unseren Schlafzimmern kennt alle Tonarten. Aber wer sich einmal mit der täglichen Pein – viel zu früh, viel zu laut – arrangiert hat, der bleibt dabei. Ob Warnton, ob Radioklang: auch das eine Frage der Gewohnheit. Wir nehmen die immer gleichen Handlungsabläufe am Morgen gar nicht richtig wahr.

Vieles läuft automatisch ab. Wecker aus, aufstehen, ab aufs Klo, dann vor den Spiegel – bäh! Kaffee aufsetzen, Tisch decken. Frühstück: Schatz, wo ist die Marmelade? Die Morgenrituale gehören fest zum Tagesablauf – obwohl sie Stiefkinder des Bewusstseins sind. Aber Rituale sind hartnäckig. Wehe, am Tagesbeginn läuft etwas nicht so ab wie immer, schon geht alles schief. Die Hand auf dem Weg zum Marmeladeglas tappt ins Leere, stößt die Teetasse um und badet vor Schreck die tropfnassen Finger im Zuckertopf. Dann bleibt eigentlich nur eines: zurück ins Bett, Decke über den Kopf und leiden. Diese Verweigerungshaltung können sich die meisten allerdings höchstens an Sonntagen leisten. Und da gelten wieder andere Regeln. Viele Gewohnheiten haben sich längst zu einem festen Zeremoniell entwickelt. Wir haben unsere persönlichen Ticks und Marotten durch ständiges Wiederholen zu rituellen Handlungen veräußerlicht, ohne dass wir es freilich gemerkt hätten. Rituale sind die verkannten Baumeister des Alltags. Sie bringen ein Mindestmaß an Ordnung in die gestaltlose Zeit. Sie bilden das Gerüst im chaotischen Leben, das Halt gibt, Sicherheit suggeriert und Orientierung anbietet. Im taufrischen Tag kommt besser zurecht, wer die ersten Minuten und Stunden so verbringt wie schon alle Tage zuvor. Diese unbewussten Ordnungssysteme greifen vor allem in Momenten, „in denen wir versuchen, Übergänge zu bewältigen“, meint die Psychotherapeutin Hildegard Ressel. Übergänge wie etwa der von Nacht zum Tag machten besonders empfindlich für Störungen, schreibt sie in ihrem Buch über „Die Macht der Gewohnheit“. Gerade diese „Wechselfälle“ im Alltag seien dadurch gekennzeichnet, „dass wir einen Bereich verlassen, aufgeben müssen, den nächsten Bereich aber noch nicht begonnen, ‚im Griff haben‘. Da ist es wichtig, sich auf bewährte Abläufe verlassen zu können.“

1. Welche Dimension der „Gewohnheiten“ oder immer wiederkehrenden „Rituale“ beschreibt dieser Zeitungsartikel? Sprecht darüber.
2. Welche Rolle spielt dabei die „Macht der Gewohnheit“?

Die „Macht der Gewohnheit" *Beispielaufsatz*

Hier ist ein Teil der literarischen Erörterung zu folgender Aufgabenstellung wiedergegeben:
Erörtere, warum Gewohnheiten eine negative und positive Dimension beinhalten können. – Gehe bei deinen Überlegungen von dem literarischen Text „San Salvador" aus und beziehe eigene Lebenserfahrungen mit ein.

Die Kurzgeschichte „San Salvador" und der Zeitungstext „Rituale – die verkannten Baumeister des Alltags" zeigen ganz unterschiedliche Erfahrungen der Menschen mit Gewohnheiten.

In der Kurzgeschichte werden vor allem negative Erfahrungen dargestellt. Bei der Hauptfigur Paul löst diese Erfahrung eine Beziehungskrise zu seiner Frau Hildegard aus. Ihm ist „kalt" und er sehnt sich offensichtlich nach Wärme: Er möchte nach Südamerika („San Salvador"). Immer wiederkehrende Gewohnheiten haben wohl seine Ehe zur Routine werden lassen und ihn von seiner Frau entfremdet. Er weiß z. B. im Voraus, wie sie sich verhalten wird. Bezeichnend ist dafür der Satz: „Sie würde sich mehrmals die Haare aus dem Gesicht streichen" (Z. 28). Als sie nach Hause kommt, tut sie dies tatsächlich: „Sie strich sich die Haare aus dem Gesicht" (Z. 36). – Interessant ist aber auch, dass es von Paul am Schluss heißt: „Saß da" (Z. 34). Offenbar ist selbst für ihn die „Macht der Gewohnheit" so groß, dass er sich nicht zum Verlassen seiner Frau aufraffen kann.

Negative Erfahrungen mit Gewohnheiten kennt, glaube ich, jeder. Welchem jungen Menschen stoßen nicht die gewohnheitsmäßigen Besuche bei den Verwandten (etwa zu Geburtstagen) sauer auf? – Vor allem, weil die Gespräche immer um dieselben Themen kreisen (z. B. Krankheiten, Hausumbau, Kapitalanlagen). Dabei kommt bei uns Jugendlichen große Langeweile auf. Ich kann davon ein Lied singen. Nach meinen Interessen und Problemen fragt doch bei diesen Gesprächen keiner. Und da sie immer nach dem gleichen Muster ablaufen, muss ich sagen, dass ich auf diese Gewohnheiten gut verzichten könnte.

Aber Gewohnheiten oder „die immer gleichen Handlungsabläufe" (Z. 17 f.), von denen der Zeitungsartikel spricht, haben nicht nur negative Auswirkungen. Sie können auch Halt geben.

…

3. Schreibe zu der oben genannten Aufgabenstellung einen eigenen Aufsatz.

4. Wenn du möchtest, kannst du auch den begonnenen Aufsatz weiterschreiben.

Definition: literarische Erörterung

- Grundsätzlich können alle poetischen Gattungen – also lyrische, epische und dramatische Texte – die Grundlage einer literarischen Erörterung bilden.
- Sie stellt häufig eine Weiterführung der analytischen, evtl. auch der gestaltenden Interpretation dar. So kann beispielsweise der festgestellte Problemgehalt eines literarischen Textes im subjektiven Erfahrungshorizont weitergedacht und erörtert werden.
- Außerdem ist denkbar, dass die festgestellten Verhaltens- und Denkweisen literarischer Figuren vor dem Hintergrund persönlicher Werthaltungen und Lebenseinstellungen kritisch beleuchtet und erörtert werden.
- Schließlich könnten zwei Interpretationshypothesen zu einem literarischen Text existieren. Das eigene Textverständnis legt aber nur eine Interpretationshypothese nahe, deren Gültigkeit dann in Abgrenzung von der anderen begründet werden müsste.

Themen- und Aufgabenstellungen

Die folgenden Themen- und Aufgabenstellungen sind mit Blick auf die genannten Definitionselemente der literarischen Erörterung formuliert worden. Sie beziehen sich auf einige in diesem Band didaktisch aufbereitete literarische Texte.

A Innerhalb der gestaltenden Interpretation der Kurzgeschichte *Das Eiserne Kreuz* von Heiner Müller (s. S. 82 ff.) ist die Figur des Papierhändlers mehrfach ins Blickfeld gerückt worden:
- Wie beurteilst du seine Absicht, angesichts von Hitlers Tod Frau und Tochter sowie sich selbst zu erschießen?
- Wie bewertest du ferner sein Verhalten nach der Tötung von Frau und Tochter?
- Begründe deine Meinung.

B Im Zusammenhang mit der Behandlung von Erich Hackls Erzählung *Abschied von Sidonie* wurde anhand des Auszugs *Diesbezügliche Verfügungen* (s. S. 134 f.) untersucht, wie nationalsozialistisches Gedankengut das Handeln der an Sidonies Überstellung beteiligten Personen prägt:
- Setze dich mit ihrem Handeln kritisch auseinander.

C Die Reaktion der Figur des Poljakow aus der Parabel *Der Zettel* von Igor Irtenjew (s. S. 108 f.) kann als ‚natürlich', aber auch als ‚überzogen' bezeichnet werden:
- Welche Interpretationshypothese bevorzugst du? Begründe deine Auffassung.

1. Wähle eine Themen- und Aufgabenstellung aus und bearbeite sie.

Auch eine literarische Erörterung!

Dass die Erörterung eines literarischen Textes in einem Gespräch stattfinden kann, ist vielleicht etwas ungewöhnlich.

Ein Gespräch

Annette Ein tolles Gedicht, findest du nicht auch?
Jens Ne, finde ich ganz und gar nicht.
Annette Wieso findest du es nicht toll?
Jens Ist doch Quatsch, was Fried sagt: „Freiheit herrscht nicht". – Ja sicher herrscht Freiheit, z. B. in unserer Demokratie.
Annette Der Fried meint das doch anders …

Herrschaftsfreiheit *Erich Fried*

Zu sagen
„hier
herrscht Freiheit"
ist immer
ein Irrtum
oder auch
eine Lüge:

Freiheit herrscht nicht

2. Wie „anders" meint Fried es denn? – Setze das Gespräch fort.

Schöne seltene Weide *Rainer Malkowski*

Manchmal, nach einem Herbststurm,
wenn die Luft still und gefegt ist,
gehe ich im Garten umher und zähle
die abgeschlagenen Äste.
Nur die Weide zeigt keine Veränderung.
Ich bewundere sie lange:
Nicht immer sieht es so schön aus,
wenn die Biegsamkeit überlebt.

3. Probiere ein ähnliches Gespräch wie oben an diesem literarischen Text aus.

INFO

Nachschlagen → S. 300

- Die **literarische Erörterung** bezieht sich auf poetische Texte.
- Sie erfordert zwei Vorgänge: die **Analyse** sowie Interpretation des Textes und die **Auseinandersetzung** mit seiner Thematik.
- Sie unterliegt den üblichen Anforderungen: der **Entfaltung der Argumente** und dem **Aufbauschema** ‚Einleitung – Hauptteil – Schluss'.

Sprechen und Schreiben

Interpretieren

Was heißt Interpretieren?

... und so entsteht eine Geschichte: Ein Text, in dem Fragen enthalten sind, ein Text, dessen Leser Fragen aufgreift. Wüsste ich die Antworten, brauchte mein Text keine Leser mehr.

Marcel Beyer, Schriftsteller

Interpretation liegt vor, wenn ein fremder oder als fremd empfundener Sinn verständlich gemacht werden soll. Das Interpretieren ist somit ein Verständlichmachen oder ein Übersetzen von fremdem Sinn in Verständliches.

Jean Grondin, Philosoph

Beim Interpretieren wird eine Brücke zwischen der Welt des Autors einerseits und der Welt des Lesers andererseits geschlagen. Beim Interpretieren sind wir konstruktiv und kreativ tätig.

Bernd Switalla, Literaturwissenschaftler

- Sprecht über die verschiedenen Äußerungen. – Könnt ihr Gemeinsamkeiten entdecken?
- Was bedeutet für euch Interpretieren?

Interpretatorische Fähigkeiten

1 Argumentativ arbeiten

2 Zitiertechniken anwenden

3 Interpretationshypothese formulieren

4 Ideenreichtum zeigen

5 Intention des Autors erkennen

6 Textsortenspezifisch schreiben

7 Fachbegriffe richtig verwenden

8 Perspektive der Figur(en) einnehmen

9 Zusammenhang mit dem Ausgangstext berücksichtigen

10 Wechselbeziehung von Inhalt und Form bedenken

11 Logischen Aufbau beachten

12 Sprachliche Mittel wahrnehmen und benennen

13 Behauptungen am Text belegen

1. Ordnet die Aspekte richtig zu:
   - Welche sind beim analytischen Interpretieren wichtig, welche sollten beim gestaltenden Interpretieren besonders beachtet werden?
   - Und welche gelten für beide Interpretationsverfahren?

Nachschlagen → S. 300 f.

Der gestaltende Interpretationsaufsatz: Kurzprosa

Heiner Müller
(geb. 1929 in Eppendorf, Sachsen), bedeutender Schriftsteller, Dramatiker, Regisseur und Intendant, starb am 30.12.1995 in Berlin. Er gehört zu den bedeutendsten und anspruchsvollsten Theaterautoren des 20. Jahrhunderts.

* Text in originaler Orthografie

Das Eiserne Kreuz* (1956/1977) *Heiner Müller*

Im April 1945 beschloß in Stargard in Mecklenburg ein Papierhändler, seine Frau, seine vierzehnjährige Tochter und sich selbst zu erschießen. Er hatte durch Kunden von Hitlers Hochzeit und Selbstmord gehört.

Im Ersten Weltkrieg Reserveoffizier, besaß er noch einen Revolver, auch zehn Schuß Munition.

Als seine Frau mit dem Abendessen aus der Küche kam, stand er am Tisch und reinigte die Waffe. Er trug das Eiserne Kreuz am Rockaufschlag, wie sonst nur an Festtagen.

Der Führer habe den Freitod gewählt, erklärte er auf ihre Frage, und er halte ihm die Treue. Ob sie, seine Ehefrau, bereit sei, ihm auch hierin zu folgen. Bei der Tochter zweifle er nicht, daß sie einen ehrenvollen Tod durch die Hand ihres Vaters einem ehrlosen Leben vorziehe.

Er rief sie. Sie enttäuschte ihn nicht.

Ohne die Antwort der Frau abzuwarten, forderte er beide auf, ihre Mäntel anzuziehen, da er, um Aufsehen zu vermeiden, sie an einen geeigneten Ort außerhalb der Stadt führen werde. Sie gehorchten. Er lud dann den Revolver, ließ sich von der Tochter in den Mantel helfen, schloß die Wohnung ab und warf den Schlüssel durch die Briefkastenöffnung.

Es regnete, als sie durch die verdunkelten Straßen aus der Stadt gingen, der Mann voraus, ohne sich nach den Frauen umzusehen, die ihm mit Abstand folgten. Er hörte ihre Schritte auf dem Asphalt.

Nachdem er die Straße verlassen und den Fußweg zum Buchenwald eingeschlagen hatte, wandte er sich über die Schulter zurück und trieb zur Eile. Bei dem über der baumlosen Ebene stärker aufkommenden Nachtwind, auf dem regennassen Boden, machten ihre Schritte kein Geräusch.

Er schrie ihnen zu, sie sollen vorangehen. Ihnen folgend, wußte er nicht: hatte er Angst, sie könnten ihm davonlaufen, oder wünschte er, selbst davonzulaufen. Es dauerte nicht lange, und sie waren weit voraus. Als er sie nicht mehr sehen konnte, war ihm klar, daß er zuviel Angst hatte, um einfach wegzulaufen, und er wünschte sehr, sie täten es. Er blieb stehen und ließ sein Wasser. Den Revolver trug er in der Hosentasche, er spürte ihn kalt durch den dünnen Stoff. Als er schneller ging, um die Frauen einzuholen, schlug die Waffe bei jedem Schritt an sein Bein. Er ging langsamer. Aber als er in die Tasche griff, um den Revolver wegzuwerfen, sah er seine Frau und die Tochter. Sie standen mitten auf dem Weg und warteten auf ihn. Er hatte es im Wald machen wollen, aber die Gefahr, daß die Schüsse gehört wurden, war hier nicht größer.

Als er den Revolver in die Hand nahm und entsicherte, fiel die Frau ihm um den Hals, schluchzend. Sie war schwer, und er hatte Mühe, sie abzuschütteln. Er trat auf die Tochter zu, die ihn starr ansah, hielt ihr den Revolver an die Schläfe und drückte mit geschlossenen Augen ab. Er hatte gehofft, der Schuß würde nicht losgehen, aber er hörte ihn und sah, wie das Mädchen schwankte und fiel.

Die Frau zitterte und schrie. Er mußte sie festhalten. Erst nach dem dritten Schuss wurde sie still.

Er war allein.

Da war niemand, der ihm befahl, die Mündung des Revolvers an die eigene Schläfe zu setzen. Die Toten sahen ihn nicht, niemand sah ihn. Das Stück war aus, der Vorhang gefallen. Er konnte gehen und sich abschminken.

Er steckte den Revolver ein und beugte sich über seine Tochter. Dann fing er an zu laufen.

Er lief den Weg zurück bis zur Straße und noch ein Stück die Straße entlang, aber nicht auf die Stadt zu, sondern westwärts. Dann ließ er sich am Straßenrand nieder, den Rücken an einen Baum gelehnt, und überdachte seine Lage, schwer atmend. Er fand, sie war nicht ohne Hoffnung.

Er mußte nur weiterlaufen, immer nach Westen, und die nächsten Ortschaften meiden. Irgendwo konnte er dann untertauchen, in einer größeren Stadt am besten, unter fremdem Namen, ein unbekannter Flüchtling, durchschnittlich und arbeitsam.

Er warf den Revolver in den Straßengraben und stand auf. Im Gehen fiel ihm ein, daß er vergessen hatte, das Eiserne Kreuz wegzuwerfen. Er tat es.

1. Lies den Text zweimal.
2. Welche Stellen sind dir besonders aufgefallen? Sprich mit einem Partner/einer Partnerin darüber.
3. Schau dir die Illustration an: Welche Stelle im Text ist hier dargestellt?
4. Welches Bild vom Papierhändler entsteht bei dir?

Figurenperspektive

Hier werden drei Schülertexte vorgestellt, die sich jeweils auf eine ganz bestimmte Stelle im Ausgangstext beziehen.

Die Mutter

Warum schreit er so? Er soll nicht schreien! – Mein Gott, wenn … Nicht weinen jetzt. – Was ist das für ein Geräusch? Dieses Schlagen. Der Revolver … er hat ihn nicht in der Hand … ist in seiner Tasche. Ich höre seinen Atem. Er keucht. Was, wenn er unsicher ist? – Nein, nein, er weiß, was er tut. Hat es immer gewusst. Ich muss ihm vertrauen. Das Eiserne Kreuz macht ihn stark. – Gleich. Gleich. Nicht umdrehn! Gemeinsam sterben. Wie der Führer. Ich folge ihm. – Eisern bleiben. – Mein Kind. Oh Gott! Mein Kind! Nur nicht anschauen. – Was, wenn ich mich umdrehe …

Die Tochter

Was redet er da nur mit Mutti? Wieso spricht sie so leise? Und warum liegt die Pistole auf dem Abendbrottisch … samt dem Reinigungszeug? Wovon sprechen die eigentlich? Was hat er eben gesagt? Freitod? – Treue halten – ihm folgen. – Ich auch? Ehrenvoller Tod – Tod?

Der Vater

War schwerer, als ich gedacht hatte. Die Augen von Ursula … so weit aufgerissen. Erst dachte ich, sie lebt noch. – Es musste sein. Schluss. – Das Blut, so viel Blut … eklig! – Nicht zurückschauen! Ist vorbei! Sie spüren nichts mehr. Sie sehen mich nicht mehr. Wie still es ist. Wo bin ich? Wie lange bin ich gelaufen? Ruhig, ruhig. Ich sitze hier. Allein. Ruhig, ruhig. Meine Hände zittern. Keiner hat's gesehen. – Ich darf nicht so schwer atmen. – Das fällt auf. Hat doch keiner gesehen. – Also –

1. Zu welchen Stellen im Ausgangstext passen diese inneren Monologe?
2. Setze den inneren Monolog des Vaters fort.
3. Tausche dich mit einem Partner/einer Partnerin aus: Was sagen eure Monologe über die Absichten und die Tat des Vaters aus?

Wiedersehen mit einem Freund *Schülertext (Auszug)*

Drei Tage später trifft der Papierhändler einen Freund, der ihn freudig am Arm packt, als dieser weiterlaufen will, und den Zögernden festhält.

FREUND Mensch, Fritz, wie geht's dir? *(will ihn umarmen)* Dass ich dich hier treffe!

PAPIERHÄNDLER *(wehrt die Umarmung mit einer unsicheren Geste ab, hastig)* Gut, gut, wie du siehst. *(mit gequältem Lachen)* Ich bin mit dem Leben davongekommen, wie man sieht. *(Pause)* Wie geht es dir denn so?

FREUND Na ja, wie soll es uns wohl gehen.

PAPIERHÄNDLER *(schnell)* Ich meine natürlich euch, deine Frau und deine beiden Kinder.

FREUND Du weißt ja, dass ich schon bald geschäftliche Schwierigkeiten bekam, weil ich nicht in die Partei eintreten wollte. Die Aufträge gingen zurück, keiner wollte bei mir kaufen, aus Angst vor den Nazis. Da ist es dir doch wohl deutlich besser gegangen. Dein Geschäft war ja eine richtige Goldgrube. Du hast es eben richtig gemacht, was diese Seite betrifft. *(Pause)* Deine Familie ist sicher sehr stolz auf dich. Ich habe mich und meine Frau mit den beiden Kindern mehr recht als schlecht über die Runden gebracht. *(schaut dem Freund ins Gesicht)* Sag mal, du siehst ziemlich fertig aus. – Ist was?

PAPIERHÄNDLER *(zieht den Hut tiefer ins Gesicht)* Nein, nein, alles in Ordnung. *(Pause)* Sind eben keine rosigen Zeiten im Augenblick.

FREUND Tja, jetzt stecken wir alle in demselben Elend. Schau dich nur um. Aber jetzt kann ich's ja offen sagen, ich bin heilfroh, *(stutzt, als er das Wortspiel bemerkt, beide lachen gequält)* ja, heilfroh, dass diese Heil-Hitler-Zeit vorbei ist. *(Pause)* Jetzt sag aber wenigstens noch kurz, wie es deiner Frau und deiner Tochter geht.

PAPIERHÄNDLER *(steckt die Hände in die Manteltaschen)* ... Ich hab's nicht gern getan, damals, als ich in die Partei eintrat. War natürlich gut für meine Familie und auch für's Geschäft. *(hastig)* Geholfen habe ich ja, wo ich nur konnte. Das ist ja klar. *(Pause)* Der Hitler hat ja auch viel Unheil angerichtet. Das sehen wir ja jetzt auch überall um uns herum.

FREUND Ach, lass mal, jetzt, wo alles vorbei ist. *(klopft ihm auf die Schulter)* Ich sag ja, Hauptsache, wir leben und unseren Familien geht es gut. Aber du hast mir immer noch nicht gesagt, wie es deiner Frau und der Luise geht? Was machen die?

PAPIERHÄNDLER *(schaut auf seine Füße)* Die? (...)

1. Wie verhält sich der Papierhändler in diesem Gespräch? – Passt es zu den Vorstellungen, die du dir von ihm in der Geschichte gemacht hast?

2. Setze den Dialog fort. – Besprecht eure Entwürfe!

TIPP
Hilfreich bei der Gestaltung des Dialogs sind Fragen wie z. B.:

- Was wissen, fühlen, denken die Figuren zum vorgegebenen Zeitpunkt?
- In welcher inneren Verfassung befinden sie sich?
- Wie sprechen sie?

Aufgabenstellung und Textsorte

Stell dir folgende Situation vor: Der Papierhändler wird von der amerikanischen Besatzung verhaftet und vor Gericht gestellt. Das Thema der Klassenarbeit lautet: Schreibe die Gerichtsszene (Textsorte: Dialog). Berücksichtige dabei folgende Fragen:
- Warum erschießt der Papierhändler seine Frau und seine Tochter, aber nicht sich?
- Welche Bedeutung hat das Eiserne Kreuz in diesem Zusammenhang?
- Warum flüchtet er und wirft das Eiserne Kreuz weg?

Vor Gericht *Schülerbeispiel (Auszug)*
Ort: *Gerichtssaal.* Personen: *Richter, zwei Beisitzer, Angeklagter, Protokollantin, ein Zeuge, Frau aus dem Publikum, weitere Zuschauer*

Richter Sie haben Ihre Frau und Ihre Tochter getötet. – Warum taten Sie das?

Angeklagter *(mit fester Stimme)* Ich kann nur so viel sagen, ich konnte mir ein ehrenvolles Leben ohne Hitler nicht vorstellen. Mir bedeutet der Begriff Ehre viel. Deshalb habe ich unseren gemeinsamen Tod beschlossen.

Richter *(sichtlich um Fassung bemüht)* Aber Sie haben nur Ihre Familienangehörigen erschossen, nicht sich! Wie erklären Sie sich das? *(lauter)*

Angeklagter *(räuspert sich)* Das alles ist mir selber noch kaum verständlich. *(Pause)* Irgendwann wollte ich meine Frau und meine Tochter gar nicht mehr erschießen. Aber – wie hätte ich dagestanden – vor mir und vor ihnen? *(empörte Zwischenrufe)*. Ich habe getan, was von einem Mann mit Ehrgefühl erwartet wird.

Richter Ich verstehe aber nicht, wieso Sie so fluchtartig den Tatort verlassen haben.

Angeklagter Das kann ich mir selbst nicht erklären. Vermutlich stand ich unter Schock.

Richter *(erregt)* Sie sind beobachtet worden – der Junge wird gleich nochmals befragt werden –, wie Sie ein Eisernes Kreuz weggeworfen haben. Können Sie mir sagen, wieso Sie das bei der – *(Pause, dann mit erhobener Stimme)* Hinrichtung Ihrer Frau und der Tochter getragen haben?

Angeklagter *(erstaunt)* Für mich war diese Auszeichnung eine Ehre, wenn Sie verstehen, was ich meine. Ich habe sie im Ersten Weltkrieg bekommen. *(mit lauter, feierlicher Stimme)* Was ich tat, geschah aus Achtung vor dem Führer! …

3. Sprecht über diesen Text:
   Inwieweit hat der Schreiber die Aufgabenstellung berücksichtigt?
4. Schreibe den Dialog weiter.
5. Was leistet der dialogische Text für das Verständnis der Figur des Papierhändlers?

Weitere Aufgabenbeispiele

Brief
Der Papierhändler schreibt aus dem Gefängnis einen Brief an die Schwester seiner Frau.
a) Schreibe diesen Brief.
b) Begründe, was du in diesem Brief besonders hervorgehoben hast.

Tagebucheintrag
Die Frau vertraut sich noch vor der Tat ihrem Tagebuch an.
a) Schreibe diesen Tagebucheintrag.
b) Erkläre, wie du diesen Tagebucheintrag gestaltet hast.

Zeitungskommentar
In einem Zeitungskommentar äußert sich ein Journalist zu dem Fall des Papierhändlers, dessen Gerichtsverhandlung er miterlebt hat.
a) Schreibe den Kommentar.
b) Stelle klar, welche Aspekte der Gerichtsverhandlung du kommentiert hast und warum.

Rede
Das Gerichtsverfahren ist abgeschlossen. Der Richter begründet in seiner Abschlussrede den Schuldspruch.
a) Schreibe diese Rede und beziehe dich dabei auf das Strafmaß, das du in der Rolle des Richters für angemessen hältst.
b) Erläutere, warum du die Rede so verfasst hast.

Textsortenspezifisch schreiben:
- Beinhaltet einen klaren gedanklichen Aufbau
- Gedanken, Gefühle, Situationen, Beziehungen, Entwicklungen werden dargestellt und reflektiert
- Verkürzter Satzbau, assoziative Darstellung, emotionale Ausdrucksweise
- Argumentierende und wertende Darstellung

1. Ordne die Kriterien rechts den einzelnen Textsorten zu.
2. Wähle eine der Aufgaben aus und schreibe eine gestaltende Interpretation.

INFO

- Der **gestaltende Interpretationsaufsatz** setzt ein gründliches Verstehen des literarischen Textes voraus.
- Wesentliche Voraussetzung bei der vorgegebenen Textsorte wie z. B. innerer Monolog und Dialog ist das Einfühlen in die Figuren und die Übernahme der Figurenperspektive.
- Besonders zu beachten sind:
  – Die Darstellungsweise, welche die jeweilige Textsorte vorgibt
  – Der Zusammenhang mit dem Ausgangstext
  – Die Klarheit der Figurenzeichnung

Nachschlagen → S. 300 f.

Nachschlagen → S. 301

Der analytische Interpretationsaufsatz: Kurzprosa

Nadja Einzmann wurde 1974 in Baden geboren und lebt in Frankfurt am Main. Sie veröffentlichte Erzählungen und Gedichte in Zeitschriften und Anthologien. 1998 war sie Preisträgerin des Jungen Literaturforums Hessen-Thüringen, 1999 Stipendiatin im Herrenhaus Edenkoben. 2002 erhielt sie den Georg-K.-Glaser-Förderpreis.

Etwas zu erzählen? *Nadja Einzmann*

Es lässt sich leben an so einem Tag. Nicht dass mir leicht wäre, das nicht. Ich lebe so dahin. Kein Pulsen um die Herzgegend, Gott sei Dank. Vielmehr ein Strömen, ein zartes Vibrieren in den Armen, die Beine hinab und im Bauch, als wären meine Adern mit Lammfell ausgespannt und die feinen Härchen zausten mein Blut.

Sie ist nicht nach Hause gekommen, gestern nicht und heute auch nicht. Ein Versehen vielleicht, eine Vergesslichkeit, hatte ich mir gedacht. – Aber natürlich, dass er sie mit seinen jungen Armen um die Taille gefasst hat und die Feuchtigkeit ihres Mundes durchforscht mit seiner blitzlebendigen Zunge. Da kann es kein Zurück mehr geben für sie zu mir.

Sie ist mir ans Herz gewachsen auf eine Art, die nicht gut war: Nach Reden war mir selten zumute in den letzten Jahren, sie begriff vieles nicht, und ihr Körper bedeutete mir immer weniger in der Zeit. Aber sie musste um mich sein, ihr Atem die Luft meines Zimmers pflügen, dass mir Gedanken kamen und Worte flossen. Ohne sie bin ich nichts.

Warum soll sie nicht tanzen gehen, hatte ich mir gedacht. Dass so ein luftiges Röckchen ihre Schenkel umspielt und dass sie einmal wieder tief Atem holen kann. Ein wenig Röte um die Wangen und wäre ein Rhythmus in ihr die nächsten Tage, dass auch mir leichter würde ums Herz. So habe ich mir gedacht und ihr freundlich zugenickt. „Ja“, habe ich gesagt, „mach nur. Das wird dir guttun.“ Ich war nicht ängstlich. Gar nicht ängstlich bin ich gewesen. Den Abend nicht, und auch noch nicht in der Nacht. Mein Bauch lag warm auf dem Laken, und die Arme hatte ich mir um den Kopf gelegt wie stets. Kaum ein Gedanke an sie. Ein kleines Sehnen vielleicht, ein angenehmes, müheloses.

Gegen Mittag war ich aufgewacht und habe sie nicht gehört. Stille im ganzen Haus, kein Brummen von der Straße her, kein Ziehen im Holz. Sie fehlte, dass mir die Ohren schmerzten, und mein Herz schlug los, dass ich meinte, es würde mir aus der Brust hüpfen.

Dass sie viel Zeit vor dem Spiegel verbracht hätte die letzten Jahre, kann ich nicht sagen. Aber an diesem Abend hat sie sich Mühe gegeben. Ich habe ihr die feine, silberne Kette um den Hals legen müssen. Und tatsächlich habe ich sie in den Nacken geküsst bei dieser Gelegenheit, wie ich es lange nicht getan habe. Sie roch nach Vanille und nach etwas anderem. Ich habe sie nicht gefragt nach was.

Mit allzu beweglichen Hüften ist sie den Weg hinuntergegangen zum Wagen. Warum nur, habe ich mich noch gefragt, hat sie das nötig? Aber dann bin ich

ins Haus zurückgegangen. Habe mir Teewasser aufgesetzt und ins Pfeifen des Teekessels hinein mir keine Gedanken mehr gemacht um sie und mich.

Der Hund lag vor dem Kamin wie immer, und wie sollte ich da auf etwas kommen. Tatsächlich in Pantoffelstimmung war ich an diesem Abend und löste die Krawatte und ging nur in Strickjacke und weichen Hosen herum.

Mit mir kann man sich einiges erlauben, habe ich mir gedacht. Ich bin gut zu ihr. Und habe mich an den Schreibtisch gesetzt, die Arme recht weit ausgespannt, und mir ein Blatt Papier bereitgelegt. Als mir nichts aufzuschreiben einfallen wollte, verbrachte ich den Abend in Gemütlichkeit, zog mir ein Buch, ein dickes, staubiges, aus dem Regal und legte mich im Sessel zurecht.

Was hätte ich dort verloren gehabt? Das harte Umta-umta des Schlagzeugs würde mir noch nächtelang den Schlaf geraubt haben, und zuckende Lichter haben mir nie etwas bedeutet. Ihr würden sie in die Glieder fahren, und das war gut so. Dass ihre Muskeln sich spannen und entspannen könnten und ihr Atem ein und aus führe, ein und aus. Hell würde sie sein, wenn sie zurückkäme und leicht, und ihr Lachen würde meinem Zimmer eine andere Tönung geben.

Ich habe sie wenig gefragt, die letzten Jahre, und sie hat mir nichts gesagt. So ist das, wenn die Herzen im Gleichklang schlagen, hatte ich mir gedacht. Worte braucht, wer eine andere Sprache nicht zu sprechen versteht. Sanft war sie, wie sie es manchmal ist, dass ich nichts gespürt habe und habe mir mein Teil nicht gedacht. Allerlei Konserven hat sie eingekauft in den letzten Wochen, und Öl wurde geliefert und Kohle. „Dass du es warm hast." Und dass sie mir Kleinigkeiten erklären wollte, die ich bisher niemals wissen musste. Warum?, habe ich gefragt. Darum, hat sie gesagt. Vielleicht dass da schon ein Tanzen in ihr war auch ohne jenes zuckende Licht und ein Rhythmus ganz ohne Schlagzeug.

Ich werde mir keine Fragen mehr stellen. Mit Fragen helfe ich mir wenig. Und dass sie das Auto nicht heimlich gegen Abend abgestellt hat vor dem Haus, lässt mich hoffen. Ich stehe am Fenster, sehe in das graue Licht hinaus. Müde werde ich, dass mir die Lider manches Mal über die Augen gleiten wollen. Aber dann regt sich etwas dort, wo der Wald beginnt, oder es zuckt ein Schatten über die Straße. Wenn sie käme, ich würde ihr aufmachen, den Autoschlüssel ihr vom Ringfinger ziehen und ihn zurücklegen dorthin, wo er immer liegt. Ich würde sie um die Taille fassen und ins Esszimmer führen. Dann würde ich eine Kerze anzünden oder zwei, die Stehlampe schwach im Hintergrund. Etwas zu erzählen?, würde ich sagen.

1. Übernimm die Rolle des Ich-Sprechers und lies den Text laut vor.

Rundgespräch

Frau Lürs Worum geht es in der Geschichte? Diskutiert darüber.

Micha Also, wenn ich mal anfangen soll – mich interessiert vor allem der Mann. Der hat doch selber Schuld, dass ihm die Frau weggelaufen ist. Man muss doch etwas für seine Beziehung tun. Finde ich.

Peter Ja, das meine ich auch. Der ist doch völlig egoistisch in seiner Verhaltensweise. Schon wie die Erzählung beginnt: „Es lässt sich leben an so einem Tag."

Anna Halt, du musst weiterlesen. Er sagt sofort, dass es ihm nicht „leicht" fällt. Ich finde den Mann widersprüchlich. Mal sagt er es so, und dann sagt er es so.

Lisa Ich finde ihn auch widersprüchlich. Einerseits hat er nichts mehr mit der Frau – ist sie eigentlich seine Ehefrau oder Freundin oder was? – andererseits hat er Fantasie, wenn er sich so die Frau mit einem andern vorstellt. Und als sie sich schön macht, küsst er sie in den Nacken. Er legt ihr auch noch das Silberkettchen um den Hals. Wenn das nicht zeigt, dass er sie auch noch begehrt.

Felix Ich meine auch, dass er die Situation für sich schönredet. Diese Entschuldigungen, glaubt er doch selbst nicht. Aber ich finde auch, dass er anfängt, über seine Beziehung nachzudenken.

Frau Lürs Ihr sprecht ausschließlich über den Mann und seine Verhaltensweise. Und ihr habt ihn mit Begriffen wie „egoistisch", aber auch „widersprüchlich" charakterisiert. Felix meint, dass er anfängt, über sich und seine Beziehung zu der Frau nachzudenken. Dem sollten wir doch einmal genauer nachgehen. Ja, Lena, was meinst du?

Lena Es ist doch klar, dass die Frau nur aus seiner Perspektive wahrgenommen wird. Ich kann Felix überhaupt nicht zustimmen. Wenn er nachdenkt, doch nur unter dem Gesichtspunkt, was ihm abhandengekommen ist.

Felix Schau doch mal in den Text. Der Mann sagt doch immer „hab ich gedacht", das bedeutet doch, dass er einsieht, dass er sich geirrt hat.

Lena Klar hat er sich geirrt. – Der Typ stellt sich am Ende vor, dass sie wiederkommt. Und dann soll doch alles beim Alten bleiben! Ne, die kommt nicht wieder. Würde ich auch nicht.

Frau Lürs Lena und Felix, jetzt sollen auch die anderen zu Wort kommen. Richten wir unseren Blick auf das Ende der Geschichte. Wie versteht ihr dieses? Bezieht doch jetzt auch die Überschrift der Erzählung mit ein. …

1. Welche Merkmale der Erzählung haben die Schüler diskutiert?
2. Welche weiteren Merkmale hältst du für die Interpretation für wichtig? Setzt das **Rundgespräch** fort.

Rundgespräch → S. 311

Analyseskizze

Die Leseeindrücke können in einer Analyseskizze systematisch erfasst werden.

Der Mann	Die Frau
keine Gespräche mit ihr („Nach Reden war mir selten zumute in den letzten Jahren", Z. 11-12 / „Ich habe sie wenig gefragt, die letzten Jahre", Z. 58)	versteht ihn nicht, ist weniger gebildet („sie begriff vieles nicht", Z. 12 / „sie hat mir nichts gesagt", Z. 57)
körperliche Entfremdung („ihr Körper bedeutete mir immer weniger", Z. 12 f.)	hat einen feurigen Liebhaber („… sie mit seinen jungen Armen um die Taille gefasst hat …", Z. 8)
unterschiedliche Interessen („Das harte Umta-umta des Schlagzeugs würde mir den Schlaf geraubt haben", Z. 51–53)	will unter Menschen sein, tanzen („… ihre Muskeln sich spannen und entspannen könnten" / „Hell würde sie sein", Z. 54–56)
Bedürfnis nach Nähe („Sie ist mir ans Herz gewachsen", Z. 11)	versorgt ihn („Allerlei Konserven hat sie eingekauft …", Z. 62)
großzügiges Verhalten („Mit mir kann man sich einiges erlauben", Z. 45)	bekommt alles erlaubt und wird verwöhnt („Warum soll sie nicht tanzen gehen", Z. 16)
Ruhebedürfnis und Behaglichkeit („Pantoffelstimmung", Z. 42 / „Strickjacke und weichen Hosen", Z. 43 f.)	will sich bewegen, will Musik haben, Licht („luftiges Röckchen ihre Schenkel umspielt …", Z. 16 f.)
…	…

1. Sprecht über die Analyseskizze: Was macht sie deutlich?
2. Ergänzt sie gegebenenfalls.

Der Mann *Beispielaufsatz*

Der Text „Etwas zu erzählen?“ von Nadja Einzmann ist die Geschichte einer gescheiterten Beziehung. Dabei fällt auf, dass mögliche Ursachen bzw. Bewertungen des Geschehens ausschließlich aus der Perspektive des Mannes dargestellt sind. Im Verlauf des Textes versucht der Mann für sich Gründe zu finden, weshalb er sich mit seiner Frau auseinandergelebt hat. („Es lässt sich leben an so einem Tag. Nicht dass mir leicht wäre, das nicht. Ich lebe so dahin.“ Z. 1 f.)

Bei der Vorstellung, wie sie von einem jüngeren Liebhaber begehrt wird, scheint er sich nicht aufzuregen, sondern hält eine solche Beziehung für normal. Hier wird schon deutlich, dass der Mann sein Gefühl des Verletztseins verdrängt, indem er Fremdgehen als „natürlich“ (Z. 7) einordnet. Er möchte im Grunde alles als völlig „normal“ hinstellen, so als sei gar nichts geschehen. Entsprechend äußert er weitere Entschuldigungen für ihr Fernbleiben. Überraschend folgt dann der Satz „Ohne sie bin ich nichts“ (Z. 15), der in Widerspruch steht zu seinem Versuch, sich möglichst nicht aus seinem Alltagstrott herausreißen zu lassen. So hat er sich „Teewasser aufgesetzt“ (Z. 37 f.), war in „Pantoffelstimmung“ (Z. 42), „ging nur in Strickjacke und weichen Hosen herum“ (Z. 43 f.), hat sich „an den Schreibtisch gesetzt“ (Z. 46 f.). Er überspielt seine Verunsicherung durch ganz normale, gewohnte Verhaltensweisen und bewertet alle Zeichen, die eine Vorwarnung hätten sein können, als selbstverständlich und normal. Daran wird deutlich, wie getrübt seine Wahrnehmung ist und wie sehr er das Problem seiner Beziehung verdrängt.

Denn indirekt kommt seine steigende Qual und Verlassenheit doch zum Ausdruck, wenn er sich ihre Bewegungen vorstellt beim Tanzen oder wie sie zum Auto geht (vgl. „Warum soll sie nicht tanzen gehen…, dass so ein luftiges Röckchen ihre Schenkel umspielt“, Z. 16 f. oder „Mit allzu beweglichen Hüften ist sie den Weg hinuntergegangen …, Z. 35). Auch der Versuch, am Schreibtisch zu arbeiten (vgl. Z. 48 f.: „Als mir nichts aufzuschreiben einfallen wollte, verbrachte ich den Abend in Gemütlichkeit…“) misslingt. Nur will er dies nicht sehen, sonst würde er sich nicht genau ausmalen, wie es wäre, wenn sie zurückkäme. Vermutlich würde er ein Leben „im Gleichklang“ (Z. 58) wieder aufnehmen.

Gerade diese Gegensätzlichkeiten machen deutlich, dass der Mann sich mit der neuen Situation noch nicht abgefunden hat, wenn er das Ausbleiben der Frau als „Versehen“ (Z. 7) bzw. „Vergesslichkeit“ (Z. 7) deutet.

1. Könnt ihr dieser Analyse und Interpretation des Mannes zustimmen? – Diskutiert darüber.

Edward Hopper (1882–1967): *Morgensonne* (1952)

Da kann ich nicht nein sagen *Nadja Einzmann*

Mein Liebster ist einer, auf den zu warten sich lohnt. Er mag mich, und das genügt mir. Da bin ich gerne sein Haus und sein Hof und prüfe das Dach und öle die Tür, tagein, tagaus, und warte. Es ist eine Nacht, in der er so zu mir kommen wird, übers Feld, und die Sterne werden dröhnen und der Mond pubbern und pulsen, meinem Liebsten zur Begrüßung. Noch lebt er unter anderem Himmel und forscht und strebt und leckt sich die Zungenspitze wund zwischen den Büchern, er hat es mir oft geschrieben. Da kann ich nicht nein sagen und beiseitetreten und lasse ihn nicht vorbei: in einer anderen Stadt einer anderen Frau. Da kann ich nicht nein sagen. Und so einen Liebsten hätte ein jeder gern, und hat er ihn nicht, erträumt er ihn. Ich sehe zum Fenster hinaus und sehe ihn kommen, ein Schatten auf dem Weg. Und der Kies wird knirschen unter seinen Füßen, und meine Hand, gestützt auf die Fensterbank, wird schwer werden, meine wartende Hand.

Kriterien einer analytischen Interpretation:
- Argumentativer Stil
- Zitiertechnik
- Klare Struktur
- Einlösen der Interpretationshypothese

1. Besprich mit einer Partnerin / einem Partner, wie ihr den Text versteht.
2. Wie gehst du vor, wenn du folgende Aufgabenstellung bearbeitest?
   Analysiere und interpretiere den Text.
   Beachte dabei auch die erzählerischen und sprachlichen Mittel.

Analyse- und Interpretationsskizze

Textanalyse: Inhalt/Form und Sprache	Interpretation: Gehalt/Aussage
Beobachtungen	**Deutungshinweise**
Beziehung Frau und Mann: – Frau schildert ihre Gefühle und Gedanken – Gibt vor, auf ihren „Liebsten" (Z. 5) zu warten – Mann lebt woanders („unter anderem Himmel" Z. 5 / „in einer anderen Stadt", Z. 8) – Frau will dem Mann alles sein („bin ich gerne sein Haus und sein Hof …", Z. 2) – Steht wartend am Fenster, die Hand „gestützt auf die Fensterbank" (Z. 12) – Verdacht: der „Liebste" existiert nicht real (Z. 9 f.)	→ Frau als Begehrende → Liebt ihn über alles / passive Erwartungshaltung → Klingt recht unwirklich → Übertreibung / hat wenig mit der Wirklichkeit zu tun → Eine sehr traurige Haltung → Zentrale Frage: Gibt es den Geliebten wirklich?
Erzählerische und sprachliche Gestaltung: – Ungewöhnliche und ausdrucksstarke Bildsprache (vgl. Z. 4 f.: „und die Sterne werden dröhnen und der Mond pubbern und pulsen") – Aussagen im Konjunktiv („und so einen Liebsten hätte ein jeder gern", Z. 9) – Überschrift: Zweimalige Wiederholung	→ Große Sehnsucht → Liebe als ganz großes Ereignis; Frau eine fantasievolle Person mit großem Bedürfnis nach Liebe/ Sinnlichkeit; Einsamkeit? → Geliebter wird verherrlicht: er ist einzigartig wie ein Ideal → Klingt wie ein Top-Angebot; verführerisch; fast wie aus der Werbesprache
Interpretationshypothese: Die Ich-Erzählerin lebt in einer Art Traumwelt, in der sie sich ihren idealen Liebhaber ersehnt.	

3. Hat die Schülerin Gesichtspunkte entdeckt, die der literarische Text nahelegt?
4. Wie lautet deine Interpretationshypothese? Vergleiche.

„Da kann ich nicht nein sagen“ *Schüleraufsatz*

In Nadja Einzmanns Text schildert eine Frau aus der Ich-Perspektive ihre Gefühle und Gedanken in einer Situation, in der sie auf ihren „Liebsten“ wartet.

Der monologische Text macht deutlich, dass die Wartesituation so von der Frau Besitz ergriffen hat, dass alles um das ersehnte Erscheinen des Geliebten kreist. Sie malt sich in ihrer Fantasie in konkreten Bildern („Da bin ich gerne sein Haus und sein Hof“, Z. 2) sein Kommen aus. Seine Ankunft wird fast als großartiges Ereignis gefeiert („Es ist eine Nacht, in der er so zu mir kommen wird, übers Feld, und die Sterne werden dröhnen …“, Z. 3 f.). Diese ausdrucksstarken Bilder, die zum Teil leicht verrückt wirken („Sterne werden dröhnen und der Mond pubbern und pulsen“, Z. 4 f.), zeigen, wie sehr sich die Frau den „Liebsten“ ersehnt. Die Frage stellt sich, ob dieser Liebste eigentlich existiert oder nur dem Wunschdenken der Frau entspricht, die allein ist.

Diese Unbestimmtheit wird durch Zeitangaben unterstrichen, die vermuten lassen, dass der Wartezustand sich kaum auf eine konkrete Person beziehen kann. Irgendwann („Es ist eine Nacht“, Z. 3; „tagein, tagaus, und warte“, Z. 3) wird der Geliebte kommen. Ungenau sind die Angaben über ihn: Er lebt irgendwo in der Fremde „unter anderem Himmel“ (Z. 5) und scheint ein ‚Büchermensch‘ (Z. 6 f.) zu sein. Für diese Unklarheit spricht auch, dass sich im Verlauf des Textes die Aussagen immer weiter von der Realität entfernen, wofür der Konjunktiv ein Beleg ist: „Und so einen Liebsten hätte ein jeder gern, und hat er ihn nicht, erträumt er ihn“ (Z. 9 f.). Diese Aussage kennzeichnet den Höhepunkt in dem Text. Hier kommt die Überschrift in den Blick. Der Satz „Da kann ich nicht nein sagen“ (Z. 7/Z. 8 f.) wird zweimal wiederholt, wie um die eigene Wunschvorstellung zu bestärken. Er klingt beinahe wie ein Werbespruch. Dieser Geliebte darf nicht verschwinden, der Wunsch soll erfüllt werden: „Ich sehe ihn kommen … und der Kies wird knirschen unter seinen Füßen“ (Z. 10 f.). Doch dieser Geliebte ist nur ein „Schatten“ (Z. 11), er ist nicht wirklich da. Die Frau wirkt am Ende eher müde und resignativ: „Und meine Hand, gestützt auf die Fensterbank, wird schwer werden, meine wartende Hand“ (Z. 12 f.).

Das Schlussbild zeigt eine einsame, müde Frau, die sich ihrer Illusionen bewusst ist.

5. Wie wurde die Skizze umgesetzt?

6. Entspricht dieser Aufsatz den Kriterien des analytischen Interpretationsaufsatzes?

INFO

Nachschlagen → S. 301

- Der **analytische Interpretationsaufsatz** verlangt ein genaues Lesen des Textes, um Inhalt, Erzählperspektive und sprachliche Gestaltung sowie die Figurenkonstellation wahrzunehmen.
- Das **Schreiben eines analytischen Interpretationsaufsatzes** sollte einer klaren Struktur folgen: Analyse- und Interpretationsskizze sowie Interpretationshypothese leisten für das Schreiben der Interpretation wichtige Vorarbeit.

Nachschlagen → S. 301

Die analytische Gedichtinterpretation

Inhalt/Thema:
- Aussage/Gehalt
- Autorabsicht

Lyrische Gestaltungsmittel:
- Gedichtform
- Reimform
- Metrum
- Rhythmus
- Enjambement
- Lyrisches Ich

Sprachliche Form:
- Wortwahl
- Satzbau
- Satzzeichen
- Sprachliche Bilder

Städter (1914) *Alfred Wolfenstein*

Nah wie Löcher eines Siebes stehn
Fenster beieinander, drängend fassen
Häuser sich so dicht an, dass die Straßen
Grau geschwollen wie Gewürgte sehn.

4 Zeilen

Ineinander dicht hineingehakt
Sitzen in den Trams die zwei Fassaden
Leute, wo die Blicke eng ausladen
Und Begierde ineinander ragt.

4 Zeilen

lyrisches Ich

Unsre Wände sind so dünn wie Haut,
Dass ein jeder teilnimmt, wenn ich weine,
Flüstern dringt hinüber wie Gegröhle:

3 Zeilen

Und wie stumm in abgeschlossner Höhle
Unberührt und ungeschaut
Steht doch jeder fern und fühlt: alleine.

3 Zeilen

zentrales Wort

1. Lies das Gedicht zweimal genau durch.
2. Markiere weitere Textstellen zu den lyrischen Gestaltungsmitteln, zu der sprachlichen Form und zum Inhalt.
3. Fertige einen Notizzettel zu deinen Textbeobachtungen an: Du kannst die unteren Notizen nutzen.

Notizzettel: Beobachtungen zum Gedicht „Städter"

Aussage/Gehalt: Großstadtleben – Vereinsamung der Menschen
Gedichtform: Sonett, 2 Quartette = Öffentlichkeit / äußere Welt;
2 Terzette = Privatsphäre / innere Welt
Sprachliche Bilder: Vergleiche, Personifikation, Metapher
Metrum: Trochäus
Satzbau: Aussagesätze / Hypotaxe

Analyse- und Interpretationsskizze

Die Skizze verdeutlicht auf übersichtliche Weise die Wechselbeziehung inhaltlicher und formaler Elemente im Gedicht. Sie dient zugleich der Differenzierung des ersten Gesamteindrucks und bildet ein Gerüst für die Abfassung des Interpretationsaufsatzes.

TIPP
Nicht alle formalen Elemente sind für die Aussage des Gedichts wichtig.

FORM	**1. Teil:** **1. Quartett**	**2. Quartett**	**2. Teil:** **1. Terzett**	**2. Terzett**
Metrum	Trochäus	Trochäus	Trochäus	Trochäus
Rhythmus	gleichmäßige Bewegung	gleichmäßige Bewegung	gleichmäßige Bewegung	gleichmäßige Bewegung
Satzbau	Enjambements Z. 1/2, Z. 2/3 Aussagesätze/ Hypotaxe	Enjambements Aussagesätze/ Hypotaxe	Z. 11: Doppelpunkt Aussagesätze/ Hypotaxe	Z. 14: Doppelpunkt vor dem letzten Wort „allein" Aussagesätze/ Hypotaxe
Wortwahl (sprachliche Bilder)	*Vergleiche:* „wie Löcher", Z. 1 „wie Gewürgte", Z. 4 *Personifikation:* „Fenster", „Häuser", „Straßen" Z. 1: „**Nah**" ◄- - -	*Metapher:* Z. 6: „Sitzen ... die zwei Fassaden" *Wiederholung:* Z. 5 + 8: „ineinander"	*Personalpronomen:* „Ich" *Possessivpronomen:* „unsere" *Vergleich:* z. B. „dünn wie Haut", Z. 9; „wie Gegröhle", Z. 11	*Vergleich:* „wie stumm", Z. 1 - - -► Z. 14: „**alleine**"
GEHALT/ AUSSAGE	**äußere Welt (Öffentlichkeit)** Häuser/Straßen ↓ – Enge – Bedrückung	Menschen in der Tram ↓ – Leblosigkeit – Begierde – Reduzierung auf Animalisches	**innere Welt (Privatsphäre)** Ich als Sprecher ↓ – Mensch als Individuum – Klage über Zerstörung der Privatsphäre	Folgerung ↓ – Auswirkung der Stadt auf die Menschen – Verlust von Beziehungen – Erfahrung von Einsamkeit und Verlassensein

1. Inwiefern sind die genannten formalen Mittel in der Skizze für die Interpretation des Gedichts bedeutsam?

Gedichtinterpretation *Beispielaufsatz*

Einleitung:
Namen des Autors, Titel (Erscheinungsjahr), Gattung, erster Gesamteindruck, Interpretationshypothese

Das Gedicht „Städter" von Alfred Wolfenstein aus dem Jahr 1914 stellt das Leben in der Großstadt dar. Es geht vor allem um die Entfremdung zwischen den Menschen. Diese leben zwar hautnah beieinander, doch zwischenmenschliche Beziehungen gibt es nicht. Die gedrückte Stimmung, die im Gedicht vermittelt wird, ist geprägt von Anonymität und Einsamkeit. Obwohl die Bewohner der Stadt auf engstem Raum zusammenleben, leben sie doch jeder für sich, abgesondert, distanziert und ohne Kontakt zum anderen.

Im Folgenden möchte ich näher beschreiben, wie es dem Dichter Wolfenstein gelingt, die oben beschriebene Botschaft dem Leser zu vermitteln.

Hauptteil:
Entsprechend der Analyse- und Interpretationsskizze, in chronologischer Abfolge

Das Gedicht besteht aus vier Strophen, zwei mit vier Zeilen und zwei mit drei Zeilen, es hat also die Form eines Sonetts. Das erste Quartett beschreibt in einem Satz Details der Stadt, die sich zunächst auf die Häuser beziehen: Bereits der erste Vergleich „Nah wie die Löcher eines Siebes" (Z. 1) lässt den Leser sofort die Enge spüren. Das Beengende der großen grauen Häuser wird in der Personifikation „drängend fassen Häuser sich so dicht an" (Z. 2, 3) nochmals herausgehoben. Der Blick des Lesers wird dann auf die Straßen gelenkt. Mit dem befremdlich wirkenden Vergleich „Grau geschwollen wie Gewürgte" (Z. 4) werden auch die Straßen personifiziert.

Das zweite Quartett lenkt den Blick des Lesers auf die Menschen, die „ineinander dicht hineingehakt" (Z. 5) in den Straßenbahnen sitzen. Die Menschen und ihre Beziehungen rücken in den Blickpunkt. Der Mensch aber wird seiner menschlichen Züge beraubt, er wird zur „Fassade" (Z. 6). So wie in der ersten Strophe Dinge vermenschlicht werden, werden nun Menschen zu Dingen. Beziehungen werden reduziert auf „Begierde" [die] „ineinander ragt" (Z. 8). Die Menschen sind der Enge ausgeliefert, diese macht sie kalt und gefühllos.

Die sachliche Form der Aussagesätze bringt dies zum Ausdruck. Eine Entsprechung findet das auch in dem Titel des Gedichts „Städter": eine nüchterne Feststellung.

Erst in den beiden Terzetten kommt das lyrische Ich zum Vorschein, die Perspektive wechselt vom allgemeinen „sie" zum „ich" und „wir". Erneut beginnt die Strophe mit einem Vergleich:„Unsre Wände sind so dünn wie Haut" (Z. 9); erneut werden Dinge vermenschlicht, wodurch der Kontrast zum gefühlvollen „wenn ich weine" (Z. 10) nicht größer sein könnte. Privatsphäre gibt es nicht, was für das lyrische Ich eine Zurschaustellung intimster Regungen und Gefühle zur Folge hat: „Dass ein jeder teilnimmt, wenn ich weine" (Z. 10). Auch wer gar nicht hinhören will, wird trotzdem Zeuge: „Flüstern […] wie Gegröhle" (Z. 11). Daraus entsteht aber kein Interesse am anderen, denn „unberührt und ungeschaut steht doch jeder fern" (Z. 13/14). Unwillkürlich geht der Blick des Lesers zurück zum ersten Wort der ersten Strophe („Nah", Z. 1) und in der Verbindung von „nah" und „fern", dem letzten Wort im zweiten Terzett, schließt sich der Kreis: Nah und fern zugleich sind sie, die „Städter". Das letzte Wort des Gedichts „alleine“ (Z. 14) erhält durch den vorangehenden Doppelpunkt eine zusätzliche Betonung und Schwere. Das, was alle verbindet, ist die Erfahrung von Kälte und Einsamkeit.

Der Wirkung des Gedichts „Städter“ von Alfred Wolfenstein kann man sich als Leser auch heutzutage nicht entziehen. In einer Großstadt – etwa in den Hochhäusern – gibt es keine Nachbarschaft, jeder denkt nur an sich, nicht an den Nächsten, der doch so nah hinter der dünnen Wand lebt. Und man ist verblüfft, wie aktuell das Thema des Gedichts auch heute noch ist. Wie sonst ist es zu erklären, dass ein älterer Mensch wochenlang tot in seiner Wohnung liegt, ohne dass es irgendjemand aus der Nachbarschaft bemerkt hätte. Aufmerksamkeit erfährt dieser Mensch dann erst in den Medien: in grell aufgemachten Schlagzeilen.

Schluss:
z. B. Bezug zur Einleitung herstellen (Bestätigung, Ausweitung, Korrektur), eine persönliche Stellungnahme oder Fragestellung formulieren

Das Gedicht zeigt, wie ich-bezogen und entfremdet die Menschen in den Städten miteinander umgehen, obwohl sie alle auf dichtem Raum zusammenleben.

1. In welcher Weise werden die Beobachtungen aus der Analyse- und Interpretationsskizze in diesem Aufsatz berücksichtigt?
2. Welche Stellen in dem Aufsatz würdest du verbessern? Wo würdest du Ergänzungen anbringen?

Herbst (1916) *Gerrit Engelke*

Um die Großstadt sinkt die Welt in Schlaf.
Felder gilben, Wälder ächzen überall.
Wie die Blätter fallen draußen alle Tage,
Vom Zeitwind weggeweht.

Ob Ebene und Wald in welkes Sterben fallen,
Ob draußen tost Vergänglichkeit,
Im Stadtberg brüllen Straßen, Hämmer hallen:
Die Stadt dampft heiß in Unrast ohne Zeit.

3. Schreibe einen Interpretationsaufsatz zu dem Gedicht *Herbst* von Gerrit Engelke und bearbeite im Rahmen deines Aufsatzes folgende Aufgaben:
   - Beschreibe den inhaltlichen und formalen Aufbau des Gedichts.
   - Analysiere das Gedicht, indem du auch seine Sprache, etwa Satzbau und Wortwahl, untersuchst.
   - Formuliere eine Interpretationshypothese.
   - Zeige, wie du die Aussage des Gedichts verstehst. Begründe deine Deutung.

Blauer Abend in Berlin (1911)

Oskar Loerke

Der Himmel fließt in steinernen Kanälen;
Denn zu Kanälen steilrecht ausgehauen
Sind alle Straßen, voll vom Himmelblauen;
Und Kuppeln gleichen Bojen, Schlote Pfählen

Im Wasser. Schwarze Essensdämpfe schwelen
Und sind wie Wasserpflanzen anzuschauen.
Die Leben, die sich in dem Grunde stauen,
Beginnen sacht vom Himmel zu erzählen,

Gemengt, entwirrt nach blauen Melodien.
Wie eines Wassers Bodensatz und Tand
Regt sich des Wassers Wille und Verstand

Im Dünen, Kommen, Gehen, Gleiten, Ziehen.
Die Menschen sind wie grober bunter Sand
Im linden Spiel der großen Wellenhand.

George Grosz (1893–1959): *Großstadt* (1916/17)

Einen jener klassischen (1975)

Rolf Dieter Brinkmann

schwarzen Tangos in Köln, Ende des
Monats August, da der Sommer schon

ganz verstaubt ist, kurz nach Laden
Schluss aus der offenen Tür einer

dunklen Wirtschaft, die einem
Griechen gehört, hören, ist beinahe

ein Wunder: für einen Moment eine
Überraschung, für einen Moment

Aufatmen, für einen Moment
eine Pause in dieser Straße,

die niemand liebt und atemlos
macht, beim Hindurchgehen. Ich

schrieb das schnell auf, bevor
der Moment in der verfluchten

dunstigen Abgestorbenheit Kölns
wieder erlosch

1. Lies die beiden Gedichte.
2. Markiere zunächst dir wichtig erscheinende Textstellen in dem Gedicht *Blauer Abend in Berlin*.
3. Lies dann das Gedicht *Einen jener klassischen* und suche nach ersten Vergleichsaspekten auf inhaltlicher und formaler Ebene. Markiere sie.

Vergleichsaspekte

Bei einem Gedichtvergleich bietet es sich an, eines der beiden Gedichte genau nach Form und Gehalt zu untersuchen und das zweite Gedicht im Hinblick auf einzelne Vergleichsaspekte ergänzend zu analysieren.

Blauer Abend in Berlin	Einen jener klassischen
Die Stadt Berlin *Sprecher:* Vogelperspektive / neutral *Stadt:* als Wasserlandschaft …	Die Stadt Köln *Sprecher:* Betroffenheit *Stadt:* Alltäglichkeit …

4. Ergänze die Tabelle mit weiteren Vergleichsaspekten. Denke dabei an
   - Inhalt (z. B. Titel, Thema, Motive)
   - Form (z. B. Aufbau, Reim, Metrum, Satzbau, Wortwahl).
5. Formuliere erste Thesen zu den Unterschieden bzw. den Gemeinsamkeiten.
6. Markiere die Vergleichsaspekte, die den Schwerpunkt deines Gedichtvergleichs bilden sollen.

Eine Mind-Map als Gedankengerüst

Im Folgenden wird eine Mind-Map für das Gedicht „Blauer Abend in Berlin“ von Oskar Loerke entworfen:

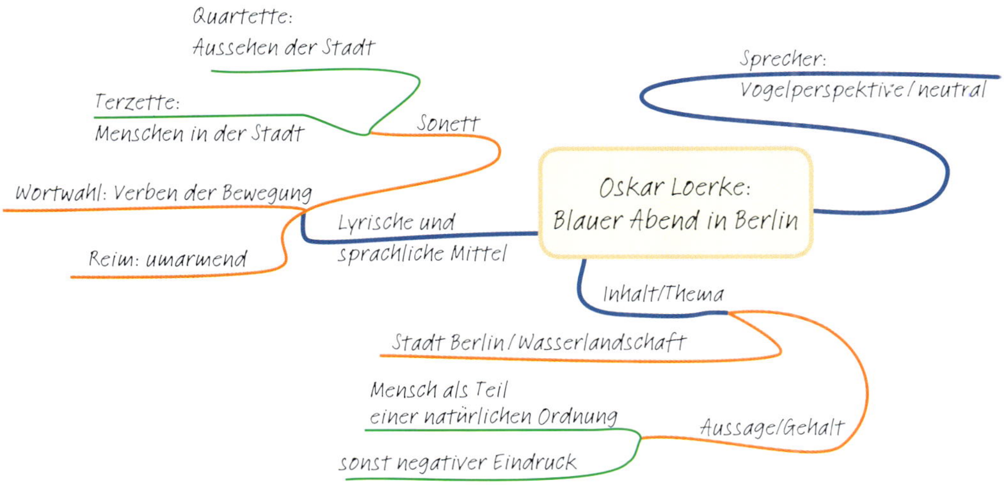

7. Fertige zu dem Gedicht von Rolf Dieter Brinkmann ebenfalls eine Mind-Map an. Orientiere dich an der Struktur der Mind-Map zu Loerkes Gedicht.

Ein Gedichtvergleich *Beispielaufsatz*

Einleitung

In den beiden Gedichten „Blauer Abend in Berlin“ von Oskar Loerke und „Einen jener klassischen“ von Rolf Dieter Brinkmann wird die Großstadt auf den ersten Blick ganz unterschiedlich wahrgenommen und gestaltet. Während in Loerkes Gedicht in der geschlossenen Form eines Sonetts ein positives Gesamtbild der Stadt vermittelt wird, steht im Mittelpunkt von Brinkmanns Gedicht ein Ich, das ganz konkret in einer Straße Kölns am Abend nur eine kurze positive Erfahrung macht. Wie nun diese unterschiedlichen Eindrücke im Einzelnen in den Gedichten gestaltet werden, will ich im Folgenden ausführen.

Hauptteil

Oskar Loerkes Gedicht weist einen klaren Aufbau auf, es besteht aus vier Strophen: zwei Vierzeilern und zwei Dreizeilern, die typische Form des Sonetts. Es liegt ein durchgängiger 5-hebiger Jambus vor, der gemeinsam mit den umarmenden Reimen einen durchweg harmonischen positiven Gesamteindruck vermittelt. Dieser klaren Form entspricht das Bild von der Stadt: Die Bilder und Vergleiche lassen die Stadt wie eine unterirdische Wasserlandschaft erscheinen („Und Kuppeln gleichen Bojen, Schloten, Pfählen im Wasser“, I, 4 / II, 1; „Und sind wie Wasserpflanzen anzusehen“, II, 2; „Wie eines Wassers Bodensatz und Tand …“, III, 2).

Weiterschreiben: Wie passen zu dem Bild „Wasserwelt“
- die Verben („fließen“, I, 1, „schwelen“, II, 1, „stauen“, II, 3 usw.)?
- der Satzbau? Beziehe auch die Verbkette im 2. Terzett mit ein („Im Dünen, Kommen, Gehen, Gleiten, Ziehen“, IV, 1).

In der Mitte des zweiten Quartetts richtet sich der Blick auf „die Leben, die sich in dem Grunde stauen“ (II, 3). Zunächst entsteht der Eindruck von Anonymität. Die Menschen werden verallgemeinernd als „die Leben“ bezeichnet und mit allem, was in der Großstadt lebendig ist, gleichgesetzt. Doch diese „Leben“ sind nicht verdinglicht, sondern sie stehen in Verbindung mit dem Himmel, von dem sie „sacht […] erzählen“ (II, 4).

Weiterschreiben: Was für ein Gesamtbild von der Großstadt entsteht gerade auch im Zusammenhang mit dem ersten Terzett?
Wie ist die Perspektive? Welche Bedeutung hat dabei die Farbe Blau?

In den letzten beiden Zeilen des Sonetts, die sich reimen, wird die Aussage des Gedichts pointiert gebündelt: Einerseits sind die Menschen in der Großstadt eine Masse („die sich in dem Grunde stauen“, II, 3), andererseits sind sie Teil einer natürlichen Ordnung.

Weiterschreiben: Wodurch werden „die Leben“ bewegt? Was bestimmt sie? (Vgl. dazu die jeweils letzten Zeilen der beiden Terzette!) – Womit werden die Menschen verglichen (vgl. IV, 2/3) und wie passt diese Vorstellung zur Großstadt?

Überleitungssatz

Ganz anders in Form und Aussage ist Brinkmanns Stadtgedicht „Einen jener klassischen“. Der Titel des Gedichts ist der Anfang eines Satzes, der sich in den nächsten 12 Zeilen des Gedichts fortsetzt, und nur durch einen Doppelpunkt in Zeile 7 entsteht ein kurzes Anhalten. Der Leser nimmt das Wort vor dem Doppelpunkt dadurch ganz besonders wahr („Wunder“, Z. 7). Dieses Wunder wird genau nach Ort und Zeit seines Auftretens benannt.

Weiterschreiben: Welches ist dieses Wunder und wie erlebt das Ich es? – Wozu steht es im Gegensatz?

Schlussteil

Beide Gedichte haben einen ganz unterschiedlichen Blick auf die Großstadt, und dennoch erkennt man bei näherem Hinsehen auch etwas Gemeinsames: Die Stadt in Loerkes Gedicht ist ein natürlich harmonisches Gebilde im abendlichen Licht. Bei Brinkmann ist die an sich triste Stadt immer auch ein Ort, wo ganz plötzlich ein „Wunder“ geschehen kann.

1. Lies die Auszüge aus dem Aufsatz durch.
2. Vervollständige ihn, indem du in den Leerstellen weiterschreibst.
   Beziehe dabei die Tabelle der Vergleichsaspekte und die Gliederung mit ein.

INFO

Nachschlagen → S. 301

- Die **analytische Gedichtinterpretation** verlangt sorgfältige Vorarbeiten: genaues Lesen, Textmarkierungen, Notizen sowie deren Systematisierung (Analyse- und Interpretationsskizze).
- In der Gedichtinterpretation wird das Zusammenspiel von Gehalt/Aussage und lyrischen Gestaltungsmitteln sowie sprachlichen Aspekten in Bezug auf die Deutung erfasst.
- Beim Vergleich zweier Gedichte ist es hilfreich, zunächst ein Gedicht nach Inhalt und Form genau zu untersuchen. Das zweite Gedicht kann im Hinblick auf ausgesuchte Vergleichsaspekte ergänzend analysiert werden.
- Die Mind-Map stellt eine Gliederungsmöglichkeit für die vergleichende Gedichtinterpretation dar.

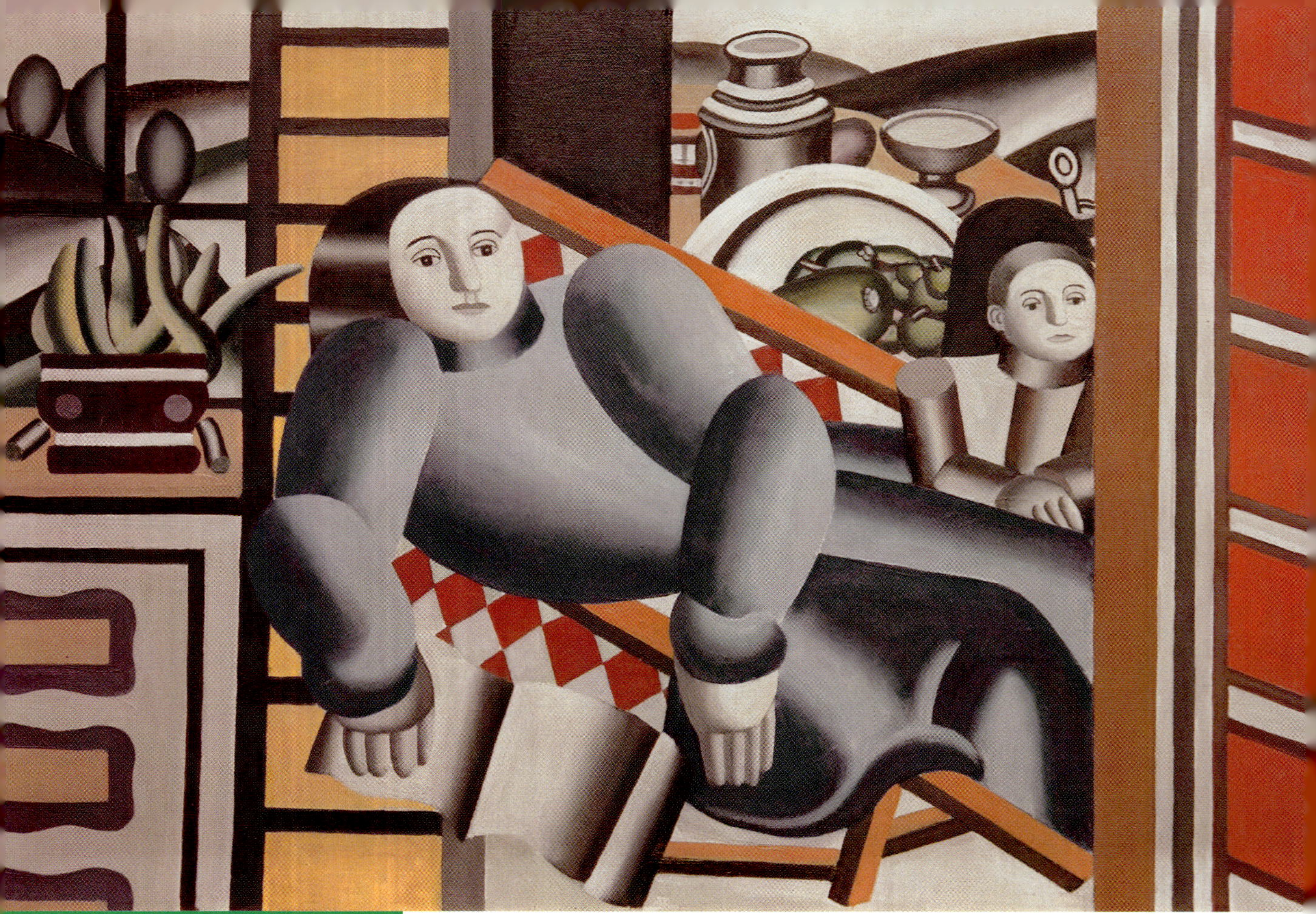

Mit Texten und Medien umgehen

Erzählende Texte

Was ist Erzählen?

Zum Bild:
Fernand Léger (1881–1955):
Die Lesende (1922)

– Erzählen gehört immer schon zu den elementaren Bedürfnissen des Menschen: ob auf dem Schulhof, bei Familienfesten oder im Kinderzimmer. Sobald einer mit einem „Weißt du noch?“ oder „Es war einmal“ anhebt, ist man mittendrin im Geschichtenerzählen.
– Der Erzähler gleicht einem Reiseführer, der in vergangene Zeiten und unbekannte Räume einlädt.
– Erzählen ist immer auch ein Erhellen und Durchleuchten. Der Wechsel von Licht und Dunkel, Tag und Nacht ist ein wesentliches Erzählprinzip.
– Der Erzähler ähnelt einem Kapitän: Er steuert von einem Abenteuer zum nächsten, kommt manchmal vom Wege ab und verliert sein Ziel doch nicht aus dem Auge.

• Sprecht, ausgehend von diesen Bemerkungen, über eure Erfahrungen mit Erzähltexten.

Parabel, Satire und Parodie

Nachschlagen → S. 302

Der Gesandte* *Bertolt Brecht*

* Text in originaler Orthografie

Neulich sprach ich mit Herrn K. über den Fall des Gesandten einer fremden Macht, Herrn X., der in unserm Land gewisse Aufträge seiner Regierung ausgeführt hatte und nach seiner Rückkehr, wie wir mit Bedauern erfuhren, streng gemaßregelt wurde, obgleich er mit großen Erfolgen zurückgekehrt war. „Es wurde ihm vorgehalten, daß er, um seine Aufträge auszuführen, sich allzu tief mit uns, den Feinden, eingelassen hatte“, sagte ich. „Glauben Sie denn, er hätte ohne ein solches Verhalten Erfolg haben können?“ – „Sicher nicht“, sagte Herr K., „er mußte gut essen, um mit seinen Feinden verhandeln zu können, er mußte Verbrechern schmeicheln und sich über sein Land lustig machen, um sein Ziel zu erreichen.“ – „Dann hat er also richtig gehandelt?“ fragte ich. „Ja, natürlich“, sagte Herr K. zerstreut. „Er hat da richtig gehandelt.“ Und Herr K. wollte sich von mir verabschieden. Ich hielt ihn jedoch am Ärmel zurück. „Warum wurde er dann mit dieser Verachtung bedacht, als er zurückkam?“ rief ich empört. „Er wird wohl an das gute Essen sich gewöhnt, den Verkehr mit Verbrechern fortgesetzt haben und in seinem Urteil unsicher geworden sein“, sagte Herr K. gleichgültig, „und da mußten sie ihn maßregeln.“ „Und das war Ihrer Meinung nach von ihnen richtig gehandelt?“ fragte ich entsetzt. – „Ja, natürlich, wie sollten sie sonst handeln?“ sagte Herr K. „Er hatte den Mut und das Verdienst, eine tödliche Aufgabe zu übernehmen. Dabei starb er. Sollten sie ihn nun, anstatt ihn zu begraben, in der Luft verfaulen lassen und den Gestank ertragen?“

Parabel:
1. (Griech. „das Nebeneinandergestellte“): Vergleich, eine gleichnishafte Erzählform mit einer Lehre oder Erkenntnis bzw. allgemeinen Wahrheit
2. Man kann zwischen geschlossenen und offenen Formen unterscheiden. Die traditionelle Parabel ist vorwiegend durch die geschlossene Form bestimmt, die moderne durch die offene. Sie ist prinzipiell mehrdeutig.

Hinausschauen *Günter Kunert*

Wer sähe nicht gern aus dem Fenster auf die Passanten männlichen und weiblichen Geschlechts, welch letztere zur Sommerszeit äußerst bewegliches Fleisch zur Schau tragen, später in der Kälte geheimnisvolle Mäntel, darunter meist hitzig-heißes Leben vermutet wird und meist irrtümlich.

Man lehnt sich bequem über Autos, Pferde, die es noch gibt, über Polizisten und Panzer, die es auch noch gibt, über Müllwagen, Elefanten (sehr selten) und Mörder, die für gewöhnlich schwer erkennbar sind. Gemütlich die Ellbogen aufs Fensterbrett gestützt, ist man sich des Unheils nicht bewusst, das hinterrücks geschieht, indem da ungeahnte Hände schon die Treppen abreißen, die Öfen, Herde, Badewannen, das ganze Haus, sodass man, noch eben über einen Spaziergänger gebeugt, plötzlich ohne Hintergrund ist, ohne festes Dach und ohne Boden unter den Füßen, eigentlich bereits in der Luft hängt und nur für die draußen auf der Straße unverändert anheimelnd aus dem Fenster sieht: Wie das gefährlich ist, ahnt keiner, der vorbeigeht.

1. Inwiefern kann man die beiden Parabeln „eindeutig“ nennen? Worin besteht jeweils ihre parabolische Aussage?

Eine kaiserliche Botschaft *Franz Kafka*

Im Folgenden ist zunächst die Parabel Kafkas wiedergegeben. Anschließend werden einige Deutungsvorschläge zum Gleichnishaften dieser Parabel vorgestellt.

Der Kaiser – so heißt es – hat Dir, dem Einzelnen, dem jämmerlichen Untertanen, dem winzig vor der kaiserlichen Sonne in die fernste Ferne geflüchteten Schatten, gerade Dir hat der Kaiser von seinem Sterbebett aus eine Botschaft gesendet. Den Boten hat er beim Bett niederknien lassen und ihm die Botschaft ins Ohr zugeflüstert; so sehr war ihm an ihr gelegen, dass er sich sie noch ins Ohr wiedersagen ließ. Durch Kopfnicken hat er die Richtigkeit des Gesagten bestätigt. Und vor der ganzen Zuschauerschaft seines Todes – alle hindernden Wände werden niedergebrochen und auf den weit und hoch sich schwingenden Freitreppen stehen im Ring die Großen des Reichs – vor allen diesen hat er den Boten abgefertigt. Der Bote hat sich gleich auf den Weg gemacht; ein kräftiger, ein unermüdlicher Mann; einmal diesen, einmal den andern Arm vorstreckend schafft er sich Bahn durch die Menge; findet er Widerstand, zeigt er auf die Brust, wo das Zeichen der Sonne ist; er kommt auch leicht vorwärts, wie kein anderer. Aber die Menge ist so groß; ihre Wohnstätten nehmen kein Ende. Öffnete sich freies Feld, wie würde er fliegen und bald wohl hörtest Du das herrliche Schlagen seiner Fäuste an Deiner Tür. Aber statt dessen, wie nutzlos müht er sich ab; immer noch zwängt er sich durch die Gemächer des inneren Palastes; niemals wird er sie überwinden; und gelänge ihm dies, nichts wäre gewonnen; die Treppen

hinab müsste er sich kämpfen; und gelänge ihm dies, nichts wäre gewonnen; die Höfe wären zu durchmessen; und nach den Höfen der zweite umschließende Palast; und wieder Treppen und Höfe; und wieder ein Palast; und so weiter durch Jahrtausende; und stürzte er endlich aus dem äußersten Tor – aber niemals, niemals kann es geschehen – liegt erst die Residenzstadt vor ihm, die Mitte der Welt, hochgeschüttet voll ihren Bodensatzes. Niemand dringt hier durch und gar mit der Botschaft eines Toten. – Du aber sitzt an Deinem Fenster und erträumst sie Dir, wenn der Abend kommt.

Deutungsvorschläge

- Träume sind Schäume.
- Ein sterbendes Staatsoberhaupt hat keine Macht mehr.
- Man darf die Hoffnung nie aufgeben.
- Religiöse Botschaften sind nicht leicht zu vermitteln.
- Untertanen sind in Diktaturen nicht viel wert.
- Um Glaubensinhalte muss man sich auch gegen Widerstände ständig bemühen.
- Es ist immer schwierig, sich als Einzelner gegen eine große Menschenmenge durchzusetzen.
- Boten haben keinen angenehmen Beruf.

1. Welche Deutungsvorschläge zum Gleichnishaften der Kafka-Parabel überzeugen dich mehr, welche weniger? Sprich mit deinem Nachbarn darüber. – Ihr könnt auch eigene Deutungen formulieren.
2. Inwiefern könnte die Bestimmung „offene Form“ auch für die Parabel *Die kaiserliche Botschaft* zutreffen? – Diskutiert darüber.

Igor Irtenjew, 1947 in Moskau geboren; schreibt Gedichte und Prosa; lebt als freier Schriftsteller in Moskau.

Der Zettel *Igor Irtenjew*

Als Poljakow irgendwann Anfang Januar die Zeitung aus dem Briefkasten nahm, entdeckte er darin ein vierfach gefaltetes Papier. Da er von Natur aus neugierig war, faltete Poljakow das Papier auseinander. Mit schwarzem Filzstift stand darauf geschrieben: „In einem Jahr". Das war alles. Kein Datum, keine Unterschrift. Er betrachtete den rätselhaften Zettel von allen Seiten, zerknitterte ihn und warf ihn hinter den Heizkörper. Was sollte man sonst mit so einem Zettel tun?

Nach einiger Zeit ging der Winter zu Ende und ließ den Frühling an die Reihe. Dann ging auch der Frühling zu Ende. Und als Poljakow irgendwann am Anfang des Sommers die Zeitung aus dem Briefkasten nahm, entdeckte er dort erneut ein vierfach gefaltetes Blatt. Als er es auseinandergefaltet hatte, las er: „In einem halben Jahr". Und da erinnerte er sich, dass er vor einem halben Jahr einen ähnlichen Zettel erhalten hatte. Als Poljakow diese Fakten kombinierte, erfasste er in all diesem eine bestimmte Tendenz, deren eigentliches Wesen jedoch unklar blieb. Diesmal warf er den Zettel nicht weg, sondern steckte ihn im Gegenteil in seine Jackentasche. Dann fuhr er in den Urlaub, dann geschah noch alles Mögliche und letztendlich vergaß Poljakow die Zettel.

Als Poljakow aber eines Tages zu Beginn des Herbstes nach seiner Gewohnheit die Zeitung aus dem Briefkasten nahm, entdeckte er dort wieder den bekannten Zettel. Ist es nötig zu sagen, dass sein Anblick in ihm heftige Neugier weckte? Es ist nicht nötig. Als er das Blatt auseinandergefaltet hatte, las er: „In drei Monaten". Aber was „in drei Monaten" sein würde und warum „in drei Monaten", war völlig unklar. Zumindest war dies aus dem Inhalt des Zettels keineswegs ersichtlich. Von diesem Tag an nistete sich Unruhe in Poljakows Seele ein. Er wurde verschlossen und mürrisch. Zum ersten Mal fühlte er sich nicht als vollwertiger Bürger, sondern als nichtiges Stäubchen im erbarmungslosen Spiel verhängnisvoller Elementargewalten. „Was bin ich?", dachte Poljakow manchmal, wenn er sein finsteres Abbild im Spiegel des Institutsliftes anschaute. „Was sind sie?", überlegte er bitter, indem er sich die sorglosen Gesichter seiner Kollegen genau ansah. „Was sind wir alle?", schrie seine Seele und warf sich, ohne eine Antwort zu finden, in ihrem engen Gefängnis von einer Seite auf die andere.

Die Zeit verging, und in den ersten Dezembertagen, als das Eis schon die Wasseroberfläche bedeckte und die Vögel in Länder mit höherer Jahresdurchschnittstemperatur flogen, nahm Poljakow aus dem unheilvollen Briefkasten einen neuen Zettel. „In einem Monat" – so stand diesmal darauf geschrieben. Im Angesicht des Unausweichlichen besorgte er sich bei einem ihm bekannten Arzt einen Krankenschein mit einer undurchsichtigen Diagnose und begann ein rasendes Trinkgelage. Bis auf den heutigen Tag schaudern die Stammgäste des Cafés „Windchen", das gleich neben seinem Haus liegt, wenn sie sich daran erinnern, was der von verhängnisvollen Ahnungen gepeinigte Poljakow dort anrichtete. Vier Wochen verflogen wie ein Tag. Vier Wochen lang ging der völlig ins Trudeln geratene Poljakow nicht an den verhängnisvollen Briefkasten, und als er ihn

endlich aufmachte, suchte er aus dem Zeitungshaufen das prophetische Blatt. Die Zeilen begannen vor seinen Augen zu tanzen, verbanden sich zu einem Reigen, und als sie wieder auseinanderfielen, bildeten sie das Wort: „Heute“. Seine Kräfte verließen ihn. Sich ans Geländer klammernd, stieg Poljakow in seine Wohnung hinauf, legte sich auf die Couch, bedeckte seinen Kopf mit einem Kissen und sank in einen schweren Schlaf.

Als er erwachte, war es zehn Uhr. Ein trockener frostiger Morgen. Auf der Straße strömte der Verkehr in verschiedenen Richtungen, die Menschen gingen eilig ihren Geschäften nach. Er rasierte sich, nahm eine Dusche und zog ein sauberes Hemd an. Er fühlte sich leer und heiter zugleich. Poljakow frühstückte, zog sich etwas über und ging pfeifend nach unten.

Er öffnete den Briefkasten und nahm die frische Zeitung heraus. Aus der Zeitung fiel ein vierfach gefaltetes Blatt. Ohne mit dem Pfeifen aufzuhören, faltete er es auseinander. Wissen Sie, was darauf stand? Es stand darauf: „Gestern“. Das stand darauf! Er betrachtete den dummen Zettel von allen Seiten, zerknitterte ihn nachlässig, warf ihn hinter den Heizkörper, ging und lebte weiter.

Eine neue Figur erfinden

Nachdem Poljakow einen neuen Zettel mit dem Vermerk „In einem Monat“ bekommen hat, gerät er völlig außer Fassung und gibt sich im benachbarten Café „Windchen“ dem Alkohol hin.

Ein ihm vertrauter Stammgast aus dem Café fragt ihn, was denn eigentlich mit ihm los sei; er mache sich Sorgen um ihn, denn er sei doch sonst ganz anders gewesen. Daraufhin erzählt Herr Poljakow dem Stammgast seine Erlebnisse und bittet ihn um Rat. …

1. Formuliere, was der Stammgast Herrn Poljakow raten könnte.
2. Vergleicht eure Formulierungen. Prüft, welche der gleichnishaften Aussagen der Parabel nahekommen. – Erörtert in kleinen Gruppen, inwiefern auch die Parabel *Der Zettel* zur „offenen“ Form gerechnet werden kann.
3. Versuche einmal, eine geschlossene oder offene Parabel selbst zu schreiben.

Robert Walser (1878–1956), führte ein unruhiges Wanderleben, z. T. in Nervenheilanstalten; seine Dichtung, vor allem Romane (z. B. „Der Gehülfe", 1908) und Kurzprosa, gelangt erst in neuerer Zeit zu starker Beachtung. Walser wendet sich in seiner Dichtung häufig gegen das Aufgehen des Menschen in der Arbeitswelt.

Das Stellengesuch *Robert Walser*

Im Folgenden ist zunächst die literarische Satire Robert Walsers wiedergegeben, anschließend eine offene Analyseskizze zu diesem Text.

Hochgeehrte Herren!
Ich bin ein armer, junger, stellenloser Handelsbeflissener, heiße Wenzel, suche eine geeignete Stelle und erlaube mir hiermit, Sie höflich und artig anzufragen, ob vielleicht in Ihren luftigen, hellen, freundlichen Räumen eine solche frei sei. Ich weiß, dass Ihre werte Firma groß, stolz, alt und reich ist, und ich darf mich daher wohl der angenehmen Vermutung hingeben, dass bei Ihnen ein leichtes, nettes, hübsches Plätzchen offen ist, in welches ich, wie in eine Art warmes Versteck, hineinschlüpfen kann. Ich eigne mich, müssen Sie wissen, vortrefflich für die Besetzung eines derartigen bescheidenen Schlupfwinkels, denn meine ganze Natur ist zart, und mein Wesen ist ein stilles, manierliches und träumerisches Kind, das man glücklich macht dadurch, dass man von ihm denkt, es fordere nicht viel, und dadurch, dass man ihm erlaubt, von einem ganz, ganz geringen Stück Dasein Besitz zu ergreifen, wo es sich auf seine Weise nützlich erweisen und sich dabei wohlfühlen darf. Ein stilles, süßes, kleines Plätzchen im Schatten ist von jeher der holde Inhalt aller meiner Träume gewesen, und wenn sich jetzt die Illusionen, die ich mir von Ihnen mache, dazu versteigen, zu hoffen, dass sich jetzt der junge und alte Traum in entzückende, lebendige Wirklichkeit verwandle, so haben Sie an mir den eifrigsten und treuesten Diener, dem es Gewissenssache sein wird, alle seine geringfügigen Obliegenheiten exakt und pünktlich zu erfüllen. Große und schwierige Aufgaben kann ich nicht lösen und Pflichten weitgehender Natur sind zu schwer für meinen Kopf. Ich bin nicht sonderlich klug, und was die Hauptsache ist, ich mag den Verstand nicht gern so sehr anstrengen, ich bin eher ein Träumer als ein Denker, eher eine Null als eine

Kraft, eher dumm als scharfsinnig. Sicherlich gibt es in Ihrem weitverzweigten Institut, das ich mir überreich an Ämtern und Nebenämtern vorstelle, eine Art von Arbeit, die man wie träumend verrichten kann. –

Ich bin, um es offen zu sagen, ein Chinese, will sagen, ein Mensch, den alles, was klein und bescheiden ist, schön und lieblich anmutet, und dem alles Große und Vielerforderische fürchterlich und entsetzlich ist. Ich kenne nur das Bedürfnis, mich wohlzufühlen, damit ich jeden Tag Gott für das liebe, segensreiche Dasein danken kann. Die Leidenschaft, es weit in der Welt zu bringen, ist mir unbekannt. Afrika mit seinen Wüsten ist mir nicht fremder. So, nun wissen Sie, was ich für einer bin. – Ich führe, wie Sie sehen, eine zierliche und geläufige Feder, und ganz ohne Intelligenz brauchen Sie sich mich nicht vorzustellen. Mein Verstand ist klar; doch weigert er sich, Vieles und Allzuvieles zu fassen, wovor er einen Abscheu hat. Ich bin redlich, und ich bin mir bewusst, dass das in der Welt, in der wir leben, herzlich wenig bedeutet, und somit hochgeehrte Herren, warte ich, bis ich sehen werde, was Ihnen beliebt zu antworten

Ihrem in Hochachtung und vorzüglicher Ergebenheit ertrinkenden

Wenzel.

Satire:
1. Entlarvt und verspottet gesellschaftliche Missstände und menschliche Schwächen in häufig überzeichneter und witzig-ironischer Weise
2. Es gibt verschiedene satirische Textsorten: z. B. die literarische und die journalistische Satire

Offene Analyseskizze

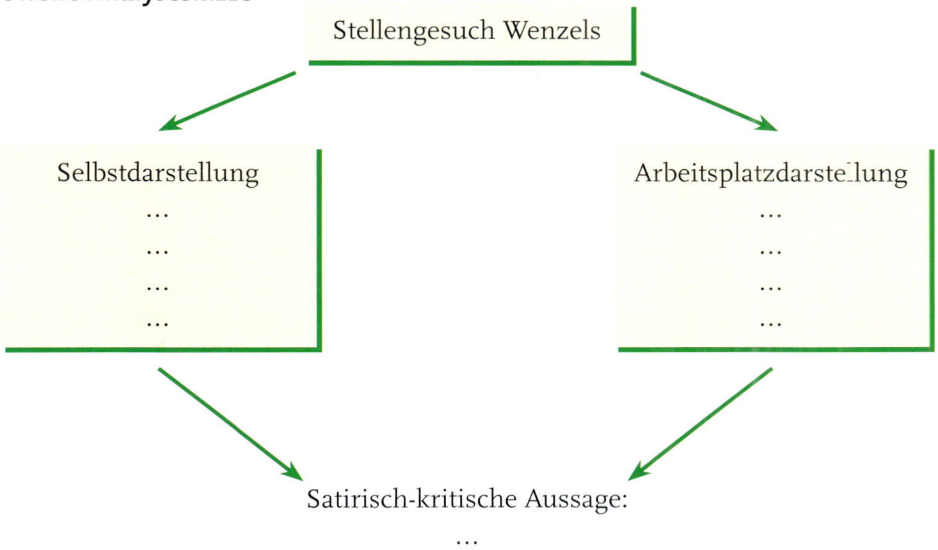

1. Versuche, die offene Analyseskizze aufzufüllen.
   Nutze dabei wichtige Textstellen. –
   Gegebenenfalls kannst du aber auch eine eigene Skizze anfertigen.
2. Sprecht über eure Vorschläge: Diskutiert vor allem darüber,
   wie ihr die satirisch-kritische Aussage des Textes versteht. –
   Ihr könnt dabei die lexikalische Notiz zu Walsers poetischen Absichten
   (s. vorherige Seite) in eure Überlegungen miteinbeziehen.

Pomp auf Pump *Zeitungstexte*

Einige Zeitungsredakteure haben einen Selbstversuch unternommen und sich einen Tag lang in der Luxuskarosse Maybach 62 chauffieren lassen. Ihre Eindrücke von dieser Fahrt haben sie in folgenden Texten (A und B) festgehalten.

A Ade schnöde Welt

Es ist Sommer. Und manchmal, ja manchmal möchte man von alledem nichts mehr hören: von den mampfend-schmatzenden Dönerfreunden, von schweißigen Fußsohlen, die gegen Flip-Flops klatschen, von gurgelnden Schlünden junger Männer, die ungeniert Flaschenbier trinken. In solchen schwülen Zeiten wird man gewahr: Man ist wirklich nicht allein auf der Welt, in dieser schlimmen, schamlosen, lauten Menschenwelt. Nun ist er gekommen, der richtige Augenblick, um zu verschwinden, unserer Zivilisation ein Adieu zuzuraunen – und in einen Maybach zu steigen.

Sanft plumpst man ins lederne Fauteuil, lässt die dicke Türe dumpf und sargähnlich zufallen, wackelt ein wenig mit dem Po wie die Goldhenne im Nest, bis die würdevollste Haltung eingenommen ist. Die zahlreichen Knöpfe, der Champagnerkelch, der Monitor im Vordersitz – ach, unnützes Spielzeug das, für Kindsköpfe, die sich unverständlicherweise immer noch für das Draußen interessieren. Die anderen, die Weisen und Müden, stützen ihre blau geäderte Stirn auf Arm und Hand und ziehen den Vorhang des Seitenfensters halb zu, senken die Lider und versuchen zu vergessen. So wie jene Gepeinigten vergangener Jahrhunderte, die in geschlossenen Kutschen hinter Vorhängen unerkannt fliehen mussten: vor wütenden gehörnten Ehemännern, vor den Gläubigern im Herrenzimmer, vor den Zeugen eines verbotenen Duells im Wald.

Auch im Maybach wird plötzlich alles so belanglos, das mickrige Gehalt, die Anzahl der Pferdestärken, das fiese Rot der Ampeln, die unsteten Jahreszeiten, die unappetitlichen Flip-Flops, sogar der eigene Name. Wer bin ich nur? Wie viel Sprit verbraucht dieses Monster? Wohin wollte ich überhaupt? Alles völlig gleichgültig, der Kutscher am Lenkrad kennt schließlich den Weg. Man wird ruhig, ganz ruhig. Schwer und still flüchtet man fort. Säuselt einen Vers vor sich hin wie „Lass, o Welt, o lass mich sein!“, um am Ende zu erkennen: Der Maybach ist kein Auto, sondern ein bewusstseinsverengendes Opiat auf vier Rädern. Der Ausstieg ins Leben ist – wie zu erwarten – äußerst schmerzvoll.

Umformung in die Standardsprache:
Es ist Sommer. Und manchmal möchte man von den Freunden, die Döner essen, von feuchten Fußsohlen in Sandalen und von jungen Männern, die Flaschenbier trinken, nichts mehr wissen.

B Der Kelchtest

Das kennt man ja. Das hat man schon unzählige Male im Fernsehen gesehen: Die High Society trinkt Champagner. Und zwar immer: Egal, ob Intrigen gesponnen, Familienimperien fusioniert oder Siege vor Gericht gefeiert werden – der Champagner darf nie fehlen. Er ist Luxus in flüssiger Form.

Dieses Verständnis von Luxus scheint man auch bei Daimler-Chrysler zu haben. Sitzt, oder besser: logiert man im Fond des 6,20 Meter langen und drei Tonnen schweren Maybach 62, ist das Lebenselixier der Reichen und Schönen stets griffbereit: im Kühlfach der Mittelkonsole. In einem weiteren Fach finden sich die passenden Kelche – aus Sterlingsilber, versteht sich. Und weil Champagner stilecht geschlürft und nicht verkleckert werden soll, gibt's obendrein silberne Kelchhalter.

Das ist Luxus wie aus dem Bilderbuch. Und dazu gehören selbstredend auch die elektrischen Vorhänge, die Liegesitze mit Massagefunktion, das Panoramadach (in den Varianten glasklar, milchig oder Sternenhimmel), die Ambientebeleuchtung (ein bisschen schummrig, ganz schummrig), die TV- und DVD-Monitore.

Das ist alles sehr schön, sehr kommod. Gewiss auch luxuriös – sofern man die Fernsehserien- und Hochglanzblätter-Definition von Luxus teilt und keine Originalität erwartet. Aber was soll's? Manchmal möchte man sich doch einfach nur entspannt zurücklehnen, den Rücken massiert bekommen, Champagner nippend in den Sternenhimmel blicken – und sich wie im Film fühlen.

1. Untersuche zunächst den satirischen Sprachstil der Texte. Orientiere dich dabei an der auf der vorherigen Seite vorgemachten Umformung des Textbeginns. – Du kannst versuchen, die folgenden Sätze des ersten Textteils einmal selbst in die Standardsprache umzuformen.
2. Welche Aussageabsicht verbirgt sich hinter der witzig-satirischen Beschreibung der Luxus-Fahrt? Erörtert die Frage auch vor dem Hintergrund der folgenden Definition des Begriffs „Luxus“: *Üppige Fruchtbarkeit und Ausschweifung; Konsum oder sonstiger Aufwand, der nach Maßgabe historischer oder regionaler Normen das Notwendige oder Übliche übersteigt.*
3. Versuche einmal, eine literarische oder journalistische Satire selbst zu schreiben.

Sprachliche Mittel der Satire:
- Beschönigung
- Bildersprache (Vergleiche und Metaphern)
- Neuschöpfungen
- Originelle Schlagzeilen
- Übertreibungen
- Pointiert-witzige Wortwahl
- Auffälliger Satzbau (verkürzte Sätze, Fragen)

* Text in originaler Orthografie

Die Bundestagsrede* *Loriot*

Moderator *Guten Abend, meine Damen und Herren, seit kurzem hat sich die Szene in Bonn verändert. Der zur Zeit parteilose Abgeordnete Werner Bornheim hielt eine Rede, die für einen neuen politischen Stil richtungweisend sein könnte. Werner Bornheim gehörte in der Weimarer Republik der Deutschen Volkspartei an, wurde nach dem Kriege Mitglied der L.A.P., wechselte 1952 aus Gewissensgründen zur CDU und stieß 1957 zur FDP. 1961 legte er jedoch sein Mandat nieder und wurde Landtagsabgeordneter der SPD. 1964 überwarf er sich mit dieser Partei und zog als CSU-Abgeordneter in den Bundestag ein. Danach war er noch je zweimal Abgeordneter der SPD und der CDU, bevor er aus Gewissensgründen vorerst die Parteilosigkeit wählte. Die Rede, die Werner Bornheim am vergangenen Montag im Bundestag hielt, stellt durch ihre Unbestechlichkeit und ihre politische Linie, so meine ich, alles in den Schatten, was man an Äußerungen von seiten der Regierung gehört hat.*

Werner Bornheim Meine Damen und Herren, Politik bedeutet, und davon sollte man ausgehen, das ist doch – ohne darum herumzureden – in Anbetracht der Situation, in der wir uns befinden. Ich kann meinen politischen Standpunkt in wenige Worte zusammenfassen: Erstens das Selbstverständnis unter der Voraussetzung, zweitens, und das ist es, was wir unseren Wählern schuldig sind, drittens, die konzentrierte Beinhaltung als Kernstück eines zukunftweisenden Parteiprogramms.

Wer hat denn, und das muß vor diesem hohen Hause einmal unmißverständlich ausgesprochen werden. Auch die wirtschaftliche Entwicklung hat sich in keiner Weise ... Das kann auch von meinen Gegnern nicht bestritten werden, ohne zu verkennen, daß in Brüssel, in London die Ansicht herrscht, die Regierung der Bundesrepublik habe da – und, meine Damen und Herren ... warum auch nicht? Aber wo haben wir denn letzten Endes, ohne die Lage unnötig zuzuspitzen? Da, meine Damen und Herren, liegt doch das Hauptproblem. – Bitte denken Sie doch einmal an die Altersversorgung. Wer war es denn, der seit 15 Jahren, und wir wollen einmal davon absehen, daß niemand behaupten kann, als hätte ich damals – so geht es doch nun wirklich nicht! Wir haben immer wieder darauf hingewiesen, daß die Fragen des Umweltschutzes, und ich bleibe dabei, wo kämen wir sonst hin, wo bliebe unsere Glaubwürdigkeit? Eins steht doch fest, und darüber gibt es keinen Zweifel. Wer das vergißt, hat den Auftrag des Wählers nicht verstanden. Die Lohn- und Preispolitik geht von der Voraussetzung aus, daß die mittelfristige Finanzplanung, und im Bereich der Steuerreform ist das schon immer von ausschlaggebender Bedeutung gewesen ...

Meine Damen und Herren, wir wollen nicht vergessen, draußen im Lande, und damit möchte ich schließen. Hier und heute stellen sich die Fragen, und ich glaube, Sie stimmen mit mir überein, wenn ich sage ... Letzten Endes, wer wollte das bestreiten! Ich danke Ihnen ...

1. Versuche, die „Bundestagsrede" in der Klasse vorzutragen.

Wie Politiker so brabbeln

Egon Lutz, sozialdemokratischer Volksvertreter und von Haus aus Journalist, ist das Wortgeklingel leid, mit dem Politiker aller Couleur zunehmend „die Menschen draußen im Lande“ verwirren. „Dieses Jahrhundert“, so schreibt Lutz im Pressedienst der bayerischen SPD-Bundestagsabgeordneten, „wird als Jahrhundert des Etikettenschwindels in die Annalen der Geschichte eingehen.“ Niemals zuvor habe man „so schamlos die Sprache dazu missbraucht, schon mit der Veränderung von Begriffen eigene Vorhaben zu vernebeln, um die Bürger und sich selbst in falscher Sicherheit zu wiegen“, meint Lutz. Wenn nur noch „hinterfragt“ und „Sachverstand eingebracht“ werde, hätten die Einbringer und Hinterfrager jene Distanz zu Problemen erreicht, die es ermögliche, „beim Scheitern ihrer Bemühungen ins höfliche Bedauern zu flüchten, was der Zweck der Übung ist“. Zu Beginn des Jahrhunderts habe es noch in allen Kabinetten „Kriegsminister“ gegeben. Daraus seien nach dem Ersten Weltkrieg dann „Wehrminister“ und nach dem Zweiten Weltkrieg „Verteidigungsminister“ geworden. Im Gegensatz zu früher, wo die Arbeiter noch nicht „Arbeitnehmer“ genannt wurden, werde heute auch nicht mehr entlassen, sondern „freigesetzt“, was nach Freiheit und Abenteuer klinge. In der guten alten Zeit habe man eine Wirtschaftskrise noch nicht nobel „Rezession“ genannt, miserable wirtschaftliche Ergebnisse nicht zum „Minuswachstum“ umgedeutet, aus einer staatlichen Rekordverschuldung keinen „Sparhaushalt“ und aus Massenarbeitslosigkeit keine „Anpassung der Beschäftigung an Markstrukturen“ gemacht.

2. Was parodiert Loriot in der Rede? Und wie macht er dies? – Nutze für deine Erarbeitung auch die Informationen aus dem Text „Wie Politiker so brabbeln“: Worin ähneln sich Loriots parodistische Absicht und die Kritik des Journalisten Lutz?
3. Versuche, selbst eine kleine politische Rede zu entwerfen, die die Kritik beherzigt.
4. Wenn du möchtest, schreibe selbst eine Parodie zu einer Vorlage deiner Wahl.

Merkmale der Parodie:
1. Griech. „Nebengesang“, auch „Gegengesang“
2. Satirische Umbildung von als bekannt vorausgesetzten Texten in kritischer oder polemischer Absicht
3. Die Umbildung bzw. Nachahmung geschieht unter Beibehaltung kennzeichnender Formmittel, aber mit gegenteiliger Absicht.

INFO

- Die moderne **Parabel** ist häufig gekennzeichnet durch eine offene Form, d. h. auch durch Mehrdeutigkeit.
- Bei der **Satire** können wir zwei Formen unterscheiden: die literarische und die journalistische.
- Die **Parodie** formt auf kritisch-satirische Weise eine Vorlage um.

Nachschlagen → S. 302

Nachschlagen → S. 302

Kurzgeschichten: DDR-Literatur

Einige Daten zur DDR:

1949 Gründung der DDR
1953 Volksaufstand in der DDR (17. Juni)
1960 Konstituierung des Staatsrats der DDR, Vorsitzender Walter Ulbricht
1961 Bau der Mauer in Berlin (13. August)
1968 Einführung von Pass- und Visazwang im Reiseverkehr mit der BRD
1971 Erich Honecker wird Erster Sekretär der Partei SED
1985 Michail Gorbatschow wird Generalsekretär der KPdSU und beginnt mit Reformen
1989 Öffnung der Grenzen der DDR (9. November) und Sturz Erich Honeckers
1990 Vereinigung der DDR mit der BRD (3. Oktober)

Zwei Ansichten von der DDR

Festansprache von Erich Honecker zum 40. Jahrestag der DDR am 7.10.1989

[...] Unsere Republik gehört heute zu den zehn leistungsfähigsten Industrienationen der Welt, zu den knapp zwei Dutzend Ländern mit dem höchsten Lebensstandard. Und vergessen wir dabei nicht, dass der Wohlstand hierzulande weder aus der Erde sprudelt noch auf Kosten anderer erreicht wurde. Die DDR ist das Werk von Millionen, von mehreren Generationen, die in harter Arbeit ihren Arbeiter- und Bauern-Staat aufgebaut haben, einen Staat mit moderner Industrie und Landwirtschaft, mit einem sozialistischen Bildungswesen, mit aufblühender Wissenschaft und Kultur. Schließlich ist die DDR eine Weltnation im Sport. *(Anhaltender starker Beifall)* Mit unseren Händen und Köpfen haben wir das zuwege gebracht, unter Führung der Partei der Arbeiterklasse. Nichts, aber auch gar nichts wurde uns geschenkt oder ist uns in den Schoß gefallen. Zudem waren hier nicht nur mehr Trümmer wegzuräumen als westlich der Elbe und Werra, sondern auch noch die Steine, die uns von dort in den Weg gelegt wurden. Heute ist die DDR ein Vorposten des Friedens und des Sozialismus in Europa. Dies zu keiner Zeit zu verkennen, bewahrt uns, sollte aber auch unsere Feinde vor Fehleinschätzungen bewahren. [...]

40 Jahre DDR, das waren 40 Jahre heroische Arbeit, 40 Jahre erfolgreicher Kampf für den Aufstieg unserer sozialistischen Republik, für das Wohl des Volkes. Auch weiterhin wird das so sein. Wichtig ist, dass die führende Partei unserer Gesellschaft, die Sozialistische Einheitspartei Deutschlands, in Vorbereitung ihres XII. Parteitages die eigenen Reihen weiter festigt, sich noch enger mit der Arbeiterklasse verbindet, den Genossenschaftsbauern, der Intelligenz, dem gesamten Volk. Wir werden auch weiterhin im Sinne der Erkenntnis von Karl Marx handeln, dass es darauf ankommt, die Welt nicht nur zu interpretieren, sondern sie zu verändern. *(Starker Beifall)* [...]

Montagsdemonstration in Leipzig im Herbst 1989

1. Welches Verhältnis von Regierenden und Volk der DDR kommt auf dem Foto und in der Ansprache jeweils zum Ausdruck?

Schwer leserlicher Brief (1976) *Hans Joachim Schädlich*

Schwer leserlicher Brief, der auf geliehener alter Maschine geschrieben wird von unkundiger Hand. Die letzte Kopie, für das Gedächtnis, nur entzifferbar durch den Absender.

Der Entschluss ist gefasst worden mittags, Montag. Es war zu besorgen dreierlei Papier. Wenige Bogen von jeder Sorte. Ein Laden für Schreibwaren bietet Kohlepapier. Verkäuflich in unverbrauchbarer Menge. Einzelne Bogen, fünf genügen, nicht. Aber es findet sich wer. Briefumschläge, Marken aus eigenem Vorrat. Die Empfänger wohnhaft in der Hauptstadt. Ihre Anschriften liest man.

Ich, Arbeiter, alleinstehend, Alter vierunddreißig, erhielt Nachricht von schwerer Krankheit des Vaters, welcher wohnt im westlichen Teil der Stadt. Beantragte Reise abgelehnt von zuständiger Behörde am heutigen Tag. Meine Frage, die laut gestellt wurde vor mehreren Angestellten, aus welchem Grund dem Antragsteller Genehmigung zu kurzer Reise nicht erteilt wird, ohne Antwort.

Da also ich, Einwohner meines Landes, trotz genanntem Grund aufgehalten werde, ersuche ich hiermit Sie, auf der Liste der Einwohner mich auszustreichen.

Weil ich anderer Ansicht bin über Gründe. Weil, wenn nicht gelten soll, was meine Sache ist, ich an falschem Ort wohne.

Ich bringe bei Zeugnis über gute Arbeit in fünfzehn Jahren (beteiligt an Erfüllung des Plans und Übererfüllung); Mitglied in freiem deutschem Gewerkschaftsbund seit erstem Arbeitsjahr; Einsatz bei Ernte und Verschönerung der Stadt.

Mit meinem Geld war ich zufrieden und bin es. Wohnung wurde mir zugeteilt nach sechs Jahren. Ich bin gewöhnt an mein Leben; was ich brauche, habe ich. Von kurzem Aufenthalt wäre ich zurückgekehrt.

Jetzt will ich fort. Hoffe, dass ich gehen kann, wo ich zum Land nicht mehr gehöre.

Wer den Freund verliert, der soll ihn lassen. So halten *wir* es. Kann ihn nicht einschließen und sagen, Mach ein glückliches Gesicht, ich bin Freund dir.

Ich kenn mich nicht aus in Akten. Aber so viel weiß ich: dass ich nicht Zubehör bin des Landes, nicht bleiben muss, wo ich geboren bin.

Ich frag nicht mehr, glaub auch nicht. Bitte um Antwort nach gesetzlicher Frist.

Der Briefschreiber hat einen Brief vierfach. Den ersten dem Vorsitzenden. Den zweiten dem ersten Minister. Den dritten dem Sekretär.

Hans Joachim Schädlich wurde 1935 in Reichenbach im Vogtland geboren. Er studierte Germanistik in Berlin und Leipzig, promovierte und war bis 1976 an der Akademie der Wissenschaften in Ostberlin tätig. Seine seit 1969 verfassten Erzähltexte wurden in der DDR nicht veröffentlicht. Schädlich gehörte 1976 mit anderen Schriftstellern zu den Unterzeichnern einer Petition gegen die Zwangsausbürgerung von Wolf Biermann aus der DDR. 1977 stellte er einen Ausreiseantrag, der schließlich genehmigt wurde. Seit 1979 lebt Hans Joachim Schädlich als freier Schriftsteller in Westberlin.

2. Wer hat diesen Brief verfasst und an wen ist er gerichtet?

3. Vergleiche diesen Brief mit der Rede Honeckers.

Böse Geschichte mit gutem Ende (1992) *Lutz Rathenow*

Der Spitzel, um den es hier geht, war kein gewöhnlicher Spitzel, sondern der beste des Landes. Er säuberte fünfmal am Tag die Ohren und konnte drei Gespräche gleichzeitig mitschreiben. Aus siebenhundert Meter Entfernung hörte er, wenn einer gegen den Wind hustete oder nur so vor sich hin fluchte. Ein außerordentliches Riechvermögen erlaubte ihm festzustellen, ob man mit der gerade dem Briefkasten entnommenen Tageszeitung das Feuer anzündete, ohne sie vorher mit gebührender Gründlichkeit studiert zu haben.

Wenn dieser Spitzel lautlos die Straßen entlangschlich, sah ihn keiner, jedenfalls nicht in seiner normalen Gestalt, die er selbst kaum noch kannte, da Namen und Aussehen täglich mehrfach wechselten. Anfangs imitierte er Straßenkehrer, mürrische Greise, Debile, Kindergärtnerinnen, Sarghändler; später verwandelte er sich in Gegenstände, tarnte sich als Papierkorb, Parkbank oder Strauch, um eine Unterhaltung unbemerkt zu verfolgen. Selbst gelegentliche Tritte, ihre Notdurft verrichtende Hunde, vermochten ihn nicht aus der Ruhe zu bringen. Einmal sträubte er sich allerdings gegen den Abtransport durch zwei Männer, die vor Verblüffung fast erstarrten, als ihr vermeintliches Stück Schrott, dessen genaue Beschaffenheit sie gerade prüfen wollten, sich als eine Person entpuppte, die, ohne sie eines Blickes zu würdigen, davoneilte.

In der Regel verlief sein Dienst ohne Komplikationen. Seine Berichte schätzte der Regierer so, dass er stets persönlich zum Landeshöchsten vorgelassen wurde. Er erhielt vom Regierer den Auftrag, vor allem den Geheimdienstchef zu überprüfen; schließlich lebe man in einer Demokratie, jeder sei zu kontrollieren. Sein unmittelbarer Vorgesetzter, der Geheimdienstchef, befahl wiederum, schwerpunktmäßig das Verhalten des Regierers zu beobachten; Demokratie bedeute, keinen von der Observation auszunehmen.

Leider konnte der Spitzel diese ungemein reizvolle Situation nicht in ihrer ganzen Pikanterie auskosten. Sein sich weiter verfeinerndes Gespür für eine Tarnung in geschlossenen Räumen behinderte eine umfassende Erfüllung der Aufträge. So sprach er nicht mehr, war kaum noch in der Lage zu flüstern, hörbar einen Raum zu betreten – ja, anderen als Mensch gegenüberzutreten. Er hielt sich als Möbelstück im Zimmer auf, man saß auf ihm, stellte Teller ab, drückte Zigaretten aus.

Anfangs knarrten die Dielen lauter als gewöhnlich, wenn er seine Stellung veränderte; das war die Zeit seiner in Landessprache verfassten Berichte, die in den Diensträumen der Vorgesetzten deponiert wurden, wo man ihm die neuen Weisungen hinterlegte.

Später benutzte der mehrfach mit dem „Goldenen Ohr" dekorierte Kundschafter ausgeklügelte Codes, um möglichen Missbrauch zu vermeiden. Er verzichtete schließlich ganz auf das Schreiben und punktierte die Informationen auf Mikrofilm, den er an wechselnden Orten versteckte, sodass Regierer und Geheimdienstchef nur durch Zufall in den Besitz der ohnehin kaum zu entschlüsselnden

Daten gelangten. Der Spitzel recherchierte mit einer Sorgfalt, die ihn zu diesem Zeitpunkt nicht mehr ängstigte, obwohl er Wochen reglos als Klappstuhl im Zimmer des Regierenden weilte und über eine absolut sichere Form der Berichterstattung nachdachte, bei der er weder zu sprechen, zu schreiben noch sich zu bewegen brauchte. So etwas wie Gedankenübertragung, was letztlich an der mangelnden konspirativen Sensibilität seiner Auftraggeber scheiterte.

Regierer und Geheimdienstchef vergaßen die Existenz ihres fähigsten Informanten und ließen in dessen Akte einen Vermerk anbringen: vermisst, vermutlich bei einem der Straßenkämpfe gefallen. Der Sache nachzugehen blieb keine Zeit. Die Führung des Staates wurde von in immer größerer Zahl demonstrierendem Volk bedrängt und gestürzt.

Jetzt das angekündigte gute Ende: Schöne Zeiten begannen, ohne Geheimdienst und Regierer, die Angst um ihre Macht haben mussten. Der Spitzel aber, durch mangelndes Bedürfnis an Denunziation des Sinns seiner Tätigkeit beraubt, die ihm wirklicher Antrieb zu stets ausgeklügelteren Tarnungsmethoden gewesen war, dieser Spitzel degenerierte allmählich zu einem Menschen, der erkannte, überflüssig geworden zu sein.

degeneriert: hier: verfallen

Er trat in einem Varieté auf und zeigte der staunenden Öffentlichkeit, wie man sich in einen Tisch oder Garderobenständer verwandelt. Doch starker Applaus verhinderte nicht die zunehmende Lustlosigkeit seiner Darbietungen. Eines Tages weigerte er sich, weiter als Kuriosum der Öffentlichkeit präsentiert zu werden.

Es blieb sein beachtliches Geruch- und Gehörvermögen, er arbeitete in einer Klinik. Nach Erlangung gewisser Routine vermochte er anhand des bloßen Mundgeruchs die Diagnose bei Magenerkrankungen zu stellen. Ferner beauftragte man ihn, Patienten den Brustkorb abzuhören, ob da ein Geräusch wider die Vorschrift sei. Unnötig zu erwähnen, dass er seinen Dienst korrekt versah.

1. Stelle dir vor, du trägst den Text in einem politischen Kabarett vor: Notiere Regieanweisungen und Anmerkungen zum Vortrag dieses Textes.
2. Übertrage die Geschichte auf die politische Wirklichkeit in der DDR: Was kritisiert der Autor? Wie hätte die politische Führung der DDR wohl auf diesen Text reagiert?

Schriftstellerporträts ...

Wolf Biermann

Er wurde 1936 in Hamburg geboren. Sein Vater, Jude und Kommunist, wurde 1943 in Auschwitz ermordet. Kurz vor dem Arbeiteraufstand am 17. Juni 1953 übersiedelte Biermann im Alter von 16 Jahren in die DDR. An der Ostberliner Humboldt-Universität studierte er Ökonomie, Philosophie und Mathematik, unterbrach sein Studium aber, um als Regieassistent und Dramaturg am Theater zu arbeiten. 1961 gründete er sein eigenes Theater und inszenierte dort sein erstes Stück. Das Stück wurde von der DDR-Führung verboten, das Theater geschlossen. Danach schrieb Biermann vor allem Lieder und Gedichte. Ab 1965 erhielt er in der DDR völliges Auftrittsverbot, seine Lieder und Gedichte wurden illegal per Handabschrift und Tonbandkopie weiterverbreitet. Im Westen dagegen wurden zahlreiche Werke Biermanns in Form von Büchern und Schallplatten veröffentlicht. 1976 erhielt Wolf Biermann überraschend die Genehmigung zu einer Konzertreise in die BRD. Kurz nach seinem ersten Konzert erfuhr er im Radio, dass die DDR ihn ausgebürgert hat. Es folgte eine starke Protestbewegung gegen diese Ausbürgerung in der DDR, bei der sich viele Literaten und Künstler für Biermann einsetzten. Wolf Biermann lebt seitdem in Hamburg.

Lutz Rathenow

Er wurde 1952 in Jena geboren. Nach dem Abitur studierte er die Fächer Deutsch und Geschichte, um Lehrer zu werden. 1973–1975 leitete er den Arbeitskreis Literatur im Kreiskulturhaus Neulobeda (bei Jena), der von staatlicher Seite aufgelöst und verboten wurde. 1976 erfolgte die erste Festnahme Rathenows durch das Ministerium für Staatssicherheit. 1977 wurde er aus politischen Gründen von der Universität ausgeschlossen. In der Folgezeit führte Rathenow eine Art Doppelleben: einerseits öffentliche literarische Arbeit, andererseits verborgene politische Arbeit. Er versuchte, seine Texte in der DDR ohne staatliche Kontrolle zu verbreiten, und machte daher häufig Lesungen in Wohnungen oder Kirchen, aber veröffentlichen konnte er seine Werke bis zum Ende der DDR fast ausschließlich nur im Westen. Er hatte intensive Kontakte zu westlichen Journalisten und stand unter ständiger Beobachtung durch die Staatssicherheit. Rathenow wurde mehrfach verhaftet, aber aufgrund internationaler Proteste schnell wieder freigelassen.

Sarah Kirsch

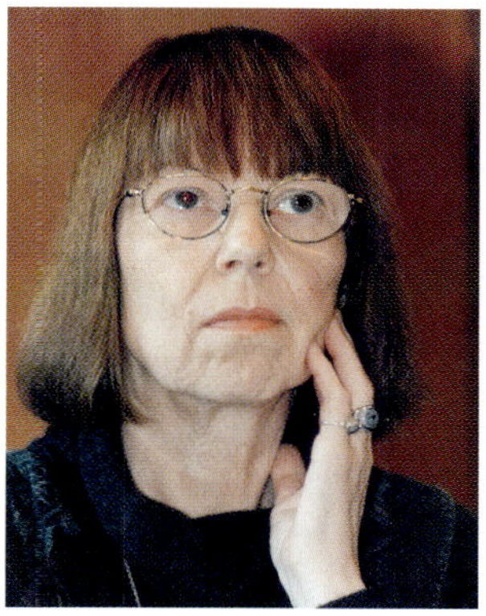

Sie wurde 1935 im Südharz geboren und studierte Biologie und Literatur in Leipzig. Ab 1968 arbeitete sie als freie Schriftstellerin in Ostberlin. Neben ihren Kinderbüchern wurden anfangs vor allem ihre Gedichte und Reportagen bekannt, die sie zunächst in Zusammenarbeit mit ihrem damaligen Mann Rainer Kirsch verfasste. Sarah Kirsch wandte sich gegen die Ausbürgerung Wolf Biermanns. 1977 zog sie nach Westberlin.

Christa Wolf

Sie wurde 1929 in Landsberg/Warthe geboren. 1949 trat sie in die SED (Sozialistische Einheitspartei Deutschlands) ein. 1945–1953 absolvierte sie ein Germanistik-Studium in Leipzig und Jena. Sie arbeitete als Lektorin und Redakteurin bei verschiedenen Verlagen in Ostberlin und Halle und lebt seit 1962 als freie Schriftstellerin. 1962 erschien ihr erster Roman *Der geteilte Himmel* mit großem Erfolg. 1963–1967 war Christa Wolf Kandidatin des Zentralkomitees der SED. Sie unterzeichnete 1976 einen Aufruf gegen die Ausbürgerung des Liedermachers Wolf Biermann, blieb aber in der DDR wohnhaft und eine Art „Vorzeige-Autorin“ des Regimes. Während der Wendezeit engagierte sie sich bei Demonstrationen gegen die DDR-Führung und trat aus der SED aus. Nach der Wiedervereinigung wurden Dokumente gefunden, die eine kurzzeitige Zusammenarbeit Christa Wolfs mit der Stasi in den 50er-Jahren belegen. Sie veröffentlichte dies unter dem Titel *Akteneinsicht Christa Wolf*; neben dieser „Täterakte“ hat Christa Wolf jedoch auch eine sehr große Opferakte: Es liegen 42 Bände vor, die ihre Überwachung zwischen 1969 und 1989 dokumentieren.

3. Beschreibe mit Hilfe der Kurzporträts die Lebens- und Arbeitssituation von Schriftstellern in der DDR.
4. Informiere dich über die Lebensumstände weiterer DDR-Schriftsteller, z. B. Anna Seghers, Günter Kunert, Klaus Schlesinger, Ulrich Plenzdorf, Irmtraud Morgner, und erstelle Kurzporträts von ihnen.

... und Stasi-Akten

Nach der Wiedervereinigung konnten die ehemaligen DDR-Bürger Einblicke in die Akte nehmen, die der Staatsicherheitsdienst der DDR über sie angelegt hatte. Über diese Akteneinsicht schreiben zwei der oben vorgestellten Schriftsteller:

Lutz Rathenow: „Ich sitze nun schon seit drei Wochen vor meinen Akten oder ihren Resten. Fünfzehn Ordner mal 300–400 Seiten. Gestern brachte eine der hilfsbereiten Frauen ein neu aufgefundenes Stück. Aus der unsortierten Ablage, noch nicht archiviert, noch nicht in die laufenden Meter einsortiert. Auch in dieser: Sofort neue Belege für kleine Schikanen. Die mehrfach wiederholte Anweisung, jede Bewegung auf meinem Konto zu melden. Und manchmal gibt es gehobenen Blödsinn. Wann wird je wieder ein Geheimdienst dieser Welt die Veränderungen meiner Frisur beschreiben? [...]

Die Spitzelberichte sind sozusagen das Nervensystem aller Akten. Buchgutachten, Kriminalisierungsvorhaben, Maßnahmepläne, Zersetzungsstrategien – was wären sie ohne den einzelnen Mann oder die Frau, die die vielen kleinen Informationen beschafft, aus denen die größeren Schikanen zusammengebastelt werden. [...]"

Information
Durch einen Mitarbeiter unserer Diensteinheit wurde festgestellt, dass
Rathenow, Lutz,
Deckname: „Assistent",
seine äußere Erscheinung verändert hat. Er trägt jetzt eine Kurzhaarfrisur.
Die Haarform ist glatt, mit angedeutetem Mittelscheitel.
Des Weiteren hat er seinen Vollbart gestutzt.
Diese Feststellung wurde durch unseren Mitarbeiter am 22. Juli 1987 getroffen.

Wolf Biermann: „In dem Aktenordner Nr. 19 fand ich Mitte Januar eine ganze Serie von Spitzelberichten eines inoffiziellen Mitarbeiters der Staatssicherheit mit dem Decknamen „Lorenz". Es handelte sich [...] um meinen Nachbarn, Herrn Gerhardt.

Und das zeigen die Akten auch: Ich war nicht sein erstes Opfer. Er war damals von seinem Führungsoffizier, dem berüchtigten Oberst Reuter, systematisch mit einer ausgeklügelten Legende in die Wohnung Chausseestraße 131 gesetzt worden. Und weil diese Wohnung im Grunde für einen hochangesetzten Spitzel [...] nicht gut genug war, ist er offenbar nach getaner Arbeit auch mit einer Bleibe im schönen Berlin-Karow belohnt worden, die seinem Verdienst und seinen Verdiensten besser entsprach. [...]"

5. Erkläre, wie das Überwachungssystem der DDR funktioniert hat.
6. Wie spiegelt sich dies in Rathenows Text *Böse Geschichte mit gutem Ende*?

Die KAM Neunzehnhundertsechsunddreißig

Alexander Richter

Alexander Richter, geboren 1949, hatte nach seinem Wirtschaftsstudium eine Erfolg versprechende berufliche Laufbahn vor sich. Ab 1974 war er beim Ministerium für Finanzen tätig. Doch trotz guter Arbeitsergebnisse geriet er durch die Konfrontation mit der sozialistischen Wirklichkeit in Konflikte. Ab 1978 flüchtete er sich zunehmend in literarische Tätigkeit und stellte die Korruption und Misswirtschaft der DDR dar. 1982 wurde er durch die Stasi verhaftet, seine Manuskripte alle beschlagnahmt. Richter wurde wegen „Staatsfeindlicher Hetze“ zu einer Gefängnisstrafe verurteilt. Bis 1985 war er inhaftiert, dann kaufte ihn die Regierung der BRD frei und er übersiedelte in den Westen.

Butz Bränkel hatte den ersten Schritt getan.

Es hatte zwar eine Weile gedauert, bis er diese neue Arbeit gefunden hatte, dafür jedoch entsprach sie voll und ganz seinen Plänen. Er war nun Instandhaltungsingenieur in der Genossenschaft. Die Genossenschaft war nicht groß, und die Instandhaltungsabteilung bestand deshalb nur aus ein paar Leuten. Ein Schlosser, verschiedene Maschinisten und Traktoristen, ein Ingenieur und ein Bereichsleiter. Der Bereichsleiter bekam in der Genossenschaft nur noch sein Gnadenbrot. Er war selten einmal da. Entweder er kurte oder er krankte. Als Arbeitskraft fiel er jedenfalls aus. Und das kam Butz Bränkel sehr entgegen: Er konnte, obwohl er manchmal Überstunden machen musste, alles an sich reißen, den gesamten Instandhaltungs- und Einsatzbereich. Er legte die Reparatur- und Wartungszyklen fest, errechnete neue Normative in der Materialbestandshaltung, koordinierte und handhabte die komplexe Ersatzteilbeschaffung und stellte die Maschinen- und Fahrzeugeinsatzpläne auf. Ohne ihn waren sie aufgeschmissen. Nicht nur die Genossenschaft, nein, überhaupt der gesamte Landkreis, in dem diese Genossenschaft ihr (Un)wesen trieb.

Bränkels wichtigster Schachzug aber war die KAM 1936, eine fahrbare Doppelrückwärtsfräse aus Russland, die schlechthin den Beinamen „Kamtschatkaschleuder“ hatte. Die Fräse war unlängst aus Wladiwostok über Taschkent, Ulan Bator, Murmansk und schließlich Minsk in Berlin eingetroffen, von wo sie über verschiedene größere Städte ihren Weg in die Bezirkshauptstadt der Bränkelschen Genossenschaft gefunden hatte. Die Genossen vom Wirtschaftsrat der Bezirkshauptstadt waren im Hinblick auf die Verwendung der Doppelrückwärtsfräse genauso ratlos wie die Genossen von den anderen Wirtschaftsräten. Sie konnten die Fräse nirgends unterbringen. Denn nirgendwo wollte man sie haben.

Überall in den Kombinaten, Betrieben und Genossenschaften, wo die Genossen vom Wirtschaftsrat verkündet hatten, „demnächst kriegt ihr kurzfristig eine nagelneue KAM 1936, überlegt also, welche von den alten Fräsen ausgesondert werden kann“, schrien die Techniker und Funktionäre laut auf. Niemand brauchte eine neue Fräse, zumindest nicht diese russische. Die alten, obwohl schon mehrfach abgeschrieben, taten es fraglos besser.

Bis eines Tages Butz Bränkel von der Maschine erfuhr.

Ohne Wissen seines Genossenschaftsvorsitzenden meldete er sich beim Wirtschaftsrat an. Er beziehungsweise seine Genossenschaft wäre an der KAM 1936 interessiert.

Der Wirtschaftsrat erkannte sofort die Gelegenheit, diese umstrittene Fräse endlich einem Betrieb anhängen zu können. Ohne zu zögern wurde sie der Genossenschaft von Butz Bränkel nachträglich auf den Investplan gesetzt.

Der Vorsitzende der Genossenschaft wurde somit vor vollendete Tatsachen gestellt. Zwecklos, dass er wutentbrannt über Bränkel herfiel und von ihm eine Dementierung der Nutzeffektsberechnung für die „Kamtschatkaschleuder" verlangte. Dass er lamentierte: „Mit diesem Hobel gehen wir vor die Hunde, an der bauen wir mehr, als sie für uns arbeitet."

Der Vorsitzende fuhr zwar noch persönlich zum Wirtschaftsrat, Kummer und Bedenken dort vorzutragen, aber die Genossen lachten ihm unverhohlen ins Gesicht.

Und sie rieben ihm Bränkels Berechnungen unter die Nase. Hier stand es schwarz auf weiß: Die KAM 1936 würde für die Genossenschaft einen unglaublichen Zuwachs an Produktion bringen. Wenn Butz Bränkel das so einschätzte, lieber Vorsitzender, dann musste das wohl so sein.

Melioration: Verbesserung

agitieren: politisch werben

Butz Bränkel galt nun mal als Kapazität. Obwohl er noch jung war, hatte er einige Jahre die Hauptmechanik eines Kreisbetriebes des Meliorationskombinates geleitet. Er hatte das sehr gut, umsichtig und aufopferungsvoll getan. Man war schon dicht daran gewesen, ihn in die Kombinatsleitung zu holen, doch da kam überraschend sein Gesuch auf Aufhebung des Arbeitsvertrages. Zu dieser lächerlichen Genossenschaft wollte er. Wo er dort doch total unterfordert sein würde. Sie hatten ihn agitiert, er sollte im Kombinat bleiben, sogar der Kombinatsdirektor legte sich ins Zeug, und zwar, was selten geschah, höchst persönlich. Nein, Bränkel blieb stur, er halte den Stress in der Hauptmechanik nicht mehr aus. Den wirklichen Grund ahnte niemand.

Als dann die KAM 1936 in der Genossenschaft eintraf, zogen alle, vom kleinsten Traktoristen bis hin zum Vorsitzenden, gegen Butz Bränkel zu Felde. Ob er noch normal sei, dieses undurchsichtige Gefährt in die Genossenschaft zu holen.

Bränkel blieb unbeirrt und ließ sich nicht einschüchtern. Indessen, er musste nun arbeiten. Er setzte seine ganze Mühe daran, sich auf die fahrbare Doppelrückwärtsfräse einzufuchsen. Leicht wurde das nicht, da die Russen bei der Konstruktion dieser Fräse offenbar mehrere westliche Maschinensysteme zugleich nachgebaut hatten. Aber Butz Bränkel war ein guter Techniker und durchdrang das Konstruktionssystem alsbald. Zudem hatte er ja sein ganz, ganz großes Ziel.

Bränkel sorgte fast von Anfang an dafür, dass die KAM 1936 ständig im Einsatz war. Ihre hohe Auslastung wurde für ihn schier zur Mission. Wenn ein Schaden an der Maschine auftrat, und das war so ziemlich jeden zweiten Tag der Fall, war Bränkel sofort zur Stelle und brachte sie wieder in Gang. Er kümmerte sich um die Fräse, als hätte er sie selbst konstruiert.

Tatsächlich kam die Maschine durch Bränkels ständige Einsatzbereitschaft auf die kalkulierte Auslastung und brachte dadurch die vorher stark angezweifelte Produktionserhöhung. Sie verbrauchte zwar eine gewaltige Menge Sprit, aber dafür war sie halt aus Russland. Wichtig war, dass sie lief.

Bevor Butz Bränkel dann im Sommer seinen Urlaub antrat, sorgte er noch für die Verschrottung der bis dahin als Reserve in einer baufälligen Scheune zurückgehaltenen alten Rückwärtsfräse. Auch das war ein wichtiger Schachzug zur Erreichung seines Zieles.

Bränkel flog mit Frau und Sohn nach Sotschi, in eben jenes Land, in dem die KAM 1936 im heimlichen Beisein ihrer westlichen Patenfirmen aus der sozialistischen Taufe gehoben worden war. Bränkel war somit vier Wochen lang für die Genossenschaft nicht erreichbar. Was das hieß, war klar: Die KAM 1936 konnte nahezu die vollen vier Wochen hindurch nicht genutzt werden.

Planschulden noch und noch.

Bränkel war zufrieden.

Als ihn der Genossenschaftsvorsitzende bei seiner Rückkehr vom Flugzeug in Schönefeld bei Berlin mit dem Auto abholte, um ihn gleich an die Stelle zu fahren, an der am zweiten Tag nach Bränkels Abflug die „Kamtschatkaschleuder“ ihren ohnehin nicht sprühenden technischen Geist aufgegeben hatte, huschte ein schelmisches Lächeln über sein tiefgebräuntes Gesicht.

Der nächste Schritt konnte eingeleitet werden.

Butz Bränkel, zur Verwunderung sämtlicher Freunde, Bekannten und Kollegen, beantragte die Scheidung von seiner Ehefrau. Er tat das ohne jede Regung. In den sechs Wochen bis zum Gerichtstermin war er nicht einmal nervös, gereizt oder verzweifelt.

Keine zerschlagene Tasse, keine übervollen Aschenbecher, kein Besäufnis. Wenn ihn jemand nach den Gründen für die Scheidung fragte, antwortete er lakonisch, seine Frau und er, das seien zwei linke Schuhe, im Urlaub habe er das deutlich gespürt.

Die Scheidung wurde im Einverständnis der Bränkelschen Ehefrau beim ersten Termin vollzogen.

Kurios war, dass Bränkel anschließend Arm in Arm mit seiner nunmehr geschiedenen Frau aus dem Gerichtsgebäude ging und anschließend, obwohl er leicht eine eigene Wohnung hätte haben können, bei ihr und dem Kind wohnen blieb, ja, dass er mit ihr weiterlebte wie bisher.

Das Kopfschütteln über Bränkel nahm zu.

Kurze Zeit später tauschte er seinen gepflegten Golf-Diesel gegen einen lächerlichen Trabant ein und ließ diesen Trabant auch noch auf den Namen seiner Geschiedenen eintragen.

Bränkel hatte auf alle Fragen und Verwunderungen nur sein Lächeln, das friedfertig und offenherzig jedermann als Antwort zu genügen hatte.

Die nächsten Schritte, die Butz Bränkel in Verfolgung seines Zieles unternahm, waren nach außen hin nicht sichtbar. Er überschrieb das Wochenendhaus auf seine geschiedene Frau und vernichtete an einem Abend sämtliche Papiere, die er im Laufe der letzten Monate aus seinem Betrieb mit nach Hause gebracht hatte.

Ja, so würde es gehen.

Der geschiedenen Frau war keine Beteiligung an seinem Vorhaben nachzuweisen. Daran änderte auch die Tatsache der Eigentumsübertragung nichts.

Ihn selbst belasteten keine Geheimnisträgerschaft und keine unerlaubten Unterlagen. Andererseits hatte er durch seine Unentbehrlichkeit im Betrieb die Garantie, dass er während seiner Wartezeit eine gut bezahlte Arbeit behielt.

Butz Bränkel konnte seinen Antrag auf Ausreise aus der DDR stellen. Vielleicht, wenn er eines Tages ohne Haft in den Westen gekommen war, würde seine Frau den Antrag ebenfalls riskieren. Wenn er jetzt nicht den Anfang machte, würde es nie etwas werden.

1. Schreibe aus dem Text die Schritte heraus, die Butz Bränkel unternimmt, um seine Ausreise aus der DDR vorzubereiten. Wie wirken diese Vorbereitungen auf dich?
2. Das Ehepaar Bränkel sitzt am Abend vor der Scheidung zusammen und spricht offen über seine Zukunftspläne. Schreibe diesen Dialog.

DDR – gehen oder bleiben?

Gehen oder Bleiben? Unzählige Menschen in der DDR rangen mit dieser existentiellen Frage, wollten sich mit dem Verlassen der Heimat dem SED-Regime entziehen. Nicht nur für die Machthaber, sondern auch für die Gesellschaft der DDR wirkte diese „Abstimmung mit den Füßen" wie ein permanenter Stein des Anstoßes. Dem DDR-Regime gelang es trotz einer strengen Abschottung nach dem Mauerbau und größter Anstrengungen zur Aufrechterhaltung der Grenzen nicht, die Menschen dauerhaft am Verlassen der DDR zu hindern. So verließen zwischen 1961 und 1989 mehr als eine halbe Million DDR-Bürger das Land gen Westen. Neben den durch „Familienzusammenführung" halbwegs legal Ausreisenden und den nach „Westreisen" nicht mehr wiederkehrenden „Republikflüchtigen" gab es seit den 70er-Jahren eine zunehmende Zahl von Bürgern, die mit einem „Ausreiseantrag" das auch von der DDR bekräftigte Menschenrecht der freien Wohnsitzwahl einforderten. Allerdings mussten die Ausreisewilligen oft mit Gefängnisstrafen und ihre zurückgebliebenen Familien mit Repressalien rechnen.

Auf diese Weise hatte sich eine republikweite Massenbewegung entwickelt, die zur inneren Erosion der DDR beitrug. Doch erst im Jahr 1989 begann der eigentliche Exodus. Am 2. Mai öffnete Ungarn seine Grenze zu Österreich. In der Folge versuchten Hunderte von DDR-Bürgern über Ungarn in den Westen zu gelangen. Gleichzeitig begaben sich Tausende in die Botschaften der Bundesrepublik in Budapest, Prag und Warschau, um durch die Erstürmung der Botschaften ihre Ausreise zu erzwingen. Nachdem die Ausreise der Botschaftsflüchtlinge genehmigt worden war und die ČSSR ihre Grenzen geöffnet hatte, konnten bis November 1989 etwa 225 000 DDR-Bürger in die Bundesrepublik ausreisen.

Menschenmassen in der Prager Botschaft im Herbst 1989

Am 9. November schließlich verlas Politbüro-Mitglied Günter Schabowski vor laufenden Kameras, dass sofort und unverzüglich Privatreisen nach dem Ausland ohne Vorliegen von Voraussetzungen wie Reiseanlässe und Verwandtschaftsverhältnisse beantragt werden könnten. Sofort eilten Tausende von DDR-Bürgern an die Grenzen. Ohne Befehl öffneten daraufhin die Grenzsoldaten die Übergänge der Berliner Mauer und der Grenze zur Bundesrepublik. Damit waren die Grenzen gefallen.

3. Erkläre vor dem Hintergrund dieser Informationen, warum Butz Bränkel so vorsichtig vorgeht, um seine Ausreise aus der DDR vorzubereiten.

TIPP
Über die Ereignisse des Jahres 1989 in der DDR kannst du dich informieren unter: *http://www.chronik-derwende.de*

INFO

- **Kurzgeschichten**, die bestimmte Zeitumstände spiegeln, lassen sich unter Zuhilfenahme historischer und biografischer Informationen besser verstehen.

Nachschlagen → S. 302

Nachschlagen → S. 302 f.

Zeitroman: Nationalsozialismus

Bildzeugnisse aus der Zeit des Nationalsozialismus

Bücherverbrennung 1933

Abtransport in ein Vernichtungslager 1942

Reichsparteitag, Nürnberg 1936

Köln 1945

1. Betrachtet die Bilder. Was wisst ihr über die Zeit des Nationalsozialismus? Tauscht eure Kenntnisse darüber aus.

„Sehend gemacht. Eine Bilanz“ *Erich Hackl*

Erich Hackl berichtet in seinem gleichnamigen Aufsatz, wie es dazu kam, dass er sich mit Sidonie Adlersburg und ihrem Schicksal befasst hat, und warum er eine Erzählung über sie geschrieben hat.

Auf die Geschichte bin ich durch Zufall und durch Beharrlichkeit gestoßen. Ich bin in Steyr aufgewachsen, am westlichen Stadtrand, kaum sieben Kilometer von Breirathers Wohnhaus entfernt. Als ich geboren wurde, war Sidonie seit zwölf Jahren tot. Ich wusste nichts, hatte nie von ihr gehört. Aber im Frühjahr 1987 saß ich in der Küche des Ehepaars Franz und Erna Draber, das ich gelegentlich aufsuchte, um Franz Draber zu befragen. Er war, als Arbeiter in den Steyr-Werken, im Widerstand gegen den Nationalsozialismus tätig gewesen, verhaftet, gefoltert und in das Zuchthaus München-Stadelheim überstellt worden. Dort verbrachte er über 200 Tage in einer Todeszelle, ehe ihm Ende November 1944 die Flucht gelang. Ich erinnere mich, dass er bei seinen Schilderungen Sidonies Pflegevater Hans Breirather erwähnt hat – die Gestapobeamten, die Draber verhörten, hatten ihm ein Foto hingehalten, darauf Breirather, sie schlugen ihn, kennst du den, spucks aus.

Aber diesmal, in Drabers Küche, ging es nicht um seine Erlebnisse. Wir kamen auf die Roma zu sprechen – Verfolgte des Naziregimes, deren Überlebenden nach fünfundvierzig sogar das Bewusstsein vorenthalten wurde, dass sie und ihre Angehörigen Opfer eines Völkermords geworden waren. Und da sagte Erna Draber, ihr Nachbar, Manfred Breirather, würde sich schon lange erfolglos darum bemühen, dass irgendwas an seine Ziehschwester erinnert, ein Zigeunermädchen, das im KZ umgekommen sei. Ich horchte auf, wandte mich an Manfred Breirather (sein Vater, den ich nie kennen gelernt hatte, war schon 1980 gestorben), er schenkte mir sein Vertrauen. […]

Als wir einander kennen lernten, war Manfred Breirather ziemlich verbittert. Er sah es als Verpflichtung an, Sidonies Schicksal öffentlich zu machen, aber offenbar war niemand daran interessiert. Ich vermute, man hielt ihn für einen Querulanten, weil er eine Gedenktafel für das Mädchen forderte, so wie schon sein Vater als Querulant niedergeschrien worden war, im Sierninger Gemeinderat, als er die Errichtung eines Kriegerdenkmals kritisiert hatte. Mein erster Impuls war, Fred und seiner Mutter zur Seite zu stehen, mitzuhelfen, dass das Schweigen um Leben und Tod Sidonie Adlersburgs gebrochen wurde.

Sinti und **Roma** sind eine ethnische Minderheit. Sie empfinden das Wort „Zigeuner“ als verunglimpfend und bezeichnen sich selbst mit ihrem Eigennamen als Sinti und Roma. Vor ca. 1000 Jahren wanderten sie aus ihrer indischen Heimat nach Europa aus.

1. Fasse mit eigenen Worten zusammen: Wie ist Erich Hackl zum Stoff für seine Erzählung gekommen und warum hat er sie geschrieben?

„Abschied von Sidonie" – Personenkonstellation

1. Vorbemerkung
Ein Soziogramm ist die visuelle Darstellung des Beziehungsgeflechts innerhalb einer Gruppe. Es verdeutlicht, wer mit wem befreundet ist, wer sich feindlich gegenüber steht oder welche Personen eine zusammengehörige Gruppe darstellen oder alleinstehen.

2. Material
Um ein Soziogramm verändern zu können, verwendet man am besten Metaplankärtchen, die man beschriften und mit Magneten an der Tafel befestigen kann. Auf die Metaplankärtchen werden mit dickem Filzstift die Namen derjenigen Personen geschrieben, deren Beziehungen untereinander dargestellt werden sollen.

3. Beschriften der Metaplankärtchen
Auf die Metaplankärtchen werden folgende Namen aus Erich Hackls Erzählung *Abschied von Sidonie* notiert:
Sidonie, Hans, Josefa, Manfred, Hilde, Gemeindearzt, Inspektor Atzmüller, Gefängnisseelsorger, Fürsorgerin (Frau Grimm), Ehepaar Krobath, Kinder der Familie Krobath, Petrak, Zellenleiter Lux, Kinder der Familie Lux, Franziska Sieder, Lehrerin (Frau Schönauer), Frau Hinteregger, Leiterin des Jugendamtes (Frau Korn), Oberlehrer (Herr Frick), Bürgermeister (Herr Eder), Oberinspektor (Herr Schiffler).

4. Ordnen der Metaplankärtchen
Die Kärtchen mit den Namen der Personen werden ungeordnet an der Tafel fixiert. In einer gemeinsamen Diskussionsrunde – die Moderation übernimmt eine Schülerin oder ein Schüler – werden Gruppen von Personen gebildet, die zusammengehören.

5. Beziehungen kennzeichnen
In einem abschließenden Arbeitsschritt werden mit Kreide Linien zwischen den Gruppen und Einzelpersonen gezogen. Oberhalb der Linie wird notiert, welcher Art die Beziehung ist (z. B. Sympathie, Ablehnung). Ebenso können zusammengehörige Personen eingekreist werden. In den Kreis wird geschrieben, was die Personen verbindet.

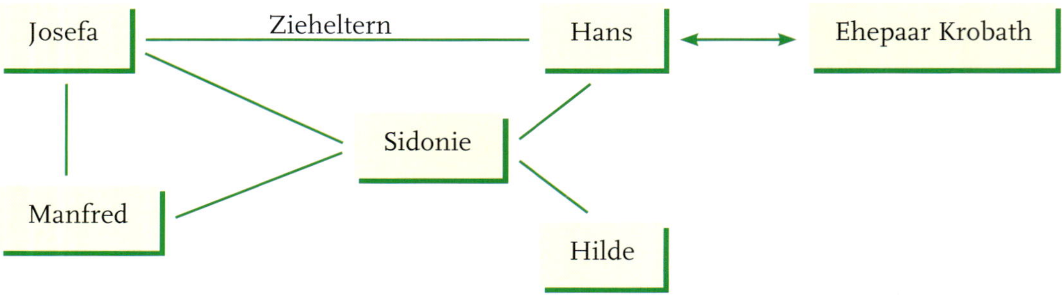

1. Erstellt das Soziogramm entsprechend den Anweisungen. Ihr könnt euch an der Skizze orientieren.

Kinderschicksale im Dritten Reich

1. Sidonie

Alle Textbeispiele sind folgender Ausgabe entnommen: Erich Hackl: Abschied von Sidonie, Zürich (Diogenes) 1991.

Während die zuständigen Stellen versuchen, ihre leibliche Mutter zu ermitteln, muss sich auch Sidonie immer wieder mit der Frage auseinandersetzen, wer ihre „richtigen Eltern“ sind.

Für Sidonie war es keine Frage, dass sie das rechtmäßige Kind ihrer Zieheltern war. Hans und Josefa hatten ihr vorsichtig beibringen wollen, dass sie wie Hilde erst als Säugling von ihnen aufgenommen worden sei, und Sidonie dachte sich eine Geschichte aus, der zufolge sie in Dunkelheit und tiefem Schnee zum Haus gefunden habe, mühsam die schwere Tür aufgestemmt habe und ermattet die Treppe hinaufgekrochen sei. Vor Breirathers Wohnung sei sie in tiefen Schlaf gefallen, von Josefa aufgenommen und in die warme Küche getragen worden, wo sie bald zu Kräften gekommen sei. Dann wieder behauptete sie unerschütterlich, von Josefa empfangen worden zu sein. Braun sei sie nur deshalb, weil sie sich so oft in der Sonne aufhalte.

Auch nicht mehr als wir, sagten die anderen Kinder. Bei mir wirkt's halt schneller, erklärte Sidonie. *(S. 56)*

Sidonie mit Puppe im Alter von drei Jahren

Dieselbe Frage stellt sich für Sidonie auch in der Schule.

Später einmal, Sidonie ging schon in die zweite Klasse, nahm sich die Lehrerin ein Stück aus dem Lesebuch vor. *Der schönste Geburtstag.* Laut lasen sie die Geschichte von Berta, deren Herzenswunsch es ist, den Führer vor seinem Haus auf dem Obersalzberg[1] zu Gesicht zu bekommen, und der das unerwartete Glück zuteil wird, von ihm persönlich zur Jause[2] eingeladen zu werden. *Berta schaut das Haus genau an. Besonders gefallen ihr die Altane[3] und die grünen Fensterläden.* Die Kinder wollen wissen, was das sind, Altane, und hätten wie Berta *die zahmen Rehlein* auch gern gestreichelt. Es wunderte sie, dass der Führer gleich drei Hunde hatte, *Lona, Rolf und Mucki*. Mucki beißt bestimmt nicht, denkt Sidonie, aber die anderen zwei liegen sicher an der Kette. Und Walderdbeeren mit Schlagrahm hätte sie auch gern gegessen. Was ist eigentlich ein Plappermäulchen? *Der Führer fragt sie und sie fragt ihn. So viel haben sie sich zu sagen, und sie lachen so fröhlich dazu.* Da möchte Sidonie immer bleiben. *Aber draußen wartet doch die Mutter.*

In der nächsten Stunde sollten die Kinder aufschreiben, was sie dem Führer von sich erzählen würden, wenn er sie wie Berta in sein Haus einladen sollte.

1 Auf dem **Obersalzberg** in der Nähe von Berchtesgaden besaß Hitler ein Landhaus.

2 **Jause**: österreichisch für Vesper

3 **Altan**: eine aus dem Obergeschoss ins Freie führende Plattform, die von Mauern oder Pfeilern gestützt wird

Sie zerkauten ihre Bleistifte, einige schielten auf das Heft des Banknachbarn, um sich dort Anregung zu holen, oder sahen verstohlen aus dem Fenster, schönstes Badewetter, brüteten über ihren leeren Blättern, aber schließlich fanden auch die Unwilligsten einen Anfang, nachdem ihnen die Lehrerin etwas weitergeholfen hatte, es sei doch nicht so schwer, sich mit Namen vorzustellen, die Geschwister, Eltern, den Beruf des Vaters.

Nach einiger Zeit, als die einschläfernde, nur vom Geräusch der Bleistifte unterbrochene Stille einem allmählich anschwellenden Wispern Platz machte, klatschte Schönauer in die Hände. Gehorsam legten die Kinder ihre Stifte beiseite.

Wer will vorlesen, fragte die Lehrerin.

Fünf, sechs Hände schossen in die Höhe.

Sidonie, sagte die Frau.

Das Mädchen strahlte. Sie nahm ihr Heft und ging nach vorn. Neben dem Katheder blieb sie stehen und räusperte sich.

Ich heiße Sidonie Adlersburg, aber alle nennen mich Sidi, weil das leichter geht. Meine Eltern heißen Hans und Josefa und mein Bruder Manfred, aber ich sag immer Fredi zu ihm, und meine Schwester heißt Hilde und geht schon in die dritte Klasse. Sie sind ganz lieb zu mir, nur passt meine Mutter immer auf, dass wir keinen Zucker aus der Kredenz nehmen, und mein Vater ist u. k., weil er sonst in den Krieg müsste und man nie weiß, ob einer zurückkommt.

Kredenz: Anrichte

u. k.: unabkömmlich, freigestellt vom Wehrdienst für die Arbeit in der Rüstungsindustrie

Sie stockte und hob den Kopf.

Fertig, fragte die Lehrerin, und als Sidonie nickte: Brav. Noch ehe sie das Mädchen zurück in die Bank schicken konnte, meldete sich ein Bub: Das stimmt nicht, was Sidonie von ihren Eltern geschrieben hat. Weil das nämlich nicht ihre richtigen Eltern seien.

O ja, rief Sidonie, das sind schon meine Eltern! Sie schaute Schönauer Hilfe suchend an, die Frau sah ratlos in die Klasse.

Szenenfoto aus dem Fernsehspiel „Sidonie Adlersburg“

Die Sidi ist nur angenommen, sagte ein Mädchen, und ein anderes: Gelogen! Und wieder der Bub: Nicht gelogen. Eine Zigeunerin ist sie, das sieht ja ein Blinder!

Nach dem Unterricht, draußen war das Lachen und Schreien der Kinder schon abgeebbt, stand Sidonie als Einzige noch in der Klasse, vor dem Becken mit dem Schwamm, und wusch sich sorgfältig Arme und Gesicht. Die Lehrerin kam und holte das Klassenbuch.

Was machst du noch da, fragte sie. Und ohne die Antwort abzuwarten: Geh heim. Ich muss zusperren. *(S. 72–74)*

2. Berichte von Zeitzeugen

Ähnliche Vorfälle wie diejenigen in Steyr, von denen Erich Hackl erzählt, gab es überall im sogenannten „Großdeutschen Reich". Im Folgenden berichten zwei Zeitzeugen:

Propagandaplakat aus dem Jahre 1936

Elisabeth Guttenberg

Ich versuchte irgendeinen Beruf zu erlernen und fand eine Stelle als Lehrmädchen in einer Konditorei. Doch das dauerte nur vierzehn Tage. Eines Abends, kurz nach Ladenschluss, nahm mich meine Chefin beiseite und fragte: „Elisabeth, warum bist du denn so schwarz?" Ich wurde verlegen und spürte, wie mir das Blut in den Kopf stieg. Die Frau erzählte mir, dass am Nachmittag zwei Gestapo-Leute bei ihr waren und sie aufgefordert hätten, mich unverzüglich zu entlassen, da sie sonst mit einer Anzeige rechnen müsse.

Herbert Adler

Im Jahr 1938 ist meine Familie von meiner Geburtsstadt Dortmund nach Frankfurt gezogen, wo mein Vater eine leitende Stellung bei der Post am Hauptbahnhof gehabt hat. Wir waren sieben Geschwister, ich war das vierte Kind. Mein Bruder Heinz und ich waren in der Frankensteinerschule, wo ich in die 4. Klasse ging; meine Schwestern waren in der Elisabethenschule und ich in der Hölderlinschule. Etwa zwei Jahre lang ging ich in die Schule und habe mich dort sehr wohl gefühlt, ich war ein richtiger „Frankfurter Bub". Eines Tages im Jahr 1940 hat es plötzlich geklopft, und es kamen zwei Männer mit schwarzen Ledermänteln herein, die sich leise mit meinem Lehrer unterhalten haben. Nachdem sie wieder hinausgegangen waren, hat mich mein Lehrer, zu dem ich ein sehr gutes Verhältnis hatte, zu sich gerufen. Er sagte mir, dass draußen zwei Gestapo-Männer stünden, die mit mir sprechen wollten. Ich habe natürlich gleich Angst bekommen, dass ich etwas angestellt hätte – ich war immer mit meiner Clique zusammen gewesen, wir haben Fußball gespielt, hatten auch mal Fensterscheiben eingeworfen beim Räuber-und-Gendarm-Spielen, eben diese Jugendstreiche. Mein Lehrer sagte aber: Nein, es sei nicht so schlimm, ich solle meinen Ranzen nehmen, denn morgen sei ich ja wieder hier. Er wollte mich trösten, obwohl er es besser wusste – aber er konnte mir nicht helfen. Ich habe daraufhin meinen Ranzen genommen und bin vor die Tür gegangen, wo mein Bruder Heinz – er war eine Klasse höher als ich – mit den Gestapo-Männern bereits gewartet hat. Gemeinsam brachte man uns zu unserer Wohnung in der Löhergasse, von wo aus die gesamte Familie zum Internierungslager in der Dieselstraße gebracht wurde.

Diese und weitere Zeugenberichte findet ihr auf der Website des Dokumentations- und Kulturzentrums der deutschen Sinti und Roma in Heidelberg. (www.sintiundroma.de)

1. Wie erklärst du dir Sidonies Verhalten in der Schule und das Verhalten der Lehrerin?
2. Setze die Bilder und die Zeugenberichte in Bezug zum Text der Erzählung.

„Diesbezügliche Verfügungen" *Erich Hackl*

Nachdem es den Behörden gelungen ist, Sidonies leibliche Mutter aufzuspüren, sollen die beiden zusammengeführt werden.

Nach einigem Hin und Her – Korn hatte den Geburtstag unbedingt in Erfahrung bringen wollen, um die von der Steyrer Fürsorge aufgewendeten Pflegebeiträge rückerstattet zu bekommen – war am siebten März ein Schreiben der Kriminalpolizei Innsbruck eingelangt, in dem *um eine kurze Beschreibung des Kindes, wie es sich im Allgemeinen aufführt und wie die Ziehmutter, die Schule und erforderlichenfalls andere vertrauenswürdige Personen dieses im Allgemeinen, besonders in charakterlicher Hinsicht beurteilen und ob das Kind der Ziehmutter zugetan sein und umgekehrt* gebeten wurde. *Für eine eindeutige Begutachtung des dortigen Jugendamtes besonders nach der Richtung, ob die Rücküberstellung des Kindes an dessen Mutter am Platze ist, bzw. gewünscht wird, wäre ich dankbar. Hiezu wäre allerdings zu erwägen, ob im Falle der Belassung der Sidonie bei der Pflegemutter nicht zu befürchten steht, dass bei demselben später die zigeunerischen Untugenden und Instinkte zutage treten, da es als Zigeunermischling, wenn nicht als Vollzigeuner (und zwar als Rom-Zigeuner) anzusehen sein dürfte. Beigefügt wird, dass eine Alimentation seitens der Kindeseltern, auch später, kaum zu erwarten ist. Ich ersuche um ausnahmsweise vordringliche Behandlung, da schon in nächster Zeit diesbezügliche Verfügungen getroffen werden müssen.* Frau Korn war entrüstet gewesen, als sie den Brief gelesen hatte. Keine genauen Richtlinien, man überließ ihr die Entscheidung. Jetzt haben wir den Scherbenhaufen, sagte sie zu Grimm. Wie werden Sie entscheiden, fragte die andere. Ich, sagte Korn und lachte: Ich? So kam es, dass die Fürsorgerinnen Minuspunkte sammelten. *Könnte manchmal etwas mehr folgen,* hatte Cäcilia Grimm nach ihrem Hausbesuch am Dreikönigstag notiert, und: *Pflegeeltern hängen mit überschwänglicher Liebe an dem Kind und dies lässt die Minderjährige nicht ganz unbenutzt.* Korn dagegen fragte beim Schuldirektor an, auch schriftlich, damit man ihr nicht am Zeug flicken konnte, *wie sich das Mädchen im Allgemeinen aufführt, wie sein Verhalten den Lehrpersonen und den Mitschülern gegenüber ist und ob sich besondere Charaktereigenschaften, sei es im guten oder schlechten Sinne,* bemerkbar machen.

Schwer zu glauben, dass Oberlehrer Frick nicht wusste, was da auf dem Spiel stand. Ein Rückgrat hatte er, biegsam wie sein Rohrstock, mit dem er den Kindern die Rechtschreibung einbläute. Frick hätte zum Beispiel nur Gutes schreiben oder die Auskunft so allgemein halten können, dass niemandem gedient war. Aber sein pädagogischer Eifer war geweckt. Er war gefragt worden und wollte nach bestem Wissen und Gewissen antworten. *Das Mädel,* schrieb er mit sorgfältig gesetzten, nach rechts fallenden Lettern, *zeigt jetzt Aufmerksamkeit und Arbeitsfreude, lernt aber nicht leicht und fängt auch gleich zu weinen an, wenn sich Hindernisse ihr entgegenstellen. Schwierigkeiten bereitet dem Mädel das Rechnen, da es an der Zahlenauffassung fehlt. Das Mädel ist ängstlich, empfindlich, leicht gekränkt, mitunter etwas ungestüm, wenn es das Gewünschte nicht erreicht. Der Lehrkraft gegenüber ist es etwas scheu und geht scheinbar auf alles ein. Bei schlechter Benotung ist es empfindlich, ist ehrgeizig. Das Mädel ist bei den Pflegeeltern in guter Pflege u. Lernbeaufsichtigung, doch wäre mehr Strenge nötig.* Käthe Korn wurde auch beim Sierninger Bürgermeister vorstellig. Eder wusste schon, worum es ging. Hans und Josefa hatten ihn angefleht, alles zu unternehmen, was in seiner Macht stand, Himmel und Erde in Bewegung zu setzen, damit sie Sidonie behalten könnten. Er war gerührt gewesen ob des Vertrauens in seine Person, er war halt doch wer, versprach, sich für das Mädchen einzusetzen, aber als Korn ihm jetzt die Tragweite des Falls bewusst machte, war ihm nicht wohl in seiner Haut. Solange Sidonie hier lebt, ist der Fall nicht aus der Welt geschafft.

Sind Sie also dafür, dass sie wegkommt? So wolle er das nicht sagen, die Breirather seien ja anständige Leute. Vielleicht könne er sich andersherum besser verständlich machen; schreiben Sie: Ich finde es ganz in Ordnung, wenn das Kind zu seiner Mutter kommt, und befürworte dies auch jederzeit. Auch Oberinspektor Siegfried Schiffler, der dem Landkreis Steyr vorstand, plädierte aus streng humanitären Erwägungen für eine Überstellung des Mädchens. Ein Kind gehört zu seiner Mutter, sagte er, das ist immer besser, und außerdem: wer weiß, was die Zukunft bringt. Heiraten darf es nicht, kriegt es Kinder, fallen die nur der Gemeinde oder der Fürsorge zur Last, und eine Zigeunerin bleibt immer eine Zigeunerin, da kann man machen, was man will. Bei ihrer Mutter, da ist sie unter ihren Artgenossen, merkt keine Unterschiede und lebt sich schnell ein. Und was das Angebot des Pflegevaters betrifft, sie umsonst zu behalten: er könnte ja verunglücken, was dann? Und was, wenn sie mit der Schule fertig ist, eine Lehre darf sie als Zigeunerkind ja auch nicht machen. Bestialität des Anstands. *Obwohl sich bisher,* schrieb Korn in ihrer Antwort an die Kriminalpolizeistelle in Innsbruck, *im Wesen der Sidonie Berger (Adlersburg) nichts Zigeunerhaftes gezeigt hat, halte ich es doch für besser, wenn die Minderjährige schon jetzt zur Mutter kommt, denn je größer das Kind wird, desto mehr wird und muss schließlich einmal der Abstand zwischen der Minderjährigen und ihren Altersgenossen zutage treten. Bei dem Ehrgeiz und der Empfindlichkeit des Mädchens ist es jetzt noch nicht abzusehen, wie sich die früher oder später doch auftretende Erkenntnis, dass sie den bisherigen Mitschülern u. Mitschülerinnen nicht gleichgestellt werden kann, auswirkt. Schon aus diesem Grunde halte ich es für besser, wenn das Kind schon jetzt zur Mutter kommt, denn später wird sie sich noch schwerer in die Verhältnisse, in die sie wegen ihrer Abstammung doch einmal verwiesen wird, finden.* Schon nach vier Tagen kam die Antwort. Es werde ersucht veranlassen zu wollen, dass das Kind Sidonie Berger, falsch Adlersburg, *ehestens, und zwar bestimmt bis längstens 30. März 1943 an ihre Mutter überstellt werde. (S. 90–94)*

A Erfahrungsgemäß haben die Mischlinge den größten Anteil an der Kriminalität der Zigeuner. Andererseits hat sich gezeigt, dass die Versuche, die Zigeuner sesshaft zu machen, gerade bei den rassereinen Zigeunern wegen ihres starken Wandertriebs misslungen ist.
(Aus einem Erlass von Heinrich Himmler, 1938)

B Ratten, Wanzen und Flöhe sind auch Naturerscheinungen, ebenso wie die Juden und die Zigeuner … Alles Leben ist Kampf. Wir müssen deshalb alle diese Schädlinge biologisch allmählich ausmerzen.
(Aus der Zeitschrift des Deutschen Ärztebundes, 1938)

C Ziel der staatlichen Maßnahmen zur Wahrung der Einheit der deutschen Volksgemeinschaft muss sein einmal die rassische Absonderung des Zigeunertums vom deutschen Volkstum, sodann die Verhinderung der Rassenvermischung
(Erlass des Reichskriminalamtes, 1938)

1. Wie prägt die NS-Ideologie das Verhalten der an Sidonies Überstellung beteiligten Personen? Nutzt für die Beantwortung der Frage die Quellentexte A–C.

Josefa und Hans – Sidonies Zieheltern

Auch in den folgenden Textauszügen A–D finden sich Hinweise auf den geschichtlichen Hintergrund:

Familie Breirather 1950

A *In der Nähe von Steyr wird ein polnischer Zwangsarbeiter wegen einer Liebesbeziehung zu einer Österreicherin hingerichtet.*

Inzwischen scherte man seine Geliebte, eine junge Frau aus der Gegend, kahl und trieb sie anschließend mit einer Tafel um den Hals durch den Ort. „Während deutsche Soldaten an der Front stehen, buhle ich um einen Polen.“ Großes Hallo, lachende Gesichter.

Möglich, dass Josefa mit den zwei Mädchen gerade vom Einkaufen kam, als die Menschentraube um die Ecke bog. Ein Bub, kaum älter als Sidonie, hüpfte vor der geschmähten Frau her, drehte sich um und spuckte ihr ins Gesicht. Dann lief er zur Seite, dorthin, wo Josefa und die Kinder standen und das Geschehen sprachlos betrachteten. Josefa fasste ihm an die Schulter, er drehte sich zu ihr um, lachend und selbstsicher, als sei ihm Zuspruch und Lob gewiss. Die Ohrfeige hatte er nicht erwartet. Noch als er sich die Backe hielt, war dieses Lachen in seinem Gesicht. Verdutzt sah er Josefa nach, die jetzt Sidonie und Hilde eilig fortzog. *(S. 66 f.)*

B *Nachdem Josefa den Bescheid erhalten hat, dass Sidonie ihrer leiblichen Mutter übergeben werden soll, besucht sie die Fürsorgerin, Frau Grimm.*

Näherkommende Schritte im Flur, Grimms eher lustlose Stimme. Wer ist denn da. Josefa sagte ihren Namen. Der Schlüssel drehte sich im Schloss, dann wurde die Tür geöffnet, aber nur zögernd, als müsse sich die Fürsorgerin davon überzeugen, dass die Frau auf der Straße auch nicht gelogen habe. Grimm trug ein Kopftuch; während sie es abnahm und sich mit beiden Händen das Haar ordnete, sagte sie, sie sei gerade erst heimgekommen, es klang wie eine Entschuldigung. Josefa hörte sie nicht an.

Der Brief, stammelte sie, die Sidi. Warum haben Sie es mir nicht früher gesagt. Sie haben es doch gewusst.

Nichts habe ich gewusst, sagte Grimm und wich ihrem Blick aus. Es ist alles so schnell gekommen.

Ich bitt Sie, helfen Sie uns! Und weil die Fürsorgerin schwieg: Das geht doch nicht. Das darf man nicht machen. Wenn Sie ein Kind hätten!

Jetzt beruhigen Sie sich, bat Grimm. Stehen Sie auf.

Josefa hatte sich vor ihr niedergekniet und hielt die Hände flehend erhoben. Tun Sie dem Kind das nicht an, sagte sie mit erstickter Stimme. Zwei Männer gingen auf der Straße vorüber, sie schlugen einen Bogen und sahen sich dann neugierig nach den Frauen um. Der Fürsorgerin war das unangenehm.

Ich kann wirklich nichts tun, sagte sie. Meine Vorgesetzte, Korn, mit ihr müssen Sie reden. Aber stehen Sie endlich auf. *(S. 85)*

C *Hans und Petrak versuchen vergeblich, Sidonie bei einem Bergbauern zu verstecken.*

Petrak, der jetzt öfter auf ihn warten musste, wollte Hans auf andere Gedanken bringen, aber alles, was ihm in den Sinn kam, hing irgendwie mit Sidonie zusammen, so verbat er sich das Reden, aber das Schweigen war noch unerträglicher, es könnt' ja noch schlimmer sein, sagte er schließlich, wer weiß, vielleicht hat sie's dort genauso gut, und überhaupt: ist doch nur eine Zigeunerin.

Kaum war ihm das herausgerutscht, lag er auch schon im Schnee, unter Hans, der ihn mit den Fäusten bearbeitete, ihm die Mütze vom Kopf schlug, was, schrie er, sag das noch einmal, schlug, schlug blind auf den Mann ein. Endlich kam er zur Besinnung, unendlich müde war er mit einem Mal, wälzte sich zur Seite, blieb mit dem Gesicht nach unten schwer atmend liegen, während der andere versuchte, erst mit Schnee, dann mit dem Sacktuch das Blut zu stillen, das ihm aus der Nase tropfte. *(S. 87 f.)*

D *Hans wendet sich, wie die Fürsorgerin Grimm geraten hat, an die Amtsleiterin Korn.*

Als Hans seinen Zweifel daran äußerte, ob diese Frau* nicht überhaupt eine Erfindung der Behörden sei, ein Vorwand, nicht mehr, das Mädchen wegzuschaffen, änderte Korn ihren Ton. Was erlauben Sie sich, wollen Sie den Beamten unterstellen, nicht korrekt vorzugehen und deutsche Reichsangehörige hinters Licht zu führen, ich muss mich schon sehr wundern. […]

Und wenn wir auf das Pflegegeld verzichten, sagte Hans, ab sofort verzichten wir, und ich verspreche Ihnen, dass wir dem Magistrat alles zurückzahlen, in Raten, was wir für das Mädchen bisher bekommen haben. Wir kommen für alles auf, bis sie vierzehn Jahre alt ist, und sorgen auch dafür, dass sie später etwas lernt, Schneiderei, sie begreift schnell und ist flink.

Nichts zu machen, Befehl ist Befehl.

Hans griff zum letzten Mittel. Mehr zu sich sprach er aus, wovor ihm schauderte: Und wenn wir sie sterilisieren lassen. Die Frau hob jäh den Kopf. Was haben Sie da eben gesagt? Sagen Sie das nochmal! Stille. Und Korns scharfe Stimme: Seien Sie froh, dass ich darüber jetzt keine Meldung mache. *(S. 88–90)*

* Mit „dieser Frau" ist Sidonies leibliche Mutter gemeint.

1. Wie verhalten sich Hans und Josefa?
2. Informiere dich über den geschichtlichen Hintergrund der farbig markierten Passagen.

INFO

- Um einen Roman zu erschließen, kann man die **Beziehung der Romanfiguren** untereinander darstellen. Dafür eignet sich ein Soziogramm.
- **Historische Zusatzinformationen** dienen dazu, den Zeitroman besser zu verstehen.

Nachschlagen → S. 302 f.

Entartete Kunst – ein Fächer verbindendes Projekt

Zielsetzung

- Erich Hackl befasst sich in seiner Erzählung „Abschied von Sidonie“ mit dem Völkermord an den Sinti und Roma. Mit dem Dritten Reich werden jedoch auch andere Verbrechen in Verbindung gebracht, z. B. die Verfolgung von Künstlern, deren Werke als „entartet“ verunglimpft wurden.
- Ziel des Projektes ist es, herauszufinden, warum die Nationalsozialisten gegen Ernst Barlach, Otto Dix und viele andere Künstler angegangen sind.
- Darüber hinaus soll deutlich werden, welches Menschenbild die NS-Ideologie hatte und welches sie ablehnte.
- Abschließend könnt ihr der Frage nachgehen: Wo sind Parallelen zwischen der Verfolgung der Sinti und Roma und der Verfolgung von Künstlern, deren Werke der NS-Staat abgelehnt hat?

Material

- Das Material enthält unterschiedliche Texte und Bilder, die sich ergänzen und die ihr zueinander in Beziehung setzen müsst.
- Durch den Vergleich der verschiedenen Materialien könnt ihr feststellen, wodurch sich die sogenannte „entartete“ von der staatlich geförderten Kunst unterschieden hat.

Arbeitsschritte und Dokumentation

- Erstellt in Kleingruppen Lernplakate. Fertigt zunächst eine Skizze für die Grobeinteilung eures Lernplakats an.
- Wichtige Begriffe, mit denen sich der Lernstoff gliedern lässt, schreibt ihr auf Kartons unterschiedlicher Farbe und Form. Überlegt euch eine sinnvolle und ansprechende Gestaltung.
- Ergänzt weitere wichtige Informationen mit Hilfe von Stichwörtern, die ihr den Begriffen zuordnet. Zusammenhänge und Wechselwirkungen könnt ihr mit Verbindungslinien darstellen. Auch Symbole (Pfeile etc.) und eingeklebte Fotokopien erleichtern das Verständnis. Verwendet Filzstifte.
- Stellt euer Lernplakat der Klasse vor, indem ihr die Begriffe und Stichwörter als Gedankenstützen für einen freien Vortrag verwendet.
- Im Anschluss an euren Vortrag solltet ihr Fragen eurer Zuhörer beantworten.

„Der lesende Klosterschüler“ * *Alfred Andersch*

* Text in originaler Orthografie

In seinem Roman „Sansibar oder der letzte Grund“ erzählt Alfred Andersch von mehreren Personen, die – aus unterschiedlichen Gründen – im Jahre 1937 Deutschland verlassen wollen. Außerdem soll eine Holzstatue, der „lesende Klosterschüler“, außer Landes geschafft werden, weil die Nationalsozialisten sie als „entartetes Kunstwerk“ betrachten. Der Kommunist Gregor macht sich Gedanken über die Statue.

Ernst Barlach (1870–1938): *Der lesende Klosterschüler* (1930). Auf diese Plastik von Ernst Barlach bezieht sich Alfred Andersch in seinem Roman.

Das sind ja wir, dachte Gregor. Er beugte sich herab zu dem jungen Mann, der, kaum einen halben Meter groß, auf seinem niedrigen Sockel saß, und sah ihm ins Gesicht. Genauso sind wir in der Lenin-Akademie gesessen und genauso haben wir gelesen, gelesen, gelesen. Vielleicht haben wir die Arme aufgestützt, vielleicht haben wir Papirossi dabei geraucht – obwohl es nicht erwünscht war –, vielleicht haben wir manchmal aufgeblickt, – aber wir haben den Glockenturm Iwan Weliki vor dem Fenster nicht gesehen, ich schwöre es, dachte Gregor, so versunken waren wir.

So versunken wie er. Er ist wie wir. Wie alt ist er? So alt wie wir waren, als wir genauso lasen. Achtzehn, höchstens achtzehn. Gregor bückte sich tiefer, um dem jungen Mann gänzlich ins Gesicht sehen zu können. Er trägt unser Gesicht, das Gesicht der Jugend, die ausgewählt ist, die Texte zu lesen, auf die es ankommt. Aber dann bemerkte er auf einmal, daß der junge Mann ganz anders war. Er war gar nicht versunken. Er war nicht einmal an die Lektüre hingegeben. Was tat er eigentlich? Er las ganz einfach. Er las aufmerksam. Er las genau. Er las sogar in höchster Konzentration. Aber er las kritisch. Er sah aus, als wisse er in jedem Moment, was er da lese. Seine Arme hingen herab, aber sie schienen bereit, jeden Augenblick einen Finger auf den Text zu führen, der zeigen würde: das ist nicht wahr. Das glaube ich nicht. Er ist anders, dachte Gregor, er ist ganz anders. Er ist leichter, als wir waren, vogelgleicher. Er sieht aus wie einer, der jederzeit das Buch zuklappen kann und aufstehen, um etwas anderes zu tun.

Liest er denn nicht einen seiner heiligen Texte, dachte Gregor. Ist er denn nicht wie ein junger Mönch? Kann man das: ein junger Mönch sein und sich nicht von den Texten überwältigen lassen? Die Kutte nehmen und trotzdem frei bleiben? Nach den Regeln leben, ohne den Geist zu binden?

Gregor richtete sich auf. Er war verwirrt. Er beobachtete den jungen Mann, der weiterlas, als sei nichts geschehen. Es war aber etwas geschehen, dachte Gregor. Ich habe einen gesehen, der ohne Auftrag lebt. Einen, der lesen kann und dennoch aufstehen und fortgehen. Er blickte mit einer Art von Neid auf die Figur.

- Sucht in dem Roman von Alfred Andersch nach weiteren Textstellen zum lesenden Klosterschüler. – Sprecht in kleinen Gruppen darüber.
- Informiert euch über Ernst Barlach und stellt die Informationen in einem Vortrag vor.

„Entartete Kunst" – Thema einer Ausstellung

1937 eröffnete Hitler die erste „Große Deutsche Kunstausstellung" im eigens dafür erbauten „Haus der Deutschen Kunst" in München. Die Ausstellung war die erste repräsentative und umfassende Selbstdarstellung einer dem NS-Regime genehmen Kunst und fand bis 1944 jährlich statt. Einen Tag nach Eröffnung war sie als gezielte Kontrastveranstaltung die Femeausstellung „Entartete Kunst" im benachbarten Galeriegebäude am Hofgarten eröffnet worden. In entstellender Aufmachung und von wandgroßen Schmähungen kommentiert, wurden hier Werke der heutigen klassischen Moderne und deren Schöpfer als „entartet" verdammt und an den Pranger gestellt. In dieser Ausstellung wurde unter dem Titel „Gemalte Wehrsabotage" das Bild von Otto Dix gezeigt. Das Triptychon „Arbeiter, Bauern und Soldaten" von Hans Schmitz-Wiedenbrück war 1941 in der „Großen Deutschen Kunstausstellung" gezeigt worden.

Otto Dix (1891–1961): *Der Schützengraben* (1920–1923)

Hans Schmitz-Wiedenbrück (1907–1944): *Arbeiter, Bauern und Soldaten* (Triptychon, mittleres Bild, 1941)

- Informiert euch genauer über Otto Dix und diskutiert in kleinen Gruppen vor diesem Hintergrund über die Unterschiede der beiden Bilder.
- Betrachtet dazu auch das Dix-Gemälde auf Seite 169.

Weltanschaulicher Hintergrund

Im Ausstellungskatalog werden die verfemten Künstler, die sich mit dem Krieg befassen, wie folgt kommentiert:

Auch diese Abteilung hat eine ausgeprägt politische Tendenz. Hier tritt die „Kunst" in den Dienst der marxistischen Propaganda für die Wehrpflichtverweigerung. Die Absicht tritt klar zutage: Der Beschauer soll im Soldaten den Mörder oder das sinnlose Schlachtopfer einer im Sinne des bolschewistischen Klassenkampfes „kapitalistischen Weltordnung" erblicken. Aber vor allem soll dem Volk die tief eingewurzelte Achtung vor jeder soldatischen Tugend, vor Mut, Tapferkeit und Einsatzbereitschaft ausgetrieben werden. So sehen wir in den Zeichnungen dieser Abteilung neben bewusst Abscheu erregenden Zerrbildern von Kriegskrüppeln und den mit aller Raffinesse ausgemalten Einblicken in Massengräber die deutschen Soldaten als Trottel, gemeine erotische Wüstlinge und Säufer dargestellt. Dass nicht nur Juden, sondern auch deutschblütige „Künstler" mit solch niederträchtigen Machwerken die feindliche Kriegsgräuelpropaganda, die damals schon als Lügengewebe entlarvt war, nachträglich auf diese Weise unaufgefordert erneut bestätigen, wird für immer ein Schandfleck der deutschen Kulturgeschichte bleiben.

Hitler hielt anlässlich der Eröffnung der Ausstellung folgende Rede (Auszug):

Die heutige Zeit arbeitet an einem neuen Menschentyp. Ungeheure Anstrengungen werden auf unzähligen Gebieten des Lebens vollbracht, um das Volk zu heben, um unsere Männer, Knaben und Jünglinge, die Mädchen und die Frauen gesünder und damit kraftvoller und schöner zu gestalten. Und aus dieser Kraft und aus dieser Schönheit strömen ein neues Lebensgefühl, eine neue Lebensfreude. Niemals war die Menschheit im Aussehen und in ihrer Empfindung der Antike näher als heute. Sport-, Wett- und Kampfspiele stählen Millionen jugendlicher Körper und zeigen sie uns nun steigend in einer Form und Verfassung, wie sie vielleicht tausend Jahre lang nicht gesehen, ja kaum geahnt worden sind. Ein leuchtend schöner Menschentyp wächst heran, der nach höchster Arbeitsleistung dem schönen alten Spruch huldigt: Saure Wochen, aber frohe Feste. Dieser Menschentyp, den wir erst im vergangenen Jahr in den Olympischen Spielen in einer strahlenden, stolzen, körperlichen Kraft und Gesundheit vor der ganzen Welt in Erscheinung treten sahen, dieser Menschentyp, meine Herren prähistorische Kunststotterer, ist der Typ der neuen Zeit, und was fabrizieren Sie? Missgestaltete Krüppel und Kretins, Frauen, die nur Abscheu erregend wirken können, Männer, die Tieren näher sind als Menschen, Kinder, die, wenn sie so leben würden, geradezu als Fluch Gottes empfunden werden müssten! Und das wagen diese grausamen Dilettanten unserer heutigen Mitwelt als die Kunst unserer Zeit vorzustellen. [...]

- Bildet Expertengruppen, die genauer recherchieren, wie im Dritten Reich die Kunst in den Dienst der Propaganda gestellt wurde.
  Die Guppen stellen ihre Ergebnisse in der Form eines Wandplakates vor.

Im Kreis *Alexander Kanewskij*

In meiner Wohnung hatten sich Motten eingenistet. Sie flogen in Schwärmen durch die Zimmer und fraßen alles aus Pelz und Wolle. Ich wusste nicht, was tun. Ich streute Mottenpulver und versprühte Chemikalien – nichts half. Dann empfahl man mir Kröten anzuschaffen, denn diese würden nicht nur die Motten selbst, sondern auch ihre Larven fressen. Ich gehorchte und schaffte Kröten an. Tatsächlich verschwanden die Motten, aber die Kröten vermehrten sich in solchem Ausmaß, dass das Leben in der Wohnung unmöglich wurde.

„Du brauchst Reiher", sagten mir meine Freunde, „und die Kröten sind wie vom Wind weggeblasen."

Ich schaffte Reiher an. Nach einigen Tagen war die letzte Kröte voll Entsetzen aus dem achten Stock gesprungen. Aber jetzt konnte ich mich vor meinen neuen Mitbewohnern nicht mehr retten: Die Reiher erwiesen sich als sehr anhängliche Geschöpfe. Sie füllten die Badewanne und spritzten den ganzen Tag im Wasser herum. Ich warf sie zur Tür hinaus – sie kamen durch die Fenster wieder hereingeflogen. Ich schloss die Fenster – sie drängten sich auf dem Balkon und trommelten mit den Schnäbeln gegen die Scheibe.

„Schaff dir ein Gewehr an", riet mir ein Bekannter, der Jäger war. „Es ist leicht, sie mit Schüssen zu vertreiben."

Ich kaufte mir eine Doppelflinte, streckte alle halbe Stunde die Mündungen aus dem Guckfenster und ließ es aus beiden Läufen krachen.

Tatsächlich stiegen die Reiher nach jedem Schuss gegen den Himmel auf, aber meine Nachbarn begannen sich bei der Hausverwaltung zu beschweren, dass ich sie nicht ruhig leben ließe.

Um die Schalldurchlässigkeit zu verringern, kaufte ich Teppiche und hing sie an allen Wänden auf. Sofort erschienen Motten.

„Schaff dir Kröten an", rieten mir meine Freunde.

Der Aufbruch *Franz Kafka*

Ich befahl, mein Pferd aus dem Stall zu holen. Der Diener verstand mich nicht. Ich ging selbst in den Stall, sattelte mein Pferd und bestieg es. In der Ferne hörte ich eine Trompete blasen, ich fragte ihn, was das bedeute. Er wusste nichts und hatte nichts gehört. Beim Tore hielt er mich auf und fragte: „Wohin reitest du, Herr?“ „Ich weiß es nicht“, sagte ich, „nur weg von hier. Immerfort weg von hier, nur so kann ich mein Ziel erreichen.“ „Du kennst also dein Ziel?“, fragte er. „Ja“, antwortete ich, „ich sagte es doch: ‚Weg-von-hier‘, das ist mein Ziel.“ „Du hast keinen Essvorrat mit“, sagte er. „Ich brauche keinen“, sagte ich, „die Reise ist so lang, dass ich verhungern muss, wenn ich auf dem Weg nichts bekomme. Kein Essvorrat kann mich retten. Es ist ja zum Glück eine wahrhaft ungeheure Reise.“

Heimkehr *Franz Kafka*

Ich bin zurückgekehrt, ich habe den Flur durchschritten und blicke mich um. Es ist meines Vaters alter Hof. Die Pfütze in der Mitte. Altes, unbrauchbares Gerät, ineinander verfahren, verstellt den Weg zur Bodentreppe. Die Katze lauert auf dem Geländer. Ein zerrissenes Tuch, einmal im Spiel um die Stange gewunden, hebt sich im Wind. Ich bin angekommen. Wer wird mich empfangen? Wer wartet hinter der Tür der Küche? Rauch kommt aus dem Schornstein, der Kaffee zum Abendessen wird gekocht. Ist dir heimlich, fühlst du dich zu Hause? Ich weiß es nicht, ich bin sehr unsicher. Meines Vaters Haus ist es, aber kalt steht Stück neben Stück, als wäre jedes mit seinen eigenen Angelegenheiten beschäftigt, die ich teils vergessen habe, teils niemals kannte. Was kann ich ihnen nützen, was bin ich ihnen und sei ich auch des Vaters, des alten Landwirts Sohn. Und ich wage nicht, an der Küchentür zu klopfen, nur von der Ferne horche ich, nur von der Ferne horche ich stehend, nicht so, dass ich als Horcher überrascht werden könnte. Und weil ich von der Ferne horche, erhorche ich nichts, nur einen leichten Uhrenschlag höre ich oder glaube ihn vielleicht nur zu hören, herüber aus den Kindertagen. Was sonst in der Küche geschieht, ist das Geheimnis der dort Sitzenden, das sie vor mir wahren. Je länger man vor der Tür zögert, desto fremder wird man. Wie wäre es, wenn jetzt jemand die Tür öffnete und mich etwas fragte. Wäre ich dann nicht selbst wie einer, der sein Geheimnis wahren will.

Wenn die Haifische Menschen wären* *Bertolt Brecht*

„Wenn die Haifische Menschen wären", fragte Herrn K. die kleine Tochter seiner Wirtin, „wären sie dann netter zu den kleinen Fischen?"

„Sicher", sagte er. „Wenn die Haifische Menschen wären, würden sie im Meer für die kleinen Fische gewaltige Kästen bauen lassen, mit allerhand Nahrung drin, sowohl Pflanzen als auch Tierzeug. Sie würden dafür sorgen, daß die Kästen immer frisches Wasser hätten, und sie würden überhaupt allerhand sanitäre Maßnahmen treffen, wenn z. B. ein Fischlein sich die Flosse verletzen würde, dann würde ihm sogleich ein Verband gemacht, damit es den Haifischen nicht wegstürbe vor der Zeit.

Damit die Fischlein nicht trübsinnig würden, gäbe es ab und zu große Wasserfeste; denn lustige Fischlein schmecken besser als trübsinnige.

Es gäbe natürlich auch Schulen in den großen Kästen. In diesen Schulen würden die Fischlein lernen, wie man in den Rachen der Haifische schwimmt. Sie würden z. B. Geographie brauchen, damit sie die großen Haifische, die faul irgendwo liegen, finden könnten. Die Hauptsache wäre natürlich die moralische Ausbildung der Fischlein. Sie würden unterrichtet werden, daß es das Größte und Schönste sei, wenn ein Fischlein sich freudig aufopfert, und daß sie alle an die Haifische glauben müßten, vor allem, wenn sie sagten, sie würden für eine schöne Zukunft sorgen. Man würde den Fischlein beibringen, daß diese Zukunft nur gesichert sei, wenn sie Gehorsam lernten. Vor allen niedrigen, materialistischen, egoistischen und marxistischen Neigungen müßten sich die Fischlein hüten, und es sofort melden, wenn eines von ihnen solche Neigungen verriete.

Wenn die Haifische Menschen wären, würden sie natürlich auch untereinander Kriege führen, um fremde Fischkästen und fremde Fischlein zu erobern. Die Kriege würden sie von ihren eigenen Fischlein führen lassen. Sie würden die Fischlein lehren, daß zwischen ihnen und den Fischlein der anderen Haifische ein riesiger Unterschied bestehe. Die Fischlein, würden sie verkünden, sind bekanntlich stumm, aber sie schweigen in ganz verschiedenen Sprachen und können einander daher unmöglich verstehen. Jedem Fischlein, das im Krieg ein paar andere Fischlein, feindliche, in anderer Sprache schweigende Fischlein, tötete, würden sie einen kleinen Orden aus Seetang anheften und den Titel Held verleihen.

Wenn die Haifische Menschen wären, gäbe es bei ihnen natürlich auch eine Kunst. Es gäbe schöne Bilder, auf denen die Zähne der Haifische in prächtigen Farben, ihre Rachen als reine Lustgärten, in denen es sich prächtig tummeln läßt, dargestellt wären.

Die Theater auf dem Meeresgrund würden zeigen, wie heldenmütige Fischlein begeistert in die Haifischrachen schwimmen, und die Musik wäre so schön, daß die Fischlein unter ihren Klängen, die Kapelle voran, träumerisch, und in allerangenehmste Gedanken eingelullt, in die Haifischrachen strömten.

Auch eine Religion gäbe es da, wenn die Haifische Menschen wären. Sie würde lehren, daß die Fischlein erst im Bauch der Haifische richtig zu leben begännen.

Übrigens würde es aufhören, wenn die Haifische Menschen wären, daß alle Fischlein, wie es jetzt ist, gleich sind. Einige von ihnen würden Ämter bekommen und über die anderen gesetzt werden. Die ein wenig größeren dürften sogar die kleineren auffressen. Dies wäre für die Haifische nur angenehm, da sie dann selber öfter größere Brocken zu fressen bekämen. Und die größeren, Posten habenden Fischlein würden für die Ordnung unter den Fischlein sorgen, Lehrer, Offiziere, Ingenieure im Kastenbau usw. werden.

Kurz, es gäbe überhaupt erst eine Kultur im Meer, wenn die Haifische Menschen wären."

* Text in originaler Orthografie

Sintflut *Günter Kunert*

Die Sintflut beginnt unmerklich. Vorerst steigen die Flüsse um wenige Zentimeter. Es regnet nicht einmal häufiger als sonst, aber anhaltender. Und es dauert länger als nach früheren Güssen, bis das Wasser wegsickert. Eines Tages verrinnt es gar nicht mehr, und die kleinen Pfützen bleiben stehen. Die Industrie wird mehr Regenschirme herstellen, mehr Gummistiefel, doch das sind die einzigen Maßnahmen, die man trifft. Ein paar Wetterkundler weisen auf Merkwürdigkeiten im Wetterablauf hin, nur versteht ihre wissenschaftliche Sprache kein Mensch, und ihre Entdeckung wird sofort wieder vergessen.

Wenn die Flüsse über die Ufer steigen, wird man es dem jeweiligen Landesfeind ankreiden, doch weil die Nachrichtenübermittlung nicht zu verhindern ist, erfährt alle Welt von der synchronen Überschwemmung vieler Gebiete auf der Erde.

Die Pfützen werden Tümpel, Teiche, Seen, die sich zu kleinen Meeren zusammenschließen. Es wird hauptsächlich von einer vorübergehenden Krise der Witterung gesprochen werden, von einer Verlagerung der Erdachse oder Ähnlichem. Jeder Staat wird insgeheim Fachleute aus Venedig anheuern, deren Erfahrung das wässrig werdende Leben erleichtern soll. Die Bevölkerung, die sich bereits in die oberen Stockwerke der Häuser zurückgezogen hat, wird von Booten aus versorgt und gewöhnt sich langsam an den Zustand, denn es gehört zu den vornehmsten Aufgaben einer Bevölkerung, sich an Zustände zu gewöhnen. Eine bekannte Persönlichkeit prägt endlich den Satz vom „Leben mit dem Wasser“, der bald in aller Munde ist.

Leider wird die Gewöhnung immer wieder gestört, und zwar durch das Wasser selbst, das, von den vielen beruhigenden Zeitungsartikeln unbeeindruckt, ständig weitersteigt. Weniger Kähne als gedunsene Leichen treiben durch die Straßen, die beiderseits von den Dächern der noch nicht abgesackten Gebäude markiert werden. Hunger greift um sich. Leichen, bitterste Not und bitterste Angst. Hubschrauber fliegen über die aus den Wellen ragenden Reste und werfen Flugblätter ab, des Inhalts, dass alles getan werde, das Unglück abzuwenden.

Gläubig lesen die Ertrinkenden die druckfeuchten Blätter. Den Sterbenden hält man die Zettel vor die Augen, die der Tod schon trübt. Von den Dächern der Wolkenkratzer spült die Flut die letzten Lebenden, die niemals erfahren, dass eine Sintflut über sie gekommen: Das zu verheimlichen wird allen Beteiligten wichtiger sein, als in dem zunehmenden Regen, in den schwellenden Bächen, den andauernden Wolken die beginnende Katastrophe zu erkennen. Gewiss: Für eine weitere Sintflut würde man nun viel besser vorbereitet sein, wenn man nicht schon bei der ersten untergegangen wäre.

Basta *Robert Walser*

Ich kam dann und dann zur Welt, wurde dort und dort erzogen, ging ordentlich zur Schule, bin das und das und heiße so und so und denke nicht viel. Geschlechteswegen bin ich ein Mann, staateswegen bin ich ein guter Bürger und rangeshalber gehöre ich zur besseren Gesellschaft. Ich bin ein säuberliches, stilles, nettes Mitglied der menschlichen Gesellschaft, ein sogenannter guter Bürger, trinke gern mein Glas Bier in aller Vernunft und denke nicht viel. Auf der Hand liegt, dass ich mit Vorliebe gut esse, und ebenso liegt auf der Hand, dass mir Ideen fern liegen. Scharfes Denken liegt mir gänzlich fern; Ideen liegen mir vollständig fern, und deshalb bin ich ein guter Bürger, denn ein guter Bürger denkt nicht viel. Ein guter Bürger isst sein Essen, und damit basta!

Den Kopf strenge ich nicht sonderlich an, ich überlasse das andern Leuten. Wer den Kopf anstrengt, macht sich verhasst; wer viel denkt, gilt als ungemütlicher Mensch. Schon Julius Cäsar deutete mit dem dicken Finger auf den mageren, hohläugigen Cassius, vor dem er sich fürchtete, weil er Ideen bei ihm vermutete. Ein guter Bürger darf nicht Furcht und Verdacht einflößen; vieles Denken ist nicht seine Sache. Wer viel denkt, macht sich unbeliebt, und es ist vollständig überflüssig, sich unbeliebt zu machen. Schnarchen und schlafen ist besser als Dichten und Denken. Ich kam dann und dann zur Welt, ging dort und dort zur Schule, lese gelegentlich die und die Zeitung, treibe den und den Beruf, bin so und so alt, scheine ein guter Bürger zu sein und scheine gern gut zu essen. Den Kopf strenge ich nicht sonderlich an, da ich das andern Leuten überlasse. Vieles Kopfzerbrechen ist nicht meine Sache, denn wer viel denkt, dem tut der Kopf weh, und Kopfweh ist vollständig überflüssig. Schlafen und Schnarchen ist besser als Kopfzerbrechen, und ein Glas Bier in aller Vernunft ist weitaus besser als Dichten und Denken. Ideen liegen mir vollständig fern, und den Kopf will ich mir unter keinen Umständen zerbrechen, ich überlasse das leitenden Staatsmännern. Dafür bin ich ja ein guter Bürger, damit ich Ruhe habe, damit ich den Kopf nicht anzustrengen brauche, damit mir Ideen völlig fern liegen und damit ich mich vor zu vielem Denken ängstlich fürchten darf. Vor scharfem Denken habe ich Angst. Wenn ich scharf denke, wird es mir ganz blau und grün vor den Augen. Ich trinke lieber ein gutes Glas Bier und überlasse jedwedes scharfes Denken lei-

tenden Staatslenkern. Staatsmänner können meinetwegen so scharf denken wie sie wollen und so lang, bis ihnen die Köpfe brechen. Mir wird immer ganz blau und grün vor den Augen, wenn ich den Kopf anstrenge, und das ist nicht gut, und deshalb strenge ich den Kopf so wenig wie möglich an und bleibe hübsch kopflos und gedankenlos. Wenn nur leitende Staatsmänner denken, bis es ihnen grün und blau vor den Augen wird und bis ihnen der Kopf zerspringt, so ist alles in Ordnung, und unsereins kann ruhig sein Glas Bier in aller Vernunft trinken, mit Vorliebe gut essen und nachts sanft schlafen und schnarchen, in der Annahme, dass Schnarchen und Schlafen besser seien als Kopfzerbrechen und besser als Dichten und Denken. Wer den Kopf anstrengt, macht sich nur verhasst, und wer Absichten und Meinungen bekundet, gilt als ungemütlicher Mensch, aber ein guter Bürger soll kein ungemütlicher, sondern ein gemütlicher Mensch sein. Ich überlasse in aller Seelenruhe scharfes und kopfzerbrechendes Denken leitenden Staatsmännern, denn unsereins ist ja doch nur ein solides und unbedeutendes Mitglied der menschlichen Gesellschaft und ein so genannter guter Bürger oder Spießbürger, der gern sein Glas Bier in aller Vernunft trinkt und gern sein möglichst gutes, fettes, nettes Essen isst und damit basta!

Staatsmänner sollen denken, bis sie gestehen, dass es ihnen grün und blau vor den Augen ist und dass sie Kopfweh haben. Ein guter Bürger soll nie Kopfweh haben, vielmehr soll ihm sein gutes Glas Bier in aller gesunden Vernunft schmecken, und er soll des Nachts sanft schnarchen und schlafen. Ich heiße so und so, kam dann und dann zur Welt, wurde dort und dort ordentlich und pflichtgemäß in die Schule gejagt, lese gelegentlich die und die Zeitung, bin von Beruf das und das, zähle so und so viele Jahre und verzichte darauf, viel und angestrengt zu denken, weil ich Kopfanstrengung und Kopfzerbrechen mit Vergnügen leitenden und lenkenden Köpfen überlasse, die sich verantwortlich fühlen. Unsereins fühlt weder hinten noch vorn Verantwortung, denn unsereins trinkt sein Glas Bier in aller Vernunft und denkt nicht viel, sondern überlässt dieses sehr eigenartige Vergnügen Köpfen, die die Verantwortung tragen. Ich ging da und da zur Schule, wo ich genötigt wurde, den Kopf anzustrengen, den ich seither nie mehr wieder einigermaßen angestrengt und in Anspruch genommen habe. Geboren bin ich dann und dann, trage den und den Namen, habe keine Verantwortung und bin keineswegs einzig in meiner Art. Glücklicherweise gibt es recht viele, die sich, wie ich, ihr Glas Bier in aller Vernunft schmecken lassen, die ebenso wenig denken und es ebenso wenig lieben, sich den Kopf zu zerbrechen wie ich, die das lieber andern Leuten, z. B. Staatsmännern, freudig überlassen. Scharfes Denken liegt mir stillem Mitglied der menschlichen Gesellschaft gänzlich fern und glücklicherweise nicht nur mir, sondern Legionen von solchen, die, wie ich, mit Vorliebe gut essen und nicht viel denken, so und so viele Jahre alt sind, dort und dort erzogen worden sind, säuberliche Mitglieder der menschlichen Gesellschaft sind wie ich, und gute Bürger sind wie ich, und denen scharfes Denken ebenso fern liegt wie mir und damit basta!

Geh'n wir uns selber vergiften im Park *Georg Bungter*

Früher hieß das ganz einfach „Müllhaufen“. Auf dem Müllhaufen landeten Kartoffelschalen, durchgelaufene Schuhe und ausgediente Liebesbriefe.

Dann haben wir unsere Lebensqualität verbessert und konnten auf einmal leichten Herzens Dinge wegwerfen, die wir früher nicht einmal besaßen: Autoreifen, unverrottbare Plastiktüten, nutzlose Chemieabfälle und stabile Zyanid-Fässer. Mit der Lebensqualität verbesserte sich aber auch die Wortqualität: Es hieß jetzt nicht mehr Müllhaufen, sondern viel eleganter „Deponie“. Jetzt sind wir dabei, unsere Zukunft zu sichern. Damit auch morgen die Lichter nicht ausgehen, brauchen wir Atomkraftwerke. Die produzieren ganz viel Strom und ein ganz klein wenig radioaktiven Abfall. Dass man solch fortschrittlichen Abfall nicht einfach auf den Müllhaufen werfen kann, versteht sich von selbst. Darum soll er ja auch auf einer speziellen Atommülldeponie gelagert werden – in Gorleben im Landkreis Lüchow-Dannenberg.

Atommülldeponie? So ein hässliches Wort für so einen schönen Müll? Nie und nimmer, dachte die Bundesregierung und fing an, über ein treffenderes Wort nachzudenken. Am 8. Juni hatte sie es gefunden. In der Regierungsantwort auf Große Anfragen aller Fraktionen heißt es: „Die Betriebsgenehmigung für neue Kernkraftwerke wird nur noch erteilt, wenn die erste Teilbaugenehmigung für den bei Gorleben geplanten Entsorgungspark vorliegt.“

Es ist schon ein wunderliches Geheimnis um die deutsche Sprache. Dort, wo die krude Realität kläglich versagt, erschafft sie neue Schönheit mit der Kraft des Wortes. Und wie denn wohl kein Mensch leben mag in der öden Betonwüste einer Neubausiedlung, aber gern sich niederlässt in einem hochmodernen Wohnpark – so mag auch kein Mensch leben mitten auf einem Riesenhaufen Atommüll, aber in Gorleben …! Ja, in Gorleben werden bald Tausende von nah und fern herbeiströmen und Erholung suchen im heimeligen Entsorgungspark. Besonders im Frühsommer, zur Zeit der Radiodendron-Blüte, werden die Parkbesucher in ihren schmucken Naturschutzanzügen begeistert durch den Strahlengrüngürtel schlendern, vorbei an Geranium und Plutonium, mitten durch Begonien und Neutronien und quer über den Teich mit schwerem Wasser, wo im Schilf die schnellen Brüter schnattern.

Im Herbst dagegen, wenn die Tage kühler werden und es schon ratsam ist, einen kleidsamen Bleimantel zu tragen, wird die Freiwillige Feuerwehr von Gorleben im Musikpavillon aufspielen zum Tanz auf dem Uran. Und wenn dann der Geigerzähler feststellt, dass auch die Streicher vollzählig versammelt sind, wird der Dirigent seinen Brennstab heben, und weithin wird's klingen durch den sonnigen Entsorgungspark: „Freut euch des Gorlebens, solang nur das Alarmlämpchen glüht!“

Sollte aber irgendwann einmal irgendwo im Park irgendwas schiefgehen, so seien Sie ganz entsorgt: Noch nie sind Sie von einem bezaubernden Ausflug so strahlend nach Hause gekommen.

Herr K. und das Saxophem *Rolf Schneider*

Die Parodie bezieht sich allgemein auf die Keuner-Geschichten Bertolt Brechts; s. z. B. die in diesem Band abgedruckte Keuner-Geschichte „Der Gesandte" auf S. 105

Herr K., dem von einem Straßenhändler ein Saxophem zum Kauf angeboten wurde, prüfte die ihm unbekannte Ware aufmerksam und erstand sie darauf ohne Feilschen zum geforderten Preis. Einem Freund, dem er von seinem Handel erzählte und der ihn auf die Gefahren des Saxophems aufmerksam machte, erklärte er seine Beweggründe folgendermaßen: „Einem Hausierer oder dem Verkäufer eines großen Geschäftes hätte ich das Saxophem zurückgewiesen. Das Angebot des Straßenhändlers war mit dem Vorteil verbunden, dass ich gehen konnte, wenn ich gehen wollte, und dass ich feilschen konnte, wenn ich feilschen wollte. Als ich erkannte, dass ich trotz der frei sich bietenden Möglichkeiten keinen Gebrauch davon machte, habe ich das Saxophem gekauft. Ich habe den Kauf bedingungslos abgeschlossen, daher ist nun auch mein Vergnügen an dem Saxophem ohne Missbilligung."

Definition des „Reichsgerichts" *Ungenannter Verfasser*

Ein Reichsgericht ist eine Einrichtung, welche eine dem allgemeinen Verständnis entgegenkommen sollende, aber bisweilen durch sich nicht ganz vermeiden lassende, nicht ganz unbedeutende bzw. verhältnismäßig gewaltige Fehler im Satzbau auf der schiefen Ebene des durch verschnörkelte und ineinandergeschachtelte Perioden ungenießbar gemachten Kanzleistils herabgerollte Definition, welche eine das menschliche Sprachgefühl verletzende Wirkung zu erzeugen fähig ist, liefert.

Die Parodie bezieht sich auf die folgende Definition des Begriffs „Eisenbahn":

Definition der „Eisenbahn" 1879 *Deutsches Reichsgericht*

Eine Eisenbahn ist ein Unternehmen, gerichtet auf wiederholte Fortbewegung von Personen oder Sachen über nicht ganz unbedeutende Raumstrecken auf metallener Grundlage, welche durch ihre Konsistenz, Konstruktion und Glätte den Transport großer Gewichtsmassen beziehungsweise die Erzielung einer verhältnismäßig bedeutenden Schnelligkeit der Transportbewegung zu ermöglichen bestimmt ist, und durch diese Eigenart in Verbindung mit den außerdem zur Erzeugung der Transportbewegung benutzten Naturkräften – Dampf, Elektrizität, tierische oder menschliche Muskeltätigkeit, bei geneigter Ebene der Bahn auch schon durch die eigene Schwere der Transportgefäße und deren Ladung usf. – bei dem Betriebe des Unternehmens auf derselben eine verhältnismäßig gewaltige, je nach den Umständen nur bezweckterweise nützliche oder auch Menschenleben vernichtende und menschliche Gesundheit verletzende Wirkung zu erzeugen fähig ist.

Die Parodie bezieht sich auf die erste Strophe aus Eduard Mörikes Gedicht „Um Mitternacht".

Verlassen stieg *Robert Gernhardt*

Verlassen stieg die Nacht an Land,
der Tag war ihr davongerannt.
Durchs Dunkel tönte ihr Geschrei,
wo denn der liebe Tag wohl sei.
Indessen saß der Tag bei mir,
bei weißem Brot und hellem Bier
hat er die Suchende verlacht:
Die säh doch nichts, es sei ja Nacht.

Um Mitternacht *Eduard Mörike*

Gelassen stieg die Nacht ans Land,
Lehnt träumend an der Berge Wand,
Ihr Auge sieht die goldne Waage nur
Der Zeit in gleichen Schalen stille ruhn;
Und kecker rauschen die Quellen hervor,
Sie singen der Mutter, der Nacht, ins Ohr
Vom Tage,
Vom heute gewesenen Tage.
[...]

Die Parodie bezieht sich auf Friedrich Schillers Drama „Maria Stuart", s. S. 180 ff.

Maria Stuart oder Elisabeth Tudor? *Dieter Höss*

Mariechen sprach leise im Kerker:
Noch trag ich den Kopf auf dem Hals.
Mein Charme ist noch hundertmal stärker,
mein Anhang ebenfalls.
Mein Stammbaum ist viel reiner
und meine Religion –
Ganz sicher kommt bald einer
und hilft mir auf den Thron.

Elisabeth aber durchschaute
Mariechens stolzen Sinn,
und weil sie dem Mädchen nicht traute,
richtete sie es hin.
Sie tat's zwar nicht persönlich,
sie schrieb das Urteil bloß.
Doch klappte – wie gewöhnlich –
die Sache tadellos.

Himmel *Helga Schubert*

Gestalten deiner Träume fressen von deinem Teller.
Stanislaw Lec

Noch nie bin ich über dem Wasser geflogen. Und ich weiß nicht, ob ich darüber abstürzen werde. Der Himmel ist über mir weit und strahlend. Ich stehe auf einer Anhöhe. Auch andere Menschen sind da.

Ich sage, dass ich fliegen kann.

Erst glauben sie mir nicht, aber dann doch, als ich es ihnen beweise.

Sie wundern sich nicht.

In der Luft sehe ich weit weg auf einer Insel im Meer ein Schloss. Ich möchte dahin fliegen, weiß aber nicht, ob meine Kräfte in den Armen reichen werden. Ich habe große Sehnsucht. Und plötzlich fliege ich über den Dächern des Schlosses. Auf den Balkonen stehen Menschen, die mir missgünstig erscheinen. Ich gelange in einen hohen Festsaal mit vielen Menschen. Sie feiern und tanzen.

Und ich will wieder weg.

Ich sehe nach oben: Über mir immer noch strahlend blauer Himmel – nur, ich kann nicht mehr wegfliegen. Ich bin gefangen. Ein grobmaschiges Netz ist über uns alle gespannt, zwei Meter über unseren Köpfen.

Ich zeige es den anderen und bin verzweifelt.

Sie lächeln vergnügt. Ein wenig, nur ein wenig schadenfroh.

Denn sie haben meinen Kummer nicht.

Gut, der Himmel ist verschnürt.

Aber beim Gehen stört das nicht.

Wirklich nicht.

Tibaos *Hans Joachim Schädlich*

Es war ein Mann mit Namen Tibaos, aus einer Stadt in mittlerem Land, der wollte fortziehen.

Das Land war aber begrenzt vom Wasser im Norden und Osten, im Süden und Westen von Bergen.

Tibaos zog hin, und sein Hündlein lief mit ihm.

Wie er an den Wassern stand, sah er Boote kreuzen vor der Küste. In den Booten saßen Bewaffnete. Tibaos fragte die Fischer. Die sagten, sie schützen das Land, dass keiner es ohne Erlaubnis betrete. Wollen welche vorbei an den Booten, nachts, werden sie oft ergriffen. Manchen gelingt es, doch es befällt sie Schwäche. Wenige treffen auf Ufer.

Da reiste Tibaos weiter, bis er nahe zu den Bergen kam.

Er hob den Blick und sah die Berge gesäumt von unübersteiglichen Wällen. Sie warfen Schatten, die in das Dorf reichten. Vor den Wällen gingen Bewaffnete von Süden bis Norden. Hunde begleiteten sie. Die Bauern sagten, sie schützen das Land.

Tibaos kehrte heim in die Stadt und suchte Rat. Er lag wach und wusste, glücklos wäre er in nächtlicher See und getroffen am Berg.

Von Fremden aus anderem Land, die auf dem Markt Ware feilboten, hörte er, man wisse Händler, welche gegen Lohn, er betrage den Preis eines Hauses, Menschen versteckten auf ihren Wagen in Kästen. Sie gleichen den Kästen für Ware und gelten für Ware, sagten die Fremden. Während der Rast, an einsamer Stelle, nachts, Stunde und Ort würden besprochen, nehme der Händler den Zahlenden auf. Nachts noch gelange er über die Grenze.

Andere sprachen von falschem Papier, das, den Torwächtern vorgewiesen, den Reisenden als Fremden erweise.

Tibaos verwunderte sich und schwieg.

Er mochte, weil es ihn fortzog, nicht unter Strafe gestellt sein und nicht in Gefahr stehen.

Alle, die Tibaos traf, sagten, bodenlos gehe er durch die Welt. Es ist wie es ist, sagte einer, ob du es magst oder nicht. Was bleibt dir, als zu bedenken, wie du Gefahr, die dir droht, glücklich umgehst.

Tibaos beharrte.

Ein anderer, ärgerlich, sagte, lass es dir auslegen von einem Kundigen, wie sollen wir es wissen.

Die Fremden, die es hörten, nahmen Tibaos beiseite. Es wohne einer in der Stadt, der werde genannt jenseits der Wasser und Berge. Ihm vertraue, sagten sie, aber vertrau ihm auch nicht.

Dieser, wohnhaft in stattlichem Haus, empfing Tibaos. Er sagte, du darfst ziehen von Ort zu Ort in deinem Land. Nirgend steht geschrieben, dass dir ein Recht gegeben, dein Land zu lassen.

Ich weiß, dass von solchen, die heimlich fortgezogen, Briefe in das Land geschickt werden: Verkauft, was ihr habt, und kommt zu uns, wir wollen euch Brot schaffen. Sie machen Vorstellungen, dass man glauben soll, es gebe dort lauter elysäische Felder, welche sich selbst bestellen. Sie nähren den Glauben, die Obrigkeit werde vom Volk gewählt und nach Belieben abgesetzt.

Unter der Hand schlagen Verleitete ihren Besitz los und gehen davon bei Nacht und Nebel.

Es treiben auch ausländische Emissäre, die Seelenverkäufer genannt werden müssen, ihr Handwerk im Land. Sie machen den Fischer und Bauersmann durch Vorspiegelung irre und bereden ihn zum Hinweg-Ziehen. Derartiges Unternehmen zielt auf Entvölkerung und Ausödung des Landes und muss als Verräterei gelten.

Man hat vorgesorgt, dass diese Abgesandten, falls sie überführt sind, ins Gefängnis geworfen werden. Denen, die mit Spedition von Menschen sich befassen, geht es ebenso. Wer aber heimlich das Land verlässt, muss Konfiskation seiner Habe hinnehmen oder des Erlöses und kann die Emissäre und Menschentransporteure, wird er ertappt, wieder sehen, wo jene bereits sich befinden, sagte der Kundige.

Manche aber, die es schlecht treffen in ihrem neuen Wunderland, seufzen, ach wäre ich wieder zu Hause und läge nur in meinem Schweinestall! Sie winseln nach Heimat und müssen verderben. Sodass der König habe sagen müssen, das Glück des Vaterlandes sei allzu tief ins Herz ihm gegraben, als dass er gleichgültig zusehen könne, wie man dessen Kräfte schwäche.

Tibaos wusste, dass er alles, was er gehört hatte, nicht wissen wollte. Er sagte, meinen Besitz trage ich mit mir, niemand hat mir Brot versprochen, kein Abgesandter mich irregemacht. Es ist nur, dass ich fortwill.

Der Kundige bekannte jetzt, es sei ihm, da er in gutem Einvernehmen mit den Räten stehe, öfter gelungen, besondere Erlaubnis zu erwirken für Unbelehrbare.

Nicht unbelehrbar bin ich, sagte Tibaos, sondern belehrt.

Es winkte der Kundige ab und stritt nicht um Worte. Soll ich aber deine Absicht vorbringen, sagte er, musst du mir Gründe nennen. Und dessen sei dir gewiss: hört der Rat deinen Wunsch, wirst du fortan nicht froh sein. So wird der Rat zu erreichen suchen, dass du ablässt. Lässt du nicht ab, ist dennoch ungewiss, was er beschließt. Wisse auch, dass meine Mühen und Gefahren wie auch die Mühen des Rates und der Verlust, der dem Land entsteht durch deinen Fortgang, entgolten werden müssen. Da deine Habe gering ist, wie du bekennst, suche dir Gläubiger im nächsten Land. Hast du sie gefunden, so melde es mir, die Sache zu befördern.

Soll es als Recht gelten, dass man Gründe nenne, sagte Tibaos, so nenne ich, dass ich fremd geworden bin allem; und wie ein Fremder werde ich gehalten.

Nichts anderes bringe ich zuwege als kümmerliches Spiegelbild eines Waldbruders, der vor Freude sich nicht zu lassen weiß, wenn er ein Kalb auf der Weise springen sieht.

Zuletzt aber sei genannt alle Erfahrung, die ich gewann, seit ich versuchte, fortzugehen aus erklärtem Grund. Gäbe ich den ersten auf, der letzte bliebe als erster.

Tibaos, der selten sprach und stets wenig, setzte hinzu seinen Namen, Datum und Ort.

Der Kundige befragte Tibaos noch einmal; Tibaos erwiderte, es solle so sein. Weniges Brot, das er verzehre, werde er finden in jedem Land. Und keinen solle es kümmern, ob er seufze anderswo.

Er ging und sollte auf Nachricht warten, die vom Rat käme.

Tag um Tag wanderte er vor die Stadt, stand auf dem Hügel und hielt die Stadt fest und das Feld.

Der Rat schickte Männer aus, die Tibaos folgten, zu sehen, mit wem er spräche. Sie kamen in seine Kammer, betrachteten Bilder, die er gemacht hatte, und schlugen Bücher auf, in denen er gelesen hatte.

Ein Händler, der selten Blätter kaufte von Tibaos, kaufte sie nicht mehr. Er handle nach strengem Rat, sagte er freundschaftlich.

Wollte Tibaos selber Blätter verkaufen auf offenem Markt, kamen die Männer und schickten ihn fort.

Tibaos wusste niemanden in anderem Land, dem er hätte Schuldner werden können, und niemanden wollt er suchen.

Ein Jahr wartete er. Dann trat er vor den Rat und forderte Antwort.

Wohl wisse man von seinem Ansinnen, sagten sie ihm. Aber er wisse, dass es nichts zu fordern gebe. Es ist dem Menschen nur zu eigen, dass er die Vorteile der Gegenwart verkennt, setzte der Amtmann hinzu. Der, welcher im Vaterland ein Auskommen genieße, setze viel aufs Spiel, beharre er darauf, die Bande der Gewohnheit sichtbar für alle zu zerreißen. Ihm wisse man nicht besser zu raten als: Bleib er!

Tibaos wandte sich um.

Das Hündlein, das mit ihm war, lief voran, sprang in die Höhe und stellte sich fröhlich.

Das Seil *Irmtraud Morgner*

Professor Barus, Direktor eines akademischen Instituts, das der atomaren Struktur der Materie nachforschte, beschäftigte angestellt eine Physikerin. Sie hieß Vera Hill und wohnte in B., das Institut war jenseits der Stadtgrenze verkehrsungünstig gelegen. Auf einer Halbinsel, deren Bewohner sich vorzugsweise mittels Fahrrädern bewegten und Nichteinheimische anstarrten. Als der jetzt unaktuelle und abrissreife Beschleuniger gebaut worden war, hatte das Institut Ortsgespräche erregt. Seitdem Einwohnerinnen als Laborantinnen angestellt waren und berichteten, die Physiker arbeiteten mit Scheren und sähen Filme an, zählten die Physiker zu den Einheimischen.

Vera Hill brachte die Forschungsstelle wieder in Verruch. Reste einer Einwohnerversammlung, die sich eines Frühlingsabends im Ortskrug gefunden hatten, beschlossen zu später Stunde eine schriftlich formulierte Beschwerde an den Institutsdirektor. Der residierte in einem kleinen neugotischen Backsteingebäude, vormals Schokoladenfabrik. Als die Abordnung, die das Papier zu überbringen hatte, den Eingang passieren wollte, riss der Pförtner das Fenster auf, grüßte aber nicht. Zu Vera Hill pflegte er bei solchen Gelegenheiten „guten Morgen, Frau Doktor" zu sagen, den beiden abgeordneten Männern wurden die Personalausweise abverlangt. Der Pförtner las der Sekretärin des Direktors telefonisch die Personalien der Eintritt fordernden Personen vor. Später schrieb er zwei mit Pauspapier gedoubelte Passierscheine aus, übergab die Dokumente misstrauischen Blicks und drückte auf einen Knopf, wodurch ein Summton und die Eröffnung des Gatters erwirkt wurde, das dem Eingang zum backsteinigen Verwaltungsgebäude vorgelagert war. Die Füße der Delegierten schritten auf gemusterten Fliesen, mit denen Korridor und Vorzimmer ausgelegt waren wie ältere Fleischerläden. Das Amtszimmer von Professor Barus war gedielt. Er empfing die Abordnung in Tracht. Modisch orthodoxe Physiker trugen derzeit die weißen Kittel lang, die anderen Extremisten trugen kurze mit Seitenschlitzen, Barus bewandelte in einem gekürzten, ungeschlitzten Kittel den drei Schritt langen Gang zwischen Schreibtisch und Bücherschrank. Diese Möbelstücke und die Sessel, in die die Gäste sogleich wegen Platzmangels gebeten werden mussten, waren tatzenfüßig. Ehern. Als die beiden Männer die skandalösen Begebnisse in Worten andeuteten und das anschuldigende Papier aushändigten, sagte der Professor: „Bei der Untersuchung der Struktur der Materie kommt der Erforschung der hochenergetischen Wechselwirkung von Elementarteilchen besondere Bedeutung zu. Hier hat man es mit reinen Wechselwirkungen zu tun, die durch Nebeneffekte am wenigsten gestört werden und daher den tiefsten Einblick in einen in der Natur wirklich vorkommenden elementaren Prozess erlauben. Obwohl man mit künstlichen Teilchenbeschleunigern noch nicht die hohen Energien der kosmischen Strahlung erreichen kann, sind die künstlich beschleunigten oder erzeugten Teilchen denen der kosmischen Strahlung für solche Untersuchungen vorzuziehen, da bei ihnen Natur- und Anfangsenergie eindeutig bestimmt sind.“ Barus verstummte, seine Vermutung, das Institut stünde, nachdem die Rieseneichen neben dem Institutsneubau gefällt worden waren, abermals unter Atombombenverdacht, erwies sich als irrig. Bedauerlicherweise – die Albernheit des neuen Gerüchts schien die des alten vielfach zu übertreffen, wodurch die Chancen seiner Widerlegbarkeit von Barus gering veranschlagt wurden. Jedenfalls war die Behauptung, werktags liefe eine Mitarbeiterin seines Instituts zweimal über den Ort, nur mit Aufwand widerlegbar. Zweckentfremdete Vernutzung wissenschaftlicher Arbeitskräfte erzürnte den Professor, er rauchte nicht, trank unter Umständen Wein bis optimal vierundzwanzig Uhr, dann entzog er sich welchen Veranstaltungen auch immer, achtete überhaupt auf Konsequenz, sein Institut forschte in der Zeit von sieben Uhr fünfunddreißig bis sechzehn Uhr fünfundvierzig bei Fünftagewoche.

Die Gesandten baten Barus, dem Abschnitt des Schreibens, darin die sittlichkeitsgefährdende Rolle der Erscheinung beschrieben wäre, besondere Aufmerksamkeit zu widmen. Barus gedachte der Zweizimmerwohnung, die Dr. Hill mit ihrem Sohn bewohnte. Der Sohn war drei Jahre alt, die Wohnung mit zwei Betten, einem Tisch, drei Stühlen, Schrank, Teppich und Bücherregalen möbliert. Wände nicht von Tapeten kartonhaft gemodelt, sondern fassbar Stein. Weiß getüncht. Ursprünglich. Mittlerweile ergraut unterm Staub, den der Wind vom nahen Gaswerk noch durch die Fensterritzen wehte und Ofenwärme an die Decke hob. Vera Hill schien das nicht zu belasten, Barus kannte einen begabten ungarischen Kollegen, der mit einer Papiertüte, drin er Zahnbürste und Pyjama aufbewahrte, internationale Konferenzen besuchte, auch seine Füße selten wusch und begründete, anderes hätte er als Physiker nicht nötig. Luftwandelei hielt Barus allerdings für eine blödsinnige Verleumdung. Die im Laufe seiner Amtstätigkeit erworbene Fähigkeit, beim Lesen zu sprechen, kam ihm wieder zustatten, er hatte große, auffällig weit auseinanderliegende Augen hinter einer Brille mit geteilten Gläsern. Er las durch die unteren Gläser und sprach: „Da die Untersuchung der Teilchenstruktur im Wesentlichen durch Streuexperimente erfolgt, ist es darüber hinaus notwendig, die Natur des gestoßenen Teilchens genau zu kennen. Daher besitzt die Wasserstoffblasenkammer, in der nur Protonen als streuende Teilchen vorhanden sind, die besten Eigenschaften als Teilchen- und Spurendetektor bei Streuexperimenten. Der Nachteil, dass neutrale Teilchen keine Spuren hinterlassen und die Umwandlungslänge der Gamma-Quanten in flüssigem Wasserstoff sehr groß ist, wird mehr als kompensiert durch die Tatsache, dass in der Wasserstoffblasenkammer Messungen mit außerordentlich hoher Genauigkeit möglich sind und auf die Existenz neutraler Teilchen daher durch die Verletzung der Impuls- und Energiebilanz aller geladenen Teilchen geschlossen werden kann. Die günstigsten Anfangsenergien der stoßenden Teilchen liegen im Intervall 3 bis 15 GeV, da hier einmal die Messungen noch hinreichend genau sind, andererseits die Erzeugung aller interessierenden, kürzlich entdeckten Teilchen oder Resonanzen kinetisch möglich ist.“

GeV: Gigaelektronvolt

Die Fülle des Materials, das schriftlich vor Barus ausgebreitet war und unter anderem Erregung öffentlichen Ärgernisses, Schädigung von Gesundheit und Weltanschauung, Stromausfall durch Kurzschlüsse, Jugendgefährdung und Verkehrsunsicherheit anführte, nahm die Aufmerksamkeit des Professors derart in Anspruch, dass ihm, obgleich er mittels Reden Zeit gewonnen, noch immer kein schlagendes Argument eingefallen war. Das ärgerte ihn und milderte sein Urteil über Amtsbrüder, die keine Wissenschaftlerinnen anstellten. Als er die von Respekt und Misstrauen entstellten Gesichter der Gesandten gewahrte, fuhr er fort: „Die Abteilung von Frau Doktor Hill untersucht Filmaufnahmen der Wechselwirkung von positiven Pi-Mesonen mit 4 GeV Energie in Wasserstoffblasenkammern, augenblicklich beschäftigt sie sich mit den zweiarmigen Ereignissen. Zuerst wird die Geometrie auf der Rechenmaschine gerechnet. Dann werden die Ereignisse mit Hilfe eines Wahrscheinlichkeitstests, dem sogenannten Fit-Programm, auf ihre Vollständigkeit untersucht. Dadurch können die elastischen Wechselwirkungen eindeutig von den unelastischen Wechselwirkungen getrennt werden. In den Fällen, in denen nur ein neutrales Teilchen neben den geladenen Teilchen im Endzustand vorhanden ist, können Natur und Eigenschaften dieser Teilchen bestimmt werden. Auf diese Weise werden die Wirkungsquerschnitte für die Kanäle mit zwei geladenen Teilchen bestimmt. Darüber hinaus werden die einzelnen Reaktionskanäle im Detail untersucht, insbesondere bezüglich der Existenz der angeregten Zustände von Mesonen und Nukleonen in den verschiedenen Kanälen."

Professor Barus konnte sich den Reizen, die von den detailliert geführten Behauptungen ausgingen, nicht länger entziehen und spitzte seinen schönen Mund. Zwar pfiff er dann doch nicht durch ihn, sondern durch die Zähne, bestellte aber Kaffee bei der Sekretärin. Obgleich ihn der absurde Bericht bereits in einen angeregten Zustand versetzt hatte. Weil er in sich schlüssig war und also einer gewissen Eleganz nicht entbehrte, am besten gefiel der überirdische Aspekt des behaupteten Phänomens. Unwillkürlich erinnerte Barus den Mund der Vera Hill, die breit aufgewölbten Lippen, in deren Falten fadenförmig Schminke stand, die Haut sah aus wie geschnürt, ein sektenhöriges Ehepaar hatte in dieser Frau Mutter

Maria erkannt und als Zeichen für die Erwähltheit des Ortes im Falle einer atomaren Explosion der Erde gewertet. Aber auch jene Kläger, die sich gegen hausfriedensbrecherische Verletzungen der Intimsphäre verwahrten, indem sie Vera Hill mögliche und wirkliche Blicke in Fenster und Balkone zuschoben, sowie die Vertreter von Sittlichkeit, Verkehrssicherheit und Materialismus, alle Unterzeichneten bezeugten übereinstimmend, dass Vera Hill werktags zweimal, nämlich gegen sieben Uhr fünfzehn und gegen achtzehn Uhr den Ort in südwestlicher beziehungsweise nordöstlicher Richtung überqueren würde, gehend, in der Luft. Die Angaben über Ganghöhe und Tempo differierten, die Eigentümerin einer Obstplantage behauptete in ihrer Schadenersatzforderung, Vera Hill hätte mit ihrer Aktentasche Mirabellen und Zweige von Süßkirschenbäumen abgeschlagen, ein Kurzschluss am dritten Weihnachtsfeiertag gegen siebzehn Uhr fünfzig, der dem Ort länger als zwei Stunden Stromausfall gekostet hatte, wurde Vera Hill ebenfalls zur Last gelegt, der Krugwirt hielt Ansichten von schwarzem spitzenbesetzten Perlon und Strumpfhalter für sittlich empfindende Bürger und Kinder unzumutbar.

Barus gedachte lang- und dünnschenkliger Beine, legte das Papier in einen Ordner, ließ den Gästen Kaffee reichen, versprach Hände reibend eine Untersuchung, schlürfte Kaffeeschaum und fragte, ob er das Papier behalten dürfte. Die Delegierten erinnerten an den Verteilerschlüssel, der dem Schreiben angefügt wäre und das Institut unter sieben Institutionen anführte. Da entließ der Professor die Männer Hände schüttelnd. Jäh ernüchtert, denn er fürchtete um die Bewilligung von Devisen, die er für den Erwerb einer englischen Rechenmaschine beantragt hatte. Ohne sie war das Institut international nicht konkurrenzfähig. Das Computergebäude war projektiert, seine Finanzierung gesichert, die Institutseichen gefällt, Barus ließ ab vom Kaffee, warf seinen Wintermantel über den weißen Kittel, querte den Hof mit großen Schritten und trat die Tür des Institutsgebäudes auf. Es roch nach verschmorten Kondensatoren. Im Erdgeschoss waren Labor, Werkstatt, Bibliothek und Rechenmaschine untergebracht, im ersten Stock befanden sich die Zellen der experimentellen Physiker. Jede Zelle hatte eine schwarze Tafel mit Bord für Kreide und Schwamm, Schreibtisch, an dessen rechter Schmalseite Schere, Lineal und Winkelmesser hingen, Stuhl, Bücherregal, Kleiderhaken, eine schreibmaschinengeschriebene Aufstellung des Mobiliars in Klarsichtfolie, ein quadratisches Fenster, die untere Hälfte Milchglas, blauen Estrich zwei Meter mal vier Meter sechsundvierzig, und eine Tür, die sich von allen anderen unterschied durch den Farbanstrich, der jeweils einmalig war wie die Fluglochmarkierungen an Bienenhäusern.

Frau Hill hatte hinter einer lindgrünen Tür zu sitzen. Die Tür war verschlossen. Barus klopfte mit beiden Handflächen, da er vermutete, Vera Hill hätte Kopfhörer auf den Ohren und ein Tonbandgerät in Gang, welches sie als ein Instrument der Erkenntnis bezeichnete, da wahrer Wissenschaft und wahrer Musik der gleiche Denkprozess zugrunde lägen. Barus sprach zwar wissenschaftlichem

Denken das poetische Element nicht ab, hielt aber die Hill nicht für begabter als sich, weil beide sinnlicher Hilfskonstruktionen nicht entraten konnten, weshalb er auf Disziplin bestand und sein Namensinitial an die verschlossen bleibende Tür kreidete. Diese Form der Rüge wurde von den Laboranten als ehrabschneiderisch empfunden. Im zweiten Stock, wo sich die Stuben der Theoretiker befanden, waren die Korridorwände mit Heiligenbildern verhängt, die Kopernikus, Galilei, Giordano Bruno, Newton, Cavendish, Coulomb, Ampère, Galois, Gauß, Minkowski, Maxwell, Planck und Einstein zeigten. Die Theoretiker Hinrich und Wander teilten Barus auf entsprechende Anfrage mit, Dr. Hill hätte, veranlasst durch eine telefonische Mitteilung vom Kindergarten, das Institut verlassen, vor einer Stunde etwa, der Sohn wäre offenbar erkrankt oder dergleichen. Barus, selbst Vater von Kleinkindern, schwang zwischen Prinzip und Anteilnahme, als er spaßeshalber fragte, auf welchem Wege die Frau das Institut verlassen hätte. „Auf dem Luftwege", entgegneten die Theoretiker. Da bezweifelte Barus eine kleine Weile seinen Verstand. Obgleich er abgehärtet war, der Leiter der maschinenmathematischen Abteilung war fanatischer Segelflieger, ein Elektroniker hatte die Mutter seiner Braut geehelicht, bei den Theoretikern, die im dritten Stockwerk des Institutsgebäudes arbeiteten, gab es zwei Nachtwandler, Luftwandelei war ihm noch nicht zugemutet worden. Er hielt sie auch nach wie vor für eine Erfindung. Für eine böswillige Erfindung neuerdings, die dem Ansehen der Wissenschaft im Allgemeinen und seines Instituts im Besonderen zu Schaden gereichen konnte, womöglich sogar sollte. Offensichtlich waren mystische Lehren in die materialistische Weltanschauung seines Forschungsteams eingedrungen, ohne dass ihm von derartigen skandalösen Vorkommnissen Mitteilung gemacht worden war. Blieb er jetzt amtshalber vom Institutsklatsch ausgeschlossen? Gaben sich wissenschaftliche Mitarbeiter als Anhänger der Sekte aus, um ihn ideologisch zu stürzen? Andernfalls hinterging man ihn. Gewollt oder ungewollt aus dem gleichen Grund. Von düsteren Ahnungen beschwert, zog sich Barus in die ebenfalls auf dem Institutsgelände gelegene Villa zurück, die ihm als Dienstwohnung zur Verfügung stand. Dort verbrachte er den Rest des Tages vor dem Fernsehgerät. In der Nacht empfand er das Gerücht als Rachekomplott der Hill und schwor, sich außerehelicher Zärtlichkeiten hinfort gänzlich zu enthalten. Am Morgen erwachte er mit Kopfweh, jedoch milder gestimmt, denn es war ihm wieder angenehm bewusst geworden, dass die Hill eine von den seltenen Frauen war, die nicht geheiratet werden wollten. Auch schätzte er ihre manische Arbeitsweise und die Angewohnheit, Schlüsse nicht zu erzwingen, sondern sich zuwachsen zu lassen. Erfüllt vom Glauben, die Wirrnis würde sich auf vernünftige, natürliche Weise gleichsam von selbst lösen, begab sich Barus nach gutem Frühstück abermals zum Arbeitszimmer der Vera Hill, darin er sie zu seiner Freude auch tatsächlich antraf. Er grüßte. Als er ihre Hand in seiner hielt, erschien ihm sein Anliegen absurd, weshalb er in Verlegenheit fiel und sich nach dem Befinden des Sohnes und dem Fortgang der Habilitation erkundigte. Die Auskünfte waren erfreulich. Auch bündig gegeben, wenn Barus nicht jäh nach dem eigentlichen Grund seines Kommens gefragt worden wäre, hätte er ihn verschwiegen. Er nannte ihn in einem Nebensatz, der Hauptsatz war ein Kompliment. Vera Hill verschob Haarfransen, indem sie mit beiden Zeigefingern von innen nach außen über die Brauen strich. Den Mund schien sie auch sonst nur mit Mühe schließen zu können, wiewohl ihr Gebiss normal gebildet war. Auch konnte Barus vermuten, sie hätte stets was in den Backen, wenigstens einen Witz. Er entschuldigte sich also vorsorglich für die Albernheit der Verdächtigung, der selbstverständlich weder er noch irgendein anderer vernünftiger Mensch auch nur einen Augenblick Glauben geschenkt hätte. „Warum?“, fragte Vera Hill. Barus bat, ihm behilflich zu sein, die Angelegenheit auf pragmatische Weise so schnell wie möglich zu erledigen, ein Institut wie das seine wäre finanziell derart störanfällig, dass bereits eine durch Albernheiten hervorgerufene Verzögerung des Deviseneinflusses wissenschaftliche Chancen in unabschätzbarer Weise verkleinern könnte. „Die Albernheiten vergrößern die wissenschaftlichen Chancen“, sagte Vera Hill. „Der Rivale“, sagte Barus.

„Empfinden Sie mich als Rivalen?“, fragte die Hill. Die Frage verärgerte Barus, Vera Hill sah es ihm an, weshalb sie ihm erklärte, ohne den zeitsparenden Weg über das Seil die Habilitation nicht bis zum vereinbarten Termin fertigstellen zu können, da sie im Gegensatz zu ihm über die Arbeitskraft einer Hausfrau oder Dienstmagd nicht verfüge. Wenn sie nach Arbeitsschluss eingekauft, den Sohn aus dem Kindergarten geholt, Abendbrot gerichtet, gegessen, Autos und andere Wunschbilder des Sohnes gemalt, ihn gebadet und mit einem Märchen versehen ins Bett gebracht, auch Geschirr oder Wäsche gewaschen oder ein Loch gestopft oder Holz gehackt und Briketts aus dem Keller geholt hätte, könnte sie mit Seiltrick gegen einundzwanzig Uhr am Schreibtisch über Invarianzen denken, ohne Trick eine Stunde später. Müsste auch eine Stunde früher aus dem Bett, nach weniger als sechs Stunden Schlaf fiele ihr nichts Brauchbares ein. Barus sprach lange inständig zu ihr über die Unrealität der Verkehrsverbindung.

Anderntags verlor Vera Hill auf dem Heimweg die Balance. Der Laternenanzünder entdeckte ihren Körper zerschmettert im Vorgarten der Volksbücherei.

Lyrik – Thema: Zeitgedichte

Schon immer haben Menschen ihre Gedanken und Gefühle zu der Zeit, in der sie lebten, in Gedichten festgehalten: im Barock z. B., das stark durch die grausamen und entbehrungsreichen Umstände des Dreißigjährigen Krieges geprägt war, aber auch in unseren Tagen, in denen Kriege, Terroranschläge, Flucht und Naturkatastrophen das Erleben der Menschen beeinflussen. Für viele Schriftsteller bedeutet ein Gedicht schreiben, sich im Schreiben der Realität zu stellen und diese Realität im lyrischen Text offenzulegen.

- Kennst du solche Gedichte, in denen du etwas über die Zeitumstände erfährst? Auf der rechten Seite sind drei Beispiele abgedruckt.

Nachtgedanken *Heinrich Heine*

Denk ich an Deutschland in der Nacht,
Dann bin ich um den Schlaf gebracht,
Ich kann nicht mehr die Augen schließen
Und meine heißen Tränen fließen.

Die Jahre kommen und vergehn
Seit ich die Mutter nicht gesehn,
Zwölf Jahre sind schon hingegangen;
Es wächst mein Sehnen und Verlangen.
[...]

Nach Deutschland lechzt ich nicht so sehr,
Wenn nicht die Mutter dorten wär;
Das Vaterland wird nie verderben,
Jedoch die alte Frau kann sterben.

Seit ich das Land verlassen hab,
So viele sanken dort ins Grab,
Die ich geliebt – wenn ich sie zähle,
So will verbluten meine Seele.

Und zählen muss ich – Mit der Zahl
Schwillt immer höher meine Qual,
Mir ist, als wälzten sich die Leichen
Auf meine Brust – Gottlob! Sie weichen!

Gottlob! Durch meine Fenster bricht
Französisch heitres Tageslicht;
Es kommt mein Weib, schön wie der Morgen,
Und lächelt fort die deutschen Sorgen.

Des Krieges Buchstaben
Friedrich von Logau

Kummer, der das Mark verzehret,
Raub, der Hab und Gut verheeret,
Jammer, der den Sinn verkehret,
Elend, das den Leib beschweret,
Grausamkeit, die unrecht kehret,
Sind die Frucht, die Krieg gewähret.

Rückkehr *Bertolt Brecht*

Die Vaterstadt, wie find ich sie doch?
Folgend den Bomberschwärmen
Komm ich nach Haus.
Wo denn liegt sie? Wo die ungeheueren
Gebirge von Rauch dort stehn.
Das in den Feuern dort
Ist sie.

Die Vaterstadt, wie empfängt sie mich wohl?
Vor mir kommen die Bomber. Tödliche Schwärme
Melden euch meine Rückkehr. Feuersbrünste
Gehen dem Sohn voraus.

1. In welchen Zeiten könnten diese Gedichte entstanden sein?
2. Was sagen sie über die jeweiligen Zeitumstände aus?

Nachschlagen → S. 303

Gestaltender Umgang mit Gedichten

Einer singt *Erich Fried*

Ich heiße Lydia, bin 15 Jahre alt. In meiner Heimatstadt ist seit Jahren Krieg. Schüsse auf dem Weg zu meiner Schule: Das ist mein grausamer Alltag.
Wenn ich im Morgengrauen unterwegs bin, fange ich oft an zu singen – Lieder, die mir Mut machen …

Einer singt
aus Angst
gegen Angst

Einer singt
aus Not
gegen Not

Einer singt
aus der Zeit
gegen die Zeit

Einer singt
aus dem Staub
gegen den Staub

Einer singt
von den Namen
die Namen namenlos machen

1. Versuche dir beim ersten stillen Lesen des Gedichts bereits konkrete Menschen und Situationen vorzustellen.
2. Verteilt euch auf fünf Gruppen, von denen jede für eine der Strophen zuständig ist. Formuliert in diesen Gruppen eure jeweiligen Gedanken zu bestimmten Situationen oder Menschen aus (vgl. erste Strophe).
3. Tragt eure Texte in der Klasse vor. Sprecht anschließend darüber, ob sie zu den einzelnen Strophen und zum Gedicht als Ganzem passen.

Umgeworfene BMWs *Daniel Falb*

umgeworfene BMWs, genaue beschreibung der sachschäden im tageslicht und
so viel tourismus; ich sah überall muskeln und durch die gesten
hindurch auf das meer. ein paar tage lang hieß die animateurin tina, dann
blieb sie plötzlich weg und alle ahnten etwas. im hotelzimmer
gab es kabelfernsehen, wir sahen die *tagesschau*, die terroristen waren wirklich gut gemacht.

1. Stelle dir vor, du seist Auslandskorrespondent bei der ARD und verantwortlich für eine Live-Reportage in der Tagesschau. Verfasse diese Reportage, indem du möglichst viele Passagen des Gedichts in ihrem Wortlaut verwendest. Du könntest z. B. so beginnen:

> Guten Abend nach Deutschland,
> ein erschütterndes und völlig chaotisches Bild
> bietet sich mir hier derzeit vor dem
> Omarit-Hotel in Abu-Maadi:
> umgeworfene BMWs, …

2. Tragt einige der Reportagen möglichst lebendig vor und vergleicht sie. Überlegt, welche der Live-Beiträge dem Gehalt des Gedichts nahekommen.
3. Geht auch einmal den umgekehrten Weg: Sucht euch eine interessante Zeitungsreportage aus und „ver-dichtet" sie.

INFO

Nachschlagen → S. 303

- Viele Gedichte geben Sachverhalte, Gedanken und Gefühle stark verknappt oder subjektiv wieder. Der Leser hat deshalb viel Spielraum, wenn es darum geht, eigene Assoziationen zu entwickeln.
- Diese Assoziationen können z. B. in Form einer Gedankensammlung zu Personen, die im Gedicht nur angedeutet werden, festgehalten werden. Eine weitere Möglichkeit besteht darin, ein Gedicht zu einer detailgenauen Reportage umzugestalten.

Eine Dichterschlacht veranstalten

Was ist eine Dichterschlacht?

slam: *engl.* Knall, Schlag, Stoß; vernichtende Kritik

Eine Dichterschlacht – vielleicht kennst du so etwas auch unter dem Namen „Poetry Slam" – ist ein Live-Wettbewerb für alle Freunde der Dichtkunst. Menschen verschiedenen Alters und unterschiedlicher Herkunft, die nicht nur für ihr stilles Kämmerlein oder ihren Papierkorb dichten wollen, treten vor Publikum gegeneinander mit Kurzbeiträgen an.
Wenn ihr für eure Klasse, eure Klassenstufe oder gar die ganze Schule eine waschechte Dichterschlacht organisieren wollt, müsst ihr folgende Grundregeln beachten:

- Jeder, der seinen eigenen Text liest, rappt, performt, kann teilnehmen. Reine Gesangsnummern sind nicht zulässig, aber man kann den Text mit Musik oder Klängen unterlegen.
- Alle Teilnehmer bekommen für ihren Vortrag dasselbe Zeitlimit (z. B. maximal 6 Minuten).
- Die Teilnehmer dürfen weder Kostüme noch Requisiten benutzen.
- Wahlweise eine Jury oder das gesamte Publikum bewerten die Beiträge. Bewertet werden Text und Vortrag. Der Vortrag lebt davon, dass der Slammer aufrichtig, nicht gekünstelt wirkt und es schafft, eine Beziehung zum Publikum herzustellen, es in seinen Bann zu ziehen.
- Bei jeder Dichterschlacht gibt es einen Zeremonienmeister, den MC (Master of Ceremony). Er organisiert das Vorprogramm (z. B. eine Live-Band, einen DJ), stellt die Liste der Beiträge auf, moderiert die Veranstaltung und organisiert die Bewertung der Beiträge.
- Der „Dichterkönig" erhält am Ende der Dichterschlacht einen Preis.

TIPP
Eine Internet-Recherche zum Stichwort „Poetry Slam" lohnt sich!

CHECKLISTE

- **Raum und Zeit festlegen:** Klassenzimmer, Aula, Freilichtbühne …
- **Genaue Regeln formulieren:** Anmeldefrist, Bewertung, Programmabfolge …
- **Werbung machen:** Handzettel, Plakate, SMV, Schul-Homepage …
- **Technik, Aufsichten, Bewirtung, Deko-Material organisieren:** Mikrofonanlage, Anlage für Vorprogramm, Lichttechnik, Aufzeichnung …
- **MC bestimmen:** Wer eignet sich für diese Aufgabe?
- **Preis besorgen:** Gibt es Sponsoren?

Und das Wichtigste: DICHTEN!!!

Natürlich müsst ihr als Organisatoren der Dichterschlacht mit gutem Beispiel vorangehen und euch mit euren Beiträgen aufs Podium wagen. Wie wär's z. B. mit einem Zeitgedicht? Hier sind zwei Vorschläge, wie du ans Dichten herangehen kannst:

- Nimm die Tageszeitung zur Hand, suche dir einen Artikel zu einem Thema heraus, das dich angeht oder interessiert; unterstreiche nun nur die zentralen Begriffe oder Formulierungen sowie Merkwürdigkeiten des Artikels, schreibe sie heraus und versuche sie zu einem Gedicht zusammenzubauen. Welche Gefühle verbindest du mit dem Thema (z. B. Wut, Empörung)? Versuche, diese mit deinem Gedicht auszudrücken. Hier ein Beispiel:

Kino als Sprengstoff-Lager
Moskau (dpa) – Eine Woche nach dem blutigen Geiseldrama in Südrussland hat die Polizei in St. Petersburg Sprengstoff in einem zur Renovierung geschlossenen Kino gefunden. In dem Gebäude seien 900 Gramm Plastiksprengstoff, 200 Gramm TNT, zwei Zünder sowie eine Schrotflinte mit Patronen sichergestellt worden, teilte ein Polizeisprecher in St. Petersburg am Donnerstag mit. Russische Medien hatten in den vergangenen Tagen den Verdacht geäußert, dass Terroristen als Bauarbeiter getarnt in Beslan Tage vor dem Überfall Sprengstoff in das Schulgebäude gebracht hätten.

Aus: Süddeutsche Zeitung, Nr. 210, 10. 9. 2004

KINOTAG

900 g Plastiksprengstoff
200 g TNT
zwei Zünder
eine Schrotflinte mit Patronen

Lass dich entführen
in atemberaubende Welten

8 Euro kostet eine Eintrittskarte
Montag ist Kinotag
Mittwoch beginnt in Beslan die Schule
Das Kino liefert den Sprengstoff

Lass dich fesseln von
explosiven Geschichten

Gute Tarnung:
Terroristen als Bauarbeiter
Sprengstoff unter Filmspulen

Das mit dem Entführen haben die
wohl wörtlich gemeint –
den Atem haben sie geraubt:
335 Menschenleben

- Schneide zu einem Thema Schlagzeilen aus mehreren Ausgaben der Tageszeitung oder verschiedenen Tageszeitungen aus. Spiele mit der Reihenfolge deiner Schlagzeilen. Welche Abfolge gefällt dir, welche klingt gut, wo passen noch eigene Ergänzungen, z. B. zu deinen Gefühlen, deiner Perspektive als Jugendlicher und deiner Meinung hinein?

Nachschlagen → S. 303

Analytischer Umgang mit Gedichten

Gruppenpuzzle

Auf dieser und den folgenden beiden Doppelseiten findest du jeweils ein Gedicht und verschiedene Zusatzmaterialien, die dir dabei helfen, das Gedicht besser zu verstehen. Vermutlich ist es nicht so, dass dich alle drei Doppelseiten gleichermaßen ansprechen. In diesem Falle bietet es sich an, sich die Arbeit in Form eines Gruppenpuzzles aufzuteilen.

Gruppenpuzzle → S. 310

Tränen des Vaterlandes (1636) *Andreas Gryphius*

Wir sind doch nunmehr ganz, ja mehr denn ganz verheeret,
Der frechen Völker Schar, die rasende Posaun,
Das vom Blut fette Schwert, die donnernde Kartaun
Hat allen Schweiß und Fleiß und Vorrat aufgezehret.

Die Türme stehn in Glut, die Kirch ist umgekehret,
Das Rathaus liegt im Graus, die Starken sind zerhaun,
Die Jungfern sind geschändt, und wo wir hin nur schaun,
Ist Feuer, Pest und Tod, der Herz und Geist durchfähret.

Hier durch die Schanz und Stadt rinnt allzeit frisches Blut.
Dreimal sind schon sechs Jahr, als unser Ströme Flut
Von Leichen fast vestopft, sich langsam fortgedrungen.

Doch schweig ich noch von dem, was ärger als der Tod,
Was grimmer denn die Pest und Glut und Hungersnot:
Dass auch der Seelenschatz so vielen abgezwungen.

Kartaun: Geschütz

Graus: Steinschutt

Gryphius, Andreas (1616–1664): Dichter, Sohn eines protestantischen Pfarrers; schwere Kindheit nach dem frühen Tod der Eltern; erlebte die Ereignisse des Dreißigjährigen Krieges unmittelbar, z. B. die Zerstörung seiner Heimatstadt Glogau. Nach dem Studium unternahm er längere Reisen in die Niederlande, wo er auch Vorlesungen an der Universität Leiden hielt, sowie nach Frankreich und Italien. Er war als Gelehrter in Europa sehr angesehen. 1647 kehrte er nach Glogau zurück, um sich dort am Wiederaufbau seiner Heimatstadt zu beteiligen. Gryphius gilt als der bedeutendste Lyriker und Dramendichter des deutschen Barock.

Matthaeus Merian (1593–1650): *Zerstörung Magdeburgs 1631.* Zeitgenössischer Kupferstich

Dreißigjähriger Krieg (1618–1648): Anfangs eine innerdeutsche, konfessionelle Auseinandersetzung zwischen den protestantischen und den katholischen Fürstentümern, die sich in der „Union“ bzw. der „Liga“ zusammengeschlossen hatten, entwickelte sich dieser Krieg rasch zu einer Art von „erstem Weltkrieg“, in dem sich eine Reihe von europäischen Großmächten engagierten. Zunächst griffen die Dänen, dann die Schweden, schließlich die Franzosen und die Spanier ins Kriegsgeschehen ein, wobei das religiöse Motiv gegenüber dem machtpolitischen immer mehr in den Hintergrund trat. So verbündete sich das katholische Frankreich mit dem protestantischen Schweden gegen den katholischen Kaiser, der im Bündnis mit Spanien Frankreich gefährlich werden konnte und seinerseits das Ziel verfolgte, den Protestantismus im Heiligen Römischen Reich Deutscher Nation zu vernichten.

Der Dreißigjährige Krieg hatte verheerende politische, kulturelle und wirtschaftliche Folgen. In den am stärksten betroffenen Gebieten überlebte nur etwa ein Drittel der Bevölkerung die Kriegshandlungen bzw. die damit einhergehenden Hungersnöte oder Seuchen wie die Pest. Als besonders verheerend erwies sich auch die von allen Beteiligten betriebene Besoldungspraxis für ihre Landsknechte, die sich den ihnen zustehenden Sold durch Plünderungen selbst beschaffen durften. Der Fall von Magdeburg, auf den sich Gryphius' Gedicht bezieht, ist beispielhaft: Die lutherische Stadt wurde 1631 von den Truppen des protestantischen Schwedenkönigs Gustav II. Adolf und dem Heer des katholischen, bayerischen Feldherrn Tilly so brutal umkämpft, dass nach dem Morden, Plündern und der Brandschatzung der Stadt 30 000 Tote zurückblieben.

Grodek (1914) *Georg Trakl*

Am Abend tönen die herbstlichen Wälder
Von tödlichen Waffen, die goldnen Ebenen
Und blauen Seen, darüber die Sonne
Düstrer hinrollt; umfängt die Nacht
Sterbende Krieger, die wilde Klage
Ihrer zerbrochenen Münder.
Doch stille sammelt im Weidengrund
Rotes Gewölk, darin ein zürnender Gott wohnt
Das vergossne Blut sich, mondne Kühle;
Alle Straßen münden in schwarze Verwesung.
Unter goldnem Gezweig der Nacht und Sternen
Es schwankt der Schwester Schatten durch den schweigenden Hain,
Zu grüßen die Geister der Helden, die blutenden Häupter;
Und leise tönen im Rohr die dunkeln Flöten des Herbstes.
O stolzere Trauer! Ihr ehernen Altäre
Die heiße Flamme des Geistes nährt heute ein gewaltiger Schmerz,
Die ungebornen Enkel.

Trakl, Georg (1887–1914): Österreichischer Lyriker; nach dem Abgang vom Gymnasium 1905 Apothekerlehre in Salzburg, wo er auch erste dichterische Versuche unternahm und Erfahrungen mit Drogen machte; Pharmaziestudium und Militärdienst in Wien 1908–1911; arbeitete ab 1912 als Apotheker im Innsbrucker Militärkrankenhaus. Er dichtete und veröffentlichte viel in Zeitschriften, zerstörte sich körperlich und seelisch aber zunehmend selbst durch Alkohol- und Drogenmissbrauch.

Trakl rückte gleich zu Beginn des Ersten Weltkriegs als Soldat in einer Sanitätsstaffel des österreichisch-ungarischen Heeres an der Ostfront im Bewegungskrieg gegen Russland nach Galizien (heutiges Polen) ein. Nach der Schlacht von Grodek (heutiges Ostpolen) musste er fast hundert Schwerverletzte in einer Scheune betreuen, ohne dass er ihnen wirklich helfen konnte. Nach einem Selbstmordversuch wurde er nach Krakau in ein Militärkrankenhaus gebracht, in dem er an einer Überdosis Kokain starb.

Otto Dix (1891–1969): *Flandern* (1934–1936)

Erster Weltkrieg (1914–1918): Nach der Kriegserklärung Deutschlands an Russland und Frankreich wurden, bedingt durch einen „Mechanismus der Bündnisse“, die meisten europäischen Staaten in diesen militärischen Konflikt hineingezogen, wobei sich die Kampfhandlungen auf nahezu alle Kontinente und Weltmeere erstreckten und daneben bereits den Luftraum erfassten. Den Schwerpunkt bildeten jedoch die Landkämpfe in Europa, gekennzeichnet durch den zermürbenden, um minimale Geländegewinne geführten Stellungskrieg, eine Kampfform, bei der sich die verfeindeten Armeen von Schützengräben aus bekämpften und unter Einsatz ihres Lebens den gegnerischen Schützengraben erobern mussten.

Das Ausmaß des Ersten Weltkriegs mit seinem Einsatz einer gewaltigen Militärmaschinerie und der Konfrontation von Millionenheeren stellte für die Menschen des frühen 20. Jahrhunderts neben der erstmaligen Verwendung von Luft-, Panzer- und chemischen Waffen („Giftgas“), der vollständigen Ausrichtung der Wirtschaft auf die Bedürfnisse des Krieges und der Verwüstung großer Territorien etwas völlig Neues dar. Auch die Zivilbevölkerung war in einem vorher nicht gekannten Ausmaß von den Kampfhandlungen betroffen und musste unvorstellbare Entbehrungen auf sich nehmen („Rübenwinter“).

Ich vergesse nicht *Rose Ausländer*

Ich vergesse nicht

das Elternhaus
die Mutterstimme
den ersten Kuss
die Berge der Bukowina
die Flucht im Ersten Weltkrieg
das Darben in Wien
die Bomben im Zweiten Weltkrieg
den Einmarsch der Nazis
das Angstbeben im Keller
den Arzt der unser Leben rettete
das bittersüße Amerika

Hölderlin Trakl Celan

meine Schreibqual
den Schreibzwang
noch immer

Hölderlin, Friedrich (1770–1843): Dichter, v. a. Lyriker, dessen Leitbild die antike griechische Idee eines harmonischen Zusammenlebens von Göttern und Menschen darstellt; in den Gedichten bringt er häufig seinen Schmerz über die Kälte und Unerträglichkeit seiner Zeit zum Ausdruck.

Celan, Paul (1920–1970): Dichter, v. a. Lyriker; Sohn deutschsprachiger Juden aus Czernowitz, die 1941 deportiert und ermordet wurden; seine Gedichte sind bei aller Schwierigkeit, das Grauen in Worte zu fassen, geprägt von der Erfahrung des Lebens im Getto unter der Naziherrschaft.

Ausländer, Rose (1901–1988): aufgewachsen in Czernowitz (Bukowina), stammte aus einer jüdischen Familie; musste während des Ersten Weltkriegs zum ersten Mal gemeinsam mit ihren Eltern die Heimat verlassen und verbrachte die Jahre 1916–1918 in Wien. Das Studium der Literatur und Philosophie brach sie nach dem frühen Tod des Vaters 1920 ab. Große Armut brachte sie dazu, 1921 in die USA auszuwandern; 1931 kehrte sie nach Czernowitz zurück, um die kranke Mutter zu pflegen. 1939 erschien ihr erster Gedichtband.

Sie überlebte 1943/44 die Ermordung von ca. 55 000 Czernowitzer Juden durch die Nationalsozialisten gemeinsam mit ihrer Mutter in Kellerverstecken. Im jüdischen Getto in Czernowitz traf sie erstmals Paul Celan, mit dem sie sich intensiv dichterisch austauschte. 1946 emigrierte sie erneut in die USA, wurde dort aber nie ganz heimisch; sie kehrte nach einer Europareise und Begegnungen mit Celan zur Dichtung in deutscher Sprache und 1965 nach Deutschland zurück. Ab 1970 bis zu ihrem Tod wohnte sie im jüdischen Seniorenheim in Düsseldorf.

Synagoge in Czernowitz

Bukowina, früher deutsch auch Buchenland: historische Landschaft in der Ukraine und in Rumänien, deren Zentrum Czernowitz war; in der ersten Hälfte des 20. Jahrhunderts geprägt durch die ethnische Vielfalt, den kulturellen Reichtum und die Mehrsprachigkeit ihrer Bewohner, zu denen auch viele Juden zählten; seit 1919 Rumänien zugeteilt, 1940 wurde der Norden an die Ukraine abgetreten; Besetzung der Bukowina durch die Nazis 1941–1944. Nach dem Zweiten Weltkrieg ging die Nord-Bukowina wieder an die Ukraine.

1. Interpretiert die Gedichte mit Hilfe der Zusatzmaterialien in Form eines **Gruppenpuzzles**.
2. Sprecht anschließend in der Klasse über Ähnlichkeiten und Unterschiede der Gedichte.

Gruppenpuzzle → S. 310

INFO

- Viele Gedichte sind nur vor dem Hintergrund ihrer biografisch-historischen Entstehungsbedingungen verständlich. Vor allem Zeitgedichte sind oft in ganz bestimmten Kommunikationssituationen entstanden, deren Kenntnis für die Gedichtinterpretation wichtig ist.

Nachschlagen → S. 303

Den Klang von Gedichten erleben

Rezitationsteppich mit Gedichten von Rose Ausländer

Man kann sich Gedichten gestaltend nähern oder sie mit Hilfe von Zusatzinformationen interpretieren, aber man kann die Gedichte auch einfach nur erleben, indem man sich ganz auf ihren Klang konzentriert. Der folgende Rezitationsteppich gibt euch die Möglichkeit, die Stimmung wahrzunehmen, die von diesen Gedichten ausgeht – wenn ihr euch darauf einlasst …

UNENDLICH

Vergiss
deine Grenzen
Wandre aus

Das Niemandsland
unendlich
nimmt dich auf

HEIMATLOS

Mit meinem Seidenkoffer
reise ich in die Welt
Ein Land nüchtern
eines toll
Die Wahl fällt mir schwer

ich bleibe heimatlos

Ich habe
ein Wort gefunden
das nicht weint

Die andern trauern
um den Verlust
der Heimat

MUTTERLAND

Mein Vaterland ist tot
Sie haben es begraben
Im Feuer

Ich lebe in meinem Mutterla[nd]
Wort

IMMER VON NEUEM

Immer von Neuem sterben
und auferstehn

Die Fremde meine Heimat
Unbekannte meine Geschwister

Ich bin eine Tote
die lebt
und das Leben liebt

GEHEIMNIS

Meine Liebe zum Geheimnis
ist von durchdringender Kraft

Es trauert in mir
es feiert in mir

Ich bin Königin
eines verlassenen Landes
und komme zu dir
Unbekannter
um Aufnahme bittend

Ich bin
schon lange verschollen
doch
ich lebe immer noch
in einem
verlorenen Zimmer

und spiele
mit Worten
wie ein

törichtes Kind

WEISS NICHT WIE

Wie kann man
heute noch dichten
fragt die Welt

Mein Gedicht
weiß nicht wie
es schreibt sich mir zu

Krähenschrei
Schnee wächst wie eine Blume
Winterkälte
wie einst in Czernowitz
Meine Gedanken erfrieren

- Wähle eines der Gedichte aus, gehe im Raum umher und sprich das Gedicht vor dich hin. Suche dir eine Position im Raum, in der du das Gedicht sprechen möchtest. Friere in dieser Position ein und schließe deine Augen. Wenn deine Lehrerin / dein Lehrer dich antippt, trägst du dein Gedicht vor.
- Sprecht über den Rezitationsteppich: Wie haben die Gedichte auf euch gewirkt? Welche Stimmung haben sie erzeugt?

FREMDE

Sterne
im Andrang des Dunkels
Falken auf der
Schulter der Nacht

Lust der Jagd
Der Mond
verheimlicht es
Mit verschwiegenem Licht

DAHEIM

In der Fremde
daheim

Land meiner Muttersprache
sündiges büßendes Land
ich wählte dich
als meine Wohnung
Heimatfremde

wo ich viele
fremde Freunde
liebe

SELBSTPORTRÄT

Jüdische Zigeunerin
deutschsprachig
unter schwarzgelber Fahne
erzogen

Grenzen schoben mich
zu Lateinern Slaven
Amerikanern Germanen

Europa
in deinem Schoß
Träume ich
meine nächste Geburt

Als ich
aus der
Kindheit floh
erstickte
mein Glück
in der Ferne

Als ich
im Getto
erstarrte
erfor
mein Herz
im Kellerversteck

Ich Überlebende
des Grauens
schreibe aus Worten
Leben

RICHTE DICH AUF

Richte dich auf
am Stamm eines Lieds

Ein Wort nimmt das andre beim Wort
ein Klang ruft den andern

Tonlaub das alle Angst
übertönt

MEIN SCHLÜSSEL

Mein Schlüssel
hat das Haus verloren
Ich gehe von Haus zu Haus
keines passt

Den Schlosser
habe ich gefunden
mein Schlüssel passt
zu seinem Grab

Gedanken über die Zeit (um 1640) *Paul Fleming*

Ihr lebet in der Zeit und kennt doch keine Zeit;
So wisst ihr Menschen nicht, von und in was ihr seid.
Dies wisst ihr, dass ihr seid in einer Zeit geboren
Und dass ihr werdet auch in einer Zeit verloren.
Was aber war die Zeit, die euch in sich gebracht?
Und was wird diese sein, die euch zu nichts mehr macht?
Die Zeit ist was und nichts, der Mensch in gleichem Falle,
Doch was dasselbe was und nichts sei, zweifeln alle.
Die Zeit, die stirbt in sich und zeugt sich auch aus sich.
Dies kommt aus mir und dir, von dem du bist und ich.
Der Mensch ist in der Zeit; sie ist in ihm ingleichen,
Doch aber muss der Mensch, wenn sie noch bleibet, weichen.
Die Zeit ist, was ihr seid, und ihr seid, was die Zeit,
Nur dass ihr wen'ger noch, als was die Zeit ist, seid.
Ach, dass doch jene Zeit, die ohne Zeit ist, käme
Und uns aus dieser Zeit in ihre Zeiten nähme,
Und aus uns selbsten uns, dass wir gleich könnten sein
Wie der itzt jener Zeit, die keine Zeit geht ein!

Tränen in schwerer Krankheit, anno 1640
Andreas Gryphius

Mir ist, ich weiß nicht wie; ich seufze für und für.
Ich weine Tag und Nacht, ich sitz in tausend Schmerzen
Und tausend fürcht ich noch; die Kraft in meinem Herzen
Verschwindt, der Geist verschmacht', die Hände sinken mir.

Die Wangen werden bleich, der muntern Augen Zier
Vergeht gleich als der Schein der schon verbrannten Kerzen.
Die Seele wird bestürmt gleich wie die See im Märzen.
Was ist dies Leben doch, was sind wir, ich und ihr?

Was bilden wir uns ein? Was wünschen wir zu haben?
Itzt sind wir hoch und groß und morgen schon vergraben:
Itzt Blumen, morgen Kot; wir sind ein Wind, ein Schaum,

Ein Nebel und ein Bach, ein Reif, ein Tau, ein Schatten;
Itzt was und morgen nichts, und was sind unser Thaten?
Als ein mit herber Angst durchaus vermischter Traum.

Wiegenlied (1843) *Georg Herwegh*

„Schlafe, was willst du mehr?“ (Goethe)

Deutschland – auf weichem Pfühle
mach dir den Kopf nicht schwer!
Im irdischen Gewühle
schlafe, was willst du mehr?

Lass jede Freiheit dir rauben,
setze dich nicht zur Wehr,
du behältst ja den christlichen Glauben:
Schlafe, was willst du mehr?

Und ob man dir alles verböte,
doch gräme dich nicht zu sehr,
du hast ja Schiller und Goethe:
Schlafe, was willst du mehr?

Dein König beschützt die Kamele
Und macht sie pensionär,
dreihundert Taler die Seele:
Schlafe, was willst du mehr?

Es fechten dreihundert Blätter
Im Schatten, ein Sparterheer;
Und täglich erfährst du das Wetter:
Schlafe, was willst du mehr?

Kein Kind läuft ohne Höschen
am Rhein, dem freien, umher:
Mein Deutschland, mein Dornröschen,
schlafe, was willst du mehr? –

Anno 1839 *Heinrich Heine*

O Deutschland, meine ferne Liebe,
Gedenk ich deiner, wein ich fast!
Das muntre Frankreich scheint mir trübe,
Das leichte Volk wird mir zur Last.

Nur der Verstand, so kalt und trocken,
Herrscht in dem witzigen Paris –
O Narrheitsglöcklein, Glaubensglocken,
Wie klingelt ihr daheim so süß!

Höfliche Männer! Doch verdrossen
Geb ich den artgen Gruß zurück. –
Die Grobheit, die ich einst genossen
Im Vaterland, das war mein Glück!

Lächelnde Weiber! Plappern immer,
Wie Mühlenräder stets bewegt!
Da lob' ich Deutschlands Frauenzimmer,
Das schweigend sich zu Bette legt.

Und alles dreht sich hier im Kreise,
Mit Ungestüm, wie 'n toller Traum!
Bei uns bleibt alles hübsch im Gleise,
Wie angenagelt, rührt sich kaum.

Mir ist, als hört ich fern erklingen
Nachtwächterhörner, sanft und traut;
Nachtwächterlieder hör ich singen,
Dazwischen Nachtigallenlaut.

Dem Dichter war so wohl daheime,
In Schildas teurem Eichenhain!
Dort wob ich meine zarten Reime
Aus Veilchenduft und Mondenschein.

Die schlesischen Weber (1844) *Heinrich Heine*

Im düstern Auge keine Träne,
Sie sitzen am Webstuhl und fletschen die Zähne:
Deutschland, wir weben dein Leichentuch,
Wir weben hinein den dreifachen Fluch –
Wir weben, wir weben!

Ein Fluch dem Gotte, zu dem wir gebeten
In Winterskälte und Hungersnöten;
Wir haben vergebens gehofft und geharrt –
Er hat uns geäfft, gefoppt und genarrt –
Wir weben, wir weben!

Ein Fluch dem König, dem König der Reichen,
Den unser Elend nicht konnte erweichen,
Der den letzten Groschen von uns erpresst
Und uns wie Hunde erschießen lässt –
Wir weben, wir weben!

Ein Fluch dem falschen Vaterlande,
Wo nur gedeihen Schmach und Schande,
Wo jede Blume früh geknickt,
Wo Fäulnis und Moder den Wurm erquickt –
Wir weben, wir weben!

Das Schiffchen fliegt, der Webstuhl kracht,
Wir weben emsig Tag und Nacht –
Altdeutschland, wir weben dein Leichentuch,
Wir weben hinein den dreifachen Fluch,
Wir weben, wir weben!

Käthe Kollwitz (1867–1945): *Weberauszug* (1897)

Kennst du das Land, wo die Kanonen blühn? (1928)

Erich Kästner

Kennst du das Land, wo die Kanonen blühn?
Du kennst es nicht? Du wirst es kennen lernen!
Dort stehn die Prokuristen stolz und kühn
In den Bureaus, als wären es Kasernen.

Dort wachsen unterm Schlips Gefreitenknöpfe.
Und unsichtbare Helme trägt man dort.
Gesichter hat man dort, doch keine Köpfe.
Und wer zu Bett geht, pflanzt sich auch schon fort!

Wenn dort ein Vorgesetzter etwas will
– und es ist sein Beruf, etwas zu wollen –,
Steht der Verstand erst stramm und zweitens still.
Die Augen rechts! Und mit dem Rückgrat rollen!

Die Kinder kommen dort mit kleinen Sporen
Und mit gezognem Scheitel auf die Welt.
Dort wird man nicht als Zivilist geboren.
Dort wird befördert, wer die Schnauze hält.

Kennst du das Land? Es könnte glücklich sein.
Es könnte glücklich sein und glücklich machen!
Dort gibt es Äcker, Kohle, Stahl und Stein
Und Fleiß und Kraft und andre schöne Sachen.

Selbst Geist und Güte gibt's dort dann und wann!
Und wahres Heldentum. Doch nicht bei vielen.
Dort steckt ein Kind in jedem zweiten Mann.
Das will mit Bleisoldaten spielen.

Dort reift die Freiheit nicht. Dort bleibt sie grün.
Was man auch baut – es werden stets Kasernen.
Kennst du das Land, wo die Kanonen blühn?
Du kennst es nicht? Du wirst es kennen lernen.

* Texte in originaler Orthographie

An meine Landsleute* (1949) *Bertolt Brecht*

Ihr, die ihr überlebtet in gestorbenen Städten
Habt doch nun endlich mit euch selbst Erbarmen!
Zieht nun in neue Kriege nicht, ihr Armen
Als ob die alten nicht gelanget hätten:
Ich bitt euch, habet mit euch selbst Erbarmen!

Ihr Männer, greift zur Kelle, nicht zum Messer!
Ihr säßet unter Dächern schließlich jetzt
Hättet ihr auf das Messer nicht gesetzt
Und unter Dächern sitzt es sich doch besser.
Ich bitt euch, greift zur Kelle, nicht zum Messer!

Ihr Kinder, daß sie euch mit Krieg verschonen
Müßt ihr um Einsicht eure Eltern bitten.
Sagt laut, ihr wollt nicht in Ruinen wohnen
Und nicht das leiden, was sie selber litten:
Ihr Kinder, daß sie euch mit Krieg verschonen!

Ihr Mütter, da es euch anheimgegeben
Den Krieg zu dulden oder nicht zu dulden
Ich bitt euch, lasset eure Kinder leben!
Daß sie euch die Geburt und nicht den Tod dann schulden
Ihr Mütter, lasset eure Kinder leben!

ins lesebuch für die oberstufe* (1957)

Hans Magnus Enzensberger

lies keine oden, mein sohn, lies die fahrpläne:
sie sind genauer. roll die seekarten auf,
ehe es zu spät ist. sei wachsam, sing nicht.
der tag kommt, wo sie wieder listen ans tor
schlagen und malen den neinsagern auf die brust
zinken. lern unerkannt gehn, lern mehr als ich:
das viertel wechseln, den paß, das gesicht.
versteh dich auf den kleinen verrat,
die tägliche schmutzige rettung. nützlich
sind die enzykliken zum feueranzünden,
die manifeste: butter einzuwickeln und salz
für die wehrlosen. wut und geduld sind nötig,
in die lungen der macht zu blasen
den feinen tödlichen staub, gemahlen
von denen, die viel gelernt haben,
die genau sind, von dir.

Ermutigung (1974) *Wolf Biermann*

(Peter Huchel gewidmet)

Du, lass dich nicht verhärten
In dieser harten Zeit.
Die allzu hart sind, brechen,
Die allzu spitz sind, stechen
und brechen ab sogleich.

Du, lass dich nicht verbittern
In dieser bittren Zeit.
Die Herrschenden erzittern –
Sitzt du erst hinter Gittern –
Doch nicht vor deinem Leid.

Du, lass dich nicht erschrecken
In dieser Schreckenszeit
Das wolln sie doch bezwecken,
Dass wir die Waffen strecken
Schon vor dem großen Streit.

Du, lass dich nicht verbrauchen,
Gebrauche deine Zeit
Du kannst nicht untertauchen,
Du brauchst uns, und wir brauchen
Grad deine Heiterkeit.

Wir wolln es nicht verschweigen
In dieser Schweigenszeit
Das Grün bricht aus den Zweigen,
Wir wolln das allen zeigen,
Dann wissen sie Bescheid.

Friss dieses Land (Reprise) (1996) *Kersten Flenter*

Es steht nicht schlecht jetzt
Im Alltag überm Untergrund
Selbst ein Schuldner der vor Knochenbrechern flieht
Hat eine theoretische Chance
Komm und friss dieses Land wo du rennst
Und stolperst Leben ist überall
Die Gläubiger regeln das
Schon unter sich
Unten im Nachkriegshotel mein Herz
Leben ist überall

Mit Texten und Medien umgehen

Klassisches und episches Drama – Frauengestalten

Zum Bild links:
Corinna Kirchhoff (l.) als Maria Stuart und Elisabeth Orth (r.) als Elisabeth in der Aufführung des Wiener Burgtheaters 2001/2, Regie: Andrea Breth

Zum Bild rechts:
Shui Ta (Aufführung von Brechts *Der gute Mensch von Sezuan* am Theater Freiburg 2006)

Frauen lesen anders *Ruth Klüger*

Die interessanten Menschen in den Büchern, die als wertvoll gelten, sind männliche Helden. Wir identifizieren uns mit ihnen und klopfen beim Lesen jede Frauengestalt auf ihr Identifikationsangebot ab, um sie meist seufzend links liegen zu lassen. Denn wer will schon ein verführtes Mädchen oder ein verführendes Machtweib oder eine selbstmörderische Ehebrecherin oder ein puppenhaftes Lustobjekt sein? Höhenflüge und Abenteuer wollen wir und widmen uns dementsprechend den Männergestalten, denen wir das Allgemeinmenschliche abgewinnen.

- Kannst du dieser Meinung zustimmen?
  Diskutiere darüber mit deinen Mitschülerinnen und Mitschülern.

Friedrich Schiller: Maria Stuart

Elisabeth beklagt ihre Situation als Königin. Für Liebe ist da kein Platz.

ELISABETH Doch eine Königin, die ihre Tage
Nicht ungenützt in müßiger Beschauung
Verbringt, die unverdrossen, unermüdet
Die schwerste aller Pflichten übt, die sollte
Von dem Naturzweck ausgenommen sein,
Der eine Hälfte des Geschlechts der Menschen
Der andern unterwürfig macht – *(II, 2)*

Maria war durch die Liebe in politische Machenschaften verstrickt.

MARIA Den König, meinen Gatten, ließ ich morden,
Und dem Verführer schenkt' ich Herz und Hand!
Streng büßt' ich's ab mit allen Kirchenstrafen,
Doch in der Seele will der Wurm nicht schlafen. *(V, 7)*

Friedrich Schiller (1759–1805) vollendet das Drama *Maria Stuart* 1800. Mit *Maria Stuart* greift Schiller einen geschichtlichen Stoff auf, den er ganz und gar auf die Katastrophe, nämlich Marias Hinrichtung, konzentriert. So setzt der 1. Akt schon mit Marias Verurteilung ein, die Hinrichtung erfolgt im 5. Akt.

Bertolt Brecht: Der gute Mensch von Sezuan

Shen Te hat ein gutes Herz. Das Geld der Götter will sie mit den Armen teilen.

SHEN TE Ich sage euch, es entgeht euch viel, wenn ihr nicht liebt und eure Stadt seht in der Stunde, wo sie sich vom Lager erhebt wie ein nüchterner alter Handwerker, der seine Lungen mit frischer Luft vollpumpt und nach seinem Handwerkzeug greift, wie die Dichter singen. *Zu den Wartenden:* Guten Morgen! Da ist der Reis! *Sie teilt aus, dann erblickt sie Wang.* Guten Morgen, Wang. Ich bin leichtsinnig heute. Auf dem Weg habe ich mich in jedem Schaufenster betrachtet und jetzt habe ich Lust, mir einen Shawl zu kaufen. *Nach kurzem Zögern:* Ich würde so gern schön aussehen. *(4. Bild)*

Shui Ta, in den sich Shen Te verwandelt, lässt die Liebe nicht zu, da sie den Menschen ruiniert. Nur so kann Shen Te ihre Existenz sichern.

SHUI TA Die Zeiten sind furchtbar, diese Stadt ist eine Hölle, aber wir krallen uns an der glatten Mauer hoch. Dann ereilt einen von uns das Unglück: er liebt. Das genügt, er ist verloren. Eine Schwäche und man ist abserviert. Wie soll man sich von allen Schwächen freimachen, vor allem von der tödlichsten, der Liebe? Sie ist ganz unmöglich! Sie ist zu teuer! *(5. Bild)*

Bertolt Brecht (1898–1956) schrieb das Stück *Der gute Mensch von Sezuan* von 1938–1941 in der Emigration. 1941 wurde es in Zürich uraufgeführt. In diesem Parabelstück setzt sich Brecht mit der moralischen Frage auseinander, wie der Mensch in dieser Welt gut sein kann.

1. Worüber sprechen Elisabeth und Maria sowie Shen Te bzw. Shui Ta?

Nachschlagen → S. 303 f.

Friedrich Schiller: Maria und Elisabeth

Die historischen Frauengestalten

Bild links: *Maria Stuart* (Stich von H. Grevedon)
Bild rechts: *Elisabeth I.* (anonymer Maler)

Maria Stuart

1542 Geburt Maria Stuarts. Krönung zur schottischen Königin. Wird katholisch erzogen.

1558 Heirat mit dem französischen Thronfolger. Sie führt auch das Wappen einer Königin von England.

1559 Krönung zur Königin Frankreichs.

1560 Ein Jahr später stirbt ihr Mann. Maria kehrt nach 13-jähriger Abwesenheit nach Schottland zurück. Es folgt die unglückliche Eheschließung mit Lord Darnley, einem katholischen Vetter, von dem sie einen Sohn, den späteren Jakob VI., hat. Nach dem gewaltsamen Tod Darnleys heiratet sie den Anführer der Verschwörung Lord Bothwell.

1567 Ein Aufstand zwingt sie zur Abdankung. Ihr Sohn wird König von Schottland, der dann später nach Elizabeths Tod 1603 König von England wird (Jakob I.).

1568 Flucht nach England. Königin Elisabeth setzt sie gefangen, ohne jemals Maria gesehen zu haben. Sie stehen in dauerndem Briefwechsel, in dem sie immer wieder Elisabeth um ein Gespräch bittet.

1587 Nach 19-jähriger Gefangenschaft wird Maria geköpft, die erste Hinrichtung einer gesalbten Königin.

Elisabeth I.

1533 Geburt Elisabeths. Tochter Heinrichs VIII. und Anna Boleyn. Aus katholischer Sicht also eine illegitime Tochter, da Heinrich sich von seiner ersten Frau scheiden ließ. Wird protestantisch erzogen. Heiratet nicht, obwohl man sie immer wieder dazu drängt.

1558–1603 Königin von England: Ihr politisches und auch kulturelles Handeln prägt das sog. „Elisabethanische Zeitalter“, innenpolitisch durch den Erhalt des inneren Friedens eine Zeit kultureller Blüte (z. B. Shakespeare), außenpolitisch der Aufstieg zur Weltmacht. Fühlt sich durch Marias Thronansprüche bedroht und arrangiert eine Verhandlung, die Marias umstürzlerische Machenschaften entlarven sollen. Maria wird schuldig gesprochen und zum Tode verurteilt.

1588 Sieg der englischen Flotte über die spanische Armada; Englands Aufstieg zur Seemacht beginnt.

1. Vergleiche die Biografien der beiden Königinnen: Inwiefern hängen sie zusammen?

Ein Briefwechsel

Maria Stuarts letzter Brief an Elisabeth aus Fotheringhay, am 19. Dezember 1586

Gnädige Frau!
Ich habe von jenen, in deren Hände Ihr mich gegeben habt, die Ermächtigung nicht erlangen können, Euch selbst darzulegen, was ich auf dem Herzen habe, sowohl um mich von dem Vorwurf zu entlasten irgend bösen Willens oder des Gelüsts, Grausames oder Feindseligkeit zu planen gegen mir Blutsverwandte, wie auch um Euch liebevoll übermitteln zu können, was mir zu Eurem eigen Schutz und Heil dienlich schien, wie auch zur Bewahrung des Friedens dieser Insel – die Verwirklichung dieser Absicht hätte wohl nicht schädlich sein können, da es ja bei Euch stand, meinen Rat anzunehmen oder zu verwerfen [...]. Zeihet mich nicht der Überheblichkeit, wenn ich beim Verlassen dieser Welt, mich für eine bessere bereitend, Euch daran erinnere, dass ein Tag kommt, da von Euch Rechenschaft gefordert wird über Euch anvertrautes Amt und jene, die Euch vorangehen mussten aus den irdischen Grenzen.

Eure Schwester und Base, die widerrechtlich Gefangene
Maria, Königin.

Elisabeth an Jakob VI. nach Maria Stuarts Hinrichtung, am 14. Februar 1587

Mein lieber Bruder, ich wollte nur, Ihr wüsstet (dass Ihr ihn empfindet, will ich nicht), welch tiefer Schmerz meine Seele zernagt um des furchtbaren Unglücks willen, das ganz gegen meine Absicht über uns gekommen ist. Gott und viele Menschen wissen, wie unschuldig ich in diesem Falle bin. [...] Glaubet mir, hätte ich irgendwelchen Befehl gegeben, so würde ich auch heute noch zu ihm stehn. Ich bin nicht so niedrigen Geistes, dass ich aus Furcht vor einem Menschen oder Fürsten nicht täte, was gerecht ist; oder, falls es getan wurde, es ableugnete. Ich bin weder so niederer Herkunft, noch so gemeinen Charakters. Offenes Eintreten für seine Taten ziemt sich für einen König, und deshalb werde ich auch immer zu dem stehen, was ich tue, dabei aber dafür sorgen, dass es so gesehen wird, wie ich es gemeint habe. [...] Ich habe mir nichts vorzuwerfen, da ich es nie beabsichtigt habe. [...]

Eure Euch treulichst liebende Schwester und Kusine
Elisabeth R.

Jakob VI.: Maria Stuarts Sohn, König von Schottland, Elisabeths Nachfolger auf den Thron Englands 1603 als Jakob I.

2. Welches Bild von den historischen Figuren Maria und Elisabeth entsteht beim Lesen dieser Briefe?

Elisabeth und Maria: ihre Beziehungen zu den Männern

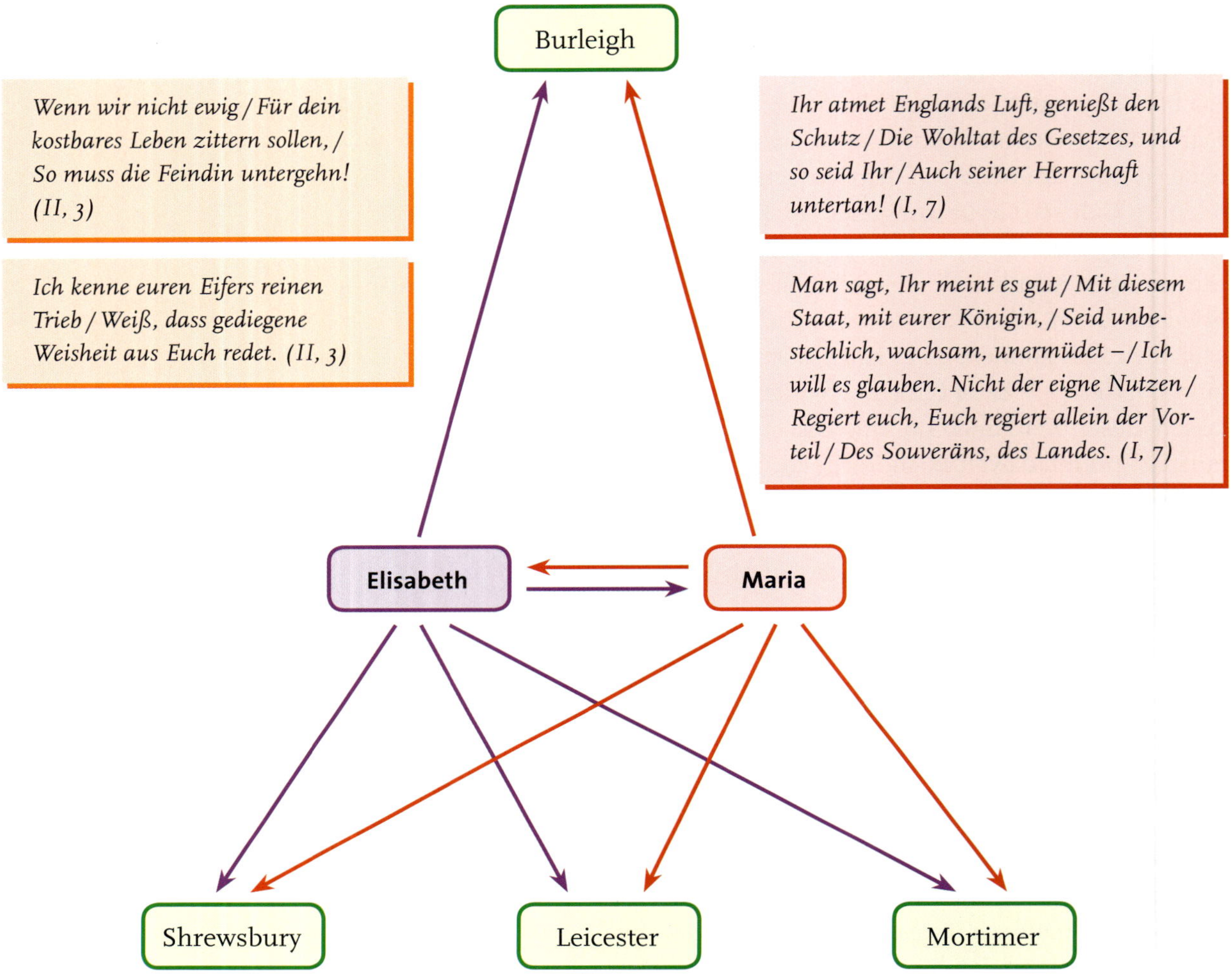

Interessen und Haltungen der Männer:

- Opferbereitschaft
- Gerechtigkeit
- Taktik
- Enthusiasmus
- Skrupellosigkeit
- Opportunismus
- Moralischer Anspruch
- Staatsinteresse
- Loyalität
- Aufrichtigkeit
- Funktionär der Politik

1. Suche für jede der dargestellten Beziehungen (siehe das Beispiel Elisabeth und Maria – Burleigh) zwei oder mehrere zentrale Sätze aus dem Drama. Ihr könnt auch arbeitsteilig in Gruppen vorgehen.
2. Ordne die Begriffe aus dem Kasten den jeweiligen Männern zu und begründe deine Zuordnung.

Leicesters Doppelspiel mit Elisabeth und Maria

A Stehst du nicht blühend da in Jugendkraft,
Welkt jene nicht mit jedem Tag zum Grabe?
Bei Gott! Du wirst, ich hoff's, noch viele Jahre
Auf ihrem Grabe wandeln, ohne dass
Du selber sie hinabzustürzen brauchtest –
(V. 1432 ff.)

E So stürzen meine Hoffnungen – ich suche
In diesem Schiffbruch meines Glücks ein Brett
Zu fassen – und mein Auge wendet sich
Der ersten schönen Hoffnung wieder zu.
Mariens Bild, in ihrer Reize Glanz,
Stand neu vor mir, Schönheit und Jugend traten
In ihre vollen Rechte wieder ein. *(V. 1805 ff.)*

B Ich habe dich so reizend nie gesehn,
Geblendet steh ich da von deiner Schönheit. *(V. 1948 f.)*

F Wenn ich jetzt die Augen auf dich werfe –
Nie warst du, nie zu einem Sieg der Schönheit
Gerüsteter als eben jetzt. *(V. 2036 ff.)*

C Nachdem ich zehen bittre Jahre lang
Dem Götzen ihrer Eitelkeit geopfert,
Mich jedem Wechsel ihrer Sultanslaunen
Mit Sklavendemut unterwarf, das Spielzeug
Des kleinen grillenhaften Eigensinns,
Geliebkost jetzt von ihrer Zärtlichkeit
Und jetzt mit sprödem Stolz zurückgestoßen.
(V. 1781 ff.)

G Was soll der Dritte zwischen dir und mir!
Mit meiner angebeteten Monarchin
Hab ich's zu tun – Die Rechte meines Platzes
Behaupt ich – Es sind heil'ge Rechte!
Und ich bestehe drauf, dass sich der Lord entferne.
(V. 2901 ff.)

H Wer war's nun, der dich rettete? War es
Mylord von Burleigh? Wusst' er die Gefahr,
Die dich umgab? War er's, der sie von dir
Gewandt? – Dein treuer Leicester war dein Engel!
(V. 3011 ff.)

D Ich liebe dich. Wärst du die ärmste Hirtin,
Ich als der größte Fürst der Welt geboren,
Zu deinem Stand würd' ich heruntersteigen
Mein Diadem zu deinen Füßen legen.
(V. 1964 ff.)

I Willst du den Preis der Schandtat nicht verlieren,
Dreist musst du sie behaupten und vollführen!
(V. 3860 ff.)

1. Wähle eine Karte. Verteilt euch dann im Raum und nehmt eine entsprechende Körperhaltung ein. Sprecht die Rollensätze. Welche Beziehungen werden durch euer Sprechen deutlich?
2. Welche Rolle spielt Leicester in seinem Verhältnis zu Elisabeth und Maria?

Elisabeths Entscheidung für Marias Tod (IV, 10)

Elisabeth zögert, Marias Todesurteil zu unterschreiben. Nachdem sie sich die widersprüchlichen Ratschläge ihres Thronrats angehört hat, will sie allein sein.

Elisabeth Orth als Elisabeth in der Aufführung des Wiener Burgtheaters 2001/2, Regie: Andrea Breth

ELISABETH *(allein)*
O Sklaverei des Volksdiensts! Schmähliche
Knechtschaft – Wie bin ich's müde, diesem Götzen
Zu schmeicheln, den mein Innerstes verachtet!
Wann soll ich frei auf diesem Throne stehn! […]
Oh, der ist noch nicht König, der der Welt
Gefallen muss! Nur *der* ist's, der bei seinem Tun
Nach keines Menschen Beifall braucht zu fragen. […]
Umgeben rings von Feinden, hält mich nur
Die Volksgunst auf dem angefochtnen Thron. […]
So steh ich kämpfend gegen eine Welt,
Ein wehrlos Weib! Mit hohen Tugenden
Muss ich die Blöße meines Rechts bedecken,
Den Flecken meiner fürstlichen Geburt,
Wodurch der eigne Vater mich geschändet. […]
Nein diese Furcht soll endigen!
Ihr Haupt soll fallen. Ich will Frieden haben!
– Sie ist die Furie meines Lebens! Mir
Ein Plagegeist vom Schicksal angeheftet.
Wo ich mir eine Freude, eine Hoffnung
Gepflanzt, da liegt die Höllenschlange mir
Im Wege. Sie entreißt mir den Geliebten,
Den Bräut'gam raubt sie mir! *Maria Stuart*
Heißt jedes Unglück, das mich niederschlägt!
Ist sie aus den Lebendigen vertilgt,
Frei bin ich, wie die Luft auf den Gebirgen.
(Stillschweigen)
Mit welchem Hohn sie auf mich niedersah,
Als sollte mich der Blick zu Boden blitzen!
Ohnmächtige! Ich führe bessre Waffen,
Sie treffen tödlich, und du bist nicht mehr.
(Mit raschem Schritt nach dem Tische gehend und die Feder ergreifend)
Ein Bastard bin ich dir? – Unglückliche!
Ich bin es nur, solang du lebst und atmest.
Der Zweifel meiner fürstlichen Geburt,
Er ist getilgt, sobald ich *dich* vertilge. […]
(Sie unterschreibt mit einem raschen, festen Federzug, lässt dann die Feder fallen und tritt mit einem Ausdruck des Schreckens zurück. Nach einer Pause klingelt sie.)

TIPP
Bevor du die Worte sprichst, überlege, zu wem und in welchem Ton du sprechen willst.

Marias Todesbereitschaft (V, 6)

Gefasst und innerlich versöhnt mit Elisabeth nimmt Maria Abschied von ihrer getreuen Dienerschaft, die heftig weinend um ihre Herrin trauert.

MARIA *(mit ruhiger Hoheit im ganzen Kreise herumsehend)*
Was klagt ihr? Warum weint ihr? Freuen solltet
Ihr euch mit mir, dass meiner Leiden Ziel
Nun endlich naht, dass meine Bande fallen,
Mein Kerker aufgeht und die frohe Seele sich
Auf Engelsflügeln schwingt zur ew'gen Freiheit.
Da, als ich in die Macht der stolzen Feindin
Gegeben war, Unwürdiges erduldend,
Was einer freien großen Königin
Nicht ziemt, da war es Zeit, um mich zu weinen!
– Wohltätig, heilend nahet mir der Tod,
Der ernste Freund! Mit seinen schwarzen Flügeln
Bedeckt er meine Schmach – den Menschen adelt,
Den tiefstgesunkenen, das letzte Schicksal.
Die Krone fühl ich wieder auf dem Haupt,
Den würd'gen Stolz in meiner edeln Seele!
(Indem sie einige Schritte weiter vortritt)

Corinna Kirchhoff als Maria Stuart.
Aufführung des Wiener Burgtheaters 2001/2

1. Versuche, dich jeweils in Elisabeths und Marias Rolle einzufühlen.
   Folgende Hinweise sind hilfreich:
   - In welcher Situation sprichst du? Was ging voraus, was folgt?
   - Hilfreich für das Sprechen ist ein Requisit wie z. B. für Elisabeth ein Schreibgerät. Denke auch an Körperhaltung und Stimmführung.
2. Übe das Sprechen des Textes und trage ihn dann in der Klasse vor.
3. Welche Denkweise und Haltung der beiden Frauen kommen in dem Vortrag jeweils zum Ausdruck?

Aus dem Rollenbuch eines Regisseurs: Szene V, 9

Ein Regisseur hat sich für die Probenarbeit vorbereitet, indem er den Dramentext mit allen Formen von Kennzeichnungen und Anmerkungen versehen hat.

Die Vorigen. Hanna Kennedy und die andern Frauen der Königin dringen herein mit Zeichen des Entsetzens; ihnen folgt der Sheriff, einen weißen Stab in der Hand, hinter demselben sieht man durch die offen bleibende Türe gewaffnete Männer.

Auf eine sorgfältige Choreografie achten / Aufteilung des Bühnenraums – Brauche für die Proben unbedingt die Beleuchtung.

MARIA Was ist dir, Hanna? – Ja, nun ist es Zeit!
Hier kommt der Sheriff, uns zum Tod zu führen.
Es muss geschieden sein! Lebt wohl! Lebt wohl!
(Ihre Frauen hängen sich an sie mit heftigem Schmerz; zu Melvil)
Ihr, werter Sir, und meine treue Hanna
Sollt mich auf diesem letzten Gang begleiten.
Mylord versagt mir diese Wohltat nicht!
BURLEIGH Ich habe dazu keine Vollmacht.
MARIA Wie?

Streichen!

~~Die kleine Bitte könntet Ihr mir weigern?~~
~~Habt Achtung gegen mein Geschlecht! Wer soll~~
~~Den letzten Dienst mir leisten! Nimmermehr~~
~~Kann es der Wille meiner Schwester sein,~~
~~Dass mein Geschlecht in mir beleidigt werde,~~
~~Der Männer rohe Hände mich berühren!~~
BURLEIGH Es darf kein Weib die Stufen des Gerüstes
Mit Euch besteigen – Ihr Geschrei und Jammern –

Kruzifix als Requisit? Evtl. streichen! Nicht das Katholische / Eher Verzicht betonen / Muss noch diskutiert werden!

MARIA Sie soll nicht jammern! Ich verbürge mich
Für die gefasste Seele meiner Hanna!
Seid gütig, Lord. O trennt mich nicht im Sterben
Von meiner treuen Pflegerin und Amme!
Sie trug auf ihren Armen mich ins Leben,
Sie leite mich mit sanfter Hand zum Tod.
PAULET *(zu Burleigh)* Lass es geschehn.
BURLEIGH Es sei.
MARIA Nun hab ich nichts mehr
Auf dieser Welt – *(Sie nimmt das Kruzifix und küsst es.)*
Mein Heiland! Mein Erlöser!
Wie du am Kreuz die Arme ausgespannt,
So breite sie jetzt aus, mich zu empfangen.

Auf dieses pantomimische Spiel muss alles zulaufen; Leicester hält sie wie eine „Mater dolorosa". Vorsicht: nicht lächerlich! Maria als „Heilige Geläuterte" oder vielleicht doch noch Schöne? Mal sehen!

(Sie wendet sich zu gehen, in diesem Augenblick begegnet ihr Auge dem Grafen Leicester, der bei ihrem Aufbruch unwillkürlich aufgefahren und nach ihr hingesehen – Bei diesem Anblick zittert Maria, die Knie versagen ihr, sie ist im Begriff hinzusinken, da ergreift sie Graf Leicester und empfängt sie in seinen Armen. Sie sieht ihn eine Zeitlang ernst und schweigend an, er kann ihren Blick nicht aushalten, endlich spricht sie.)

Ihr haltet Wort, Graf Leicester – Ihr verspracht
Mir Euren Arm, aus diesem Kerker mich
Zu führen, und Ihr leihet mir ihn jetzt!
(Er steht wie vernichtet. Sie fährt mit sanfter Stimme fort.)
Ja, Leicester, und nicht bloß
Die Freiheit wollt' ich Eurer Hand verdanken.
Ihr solltet mir die Freiheit teuer machen,
An Eurer Hand, beglückt durch Eure Liebe,
Wollt' ich des neuen Lebens mich erfreun.
Jetzt, da ich auf dem Weg bin, von der Welt
zu scheiden und ein sel'ger Geist zu werden,
Den keine ird'sche Neigung mehr versucht,
Jetzt, Leicester, darf ich ohne Schamerröten
Euch die besiegte Schwachheit eingestehn –
Lebt wohl, und wenn Ihr könnt, so lebt beglückt!
Ihr durftet werben um zwei Königinnen;
Ein zärtlich liebend Herz habt Ihr verschmäht,
Verraten, um ein stolzes zu gewinnen:
Kniet zu den Füßen der Elisabeth!
Mög' Euer Lohn nicht eure Strafe werden!
Lebt wohl! – Jetzt hab ich nichts mehr auf der Erden!
(Sie geht ab, der Sheriff voraus, Melvil und die Amme ihr zur Seite, Burleigh und Paulet folgen; die übrigen sehen ihr jammernd nach, bis sie verschwunden ist, dann entfernen sie sich durch die zwei andern Türen.)

Große Intimität!!! zwischen den beiden, als wäre niemand sonst um sie / Worte wie Liebesgeflüster?!!!

Sprechweisen ausprobieren! Auf jeden Fall Pathos vermeiden!

Ihr Abgang muss durch Körperhaltung, Raum königlich überhöht werden. Lichteffekte!

Wichtig:
Mit Bühnenbildner reden wegen ...

Mit Maskenbildner den Farbton des Gesichts von Elisabeth abstimmen
Frisur?

1. Inwiefern findet hier eine Interpretation der Szene durch den Regisseur statt?
2. Wie würdest du die Figuren im Raum positionieren, welche Bewegungen werden sie während der Szene machen? Zeichne eine Skizze, welche die Positionen der Figuren im Raum verdeutlicht.
3. Probiere dieses Verfahren an einer weiteren Szene deiner Wahl aus.

Subtexte sind Untertexte, die gleichsam „unter“ dem gesprochenen Wort ablaufen; sie bringen als eine Art „unterdrückter Monolog“ unausgesprochene Gedanken und Gefühle der Figuren zum Ausdruck.

Die Begegnung der beiden Königinnen (III, 4: Der Beginn)

Schiller stellt diese Begegnung, die historisch nie stattgefunden hat, ins Zentrum seines Dramas. Graf Leicester, der am Hofe Elisabeths geschickt taktiert, ist es gelungen, Elisabeth zu einem Treffen zu überreden, indem er sie auf Maria neugierig macht. Maria erhofft sich Rettung.

ELISABETH *(zu Leicester)* Wie heißt der Landsitz?
LEICESTER Fotheringhayschloss.
ELISABETH *(zu Shrewsbury)*
Schickt unser Jagdgefolg' voraus nach London,
Das Volk drängt allzu heftig in den Straßen,
Wir suchen Schutz in diesem stillen Park.
(Talbot entfernt das Gefolge. Sie fixiert mit den Augen die Maria, indem sie zu Paulet weiterspricht.)
Mein gutes Volk liebt mich zu sehr. Unmäßig,
Abgöttisch sind die Zeichen seiner Freude,
So ehrt man einen Gott, nicht einen Menschen.
MARIA *(welche diese Zeit über halb ohnmächtig auf die Amme gelehnt war, erhebt sich jetzt, und ihr Auge begegnet dem gespannten Blick der Elisabeth. Sie schaudert zusammen und wirft sich wieder an der Amme Brust.)*
O Gott, aus diesen Zügen spricht kein Herz!
ELISABETH Wer ist die Lady? *(Allgemeines Schweigen)*
LEICESTER Du bist zu Fotheringhay, Königin.
ELISABETH *(stellt sich überrascht und erstaunt, einen finstern Blick auf Leicester richtend)* Wer hat mir das getan? Lord Leicester!
LEICESTER Es ist geschehen, Königin – Und nun
Der Himmel deinen Schritt hierher gelenkt,
So lass die Großmut und das Mitleid siegen.
[...]
(Maria rafft sich zusammen und will auf die Elisabeth zugehen, steht aber auf halbem Weg schaudernd still, ihre Gebärden drücken den heftigsten Kampf aus.)
ELISABETH Wie Mylords?
Wer war es denn, der eine Tiefgebeugte
Mir angekündigt? Eine Stolze find ich,
Vom Unglück keineswegs geschmeidigt.

Ich muss unbedingt mein Gesicht wahren und so tun, als sei ich hier zufällig vorbeigekommen. Leicester wird schon mitspielen.

???

???

???

1. Was denken Elisabeth und Maria, aber sprechen es nicht aus? Aus welchen unterschiedlichen Gründen? Schreibe diese Subtexte für die gekennzeichneten Stellen auf (vgl. das Beispiel).
2. Was wird dadurch über die Figuren ausgesagt?
3. Überlege, an welchen anderen Stellen Subtexte Aufschluss über die innere Haltung einer Person geben könnten.

Die Begegnung der beiden Königinnen (III, 4: Das Ende)

ELISABETH – Ja, es ist aus, Lady Maria. Ihr verführt
Mir keinen mehr. Die Welt hat andre Sorgen. [...]
MARIA *(auffahrend)* Schwester! Schwester!
O Gott! Gott! Gib mir Mäßigung!
ELISABETH *(sieht sie lange mit einem Blick stolzer Verachtung an)*
Das also sind die Reizungen, Lord Leicester,
Die ungestraft kein Mann erblickt, daneben
Kein andres Weib sich wagen darf zu stellen!
Fürwahr! Der Ruhm war wohlfeil zu erlangen:
Es kostet nichts, die *allgemeine* Schönheit
Zu sein, als die gemeine sein für alle!
MARIA Das ist zu viel!
ELISABETH *(höhnisch lachend)* Jetzt zeigt Ihr Euer wahres
Gesicht, bis jetzt war's nur die Larve.
MARIA *(von Zorn glühend, doch mit einer edeln Würde)*
Ich habe menschlich, jugendlich gefehlt,
Die Macht verführte mich [...].
SHREWSBURY *(tritt zwischen beide Königinnen)*
[...] Ist das die Mäßigung, die Unterwerfung,
Lady Maria?
MARIA Mäßigung! Ich habe
Ertragen, was ein Mensch ertragen kann.
Fahr hin, lammherzige Gelassenheit, [...]
Spreng endlich deine Bande, tritt hervor
Aus deiner Höhle, lang verhaltner Groll –
SHREWSBURY O sie ist außer sich! [...]

4. Leicester beobachtet den Verlauf dieses Gesprächs. Welche Gedanken und Gefühle gehen ihm dabei durch den Kopf? Schreibe sie als Subtexte zu den entsprechenden Textstellen auf.
5. Welche Folgen hat der Ausgang dieses Gesprächs für Maria sowie für Elisabeth? Begründe deine Meinung aus dem Text.

INFO

Nachschlagen → S. 303 f.

- **Hintergrundinformationen** dienen dem Verständnis von Dramenfiguren.
- **Zentrale Rollensätze** sagen etwas aus über die Beziehungen der Figuren.
- Das **Sprechen von Dramentexten** stellt eine Form der Interpretation dar.
- Die **Arbeit des Regisseurs** an einer Szene verlangt die Umsetzung eines Dramentextes in einen Spieltext und interpretiert ihn zugleich.
- **Subtexte** kommentieren und interpretieren den Dramentext.

Nachschlagen → S. 304

Bertolt Brecht: Shen Te / Shui Ta

Szenenfotos

Shui Ta

Zu den Bildern:
Shen Te / Shui Ta, gespielt von Janina Sachau. Theater Freiburg 2006.

Shen Te

1. Versetze dich in eine der hier abgebildeten Figuren, indem du deren Haltung einnimmst.
2. Stelle dich als die jeweilige Figur vor, z. B.
   Ich bin Shen Te. Hier sitze ich mitten im Regen und unterhalte mich mit dem arbeitslosen Flieger Sun ...
   Ich bin Shui Ta. Hier stehe ich im feinen Anzug, das Haar fest nach hinten gebunden ...
3. Diskutiert in der Klasse, warum das Straßenmädchen Shen Te gezwungen ist, seine Identität zu wechseln und in die Rolle des geschäftstüchtigen und skrupellosen Shui Ta zu schlüpfen.

Zwischenspiel vor dem Vorhang

Shen Te tritt auf, in den Händen die Maske und den Anzug des Shui Ta und singt

„Das Lied von der Wehrlosigkeit der Götter und Guten"

In unserem Lande
Braucht der Nützliche Glück. Nur
Wenn er starke Helfer findet
Kann er sich nützlich erweisen.
Die Guten
Können sich nicht helfen, und die Götter sind machtlos.
Warum haben die Götter nicht Tanks und Kanonen
Schlachtschiffe und Bombenflugzeuge und Minen
Die Bösen zu fällen, die Guten zu schonen?
Es stünde wohl besser mit uns und mit ihnen.

Sie legt den Anzug des Shui Ta an und macht einige Schritte in seiner Gangart.

Die Guten
Können in unserem Lande nicht lang gut bleiben.
Wo die Teller leer sind, raufen sich die Esser.
Ach, die Gebote der Götter
Helfen nicht gegen den Mangel.
Warum erscheinen die Götter nicht auf unsern Märkten
Und verteilen lächelnd die Fülle der Waren?
Und gestatten den vom Brot und vom Weine Gestärkten
Miteinander nun freundlich und gut zu verfahren?

Sie setzt die Maske des Shui Ta auf und fährt mit seiner Stimme zu singen fort.

Um zu einem Mittagessen zu kommen
Braucht es der Härte, mit der sonst Reiche gegründet werden.
Ohne zwölf zu zertreten
Hilft keiner einem Elenden.
Warum sagen die Götter nicht laut in den obern Regionen
Daß sie den Guten nun einmal die gute Welt schulden?
Warum stehn sie den Guten nicht bei mit Tanks und Kanonen
Und befehlen: Gebt Feuer! und dulden kein Dulden? *(S. 65/66)*

Die Textauszüge auf dieser und den nächsten Seiten sind folgender Ausgabe entnommen:
Bertolt Brecht: Der gute Mensch von Sezuan. Frankfurt/M.: Suhrkamp 1963.
Alle Texte Brechts in originaler Orthografie.

TIPP
Die Maske als Requisit einsetzen!

1. Lies dieses Zwischenspiel, indem du die Worte und Handlungen, durch Mimik und Gestik unterstützt, direkt an ein Publikum adressierst.
2. Welche Antwort würden die Götter wohl Shen Te geben?

Der Tabakladen (5. Bild): Die Verwandlung einer Figur

Als Shui Ta empfängt Shen Te im Tabakladen ihren Geliebten Sun, der sich erkundigen will, ob das Geld, das er für die Fliegerstelle benötigt, inzwischen aufgetrieben worden ist. Shen Te hat sich entschlossen, dafür ihren Tabakladen zu verkaufen.

SHUI TA [...] Das Geld für die Reise zu zweit und die erste Zeit haben Sie?

SUN Sicher.

SHUI TA Wieviel ist das?

SUN Jedenfalls werde ich es auftreiben, und wenn ich es stehlen müßte!

SHUI TA Ach so, auch diese Summe müßte erst aufgetrieben werden?

SUN Kipp nicht aus den Schuhen, Alter. Ich komme schon nach Peking.

SHUI TA Aber für zwei Leute kann es nicht so billig sein.

SUN Zwei Leute? Das Mädchen lasse ich doch hier. Sie wäre mir in der ersten Zeit nur ein Klotz am Bein.

SHUI TA Ich verstehe.

SUN Warum schauen Sie mich an wie einen undichten Ölbehälter? Man muß sich nach der Decke strecken.

SHUI TA Und wovon soll meine Kusine leben?

SUN Können Sie nicht etwas für sie tun?

SHUI TA Ich werde mich bemühen. *Pause* Ich wollte, Sie händigten mir die 200 Silberdollar wieder aus, Herr Yang Sun, und ließen sie hier, bis Sie imstande sind, mir zwei Billets nach Peking zu zeigen.

SUN Lieber Schwager, ich wollte, du mischtest dich nicht hinein.

SHUI TA Fräulein Shen Te ...

SUN Überlassen Sie das Mädchen ruhig mir.

SHUI TA ... wird vielleicht ihren Laden nicht mehr verkaufen wollen, wenn sie erfährt ...

SUN Sie wird auch dann.

SHUI TA Und von meinem Einspruch befürchten Sie nichts?

SUN Lieber Herr!

SHUI TA Sie scheinen zu vergessen, daß sie ein Mensch ist und eine Vernunft hat. [...] *(S. 71/72)*

1. Shen Te spricht in diesem Dialog als Shui Ta. Schreibe zu allen gemarkerten Stellen Subtexte, in denen Shen Te's wahre Gedanken und Gefühle zum Ausdruck kommen.
2. Welcher Widerspruch in der Figur Shen Te's wird dadurch deutlich?

Bild 8: Lied vom achten Elefanten

1
Sieben Elefanten hatte Herr Dschin
Und da war dann noch der achte.
Sieben waren wild und der achte war zahm
Und der achte war's, der sie bewachte.
Trabt schneller!
Herr Dschin hat einen Wald
Der muß vor Nacht gerodet sein
Und Nacht ist jetzt schon bald!

2
Sieben Elefanten roden den Wald
Und Herr Dschin ritt hoch auf dem achten.
All den Tag Nummer acht stand faul auf der Wacht
Und sah zu, was sie hinter sich brachten.
Grabt schneller!
Herr Dschin hat einen Wald
Der muß vor Nacht gerodet sein
Und Nacht ist jetzt schon bald!

3
Sieben Elefanten wollten nicht mehr
Hatten satt das Bäumeabschlachten.
Herr Dschin war nervös, auf die sieben war er bös
Und gab ein Schaff Reis dem achten.
Was soll das?
Herr Dschin hat einen Wald
Der muß vor Nacht gerodet sein
Und Nacht ist jetzt schon bald!

4
Sieben Elefanten hatten keinen Zahn
Seinen Zahn hatte nur noch der achte.
Und Nummer acht war vorhanden, schlug die sieben zuschanden.
Und Herr Dschin stand dahinten und lachte.
Grabt weiter!
Herr Dschin hat einen Wald
Der muß vor Nacht gerodet sein
Und Nacht ist jetzt schon bald.

Shui Ta ist gemächlich schlendernd und eine Zigarre rauchend nach vorn gekommen. Yang Sun hat den Refrain der dritten Strophe lachend mitgesungen und in der letzten Strophe durch Händeklatschen das Tempo beschleunigt.

FRAU YANG *(zum Publikum)* Wir können Herrn Shui Ta wirklich nicht genug danken. Beinahe ohne jedes Zutun, aber mit Strenge und Weisheit hat er alles Gute herausgeholt, was in Sun steckte. Er hat ihm nicht allerhand phantastische Versprechungen gemacht wie seine so sehr gepriesene Kusine, sondern ihn zu ehrlicher Arbeit gezwungen. Heute ist Sun ein ganz anderer Mensch als vor drei Monaten. Das werden Sie wohl zugeben! [...]

(S. 116 f.)

Verfremdungseffekte
Kunstmittel Bertolt Brechts, den Zuschauer von der Bühnenhandlung zu distanzieren und zum Nachdenken anzuregen.
Typische V-Effekte sind: der Dramenaufbau, Songs, Kommentare.

1. Inszeniert dieses Bild so, dass die Absicht Brechts (Verfremdung) in der Bewegung zum Ausdruck kommt. Achtet dabei besonders auf Lautstärke, Rhythmus und Tempo.
2. Auf welche gesellschaftlichen Widersprüche will Brecht mit dieser Form aufmerksam machen? Zieht auch weitere Szenen heran.

Maria, Elisabeth, Shen Te: ein Gespräch

Maria, Elisabeth und Shen Te treffen sich im kleinen Tabakladen, der jetzt völlig heruntergekommen ist. Shen Tes kleiner Sohn kramt währenddessen in einer Mülltonne nach Essbarem. Shen Te empfängt wieder Männer, Yang Sun ist ihr Zuhälter.

ELISABETH *(die sich angeekelt umschaut)* So weit kommt es, Shen Te, wenn man meint, erfolgreich und zugleich glücklich zu sein. Auch ich habe Gefühle! Doch ich habe auf die Liebe verzichtet, eine gute Herrscherin muss hart sein. Mein Volk hat das von mir verlangt. So eine Weinerlichkeit kann ich mir nicht leisten.

MARIA *(die sie unterbricht)* Ja, ja, dass Sie diese Kunst beherrschen, das habe ich mit meinem Leben bezahlen müssen. Aber glücklich sind Sie doch auch nicht geworden, wenngleich Sie politisch sehr erfolgreich waren.

SHEN TE *(leise)* Ich höre Ihnen voller Staunen zu, aber von Ihren Machtkämpfen verstehe ich wenig. Wissen Sie, ich wurde schwanger, weil ich liebte …

1. Was für ein Gespräch könnte entstehen, wenn diese drei Frauen sich unterhalten? Schreibe die Szene weiter.
2. Ihr könnt diese Szene auch improvisieren.
3. Welche Deutungen werden durch eine solche Zusatzszene geleistet?

Der gute Mensch von Sezuan: Epilog* *Bertolt Brecht*

* Text in originaler Orthografie

Vor den Vorhang tritt ein Spieler und wendet sich entschuldigend an das Publikum mit einem Epilog.

Verehrtes Publikum, jetzt kein Verdruß:
Wir wissen wohl, das ist kein rechter Schluß. […]
Vielleicht fiel uns aus lauter Furcht nichts ein.
Das kam schon vor. Was könnt die Lösung sein?
Wir konnten keine finden, nicht einmal für Geld.
Soll es ein andrer Mensch sein? Oder eine andre Welt?
Vielleicht nur andere Götter? Oder keine?
Wir sind zerschmettert und nicht nur zum Scheine!
Der einzige Ausweg wär aus diesem Ungemach:
Sie selber dächten auf der Stelle nach
Auf welche Weis dem guten Menschen man
Zu einem guten Ende helfen kann. […] *(S. 144)*

4. Weshalb hat Brecht das Ende seines Stückes offengelassen?
5. Improvisiert eine Schlussszene mit einem guten Ende.

Zwei Schlussszenen

Brecht: 10. Bild

[...]

SHUI TA Dann laßt mich euch die furchtbare Wahrheit gestehen, ich bin euer guter Mensch.

Er nimmt die Maske ab und reißt sich die Kleider weg, Shen Te steht da.

DER ZWEITE GOTT Shen Te!

SHEN TE Ja, ich bin es. Shui Ta und Shen Te, ich bin beides.

Euer einstiger Befehl
Gut zu sein und doch zu leben
Zerriß mich wie ein Blitz in zwei Hälften. Ich
Weiß nicht, wie es kam: gut sein zu andern
Und zu mir konnte ich nicht zugleich
Andern und mir zu helfen, war mir zu schwer.
Ach, eure Welt ist schwierig! Zu viel Not, zu viel Verzweiflung!
Die Hand, die dem Elenden gereicht wird
Reißt er einem gleich aus! Wer den Verlorenen hilft
Ist selbst verloren! Denn wer könnte
Lang sich weigern, böse zu sein, wenn da stirbt, wer kein Fleisch ißt?
Aus was sollte ich nehmen, was alles gebraucht wurde?
Nur
Aus mir! Aber dann kam ich um! Die Last der guten Vorsätze
Drückte mich in die Erde. [...] *(S. 138f.)*

Schiller: Letzter Auftritt

ELISABETH *(betroffen)*
Nein, Shrewsbury! Ihr werdet mich jetzt nicht
Verlassen, jetzt –

SHREWSBURY Verzeih, ich bin zu alt,
Und diese grade Hand, sie ist zu starr,
Um deine neuen Taten zu versiegeln.

ELISABETH Verlassen wollte mich der Mann, der mir
Das Leben rettete?

SHREWSBURY Ich habe wenig
Getan – Ich habe deinen edlern Teil
Nicht retten können. Lebe, herrsche glücklich!
Die Gegnerin ist tot. Du hast von nun an
Nichts mehr zu fürchten, brauchst nichts mehr zu achten.

(Geht ab)

ELISABETH *(zum Grafen Kent, der hereintritt)* Graf Leicester komme her!

KENT Der Lord lässt sich
Entschuldigen, er ist zu Schiff nach Frankreich.

(Sie bezwingt sich und steht mit ruhiger Fassung da. Der Vorhang fällt.)

(V. 4021ff.)

1. Welche Anklage erhebt Shen Te in diesen Schlussworten? Woran scheitert sie?
2. Vergleiche dieses Ende mit dem letzten Auftritt Elisabeths in Schillers Drama.

INFO

Nachschlagen → S. 304

- Mit Hilfe des **Einfühlens in die Dramenfigur** entwickelt der Leser eigene Vorstellungen und wird neugierig auf den Text.
- Die szenische Umsetzung von **Verfremdungseffekten** führt beim Zuschauer zu einer Distanzierung von der Bühnenhandlung.
- Der **Vergleich von Frauengestalten** im klassischen und epischen Drama führt zu einem vertieften Verständnis der Figuren.

Nachschlagen → S. 304

Schiller und Brecht: unterschiedliche Dramenkonzepte

Die klassische Dramenform

Der Schriftsteller und Literaturwissenschaftler Gustav Freytag hat die Struktur des klassischen Dramas als „pyramidalen Bau“ beschrieben.

Epische Dramenform:
Der Begriff meint, dass ein Drama oder Theaterstück epische Elemente enthält, d. h. sich der Erzählliteratur nähert.
Die einzelnen Szenen sind nicht zwingend aufeinander aufgebaut; der Ablauf ist eher mit einer epischen Bilderfolge zu vergleichen.

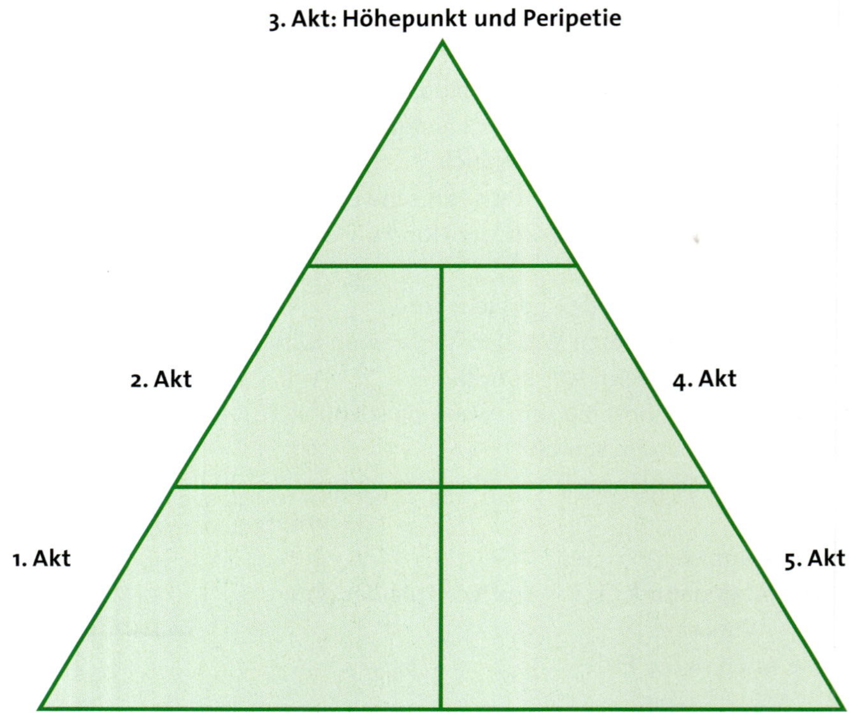

1. Übertragt diese Skizze auf ein großes Wandplakat und ergänzt folgende Angaben zu Schillers Drama *Maria Stuart:*
   - Die Schauplätze der einzelnen Akte
   - Die jeweils zentrale Figur mit 1 bis 2 Stichworten zur Handlung
   - Der Zeitraum, in dem sich die Handlung abspielt.
2. Ordnet den einzelnen Akten folgende Begriffe zu:
   Katastrophe / fallende Handlung (Verzögerung, Retardierung) / Peripetie (Höhepunkt, Umschwung) / Exposition (Einleitung) / steigende Handlung
3. Stellt euch gegenseitig eure Schaubilder vor: Was könnt ihr daraus ablesen?
4. Die klassische Dramenform wird auch als geschlossene Form bezeichnet. Erkläre warum.

Die epische Dramenform

VORSPIEL – Eine Straße in der Hauptstadt von Sezuan

1 **Ein kleiner Tabakladen**

Zwischenspiel: Unter einer Brücke

2 **Der Tabakladen**

3 **Abend im Stadtpark**

Zwischenspiel: Wangs Nachtlager in einem Kanalrohr

4 **Platz vor Shen Te's Tabakladen**

Zwischenspiel vor dem Vorhang

5 **Der Tabakladen**

Zwischenspiel vor dem Vorhang

6 **Nebenzimmer eines billigen Restaurants in der Vorstadt**

Zwischenspiel: Wangs Nachtlager

7 **Hof hinter Shen Te's Tabakladen**

Zwischenspiel: Wangs Nachtlager

8 **Shui Ta's Tabakfabrik**

9 **Shen Te's Tabakladen**

Zwischenspiel: Wangs Nachtlager

10 **Gerichtslokal**

EPILOG

Beispiel:
Ein kleiner Tabakladen.
Personen: Shen Te, arme Leute.
Handlungsverlauf: Mit dem Geld der Götter hat Shen Te sich einen kleinen Tabakladen gekauft. Da sie viel Gutes tun will, versorgt sie alle, die in ihrem Laden Obdach suchen. Shen Te droht der Ruin. In ihrer Not erfindet sie einen Vetter Shui Ta, in den sie sich verwandelt.

5. Ordne den einzelnen Bildern die entsprechenden Figuren und den Handlungsverlauf zu. Orientiere dich an dem Beispiel in der Randspalte.

6. Erarbeite anhand dieser Szenenübersicht von *Der gute Mensch von Sezuan* Unterschiede in der Struktur zu *Maria Stuart*. – Übertrage die Tabelle in dein Heft und liste darin die Unterschiede auf:

	Schiller: *Maria Stuart*	**Brecht:** *Der gute Mensch von Sezuan*
Orte		
Gliederung		
äußerer Aufbau		
Figurenkonstellation		
Handlungsschritte und Spannungsbogen		
Anfang und Schluss		

7. Die epische Dramenform wird auch als offene Form bezeichnet. Erkläre warum.

Aus Schillers Briefen zu „Maria Stuart"

An Goethe, 11. Juni 1799
Die Idee, aus diesem Stoff ein Drama zu machen, gefällt mir nicht übel. Er hat schon den wesentlichen Vorteil bei sich, dass die Handlung in einen tatvollen Moment konzentriert ist und zwischen Furcht und Hoffnung rasch zum Ende eilen muss. Auch sind vortreffliche dramatische Charaktere darin schon von der Geschichte hergegeben.

An Goethe, 18. Juni 1799
Ich fange schon jetzt an, bei der Ausführung mich von der eigentlich tragischen Qualität meines Stoffs immer mehr zu überzeugen, und darunter gehört besonders, dass man die Katastrophe gleich in den ersten Szenen sieht, und indem die Handlung des Stücks sich davon wegzubewegen scheint, ihr immer näher und näher geführt wird. An der Furcht des Aristoteles fehlt es also nicht und das Mitleiden wird sich auch schon finden. Meine Maria wird keine weiche Stimmung erregen, es ist meine Absicht nicht, ich will sie immer als ein physisches Wesen halten, und das Pathetische muss mehr eine allgemeine tiefe Rührung als ein persönliches und individuelles Mitgefühl sein. Sie empfindet und erregt keine Zärtlichkeit, ihr Schicksal ist, nur heftige Passionen zu erfahren und zu entzünden.

Aristoteles (384–322 v. Chr.): Die Poetik des Aristoteles ist die früheste erhaltene Untersuchung der verschiedenen Formen der Dichtung. Was er über die Tragödie schreibt, ist noch heute für die Dramentheorie wichtig.

Aus Brechts Arbeitsjournal*

* Text in originaler Orthografie

15.3.1939
vor ein paar tagen habe ich den alten entwurf von DER GUTE MENSCH VON SEZUAN wieder hervorgezogen (in berlin begonnen als DIE WARE LIEBE). es existieren fünf szenen, vier davon sind zu brauchen. es ist scharadenarbeit, schon der umkleide- und umschminkakte wegen. ich kann aber dabei die epische technik entwickeln und so endlich wieder auf den standard kommen.

20.6.1940
im großen und ganzen fertig mit dem GUTEN MENSCH VON SEZUAN. der stoff bot große schwierigkeiten, [...] das ineinanderübergehen der beiden figuren, ihr ständiger zerfall usw. scheint nun halbwegs gelungen, das große experiment der götter, dem gebot der nächstenliebe das gebot der selbstliebe hinzuzufügen, dem „du sollst zu andern gut sein" das „du sollst zu dir selbst gut sein" mußte sich zugleich abheben von der fabel und sie doch beherrschen.

8. Welche Absichten haben Schiller und Brecht mit ihren Dramen jeweils verfolgt?

Die dramatische und die epische Form des Theaters *Bertolt Brecht*

Der Begriff „episches Theater" wird meistens mit Brechts Theaterschaffen in Verbindung gebracht. Hinsichtlich des nachfolgenden Schemas betont Brecht, dass diese schematische Darstellung, die hier verkürzt und leicht verändert wiedergegeben ist, nicht absolute Gegensätze, sondern lediglich Akzentverschiebungen vom dramatischen zum epischen Theater wiedergibt.

Dramatische Form des Theaters	Epische Form des Theaters
Auf der Bühne wird ein Vorgang dargestellt.	Der Vorgang wird erzählt.
Der Zuschauer wird in eine Aktion verwickelt.	Der Zuschauer ist Betrachter.
Vermittelt werden Gefühle.	Verlangt werden Entscheidungen.
Vermittelt werden Erlebnisse.	Gewonnen werden Kenntnisse/Erkenntnisse.
Es wird mit Suggestion gearbeitet.	Es wird mit Argumenten gearbeitet.
Der Mensch ist unveränderlich.	Der Mensch kann verändert werden.
Die Spannung richtet sich auf den Ausgang der Handlung.	Die Spannung richtet sich auf den Gang der Handlung.
Eine Szene stellt die Grundlage für die andere dar.	Jede Szene steht für sich.
Die Geschehnisse verlaufen linear.	Die Geschehnisse verlaufen in Kurven.
Die Welt wird dargestellt, wie sie ist.	Die Welt wird dargestellt, wie sie sein wird.
Das Denken bestimmt das Sein.	Das gesellschaftliche Sein bestimmt das Denken.

1. Suche dir zwei Gegenüberstellungen aus und erläutere diese am Beispiel von *Maria Stuart* und *Der gute Mensch von Sezuan*.

INFO

Nachschlagen → S. 304

- Das klassische Drama als **geschlossene Form** steht im Gegensatz zur **offenen Form** des Dramas, das durch Brechts episches Theater geprägt wurde.
- Es gibt verschiedene **Dramentheorien**, die einem Drama zugrunde liegen können: z. B. Brechts Theorie des epischen Theaters. Sie geben Aufschluss über die Absicht des Autors.

Mit Texten und Medien umgehen

Sachtexte

„Kontinuierliche" und „diskontinuierliche" Texte

Sachtexte begegnen euch in den unterschiedlichsten Medien, in Zeitungen, Enzyklopädien und im Internet. Sie können „kontinuierlich" sein wie etwa Leitartikel in Zeitungen, die fortlaufend geschrieben sind und auch visuell als einheitliche Textform rezipiert werden können. Sie können aber auch „diskontinuierlich" sein, d. h. sie haben keinen fortlaufenden Text und werden durch grafische Elemente unterbrochen, wie etwa Tabellen, Diagramme und Grafiken. Auch Hypertexte im Internet können „diskontinuierlich" genannt werden, sofern man bei ihnen einen Link anklicken muss.

- Mit welchen der genannten Sachtexte hast du schon Erfahrungen gemacht?
- Zu welchem Zweck liest du sie?

Übergewicht – wie gut weißt du Bescheid?

1. Eine Kalorie ist:
   a) Das Maß für die Gewichtszunahme
   b) Das Maß für den Energiegehalt eines Lebensmittels
   c) Das Maß für das Übergewicht

2. Du gehst zu McDonald's. Welches der folgenden Produkte hat den niedrigsten Fett- und Kaloriengehalt?
   a) Mittlere Portion Pommes ohne Sauce
   b) McChicken
   c) Hamburger

3. Welches der folgenden Lebensmittel hat den höchsten Kaloriengehalt pro 100 gr.?
   a) Gummibärchen
   b) Hamburger
   c) Teewurst

4. Welches der folgenden Getränke braucht allein für die Verwendung im Körper mehr Kalorien, als es selbst enthält?
   a) Kaltes Wasser (2 °C)
   b) Energie-Drink
   c) Milch bei Körpertemperatur (37 °C)

5. Warum nehmen die meisten Menschen zu?
   a) Weil Sie zu viel Kohlenhydrate zu sich nehmen, die in Körperfett umgewandelt werden.
   b) Weil Sie zu viel Alkohol trinken, der in Körperfett umgewandelt wird.
   c) Weil Sie weniger Fett verbrennen, als sie essen.

6. Wie viel Kalorien muss man einsparen, um ein Kilogramm abzunehmen?
   a) 7000 kcal
   b) 1000 kcal
   c) 4000 kcal

7. Warum ist Sport wichtig, wenn man abnehmen will?
   a) Weil man die meisten Kalorien verbrennt.
   b) Weil Sport Muskeln aufbaut und Muskeln im Ruhezustand mehr Kalorien verbrauchen als Fettgewebe.
   c) Weil der Körper beim Sport besonders viel Sauerstoff aufnimmt und dieser die Fettverbrennung ankurbelt.

1. Mache den Test. Die Lösungen findest du auf S. 314.

Nachschlagen → S. 305

Navigierendes Lesen

Fettsucht

Zu diesem Begriff findest du in einer PC-Enzyklopädie folgenden Eintrag:

Microsoft Encarta Enzyklopädie

Fettsucht
Artikel mit dem Wort / den Wörtern „Fettsucht"
→ Fettsucht
→ Fehlernährung
→ Ernährungsrichtlinien
→ Richtlinien zur Nährstoffanalyse
→ Cushing-Syndrom
→ Ballaststoffe
→ Fette (Ernährung)
→ Arteriosklerose
→ Diät
→ Vollwertkost
→ Gewichtskontrolle
→ Übergewicht

Fettsucht, auch Übergewicht oder Adipositas, körperlicher Zustand, bei dem im Fettgewebe unter der Haut und in anderen Organen (einschließlich der Muskeln) zu viel Fett eingelagert ist.

Alle Säuger speichern Fett; es macht bei Frauen normalerweise etwa 25 Prozent und bei Männern 15 Prozent des Körpergewichts aus. Da der Organismus aus Fett ungefähr doppelt so viel Energie gewinnen kann wie aus der gleichen Menge an Kohlenhydraten oder Proteinen, speichert er auf diese Weise Energie für zukünftigen Bedarf. Wird die abgelagerte Fettmenge jedoch zu groß, entsteht gesundheitlicher Schaden. An Fettsucht leiden nicht nur Erwachsene, sondern in zunehmendem Maß auch Kinder. So hatte nach 1997 veröffentlichten Werten von 5000 daraufhin untersuchten Münchner Schülern jeder achte ein behandlungsbedürftiges Übergewicht von über 20 Prozent.

Die herkömmliche Methode zur Ermittlung des Normalgewichts ist der Broca-Index. Danach errechnet man das Normalgewicht eines Mannes in Kilogramm, indem man von der Körpergröße in Zentimetern den Wert 100 abzieht. Ein 175 Zentimeter großer Mann hat also ein Normalgewicht von 75 Kilogramm. Das Normalgewicht einer gleich großen Frau liegt 10 Prozent niedriger. Ein neueres Verfahren zur Bestimmung des Normalgewichts ist der Body-Mass-Index. Dieser Index gilt als präziser, und er lässt erkennen, dass eine Toleranzbreite besteht. Den Body-Mass-Index ermittelt man, indem man das Körpergewicht in Kilogramm durch das Quadrat der Körperlänge in Metern teilt. Eine 1,65 Meter große Frau, die 62 Kilogramm wiegt, hat einen Body-Mass-Index von 22,8 ($62 : 1{,}65^2 = 22{,}8$). Bei Frauen gilt der Bereich von 19 bis 24 als normal, bei Männern der Bereich von 20 bis 25. Ein deutliches Übergewicht besteht bei einem Body-Mass-Index ab 27, von Fettsucht spricht man bei einem Body-Mass-Index ab 30.

Wie sich bei der Auswertung von Versicherungsdaten gezeigt hat, besteht bei Personen mit einem Übergewicht von 30 Prozent und mehr ein deutlich erhöhtes Risiko für Erkrankungen, insbesondere für Diabetes, Herz-Kreislauf-Krankheiten und Gallenleiden sowie für Arthritis; auch bei Operationen kommt es dann häufiger zu Komplikationen. Nur in seltenen Fällen sind Störungen im endokrinen System die Ursache der Fettsucht. Übergewicht entsteht, wenn man mit der Nahrung mehr Energie aufnimmt, als man durch körperliche Tätigkeit verbraucht. Wie sich in wissenschaftlichen Untersuchungen herausgestellt hat, schlemmen sowohl Normal- als auch Übergewichtige hin und wieder, aber wer ein normales Gewicht hat, isst hinterher zum Ausgleich weniger – Übergewichtige tun dies jedoch nicht.

Neben übermäßigem Essen kann auch zu wenig Bewegung zur Fettsucht führen, insbesondere bei sitzender Tätigkeit oder bei bettlägerigen Personen. Nach 1998 veröffentlichten Untersuchungen der Universität Trier ist Fettsucht zu einem erheblichen Teil erblich.

Man hat bei Übergewichtigen viele Methoden ausprobiert, um das Körpergewicht zu senken, aber alle hatten nur begrenzten Erfolg. Entscheidend ist, dass einerseits die Energiezufuhr reduziert und andererseits der Energieverbrauch gesteigert wird. Eine Gewichtsreduzierung gelingt am ehesten mit ballaststoffreicher Kost, die überwiegend aus Vollkornprodukten sowie Obst und Gemüse besteht. Auf tierische Proteine – etwa in Form von kalorienarmen Milchprodukten wie Joghurt – sollte man jedoch nie verzichten (siehe menschliche Ernährung). Statt Fleisch empfiehlt sich der Verzehr von Fisch. Unbedingt meiden sollte man Süßigkeiten, zuckerhaltige Erfrischungsgetränke, Alkohol und fette Speisen. Ebenso wichtig wie die Verringerung der Energiezufuhr ist regelmäßige körperliche Bewegung, etwa in Form von ausgedehnten Spaziergängen oder Waldläufen. […]

1. Welche der Sachinformationen aus diesem Artikel sind dir bekannt, welche nicht?
2. Welche Funktion haben die Hyperlinks (grün unterlegte Begriffe) und die Navigationsleiste (s. Randspalte)?
3. Lies den dritten Abschnitt und stelle dir vor, die Begriffe Broca-Index und Body-Mass-Index wären Hyperlinks. Welche Passagen aus dem 3. Abschnitt wären dann die dazugehörigen Hypertexte?

Hyperlinks

Im Folgenden findest du in ungeordneter Reihenfolge sechs Hyperlink-Texte, die du erhältst, wenn du die Begriffe „Fette", „Kohlenhydrate", „Proteine", „Diabetes", „Arthritis", „endokrines System" (s. Lexikonartikel zum Begriff „Fettsucht") anklickst. Ferner findest du sechs weitere Hyperlinktexte zu jeweils einem Begriff, der in diesen angeklickten Hyperlink-Texten enthalten ist.

1 ____, organische Verbindungen, die chemisch Ester aus drei Fettsäuremolekülen und Glycerin als Akoholkomponente darstellen. Sie werden auch als Triglycerine oder Triglyceride bezeichnet. ____ sind leichter als Wasser und wasserunlöslich, lösen sich aber in organischen Lösungsmitteln. Bei Zimmertemperatur können sie entweder in flüssigem (Öle), halbfestem (Butter) oder starrem Zustand (Talg) vorliegen. […]

2 ____, Substanzen, die beim Menschen, bei Tieren und Pflanzen wichtige Lebensprozesse des Organismus regulieren. Dazu gehören Wachstum, Stoffwechsel, Fortpflanzung und Funktionen verschiedener Organe. Bei den Tieren werden ____ in endokrinen Drüsen produziert. Diese geben das Sekret entweder direkt oder über Drüsengänge ins Blut. […]

3 ____, Verbindungsstellen zwischen Knochen oder Knorpeln des Skeletts. […]

4 ____, Erkrankung, bei der das Immunsystem körpereigene Strukturen angreift und Antikörper gegen sie bildet, als ob es sich dabei um Fremdstoffe handelt. […]

5 ____, Freiherr von (1779–1848), schwedischer Chemiker, der als einer der Begründer der modernen Chemie gilt. […]

6 ____, Krankheit, die durch eine Störung des Kohlenhydratstoffwechsels verursacht wird und durch einen anomal hohen Zuckerspiegel in Blut und Harn gekennzeichnet ist. […] ____ kann Augen, Nieren, Herz und Gliedmaßen schädigen und Risiken für die Schwangerschaft (Missbildungen, Fehlgeburten) bergen. […] Bei ____ werden grundsätzlich zwei Formen unterschieden: Der Typ-I-____, der insulinabhängige ____ […], tritt bei Kindern und Heranwachsenden auf und wird zu den Autoimmunkrankheiten gezählt. Er setzt plötzlich ein und schreitet rasch fort. Ungefähr 10 bis 15 Prozent aller ____-Fälle sind diesem Typ zuzurechnen. Nach einem Bericht der Zeitschrift *Lancet* von 2000 steigt in Europa die Zahl der betroffenen Kinder unter 15 Jahren jährlich um 3,4 Prozent, bei Kindern unter fünf Jahren sogar um 6,3 Prozent. […]

7 ____, in der belebten Natur in großer Vielfalt vorkommende Eiweißstoffe, die sehr unterschiedliche Längen und Funktionen haben können. Der Begriff ____ wurde 1838 von dem schwedischen Chemiker Jöns Jakob Berzelius geprägt (griechisch *protos:* erstrangig). […]

8 ____, Entzündung eines oder mehrerer Gelenke. Über 100 verschiedene Krankheiten können eine ____ hervorrufen. In ihrer häufigsten und unangenehmsten Form tritt die ____ an mehreren Gelenken gleichzeitig auf; sie bleibt in der Regel lange bestehen und kann zunehmende Behinderung zur Folge haben. […]

9 ____, Sammelbezeichnung für alle Organe und Gewebe, die Hormone produzieren. Die ____ Organe sind Drüsen, die aber keine Ausführungsgänge besitzen, weil sie ihre Produkte unmittelbar ins Blut ausschütten. […]

10 _____, chemische Verbindungen. […] Alle natürlichen Fette und Öle (im Gegensatz zu Mineralölen) und die meisten Wachse sind Mischungen verschiedener _____. […]

11 _____, Stoffwechselreaktion chlorophyllhaltiger Organismen (grüne Pflanzen und einige Bakterien), bei der organische Verbindungen aus anorganischen Molekülen durch Umwandlung von Lichtenergie in chemische Energie synthetisiert werden. […]

12 _____, große Gruppe von Verbindungen, bei denen Wasserstoff und Sauerstoff im Verhältnis 2 : 1 mit Kohlenstoff gebunden sind. […] Die _____ sind die in der Natur am häufigsten vorkommenden Verbindungen. Sie werden von grünen Pflanzen und Bakterien bei der Photosynthese produziert. Dabei wird das Kohlendioxid der Luft mittels Solarenergie zu _____ und anderen lebensnotwendigen Substanzen umgesetzt. […]

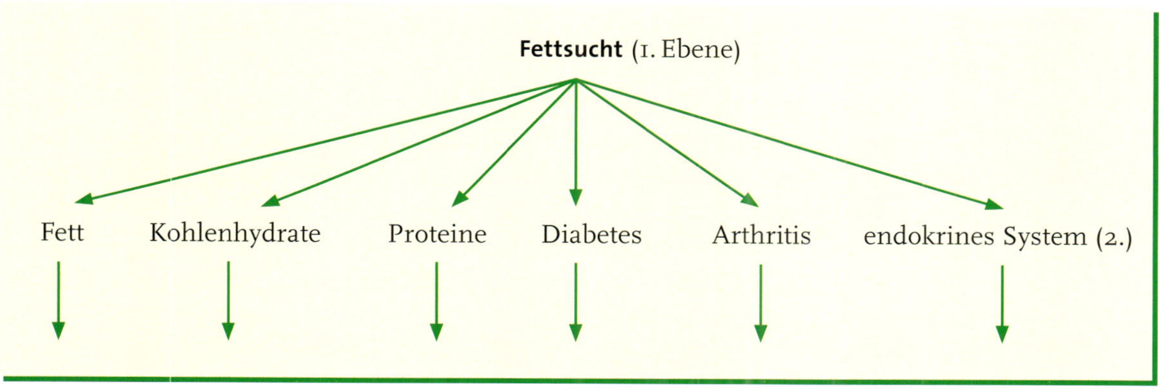

1. Suche die passenden Begriffe zu den freien Feldern _____.
2. Welche 6 Begriffe sind den 6 Begriffen auf Ebene 2 untergeordnet? Führe das oben abgebildete Schema fort, indem du Ebene 3 darstellst.
3. Stelle dir vor, du müsstest ein Kurzreferat zum Thema „Fettsucht" halten und würdest dich dazu mit Hilfe des Artikels (s. S. 204) informieren. Welchen Hyperlink hättest du angeklickt und welchen nicht? Welchen hältst du für die Adressaten deines Referats für wichtig, welchen nicht? Warum?

INFO

- Im Umgang mit neuen Medien bewegt sich der Leser beim **navigierenden Lesen** horizontal und vertikal.
- Über **Hyperlinks** und **Navigationsleisten** erhält er Zusatzinformationen zu wichtigen Begriffen.
- Der Leser entscheidet je nach Informationsbedürfnis, welchen Hyperlink er anklickt und welchen nicht.

Nachschlagen → S. 305

Nachschlagen → S. 305

Vergleichendes Lesen

Das dicke Ende *Jürgen Löhle*

Die Zahlen sind eindeutig: Deutschlands Kinder werden immer unsportlicher, unbeweglicher und dicker. 20 Prozent der Kinder bis zu zehn Jahren haben zu viel auf den Rippen, bei den Jugendlichen sind es sogar fast ein Drittel (nach 16 Prozent 1976). Und das hat Folgen: Ärzte diagnostizieren einen gewaltigen Zuwachs an Diabetes bei den Kleinen (in Baden-Württemberg etwa plus vier Prozent jährlich); aus jugendlichen Dicken werden später übergewichtige Erwachsene, die ein erhöhtes Risiko für Bluthochdruck, Diabetes, Herzinfarkt und Schlaganfall mit sich herumschleppen.

Dokumentiert wird der Verlust an Fitness durch viele Untersuchungen. Ein besonders krasses Beispiel: Waren 1976 zehnjährige Jungen noch in der Lage, im Schnitt in sechs Minuten 1024 Meter zu laufen, kamen die Gleichaltrigen 20 Jahre später in der gleichen Zeit nur noch 876 Meter weit. Leistungsrückgang knapp 20 Prozent. Eine fatale Entwicklung, wenn man bedenkt, wie wichtig körperliche Fitness von Kindern für die spätere Gesundheit und auch für die Lebensqualität ist. Es gibt Studien, die behaupten, dass die heutigen Kids erstmals eine geringere Lebenserwartung haben als ihre Eltern. Das ist allerdings eine gewagte These, da sie medizinischen Fortschritt ausklammert. „Die Lebensqualität im Alter leidet aber auf jeden Fall“, sagt der Karlsruher Sportwissenschaftler Klaus Bös, „denn es ist ja nicht erstrebenswert, zehn Jahre länger zu leben, wenn man die als Pflegefall verbringen muss.“

Der Leiter des Sportinstituts der Universität Karlsruhe beschäftigt sich seit Jahren mit sportmüden Kindern. Und mit der paradoxen Entwicklung, dass auf der einen Seite der Nachwuchs immer träger und kränker wird, auf der anderen Seite die Mitgliederzahlen in den Sportvereinen stetig ansteigen. Bundesweit sind nach neuesten Zahlen des Deutschen Sportbundes 77 Prozent aller Jungen zwischen sieben und 14 Jahren in einem Sportverein, bei den Mädchen sind es 59 Prozent. Und die Zahlen steigen weiter auf neue Rekorde.

Wie geht das zusammen – immer mehr Sportkids und gleichzeitig immer mehr dicke, bewegungsunfähige und leistungsschwache Kinder? „Das ist nur auf den ersten Blick paradox“, erklärt Bös, „das Problem ist, dass Sportvereine den Verlust ganz gewöhnlicher Alltagsbewegung nicht ausgleichen können.“ Der Sportwissenschaftler hat zum Beispiel ermittelt, dass sich die Kinder im Schnitt eine Stunde am Tag zu wenig bewegen. Ein durchschnittliches Kind kommt heute noch auf knapp eine halbe Stunde Bewegung am Tag. Nötig wären aber anderthalb Stunden, um die aufgenommenen Kalorien auch verbrennen zu können. „Um dieses Defizit auszugleichen, reichen zwei Stunden pro Woche im Turnverein einfach nicht aus“, sagt Bös.

Es mangelt an ganz einfachen Bewegungen im Alltag. Immer weniger Kinder gehen zu Fuß oder fahren mit dem Fahrrad in die Schule, überfürsorgliche Eltern chauffieren die Kleinen mit dem Auto zu Freunden oder vor die Schultüre und holen sie auch wieder ab. Nachmittags ist es dann für die Kleinen drinnen spannender als draußen.

„Die heutigen Kinder haben in der Wohnung Möglichkeiten, die es früher schlicht nicht gab – Indoor ist spannender als Outdoor“, sagt Bös. Die Zahl der Fernsehgeräte steigt mit dem Preisverfall der Geräte. In jedem zweiten Kinderzimmer flimmert mittlerweile die Mattscheibe.

Dazu kommen Computerspiele und Internet. Das ist für viele Kinder interessanter als eine Stunde Verstecken spielen oder auf dem Bolzplatz zu kicken, obwohl Kinder einen ganz natürlichen Bewegungsdrang haben.

Die Kinderwelt ist eine Sitzwelt geworden, mit den bekannten Folgen wie Übergewicht und Leistungsverlust. Dabei essen die Kinder heute nicht mehr als früher, sie verbrauchen die Energie nur nicht.

Aber was tun? Auf jeden Fall ist Kreativität gefragt. In England wurde ein Sportschuh entwickelt, der Schritte zählt und hinterher die geleistete Arbeit in Fernsehzeit umrechnet. 100 Schritte, eine Minute Glotze. Ein Chip steuert den Bildschirm. Ist das Bewegungskonto bei null, wird die Mattscheibe schwarz. „Wenn das funktioniert, ist es gut“, sagt Bös, der aber eher auf einen langfristigen Bewusstseinswandel vor allem bei den Eltern setzt. Die müssten erkennen, dass sie ihren Kindern nichts Gutes tun, wenn sie die Kleinen tagelang vor Bildschirmen sitzen lassen und auch noch dauernd chauffieren. Das ist aber nicht so einfach, da Übergewicht und Bewegungsschwäche überdurchschnittlich oft bei Kindern sozial schwacher Familien und Ausländern auffallen. Einen ähnlichen Trend gibt es bei Alleinerziehenden, die oft weniger Zeit haben, ihre Kinder zur Bewegung zu motivieren. Letztlich müssten sich Eltern, Schule und Vereine gemeinsam mühen, den Jungen wieder Beine zu machen.

Sonst droht der Anteil junger Menschen mit programmierten Krankheiten noch größer zu werden. Und das ist nicht nur bitter für die betroffenen Kinder, sondern auch für die, die für die Folgeschäden aufkommen müssen.

1. Inwiefern handelt es sich bei diesem Text um einen meinungsbildenden Sachtext? Beachte die sprachliche Gestaltung.
2. Vergleiche diesen Zeitungsartikel mit dem Artikel über „Fettsucht“. Welche Unterschiede stellst du fest?

Sachinformationen

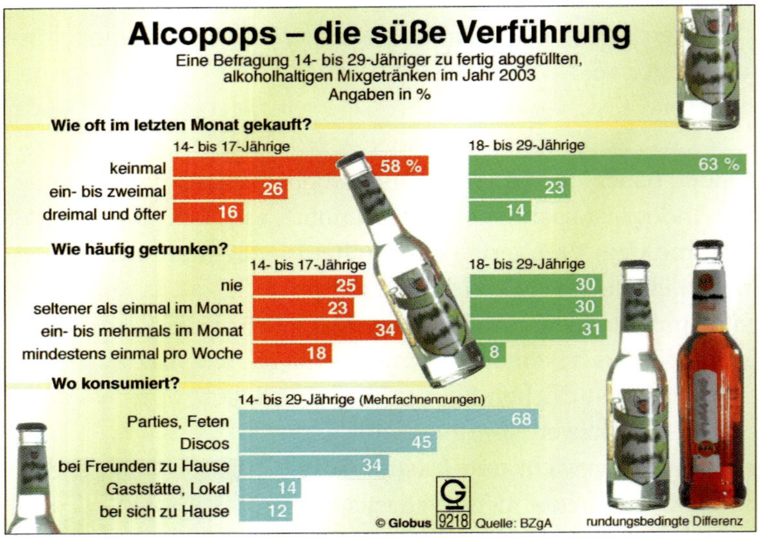

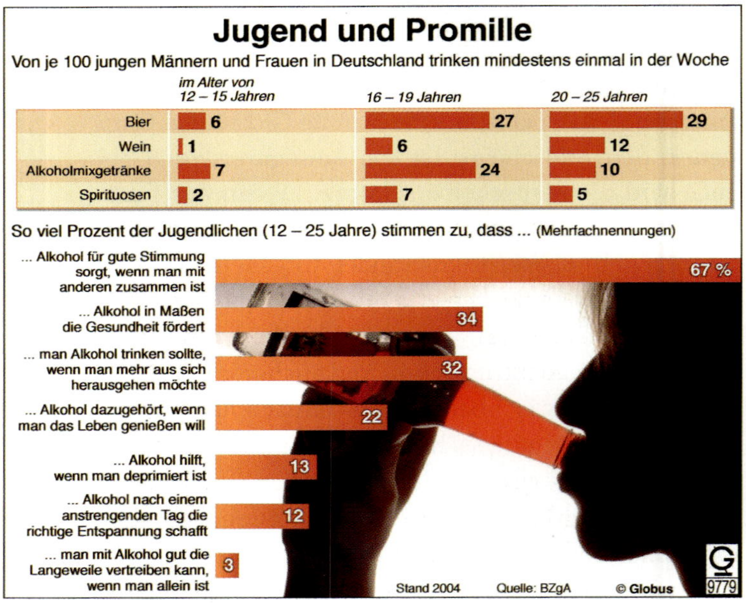

1. Verfasse mit Hilfe der obigen Informationen in den Grafiken einen meinungsbildenden Sachtext zu dem Thema „Jugend und Alkohol“.

Nachschlagen → S. 305

INFO

- Durch **vergleichendes Lesen** kann man die unterschiedliche Gewichtung von Sachinformationen feststellen.
- **Meinungsbildende Sachtexte** enthalten Sachinformationen und subjektive Wertungen des Autors.

Das Exzerpt

Nachschlagen → S. 305

Angst vor dem eigenen Gewicht *Katrin Neubauer*

Exzerpt:
Ein Exzerpt ist ein auf das Wesentliche gekürzter, meist frei formulierter Inhaltsauszug eines zu bearbeitenden Sachtextes.

Essen/Siegen (ddp). „Du bist zu dick!" – zu oft hörte Nina diese Worte von ihrem Freund. Zuerst ließ sie ein, zwei Mahlzeiten aus. Später bestand ihre Tagesration nur noch aus einigen Salatblättern. Auf 33 Kilogramm hungerte sich die 16-Jährige herunter, bis sie schließlich in eine Klinik gebracht werden musste.

Für Essstörungen sind vor allem Mädchen in der Pubertät anfällig, sagt Nora Dannigkeit, Psychologin aus der Christoph-Dornier-Stiftung, Universität Siegen. Durch den natürlichen Fettgewinn im Rahmen der pubertären Entwicklung kommt es häufig zu einer Gewichtszunahme, die sich später wieder geben kann. Oftmals fühlen sich die jungen Mädchen aber dadurch verunsichert, werden unzufrieden mit ihrer Figur und beginnen mit Diäten.

Die am häufigsten auftretenden Essstörungen sind Bulimie und Magersucht. Insbesondere Mädchen und junge Frauen mit einem geringen Selbstwertgefühl neigen dazu, stellt Stephan Herpertz fest, Arzt für psychotherapeutische Medizin an den Rheinischen Kliniken/Universitätsklinik Essen. Häufig gehen den Essstörungen Diäten voraus, um dem in den Medien propagierten Schönheitsideal näherzukommen. „Frauen verbinden mit dem Schlanksein Schönheit, Intelligenz und Erfolg. Während Männer ihr Selbstwertgefühl aus ihrer Leistungsfähigkeit beziehen, machen es Frauen an ihrem Körper fest", erläutert der Experte.

Zwar erkranken nur 0,1 bis 1,0 Prozent der Frauen an Magersucht (Anorexie) und etwa 2 bis 4 Prozent an Bulimie – die Folgen können jedoch verheerend sein. „Etwa 18 Prozent der Magersüchtigen sterben an der Krankheit", sagt Herpertz. Damit ist Anorexie unter allen psychiatrischen Erkrankungen die mit der höchsten Todesrate. Alarmierend sei auch, dass immer mehr Kinder schon mit zehn oder zwölf Jahren an Magersucht erkranken.

Die gesundheitlichen Risiken bei Essstörungen sind beträchtlich. Wer unter Bulimie leidet – also Fressanfälle bekommt und danach die Nahrung durch rigides Fasten, Erbrechen oder Abführmittel wieder loswerden will – leidet häufig an Stoffwechsel- und Elektrolytstörungen. In schlimmen Fällen sind Kreislaufzusammenbrüche und Nierenerkrankungen die Folge. Das häufige Erbrechen kann Entzündungen in der Speiseröhre und Karies der Zähne hervorrufen. Bei Magersucht kommt es zu einer Reihe von Mangelerscheinungen wie Haarausfall, trockene Haut, ständiges Frieren und Menstruationsstörungen, die bis zur Unfruchtbarkeit führen können. Essstörungen, die sehr früh im Leben beginnen, können Osteoporose (Knochenschwund) begünstigen.

Da Betroffene häufig versuchen, die Symptomatik zu verheimlichen, ist die Früherkennung nicht leicht. Deutliche Alarmzeichen, die Eltern, Lehrer und Freunde nicht übersehen sollten, sind beispielsweise ständiges Reden über

Gewicht, Essen und Abnehmen, sagt die Psychologin. Die jungen Frauen lassen Mahlzeiten aus oder essen nur Mini-Portionen.

Magersüchtige kochen manchmal opulente Menüs für die ganze Familie, bringen selbst aber keinen Bissen hinunter. Bulimiekranke laufen nach jedem Essen zur Toilette, um sich zu übergeben. Und nach Fressattacken ist der Kühlschrank leer.

Um Zugang zu ihren essgestörten Kindern zu finden, benötigen Eltern viel Fingerspitzengefühl. Es bringt nichts, sie zum Essen zu überreden oder den Kühlschrank zu verriegeln, warnt Reinhold Laessle, Psychologe an der Universität Trier. Je mehr Kontrolle essgestörte Mädchen spüren, desto weiter ziehen sie sich zurück. Essstörungen liegt meist ein psychisches Problem zugrunde. Wichtig ist es daher, Vertrauen aufzubauen, um mit dem Kind ins Gespräch zu kommen, rät Laessle.

Eltern können dabei offen ansprechen, dass sie sich Sorgen machen, und raten, gemeinsam zum Arzt zu gehen. In vielen Fällen – insbesondere bei Magersucht – ist es notwendig, die körperliche Verfassung regelmäßig zu überwachen. Auf Diskussionen über Gewicht und Figur sollten sich Vater oder Mutter aber auf keinen Fall einlassen, warnt Dannigkeit. „Essgestörte Frauen haben eine verzerrte Wahrnehmung ihrer Figur und finden sich auch mit deutlichem Untergewicht noch zu dick."

Essstörungen vorbeugen können Eltern, indem sie das Selbstbewusstein der Heranwachsenden stärken, ein offenes Verhältnis zu ihnen pflegen und selbst keinen Schlankheitskult betreiben. In Familien, wo Gewichtsprobleme kein vordergründiges Thema sind, finden Jugendliche auch weniger Anlass, an ihrer eigenen Figur zu zweifeln, sagt Laessle. Kinder nehmen sich am Essverhalten ihrer Eltern ein Beispiel. „Eine Mutter, die das Essen genießt, ist ein besseres Vorbild als eine, die jede Woche mit einer neuen Diät beginnt."

1. Auf welchen Aspekt im Zusammenhang mit dem Thema „Schlankheitswahn" beziehen sich die markierten Textauszüge?
2. Welche weiteren Aspekte werden immer wieder angesprochen?

Eine Mind-Map

Bevor du ein Exzerpt abfasst, kannst du den Text zum Thema „Essstörungen" bearbeiten. Dabei hilft dir ein Schreibgerüst, beispielsweise eine Mind-Map.

Exzerpt:

Formen
Essstörungen können verschiedene Formen haben.
So äußern sie sich z. B. als …

Ursachen
Mangelndes Selbstgefühl und ein bestimmtes Schönheitsideal sind die zentralen Gründe für die Essstörungen der Mädchen und Frauen.
[…]

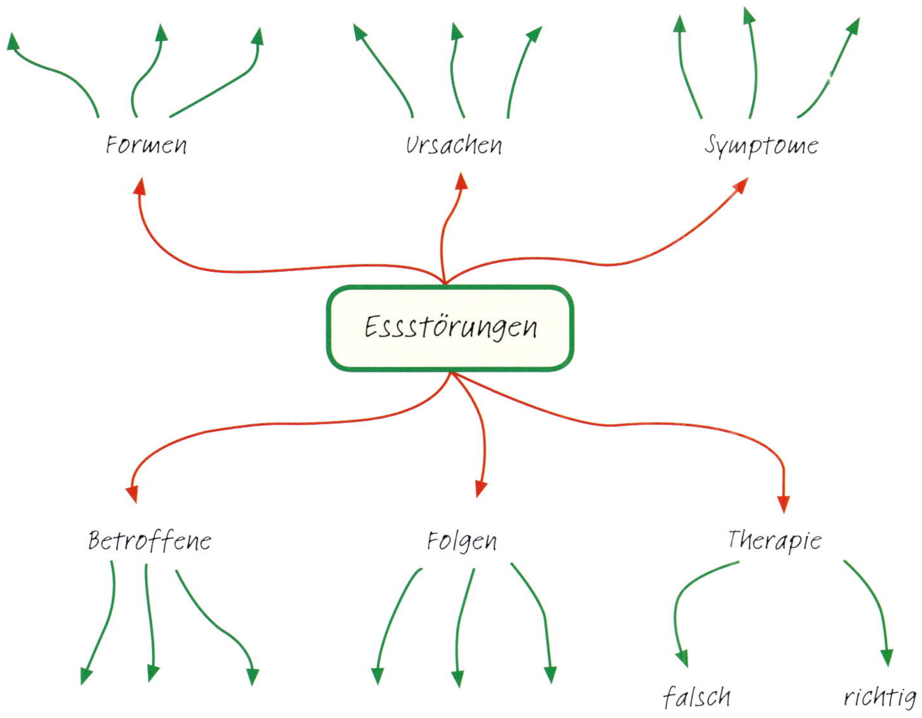

1. Übertrage die Mind-Map und ergänze sie mit Hilfe der Informationen aus dem Text.
2. Schreibe anschließend ein Exzerpt. Du kannst dich an dem begonnenen Exzerpt in der Randspalte orientieren. Überlege dir eine plausible Reihenfolge der weiteren Bearbeitungsschritte.

INFO

- Bevor man ein **Exzerpt** zu einem Sachtext schreibt, müssen die wichtigsten Informationen des Textes festgestellt werden.
- Dabei kann eine **Mind-Map** hilfreich sein.

Nachschlagen → S. 305

Literaturverfilmung – „Blueprint“

Zum Inhalt des Buches

Das Buch:
Charlotte Kerner:
Blueprint – Blaupause.
Weinheim: Verlag Beltz
und Gelberg 1999.

Der Film:
Titel: Blueprint.
Regie: Rolf Schübel
Produktion:
Relevant Film 2003.
Darsteller: Franka Potente,
Ulrich Thomsen, Katja
Studt, Wanja Mues u. a.
Der Film ist auf Video und
DVD erhältlich.

Charlotte Kerner beschreibt in ihrem 1999 erschienenen Roman *Blueprint – Blaupause* das Leben von Iris und Siri Sellin.

Iris Sellin, eine hochbegabte Pianistin und Komponistin, erfährt im Alter von 30 Jahren, dass sie unheilbar an Multipler Sklerose erkrankt ist. Damit ihr musikalisches Talent nicht mit ihr aus der Welt verschwindet, lässt sie sich klonen. Siri – das Klonkind – soll als Kopie ihrer Mutter Iris' Vision vom Fortbestehen ihres Talents und ihres Erfolgs erfüllen.

Doch als Teenager zerbricht Siri fast daran, „nur“ eine Kopie ihrer Mutter zu sein. Ihr Leben ist erfüllt von dem Versuch der Abgrenzung von Iris und der Suche nach einer eigenen Persönlichkeit. Erst nach Iris' Tod gelingt es ihr, ihren eigenen Lebensweg zu finden und zu gehen.

- Was interessiert euch an der Thematik von *Blueprint*?
- Lest das Buch und schaut euch den Film an.

Buch und Film

Nachschlagen → S.305

Blueprint – der Film

Charlotte Kerners Roman wurde 2004 von Rolf Schübel verfilmt – mit Franka Potente in der Hauptrolle. Hier ist der Beginn der Szenenabfolge wiedergegeben:

Sequenz 1 Kanada, in naher Zukunft. Eine junge Frau (Siri) lebt ganz allein in der Wildnis und fotografiert Wapiti-Hirsche. Sie macht die Bekanntschaft von Greg. Auf dem Bildtelefon in ihrer Blockhütte meldet sich eines Tages Iris, ihre Mutter, die von schwerer Krankheit gezeichnet ist.

Siri beim Fotografieren

Sequenzen 2–5 Rückblende. Iris Sellin, die berühmte Pianistin, ist an Multipler Sklerose erkrankt, will aber der Nachwelt ihr Talent und ihr Schaffen erhalten. Sie überredet den Wissenschaftler Martin Fisher, sie zu klonen und damit sich und ihn als Forscher unsterblich zu machen. Iris wird schwanger und bringt Siri zur Welt.

Iris und Prof. Fisher

Sequenz 6 Kanada. Greg besucht Siri in ihrer Blockhütte und repariert ihren Stromgenerator. Die beiden beginnen, Freundschaft zu schließen.

Siri und Greg

Sequenzen 7–9 Rückblende. Siris Kindheit: Siri verbringt viel Zeit mit Janne, weil ihre Mutter so oft abwesend ist. Sie will eine ebenso berühmte Pianistin werden wie Iris.

Sequenz 10 Kanada. Greg hat heimlich Siris Flügel aufgebaut und erntet damit nur Siris Unmut …

Siri als Kind

1. Vergleiche den Inhalt und die Chronologie von Buch und Film. Wo sind Unterschiede, wo Gemeinsamkeiten?
2. Warum hat der Regisseur deiner Ansicht nach die Rahmenhandlung (Kanada) erfunden?

Gelbe Schleife … *Charlotte Kerner*

Im Roman wird ein gemeinsames Konzert von Iris und Siri wie folgt dargestellt:

Am Muttertag des zwölften Jahres hatte Thomas Weber ein Konzert organisiert, in dem Iris und Siri Sellin die zweite Hälfte bestreiten sollten. […]

Die „Tautropfen" hatte Iris ebenfalls ins Programm mit aufgenommen. Davor würde sie wie bei früheren Aufführungen etwas über deren Entstehungszeit, nämlich ihre Schwangerschaft mit Klon Siri, erzählen.

Siri hatte sich geweigert, dieses langweilige schwarze Kleid anzuziehen, das ihre Mutter für sie ausgesucht hatte. „Wir gehen doch auf keine Beerdigung, es ist Muttertag!" Dass ein schwarzes Kleid üblich sei, ließ sie nicht gelten: „Dann wird es heute eben mal unüblich." Iris drohte schließlich, das ganze Konzert platzen zu lassen, wenn Siri das Kleid nicht anziehe.

Siri hatte keine Wahl. Doch zehn Minuten vor ihrem Auftritt ging sie auf die Toilette, wo sie ein zehn Zentimeter breites, schrill gelbes Taftband hervorzog, das sie als flache Rolle in ihrer Strumpfhose versteckt hatte. Mehrmals schlang sie es um ihre Hüfte und band eine wunderschöne Schleife. Als sie sich dann wieder neben Iris stellte, bemerkte diese die Veränderung überhaupt nicht und Siri war so wütend, dass alles Lampenfieber wie weggeblasen war.

Die Ansage des Moderators lief schon, als Iris die Tochter fest an die Hand nahm und Siri allen Groll vergaß. Strahlend betraten beide die Bühne, wo die Konzertflügel im Scheinwerferlicht standen und die Fernsehkameras auf sie warteten.

Dieser lächerliche Auftritt am Muttertag! Und du hast meine gelbe Schleife nicht einmal gesehen. Dabei wollte ich doch nur, dass du mich endlich ansiehst. Du hast mich als dich herumgezeigt: Mein Klon, sehen Sie! Ist er nicht gelungen? Als Protest blieben mir nur die bunten Kleider und die grellen Bänder. Was kann eine Elfjährige schon ausrichten! Wenn du dich darüber geärgert hast, wusste ich: Ich bin wer. Aber nicht einmal diesen kleinen Triumph hast du mir an diesem Tag gegönnt. Mit Absicht hast du die gelbe Schleife übersehen!
(S. 82 f.)

1. In welchem inneren Zustand befindet sich Siri in diesem Ausschnitt?
2. Wie bringt der Text dies zum Ausdruck?

... und gelber Stern

Die Verfilmung setzt diese Szene folgendermaßen um:

Vor dem Konzert ist Siri furchtbar aufgeregt, bekommt Nasenbluten. Iris tupft ihr das Blut ab und versucht, ihr das Lampenfieber auszureden.
Iris und Siri spielen ihr gemeinsames Konzert. Beim donnernden Schlussapplaus holt Siri schnell einen gelben Stern mit der Aufschrift „Klon" aus der Tasche und heftet ihn sich an die Brust.
Iris packt ihre Tochter am Arm und zerrt sie aus dem Konzertsaal. Hinter dem Vorhang reißt sie ihr den „Klon-Stern" ab und gibt ihr eine schallende Ohrfeige.

Die Sequenz dauert 3 Minuten 20 Sekunden.

3. Welche Assoziationen entstehen beim Zuschauer, wenn er Siris gelben Stern sieht?
4. Warum wählt der Regisseur statt der gelben Schleife einen gelben Stern mit der Aufschrift „Klon"?

Filmszene: Kleinste Einheit des Films, wird von Schnitten, Personen- oder Ortswechseln begrenzt

Filmsequenz: Aus einer unmittelbaren Folge von Einstellungen gestaltete kleine filmische Handlungseinheit

Iris – Siri, gespiegelte Namen

Siri findet für die Beziehung zu ihrer Mutter sprachlich neue Formen, eine Klonsprache. Hier einige Beispiele aus dem Roman:

1 Aber wenn meine Stirn auf den hölzernen Leib von Mr. Black trifft, rast diese verdammte Melodie nur umso schneller durch meine Gehirnwindungen. Und dieses Kreisen will einfach nicht aufhören: Iris – Risi – Isir – Siri – Iris – Risi – Isir – Siri.

Unsere Namen haben denselben Klang, einen Klang. Wir waren Iris-Siri und Siri-Iris. Es sollte noch lange dauern bis zum Big Bang. Denn am Anfang unseres Zwillingsdaseins lebten wir tatsächlich im Einklang. *(S. 36f.)*

2 Plötzlich war dieser Name da, einfach so: Muzwi. Er hörte sich lustig an. Wenn ich beide Silben kurz und hoch aussprach, klang das fast wie Vogelgezwitscher, und sagte ich „Muzwi" sanft und gedehnt, war es ein schöner Kosename. Doch ich konnte Muzwi auch scharf und schneidend aussprechen. Dann bellte ich das „Mu" wie einen Befehl, ganz kurz und hart, wobei das „zwi" dafür richtig zischen musste.

Muzwi bedeutet Mutterzwilling, der Name kam mir kurz vor meinem achten Geburtstag in den Sinn. Bis dahin hatte ich nur alles nachgeplappert. Jetzt dachte ich selbstständiger und begann langsam zu verstehen, mehr noch zu fühlen, was es hieß, nicht nur Zwillinge, sondern ein Klon-Zwilling zu sein. Vielleicht fiel mir deshalb dieser Name für sie ein, Muzwi. *(S. 71)*

3 Das Musikstück, das ich aufführen sollte, hieß „Mein Leben" und ich irrte umher inmitten dieser festgelegten Lebenslinien und Lebensnoten. Ich versuchte es als „Mein Leben" zu spielen, ich wollte den Beifall für mich allein. Aber am Ende war ich nur eine Marionette, die an deinen DNS-Fäden hing, Iris. Und die hatten sich an diesem Abend verheddert. Deshalb bewegte sich die Marionette nicht richtig, deshalb spielte ich nur die Noten vom Blatt.

Nein, Iris, das Lampenfieber war nicht schuld, das ist wirklich zu einfach. Es waren die widersprüchlichen Erwartungen von dir und von mir. Ichdu und Duich flüsterten mir abwechselnd verschiedene Anweisungen ins Ohr. Die verwirrten mich und ich hörte nicht mehr, was ich spielte. Immer mehr Stimmen redeten auf mich ein, aber etwas gewann in diesem Gewirr die Oberhand und wurde lauter und lauter: Und das, Iris, war dein/mein/unser höhnisches Lachen. *(S. 114f.)*

1. Welche Aspekte der Beziehung zu Iris spiegeln sich in Siris sprachlichen Neuschöpfungen? Informiere dich auch in einem Herkunftswörterbuch über den Vornamen Iris.

Spiegel-Bilder des Films

Im Film kommen häufig Szenen mit einem Spiegel vor:

Sequenz 2 Iris im Spiegel

Sequenz 7 Iris und Siri vergleichen sich vor dem Spiegel

Sequenz 12 Siris Nasenbluten vor dem Muttertagskonzert

Sequenz 17 Siri schneidet sich vor dem Spiegel das Muttermal heraus

2. Was soll das Spiegelmotiv im Film ausdrücken?
3. Stellt euch zu zweit als Standbild vor einen Spiegel und versucht folgende Beziehungsaspekte auszudrücken: Innigkeit – Dominanz/Unterdrückung – Hass – gegenseitiges Verstehen – Unverständnis – Selbstsicherheit – Unsicherheit – Fürsorglichkeit – Stolz – Verzweiflung.
4. Untersucht ebenfalls die Verwendung von anderen Motiven in Buch und Film, z. B. Mr. Black, Rudolph, der weiße Wapiti / das Plüschrentier.

„Tautropfen“ – Musik im Roman

Während ihrer Schwangerschaft komponiert Iris das Stück „Tautropfen“, das leitmotivisch den Roman durchzieht:

1 Von Anfang an vollzog sich mein Werden nur in deiner Iris-Welt, in einem Raum, der nur von deiner Musik erfüllt war. Die ersten Sinneseindrücke, die mein Gehirn speicherte, waren deine Melodien. Sie begleiteten mich, als ich Sehen, Riechen, Schmecken lernte. Und dann kam noch deine berühmte Komposition „Tautropfen“ hinzu. In ihren Tönen badete ich, als die Schneckenwindungen in meinen Ohren zu wachsen begannen. Immer deutlicher hörte und unterschied ich die Töne, in deren Rhythmus ich mich hin und her wiegte. Im siebten Monat klopfte ich mit meinen Füßen und Händen bereits den Takt. Du stimmtest mich mit deiner Musik auf die Welt da draußen ein, machtest mich gefügig. *(S. 35)*

2 Am 12. Oktober des Jahres null wurde Siri Sellin ohne Komplikationen geboren. Klon-Kind und Klon-Mutter waren wohlauf. Doch die gerade dem mütterlichen Schoß entschlüpfte Tochter-Schwester schrie nicht wie andere Kinder. Leise, kaum hörbare Töne kamen aus dem kleinen Mund, als die Hebamme das Neugeborene hochhielt und abnabelte.

Iris behauptete ihr Leben lang, in den allerersten Lauten der Tochter die Anfangstöne des Stückes „Tautropfen“ erkannt zu haben.

„Sie singt meine Musik, hören Sie?“, schrie sie glücklich. „Das sind die Tautropfen.“ Doch niemand glaubte ihr. *(S. 36)*

3 Siri begann zu malen und entdeckte so ihre Hände ganz neu. Plötzlich liebte sie ihre kräftigen Finger. Sie konnten zupacken und waren genau richtig, um Leinwände zu spannen, Farben zu mischen und große Pinsel zu führen.

Nach einigen Tagen holte Siri das flache Paket aus der Kommode, das dort seit ihrem Geburtstag ungeöffnet gelegen hatte. Iris hatte es ihr geschickt. Es enthielt die Originalnoten der „Tautropfen“, sonst nichts, keine einzige Zeile.

[...] Blatt für Blatt nahm Siri sich die „Tautropfen“ vor, schnitt und faltete und klebte die Noten und Notenlinien neu zusammen. Diese Collage übermalte sie mit kräftigen, breiten schwarzen und blauen Pinselstrichen, Kreisen und Kringeln. Ihre Bewegungen folgten dabei dem Rhythmus der Musik, die sie kannte, seit sie zu leben begonnen hatte, und die sie in ihrem Innern immer noch hörte. *(S. 133)*

1. Versuche, die abgedruckten Textstellen einmal aus der Perspektive von Iris und einmal aus der von Siri zu deuten: Welche Rolle spielt das Stück „Tautropfen“ jeweils?

Klavierkonzert „Für Siri“ – die Filmmusik

In Sequenz 1 (Siri in Kanada) und Sequenz 11 (Klavierkonzert für Siri) taucht dieselbe Musik auf, über die der Komponist Detlef Friedrich Petersen Folgendes sagt:

Wie sah Ihr musikalisches Konzept für „Blueprint“ aus?
Ausgangspunkt meiner Überlegungen war die musikalische Umsetzung des Filmthemas. Im Mittelpunkt stand ein Konflikt zwischen einem Klon und seinem Original. Das Original und den Klon beschrieb ich musikalisch mit der Oktave: ein Gleichklang – allerdings unterschieden durch die Tonhöhe. Dieses Intervall wurde der Kern meines Grundmotivs, das ich auch in dem Klavierkonzert „Für Siri“, das Iris für ihre Tochter Siri komponiert, verwende und variiere. Da Iris Pianistin ist, steht natürlich das Piano im Vordergrund.

Siri in Kanada

Wie haben Sie Siri und Iris musikalisch differenziert?
Musikalisch haben wir das Hauptthema des Filmes in gewisser Weise umgekehrt: Siri, der Klon, bekam ein eigenes musikalisches Thema, das allerdings von Iris komponiert wurde. Iris, das Original, wird in erster Linie durch die Musik, die sie spielt, definiert: Bach, Mozart, Beethoven, Schumann und Debussy. Sie ist die strenge rationale Frau, die sich bemüht, über den Verstand alles zu ordnen und zu lenken, während Siri ausbricht und ihre Selbstfindung in den kanadischen Wäldern sucht. So erinnert ihr musikalisches Motiv auch entfernt an Folk.

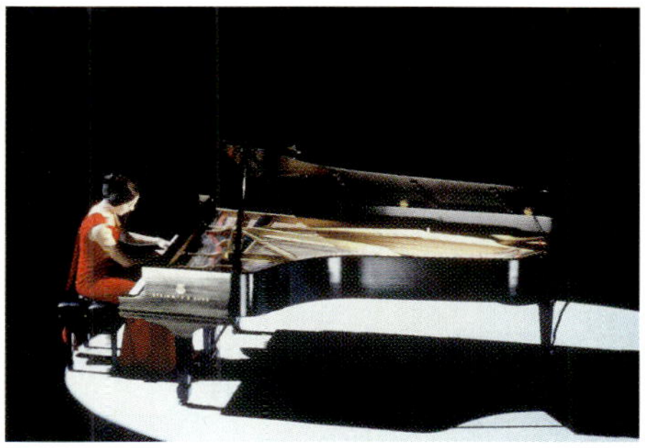
Iris am Flügel

2. Hört euch bei den beiden Sequenzen zunächst nur den Ton an. Welche Stimmung erzeugt die Musik jeweils bei euch?
3. Vergleicht eure Eindrücke von der Musik mit den Aussagen des Filmkomponisten Detlef Friedrich Petersen.
4. Schaut euch die Sequenzen jetzt mit Bild und Ton an: In Sequenz 1 ist die Musik über die Handlung gelegt, in Sequenz 11 läuft sie als O-Ton. Wie unterscheidet sich jeweils ihre Funktion?
5. In den Sequenzen 5/6, 11, 19/20 tauchen auch die *Tautropfen* als Filmmusik auf. Wie wird diese Musik filmisch eingesetzt?

O-Ton: Die Quelle, aus der die Musik stammt, ist im Bild zu sehen.

INFO

- Roman und Film bedienen sich unterschiedlicher Mittel, um Handlungen, Seelenzustände von Personen und ihre Konflikte darzustellen.
- Eine vergleichende Untersuchung von Ausschnitten aus Buch und Film kann diese Unterschiede deutlich machen.

Nachschlagen → S. 305

Nachschlagen → S. 306

Filmanalyse

Filmische Darstellungsmittel

Filme haben eine Reihe von Gestaltungsmitteln, um eine Geschichte wirkungsvoll zu konstruieren. Du findest nachfolgend einen Überblick über wichtige filmische Mittel, mit deren Hilfe du einzelne Filmsequenzen protokollieren und analysieren kannst.

1 Einstellungsgrößen

Die Einstellungsgröße (Shot) beschreibt den Bildausschnitt und gibt an, in welcher Größe Menschen, Gegenstände, Räume usw. auf dem Bildschirm zu sehen sind:

Weit (W): In dieser Einstellung kommt es auf Details nicht an. Sie wird häufig zu Beginn oder Abschluss einer Szene / eines Films gewählt.

Nah (N): Diese Einstellung entspricht etwa dem Brustbild einer Person. Gestik und Mimik gewinnen an Bedeutung. Diese Einstellung dominiert im Fernsehen bei Moderatoren und Sprechern.

Totale (T): Die Totale bietet die Möglichkeit, Einzelnes erkennen zu lassen. Gezeigt wird ein Geschehen im Gesamtüberblick.

Groß (G): Diese Einstellung zeigt den Kopf eines Menschen bis zum Hals bzw. Schulteransatz. Die Wahrnehmung des Zuschauers wird ganz auf die Mimik konzentriert.

Halbtotale (HAT): In dieser Einstellung sieht man die Menschen von Kopf bis Fuß und kann ihre Handlungen recht gut verfolgen. Die Körpersprache ist im Gegensatz zur Mimik gut zu erkennen.

Detail (D): In dieser Einstellung ist ein extrem kleiner Ausschnitt einer Person oder eines Gegenstandes zu sehen, der auf dem Bildschirm überdimensioniert erscheint.

2 Kameraperspektiven

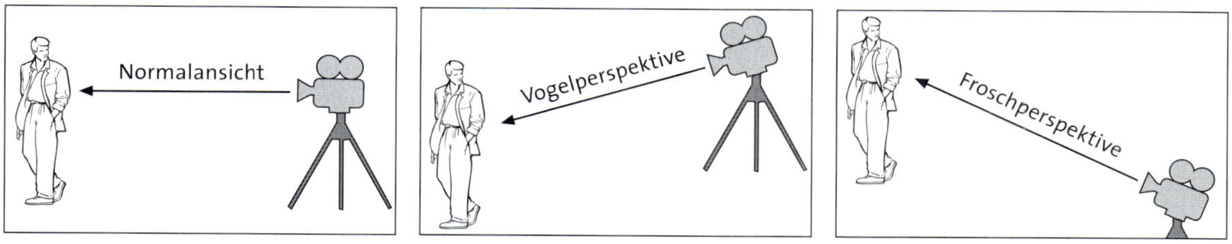

3 Kameraführung

Der Blickwinkel der Kamera kann sich von vorn, von hinten, schräg von vorn und schräg von hinten auf das Objekt richten. Entscheidend dabei ist, welches Verhältnis der Zuschauer zu den gezeigten Objekten oder Personen entwickeln soll. Mit mechanischen Vorrichtungen kann die Kamera den Blick nach rechts und nach links schweifen lassen, nach oben und nach unten schauen oder Objekte aufnehmen, indem sie sich selbst in einer rollenden Bewegung befindet. Jeder Schwenk erweitert den Bildraum, sodass Neues, bisher nicht Gezeigtes, Überraschendes auftaucht. Je nach zu erzeugender Atmosphäre kann der Schwenk langsam oder schnell vollzogen werden.
Das gezeigte Objekt kann sich auf die Kamera zu, von ihr weg oder parallel zu ihr bewegen. Schnelle Bewegung auf die Kamera zu wirkt aggressiv, bedrohlich. Der Zuschauer wird in eine Abwehrhaltung gezwungen. Umgekehrt erzeugt die von der Kamera wegführende Bewegung bei ihm das Gefühl der Erleichterung, der Verstörung oder aber auch des Schmerzes. Bewegt sich das Objekt dagegen parallel zur Kamera, bleibt der Zuschauer in einem distanzierten Verhältnis zum Geschehen.
Wechselt die Kamera zwischen zwei Personen hin und her, spricht man von Schuss und Gegenschuss.

Weitere filmische Gestaltungsmittel:
- Schauplätze
- Make-up
- Lichtführung
- Kostüme
- Verwendung von Farben
- Bewegung, Mimik und Gestik der Figuren

4 Ton

On-Ton: Der Sprecher/die Geräuschquelle ist gleichzeitig im Bild sichtbar.
Off-Ton: Der Sprecher/die Geräuschquelle ist nicht sichtbar und kann dadurch auf den Zuschauer überraschend oder bedrohlich wirken.
Musik/Geräusche: Sie illustrieren und strukturieren den Handlungsverlauf und wecken Gefühle sowie Assoziationen bei den Zuschauern. Filmmusik kann außerdem der leitmotivischen Verklammerung von Filmabschnitten dienen.
Ohne Geräusche wirkt ein Film, der durch den sichtbaren Ablauf eines Geschehens, durch gesprochene Sprache und Musik den Eindruck von Lebendigkeit und Realitätsnähe erweckt, unwahr. Deshalb werden Filme meist mit einem leichten Hintergrundgeräusch, der sogenannten Atmo, unterlegt.

5 Montage/Schnitt

Bei der Montage werden die einzelnen Einstellungen zum fertigen Film zusammengefügt. Dies meint einerseits den technischen Vorgang am Schneidetisch, aber auch die vorher festgelegte und dramaturgisch begründete Abfolge der einzelnen Einstellungen. Schnitte zwischen zwei Einstellungen können unterschiedlich gestaltet werden, z. B. durch harte Schnitte (kein erkennbarer Übergang), Abblende und Aufblende (das erste Bild wird stetig verdunkelt, das zweite bekommt allmählich mehr Licht), Trickblende (z. B. langsames Verdunkeln des Bildes von den Seitenrändern), Schwarzblende (ein schwarzes Bild zwischen zwei Einstellungen).

Sequenzprotokoll (Sequenz 8)

Inhalt und Zeitdauer	Einstellungsgrößen	Kameraperspektive und -führung	On-/Off-Ton Geräusche/ Musik	Montage/ Schnitt	Sonstiges	Wirkung auf den Zuschauer
Iris bricht nach einem Konzert zusammen. (2 Minuten, 7 Sekunden)	Wechsel verschiedener Einstellungsgrößen: Totale des Konzertsaals, Nahaufnahmen von Iris und anderen Personen, Großaufnahmen von Iris' Händen beim Klavierspiel	Iris am Klavier wird aus allen Perspektiven gezeigt: Normale, Vogelperspektive auf Iris und Siri, Froschperspektive auf den Dirigenten	Klavier und Orchestermusik	Häufige Schnitte	Lichtkegel um Iris, sonst Dunkelheit, rotes Kleid / roter Lippenstift, blasses Gesicht	Verdeutlichung von Iris' virtuosem Spiel und ihrem souveränen Auftreten im Rampenlicht
	Totale des Konzertsaals	Vogelperspektive auf Iris vom Zuschauerraum aus	Applaus			
	Nahaufnahme von Siri	Normale	Siris Rufe „Bravo, Mama“, dann Siris Schrei „Mama“, Applaus bricht ab, Aufschreie im Publikum		Siris Mimik: konzentriertes Zuhören, Lächeln, Erschrecken	Konzentration auf Siris Gefühle: Stolz auf die berühmte Mutter, Erschrecken/ Sorge um die Mutter
	Nahaufnahme am Krankenbett	Normale, Kameraschwenk zwischen Siri und Iris	Dialog Iris – Siri			Zwei unterschiedliche Haltungen: Siris Angst um die Mutter, Iris' nüchterner Umgang mit der Krankheit
	Nahaufnahme von Iris	Vogelperspektive aus der Sicht des Arztes	Dialog Iris – Arzt			

1. Erstellt Sequenzprotokolle nach diesem Muster für weitere Szenen des Films *Blueprint*.
2. Inwiefern trägt die Untersuchung der filmischen Darstellungsmittel zum Verstehen eines Films bei?

Das Paradigma: Wendepunkte und Dreiaktstruktur

Der amerikanische Drehbuchautor Syd Field sagt, dass im Prinzip jeder Film nach dem gleichen Schema aufgebaut ist. Er nennt dieses Modell, an dem sich die Drehbuchschreiber und Filmemacher orientieren, „Das Paradigma“. Es sieht folgendermaßen aus:

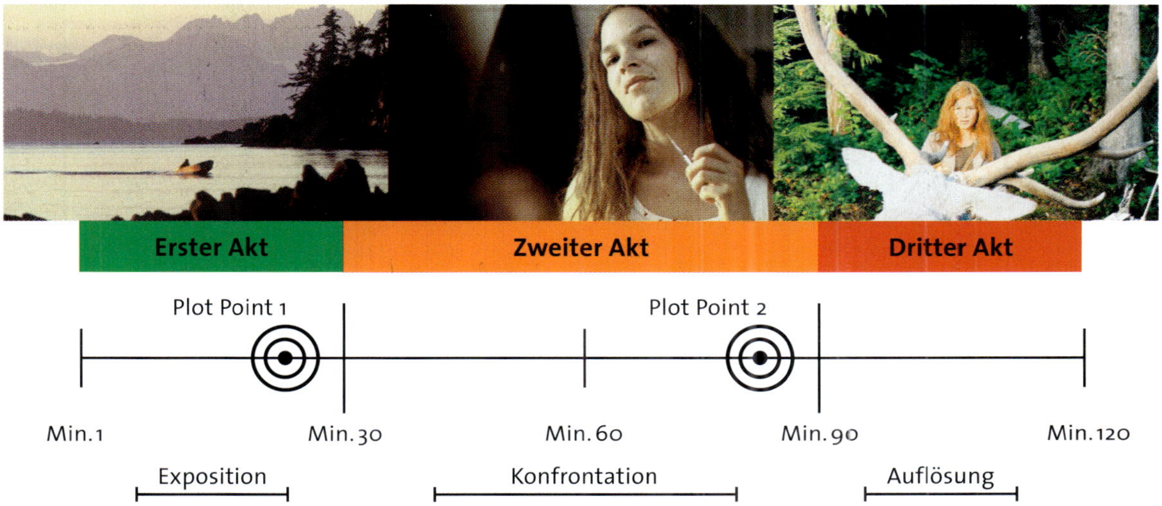

Der erste große Wendepunkt ist ein Ereignis, welches in die Handlung eingreift und sie in eine andere Richtung lenkt. Der Film tritt von der Einführungsphase (Exposition), in der die Hauptpersonen, ihre Ziele und Probleme vorgestellt werden, in die Konfliktsituation (Konfrontation) ein. Dies geschieht ungefähr nach 30 Minuten. Der zweite große Wendepunkt, der etwa bei Minute 90 auftritt, leitet über in die Auflösungsphase des Films. In der Mitte des Films gibt es ebenfalls einen Wendepunkt, der allerdings keine neue Phase des Films ankündigt, sondern an dem die Hauptfigur erkennt, dass ihr bisher gewählter Weg der falsche ist und sie einen anderen Weg beschreiten muss, um zum Ziel zu gelangen.

Eine Romanhandlung ist nicht an diese Struktur gebunden, aber wenn ein Buch verfilmt werden soll, müssen die Filmemacher darauf achten, dass die Vorlage in dieses Schema gebracht wird. Daher sind bei Literaturverfilmungen oft erfundene Wendepunkte zu finden, oder Ereignisse, die im Buch nur eine nebensächliche Rolle spielen, werden dramatisiert und so zu Wendepunkten gemacht.

1. Betrachte den Film *Blueprint* vor dem Hintergrund des Modells von Syd Field und beantworte folgende Leitfragen:
   - Welches sind die Wendepunkte im Film?
   - Entsprechen sie den Wendepunkten im Buch oder sind sie erfunden bzw. dramatisiert?
   - Welche Wendung ereignet sich in der Mitte des Films und welche Auswirkungen hat dies für die Hauptfigur?

Vom Buch zum Drehbuch

Obwohl beim Buch wie beim Film die Grundlage der geschriebene Text ist, unterscheidet sich ein Drehbuch von einem Roman. Die Sequenz, in der Iris Daniela als Kinderfrau einstellt, sieht in Roman und Drehbuch wie folgt aus:

Romanauszug

Als die Tochter drei Monate alt war, fand Iris nach längerer Suche die ideale Kinderfrau. Sie hieß Daniela Hausmann, war Ende dreißig, frisch geschieden und Musikpädagogin. Sie war eine kräftige, zupackende Frau, die Vertrauen ausstrahlte. Um ihren Unterhalt aufzubessern, wollte sie wieder arbeiten, denn ihr viereinhalb Jahre alter Sohn Janeck kam endlich in den Kindergarten.

Der Arbeitsvertrag, den Frau Hausmann nach einigen Gesprächen unterschrieben hatte, verpflichtete sie ausdrücklich, Siri Sellin musikalisch zu fördern. Und dafür war sie so gut geeignet, dass Iris sogar den Sohn in Kauf nahm, den die Kinderfrau – darauf hatte sie bestanden – jederzeit mitbringen durfte.

(S. 41)

Daniela Hausmann (Katja Studt) und Iris Sellin (Franka Potente)

Drehbuch

Szene 29 Aussen – Villa Sellin – Auffahrt und Garten – Tag

Eine junge Frau – Daniela Hausmann (39) – rollt auf ihrem Fahrrad die Auffahrt herauf, bis vor das geschlossene Haupttor.

Die junge Frau steigt ab und geht auf das Tor zu. Sie trägt Jeans, rote Windjacke und Turnschuhe. Ihr blondes Haar ist kurz geschnitten, Bubikopf; die Augen sind blau, frisch und neugierig. Wir sehen ihre letzten Schritte … –

Szene 30 Innen – Villa Sellin – Eingangshalle – Tag

– … auf dem Monitor der Überwachungsanlage, bis es klingelt. Iris kommt heran und betrachtet sie.

IRIS Ja?

DANIELA Guten Morgen. Daniela Hausmann. Ich komme wegen der Stelle als Kindermädchen.

IRIS Sie sind die Neunte. Aber die Erste, die unpünktlich ist.

Szene 31 Innen – Villa Sellin – Flur – Tag

Mit ihren ausgreifenden, energischen Schritten führt Iris Daniela durch das Haus. Immer etwas voraus, in Eile. Durch die offenen Türen sehen wir im POV Daniela, dass die Zimmer alle ziemlich kahl sind, kaum eingerichtet.

POV: „POINT OF VIEW", subjektive Kameraeinstellung aus der Sicht einer Figur

DANIELA Wohnen Sie schon lange hier?

IRIS Acht Jahre. Ich habe mir noch nicht die Zeit genommen, alles einzurichten. Bisher hab ich vor allem aus dem Koffer gelebt. Aber das wird sich jetzt ändern.

Szene 32 Innen – Villa Sellin – Kinderzimmer – Tag

Iris stößt die Tür zu einem völlig leeren, weißen Raum mit Blick auf den Garten auf.

IRIS Das ist – das wird das Kinderzimmer.

DANIELA Hoffentlich mag es Weiß …

IRIS Sie. Sie heißt Siri.

1. Vergleiche die Sequenz des Drehbuchs mit der Textstelle aus dem Roman. Wie unterscheiden sich die beiden Medien?
2. Notiere, welche Merkmale ein Drehbuchtext in Aufbau und Stil hat.

„Blueprint“ im Spiegel der Kritik

Der Film „Blueprint“ wurde von der Kritik unterschiedlich aufgenommen. Hier einige Auszüge aus Filmkritiken:

1 Wirklich toll, was hier auf die Leinwand gezaubert wurde. „Blueprint“ bietet nicht nur eine fesselnde Story, sondern auch eine hervorragende Besetzung. Franka Potente wirkt in ihrer Doppelrolle unglaublich echt und meistert sie mit Bravour – nicht eine Sekunde zweifelt man an Iris und Siri. Auch die Jungschauspielerinnen, die Siri in ihren Kindheitsjahren mimen, überzeugen auf ganzer Linie.
Insgesamt wurde die Buchvorlage von Charlotte Kerner auch gut umgesetzt. Allerdings fallen einem doch die kleinen, aber feinen Unterschiede auf, die meiner Meinung nach nicht nötig gewesen wären. Hätte man sich noch einen Hauch mehr an den Text gehalten, hätte man mit Sicherheit auch alle Leser vollends überzeugen können. So bleibt leider auch bei „Blueprint“ das Gefühl zurück, dass die Lektüre einfach ein bisschen besser war. Trotzdem sehr sehenswert!

moviesection – Filmkritikdatenbank

2 Solange hierzulande die Filmschaffenden Kino wahlweise für eine Verblödungsmaschine oder eine moralische Besserungsanstalt halten, werden wir wohl weiterhin mit Erziehungs-Werken wie „Blueprint“ leben müssen. Rolf Schübel erzählt in seinem Science-Fiction-Drama von einer kranken Pianistin, die sich klonen lässt, damit ihr Talent nicht verloren geht. Leider entwickelt sich die geklonte Tochter anders als vorgesehen. Franka Potente liefert in einer Doppelrolle eine sehenswerte Leistung ab. Aber „Blueprint“ ist so hölzern und konstruiert, dass man sich einen Klon wünscht, der stellvertretend dieses Betroffenheitsgesäusel über sich ergehen lässt, während man selber seine Zeit sinnvoll verbringt.

Charivari – Filmkritiken-Archiv

3 Noch nie hat sich ein Film aus der Sicht des Klons an das Thema herangewagt. Rolf Schübel hat es nun glücklicherweise verstanden, dem schwierigen Stoff auch gerecht zu werden. Ohne dass andere Themen ablenken, hat der Zuschauer zwischen gleitenden Flugansichten kanadischer Küstenlandschaften und langsamen Kamerafahrten in die Gesichter der am Piano sitzenden Mutter und Tochter alle Zeit der Welt, die verschiedenen Aspekte auf sich wirken zu lassen. Franka Potente schafft es – nicht nur bei der späteren deutlichen „Alterung“ der Mutter – die charakterlichen Unterschiede zwischen Mutter und Tochter, zwischen Original und Kopie, wunderbar zum Ausdruck zu bringen. [...]
Allen Freunden des anspruchsvollen Kinos können wir „Blueprint“ aufs Wärmste empfehlen.

cineclub

4 […] Ich hatte im Nachhinein das Gefühl, dass der Film zu viele Handlungsstränge erzählen will, die in der Romanvorlage von Charlotte Kerner vorkommen. Dem Tempo des Films hätte es nicht geschadet, wenn ein paar davon gerafft oder komplett gestrichen worden wären. Denn das eigentliche Thema des Films – wie geht die Kopie mit dem Wissen um, eben nur eine Kopie zu sein – kommt fast ein wenig zu kurz.
Was den Film davor rettet, ein gefühlloses Kammerspiel zu werden, ist Franka Potente. […] Aber nur die eindrucksvolle Darbietung von Potente reicht eben nicht, um aus einem guten Stoff auch einen guten Film zu machen. Zu zäh kommt er daher, dauert zu lange und kommt zu spät auf den Punkt. Leider. Denn die Grundidee hinter dem Film ist sehr spannend; kein Wunder, dass man auch einen spannenden Film erwartet und dementsprechend enttäuscht ist, ihn nicht zu bekommen

Phlow – Magazin für Musik & Netzkultur

5 […] Aber weder die gelungene Regie noch die Star-Power einer superb aufspielenden Franka Potente helfen „Blueprint" gegen seine inhärenten Schwächen, die denn auch an einem beachtlichen Publikumserfolg zweifeln lassen. Diese betreffen nicht nur die schwer greifbare Thematik des Films, sondern auch sein Scheitern in den meisten Aspekten einer konventionellen Erzählung. So bleiben beinahe alle zwischenmenschlichen Beziehungen – abgesehen von der zwischen Mutter und Tochter – seltsam steril, als würden die nötigen Gefühle zwar im Drehbuch stehen, aber es nicht auf die Leinwand schaffen.
Wesentlich kritischer jedoch: das Fehlen einer klaren dramaturgischen Linie. So interessant und gut umgesetzt die Geschichte von Siris Heranwachsen und ihrer schließlichen Rebellion auch ist, sie braucht etwas lange, um in Schwung zu kommen, dazu will sich ein sinnvoller Abschluss nicht so recht anbieten, und so kommt man nicht umhin, das Ende des Films dann als ein wenig beliebig und kaum überzeugend zu betrachten.
Was schlussendlich wieder die Frage nach der sinnvollen oder gelungenen Buchadaption aufwirft, denn in der erzählerisch weitaus freieren Romanform – ohne die dramaturgischen Zwänge einer Filmhandlung – ist „Blueprint" sicherlich ein beeindruckenderes Erlebnis. Als Film ist „Blueprint" ein wenig übermannt von der Tiefe seiner Geschichte und tut sich schwer damit, dem Selbstfindungskampf Siris und der zentralen Frage nach der Identität eines Klons gerecht zu werden. […]

F.-M. Helmke, Filmszene

1. Welchen Argumenten der Filmkritiker stimmst du zu, welchen nicht?
2. Schreibe deine eigene Filmkritik zu *Blueprint*.

INFO

Nachschlagen → S. 306

- Bei der **Filmanalyse** untersucht man die filmischen Darstellungsmittel, die Struktur des Films sowie das Drehbuch.
- Zur Analyse eines Films gehört auch dessen Bewertung in einer **Filmkritik**.

Mit Texten und Medien umgehen

Epoche: Barock – ein Portfolio

Zum Bild:
Dirck Hals
(1591–1656):
Fröhliche Gesellschaft

Was ist Barock?

Festspiele und Konzerte mit Barockmusik, barocke Schlösser und Gartenanlagen als Ausflugsziele, Ausstellungen über barocke Malerei und Architektur – dies alles zeugt davon, dass die Epoche des Barock auch heute noch auf großes Publikumsinteresse stößt. Doch was ist eigentlich Barock?

Der Name Barock leitet sich vom portugiesischen „barocco" ab, das eine unregelmäßige, schiefrunde Form bei Perlen bezeichnet. Im Französischen bedeutet der Begriff „baroque" etwas Bizarres, Exzentrisches. In diesem negativen Sinne bezeichnete das Wort „Barock" zunächst übertriebene, verzerrte Erscheinungen im Leben und in der Kunst. Es wurde erst Ende des 18. Jahrhunderts wertneutral gebraucht und als Epochenbezeichnung für die europäische Kunst und Literatur von ca. 1600 bis 1720 verwendet.

Nachschlagen → S. 306

Das Barock – „Gesichter“ einer Epoche

Carpe diem (1624)
Martin Opitz (Ausschnitt)

Bitte meine guten Brüder
auf die Musik und ein Glas!
Kein Ding schickt sich, dünkt mir, bass
als gut Trank und gute Lieder.
Lass ich gleich nicht viel zu erben,
ei, so hab ich edlen Wein!
Will mit andern lustig sein,
muss ich gleich alleine sterben.

Vanitas! Vanitatum Vanitas! (1663)
Andreas Gryphius (Ausschnitt)

Die Herrlichkeit der Erden
Muss Rauch und Asche werden
Kein Fels, kein Erz kann stehn.
Dies, was uns kann ergetzen,
Was wir für ewig schätzen,
Wird als leichter Traum vergehn.

Carpe diem:
Nutze, genieße den Tag

Vanitas:
Eitelkeit im Sinne von Nichtigkeit des Irdischen

Vanitatum Vanitas:
Eitelkeit der Eitelkeiten

Antonio de Pereda (um 1608–1678): *Vanitas-Stillleben* (1650/1660)

Der abenteuerliche Simplicissimus (1668)
Hans Jakob Christoph von Grimmelshausen (Auszug)

[…] Den Knecht legten sie gebunden auf die Erde, steckten ihm ein Querholz in den Mund und schütteten ihm einen Melkkübel voll Mistjauche in den Leib – das nannten sie einen schwedischen Trunk. […] Den Bauern schraubten sie die Daumen fest zu und folterten sie so, als wenn man Hexen verbrennen wollte. […] Kurz: es hatte jeder seine eigene Erfindung, die Bauern zu peinigen, also auch jeder Bauer seine besondere Marter. […]

- Beschreibe die Bilder und Texte auf dieser Doppelseite. Welche Eindrücke gewinnst du von der Epoche des Barock?
- Sammle weitere Bilder und Gegenstände barocker Architektur und Kunst. Vielleicht findest du auch bei dir zu Hause Gegenstände im „Barockstil“.

Anleitung zur Portfolioarbeit

Was ist ein Portfolio?

Portfolio
→ S. 311

Ein **Portfolio** ist eine Mappe, die eine Sammlung von Dokumenten unterschiedlichster Art enthält. Diese Schriftstücke sind wertvoll für den Besitzer des Portfolios aus ganz vielfältigen Gründen, z. B. weil sie von ihm selbst verfasst wurden, weil er damit sein Wissen und Können präsentieren will, weil er damit seine persönliche Entwicklung reflektieren und dokumentieren kann.

Die Konzeption des Portfolios basiert auf Ideen von Mirjam Ederer: *Portfolio als Instrument der Dokumentation des Arbeitsprozesses – Unterrichtsversuch in einer 11. Klasse eines Gymnasiums am Beispiel der Epoche Barock.* Seminar Heilbronn 2004.

Wozu dient das Portfolio?

Das Portfolio soll die Entwicklung deines Sachwissens (z. B. über literarische Epochen) und deiner methodischen Fertigkeiten (z. B. eine Mind-Map erstellen, eine Recherche durchführen) aufzeigen. Dies geschieht hier am Beispiel der Epoche des Barock.

Was soll dein Portfolio beinhalten?

<table>
<tr><th colspan="2">Pflichtaufgaben</th></tr>
<tr><td>1 Brief an den Leser („Cover letter“)
Das ist der rote Faden für den Leser, der durch die Arbeitssammlung führt:
• Die Gliederung des Inhalts
• Die Reflexion deines Lernprozesses
• Die Begründungen, warum du bestimmte Aufgaben gewählt und andere nicht gewählt hast
• Besondere Lernschwierigkeiten
• Deine Interessenschwerpunkte</td><td>3 Gedichtinterpretation
Du wählst aus den abgedruckten Barock-Gedichten eines aus und interpretierst es. Ziel dieser Aufgabe ist es, deinen Arbeitsprozess zu zeigen. Daher beinhaltet diese Aufgabe:
• Vorarbeiten (Textmarkierungen, Notizen)
• Den ersten Entwurf der Gedichtinterpretation, den dein Lernpartner Korrektur liest und mit einem Kommentar versieht
• Die Endversion deiner Gedichtinterpretation</td></tr>
<tr><td rowspan="2">2 Mind-Map zur Epoche des Barock
• Z. B. soziale und politische Hintergründe, Weltbild, Dichtung und Dichter, bildende Kunst, Architektur und Musik usw.</td><td>4 Recherche zu einem Dichter
• Kurzbiografie über sein Leben
• Zeitgenösisches Bild des Autors und ein repräsentativer Text von ihm</td></tr>
<tr><td>5 Selbstreflexionsbögen
• Zu jedem Aufgabenbereich
• Zum Portfolio als Gesamtwerk</td></tr>
</table>

Wahlaufgaben (Bearbeite zwei der nachfolgenden Aufgaben)

1 Augenzeugenbericht aus dem Dreißigjährigen Krieg
Du erlebst z. B. als Dorfbewohner, wie Marodeure ein Dorf verwüsten; du bist z. B. Bürgermeister einer Stadt, die gerade belagert wird. Schreibe deine Gedanken und Erlebnisse auf.

2 Gestaltender Umgang mit einem Gedicht
- Ein Bild zu einem Gedicht malen oder
- Ein Gedicht illustrieren oder
- Ein Gedicht typografisch gestalten

3 Gestaltender Umgang mit einem Gemälde
Personen in einem Gemälde sprechen lassen: Was sagen sie zueinander?
(Gemälde: Etienne Aubry: *Paternal love*; Adriaen Brouwer: *Der Kartenspieler*)

4 Eine Recherche zur Barockzeit
- Barocke Mode oder
- Rolle von Kaffee und Tabak oder
- Barocke Musik oder
- Bildende Kunst und Architektur im Barock

5 Lebensbericht
Verfasse den Lebensbericht eines Menschen, der im Barockzeitalter/Absolutismus lebt, z. B. eines Bauern, eines Soldaten, eines Adligen, eines Fürsten usw.

6 Figurengedicht
Gestalte ein Figurengedicht. Du kannst den Text selbst erfinden oder einen vorhandenen Text verwenden.

Die Bilder zu Aufgabe 3 findest du im Internet, wenn du bei Google/Bilder die Maler und Titel eingibst.

Was erwartet dich beim Erstellen des Portfolios?

- Du entscheidest selbst, wann du die Aufgaben erledigst.
- Du entscheidest teilweise selbst, welche Aufgaben du auswählst.
- Du legst einen Ordner / eine Mappe für die erledigten Aufgaben an.
- Du findest einen Lernpartner (Learning Buddy), der dich unterstützen wird.
- Du kannst sicher einen Teil der Arbeiten während des Unterrichts zur Epoche des Barock vorbereiten und erledigen; der Rest der Aufgaben muss zu Hause gemacht werden.
- Das vollständige Portfolio muss zu einem bestimmten Termin fertiggestellt sein.

Barock

Portfolio
von Elke Haager

Klasse 10c

TIPP
Du kannst jederzeit noch zusätzliches Material zum Barock, das dir besonders wichtig oder besonders gelungen erscheint, dem Portfolio beifügen.

1. Nutze die nachfolgenden Materialien zur Erstellung eines eigenen Portfolios.

Das Jahrhundert des Krieges

Chronologie der Ereignisse des Dreißigjährigen Krieges

1616 Prager Fenstersturz. Das protestantische Böhmen erklärt sich vom katholischen Kaiser unabhängig
1620 Schlacht am Weißen Berg. Niederlage der Böhmen
1625 Dänemark tritt an der Seite der Protestanten in den Krieg ein
1626 Wallenstein übernimmt den Oberbefehl der kaiserlichen Armee
1630 Gustav II. Adolf von Schweden tritt auf protestantischer Seite in den Krieg ein
1631 Die Schweden siegen in der Schlacht bei Breitenfeld über die kaiserliche Liga
1632 Gustav II. Adolf verliert in der Schlacht bei Lützen sein Leben
1634 Wallenstein wird ermordet
1635 Frankreich tritt als Gegner des Habsburger Kaisers in den Krieg ein
1644–48 Friedensverhandlungen in Münster und Osnabrück
1648 Westfälischer Friede

Augenzeugenbericht

Wie jämmerlich stehen nun die großen Städte! Wo zuvor tausend Gassen waren, sind nun nicht mehr hundert. Wie elend stehen die kleinen Städte. … Da liegen sie verbrannt, zerfallen, zerstört, dass weder Dach, Gebälk, Türen oder Fenster zu sehen sind. Wie sind sie mit den Kirchen umgegangen? Sie haben sie verbrannt, zu Pferdeställen und Marketenderhäusern gemacht, die Altäre entweiht, die Glocken hinweggeführt. … Wie jämmerlich steht es auf den Dörfern! Man wandert bis zu zehn Meilen und sieht nicht einen Menschen, nicht ein Vieh, nicht einen Sperling, höchstens sind an etlichen Orten ein alter Mann oder ein paar alte Frauen zu finden. In allen Dörfern sind die Häuser voller Leichname. … Mann, Weib, Kinder und Gesinde, Pferde, Schweine, Kühe und Ochsen neben- und untereinander, vom Hunger und von der Pest erwürgt. […]

(Unbek. protestantischer Geistlicher am Ende des Krieges)

Joost Cornelisz Droochsloot (1586–1666): *Plünderung eines Dorfes* (1635)

Der abenteuerliche Simplicissimus (1668)*

Hans Jakob Christoph von Grimmelshausen

[…] Im Treffen selbst aber suchte ein jeder seinem Tod mit Niedermachung des Nächsten, der ihm aufstieß, vorzukommen, das greuliche Schießen, das Geklapper der Harnisch, das Krachen der Piken und das Geschrei beides der Verwundten und Angreifenden machten neben den Trompeten, Trommeln und Pfeifen ein erschreckliche Musik! da sah man nichts als einen dicken Rauch und Staub, welcher schien, als wollte er die Abscheulichkeit der Verwundten und Toten bedecken, in demselbigen hörete man ein jämmerliches Weheklagen der Sterbenden und ein lustiges Geschrei derjenigen, die noch voller Mut staken, die Pferd selbst hatten das Ansehen, als wenn sie zu Verteidigung ihrer Herrn je länger je frischer würden, so hitzig erzeigten sie sich in dieser Schuldigkeit, welche sie zu leisten genötiget waren, deren sah man etliche unter ihren Herrn tot daniederfallen, voller Wunden, welche sie unverschuldter Weis zu Vergeltung ihrer getreuen Dienste empfangen hatten: andere fielen um gleicher Ursach willen auf ihre Reuter und hatten also in ihrem Tod die Ehr, daß sie von denjenigen getragen wurden, welche sie in währendem Leben tragen müssen: wiederum andere, nachdem sie ihrer herzhaften Last, die sie kommandiert hatte, entladen worden, verließen die Menschen in ihrer Wut und Raserei, rissen aus und suchten im weiten Feld ihr' erste Freiheit: Die Erde, deren Gewohnheit ist, die Toten zu bedecken, war damals an selbigem Ort selbst mit Toten überstreut, welche auf unterschiedliche Manier gezeichnet waren, Köpf lagen dorten, welche ihre natürlichen Herren verloren hatten, und hingegen Leiber, die ihrer Köpfe mangleten; etliche hatten grausam- und jämmerlicher Weis das Ingeweid heraus, und andern war der Kopf zerschmettert und das Hirn zerspritzt: da sah man, wie die entseelten Leiber ihres eigenen Geblüts beraubet und hingegen die lebendigen mit fremdem Blut beflossen waren, da lagen abgeschossene Arm, an welchen sich die Finger noch regten, gleichsam als ob sie wieder mit in das Gedräng wollten, hingegen rissen Kerles aus, die noch keinen Tropfen Blut vergossen hatten, dort lagen abgelöste Schenkel, welche ob sie wohl der Bürde ihres Körpers entladen, dennoch viel schwerer worden waren als sie zuvor gewesen; da sah man zerstümmelte Soldaten um Beförderung ihres Tods, hingegen andere um Quartier und Verschonung ihres Lebens bitten. Summa Summarum, da war nichts anders als ein elender jämmerlicher Anblick! […]

(II. Buch, 27. Kapitel, Auszug)

1. Erarbeite, wie der Krieg in den abgedruckten Quellen dargestellt wird. Du kannst zusätzlich die Materialien auf S. 166/167 benutzen.
2. Wer sich näher mit dem *Simplicissimus* beschäftigen möchte, kann weitere Textstellen zu Kriegsszenen suchen und sie in einem Kurzreferat präsentieren.

* Text in originaler Orthografie nach dem Erstdruck von 1668

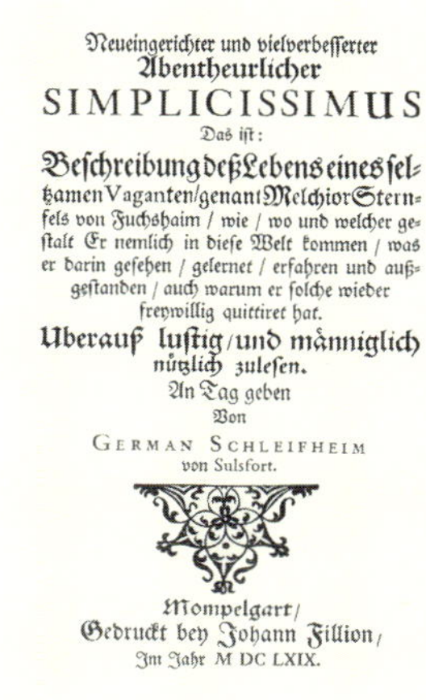

Neueingerichter und vielverbesserter
Abentheurlicher
SIMPLICISSIMUS
Das ist:
Beschreibung deß Lebens eines seltzamen Vaganten/genant Melchior Sternfels von Fuchshaim / wie / wo und welcher gestalt Er nemlich in diese Welt kommen / was er darin gesehen / gelernet / erfahren und außgestanden / auch warum er solche wieder freywillig quittiret hat.
Uberauß lustig/und männiglich nützlich zulesen.
An Tag geben
Von
GERMAN SCHLEIFHEIM
von Sulsfort.
Mompelgart/
Gedruckt bey Johann Fillion/
Im Jahr M DC LXIX.

Titelseite der ersten Auflage des „Simplicissimus Teutsch", 1668

Quartier geben: Aufnahme, Pardon gewähren, statt zu töten

Die Ordnung der Welt

1

Gesellschaftsaufbau im Absolutismus

2

Barocke Gartenanlage,
Großer Garten in Dresden

Das Sonett: Die Grundform des Gedichts besteht aus 14 Zeilen, zwei Vierzeilern (Quartette) und zwei Dreizeilern (Terzette).

Der gängige Vers ist der **Alexandriner**, ein 12- bzw. 13-silbiger jambischer Vers mit einer Zäsur (Einschnitt) nach der dritten Hebung.

Die Quartette stellen in der gedanklichen Struktur des Gedichts meist in These und Antithese Aussagen über Liebe, Tod, Politik, Schicksal usw. dar. Die Terzette führen diese Thesen zu einer Bilanz, einer Synthese.

3 An die Welt (1650) *Andreas Gryphius*

Mein oft bestürmtes Schiff, der grimmen Winde Spiel,
Der frechen Wellen Ball, das schier die Flut getrennet,
Das über Klipp' auf Klipp' und Schaum und Sand gerennet,
Kommt vor der Zeit an' Port, den meine Seele will.

Oft, wenn uns schwarze Nacht im Mittag überfiel,
Hat der geschwinde Blitz die Segel schier verbrennet!
Wie oft hab' ich den Wind und Nord und Süd verkennet!
Wie schadhaft ist der Mast, Steu'rruder, Schwert und Kiel.

Steig aus, du müder Geist! Steig aus! Wir sind am Lande!
Was graut dir für dem Port? Jetzt wirst du aller Bande
Und Angst und herber Pein und schwerer Schmerzen los.

Ade, verfluchte Welt: Du See voll rauher Stürme:
Glück zu, mein Vaterland, das stete Ruh' im Schirme
Und Schutz und Frieden hält, du ewiglichtes Schloss!

4 Figurengedichte

Palmbaum (1665) *Philipp von Zesen*

Palm-baum
der höchst-löblichen
Frucht-bringenden Gesellschaft
zu ehren aufge-
richtet.

übliche / liebliche
früchte mus allezeit bringen
des Palmen-baums ewige Zier /
darunter auch Fürsten selbst singen/
lehren unnd mehren mit heisser begier
die rechte der deutschen hoch-prächtigen zungen/
die sich mit ewigem preise geschwungen
hoch über die anderen sprachen entpor:
wie föhr
bis land/
mit hand/
durch krieg /
durch sieg/
durch fleis/
mit schweis/
den preis/
das pfand/
ent-wandt
der Welt;
wie aus der taht erhällt.

Herzgedicht *Nikolaus von Bostel*

Abschied an eine Geliebte.

Bilder-Reim.

Kan Man
Auch woll auff der Erden
Schmertzlicher betrübet werden /
Als wenn des Glückes Spiel
Zwey Verliebte trennen will?
Nun ich weiß auch was es ist/
Weñ man schöne Lippen küst/
Und die Lust verlassen soll/
Drum mein Engel lebe woll.
Such die Freude
Nicht im Leide/
Liebe mich /
wie ich
dich.

Waage (1650) *Sigmund von Birken*

D
ie
Rech-
tens
Wage
soll
Verdiensten und Verbrechen rechte Lohn und Straff zu sprechen:

D
ie er er
Kunst Tug Un-
bek- end schuld
ron lohn schon-
en en en.
Doch nach Gewinst
nit/noch üm Gunste;
besondern einig
nach Verdienste.

D
em ie ie
Recht Last Schul-
recht er den
schaff- stra raff-
en ffen; en.
Doch nit zu scharf
noch zu geschwinde:
nach Billigkeit/
jedoch gelinde.

Kreuzgedicht (1680) *Heinrich Vogel*

JESUS

1. Ich wär O Got T I N Noch und Elend offt vergangen/
2. Wo dein Geset Z E N Icht mein Seel mit Trost empfangen/
3. Und ob der Tod T Z U Letzt entfärbet meine Wangen /
4. So bin ich all E R N Oth doch gäntzlich nun entgangen.

5. Mein Seel ist nun gef … in lauter Freuden/
6. Der Leib im Grab zu … t von allem Leiden
7. Befreyet / ruht … Nach dem Abescheiden/
8. Er wartet wann er f … Freud sich weiden.

Dieses stiftete und setzte seiner Mütterlich-geliebten Freund- und Gevatterin zu letzten Ehren
Henrich Vogel von Lich.

1. Bearbeitet die Materialien 1–4 in Gruppen:
   – Beschreibt die Formen, die ihr auf den Bildern und in den Gedichten findet.
   – Diskutiert, in welcher Weise sich die „Ordnung der Welt“ in diesen Formen widerspiegelt.
   – Stellt eure Ergebnisse im Plenum vor und vergleicht sie.
2. Entwirf selbst ein Figurengedicht.
3. Führe eine Recherche über bildende Kunst, Architektur, Musik und Mode im Barock durch und suche dabei weitere Beispiele für die Formen des Barock.

Von Ludwig XIV. stammt der Ausspruch „L'État c'est moi" („Der Staat bin ich.").

Absolutismus – „Der Staat bin ich"

Aus einer Schrift über den absolutistischen Herrscher

Die monarchistische Regierung ist die beste. Die königliche Autorität ist geheiligt. Gott setzt die Könige als Diener ein und regiert durch sie die Völker. Die Person der Könige ist geheiligt. Man muss dem Fürsten aus Glaubens- und Gewissensgrundsatz gehorchen. Die Untertanen schulden dem Fürsten vollständigen Gehorsam. Es gibt für den Gehorsam, den man dem Fürsten schuldet, nur eine Ausnahme, das ist, wenn er gegen Gott befiehlt.

Über das Hofleben (1663) *Johann Rist*

[...] Nicht nur sage ich, dass das Hofleben das alleredelste Leben der ganzen Welt sei, sondern ich schätze es noch viel höher, ja, ich darf mich wohl erkühnen, es ein recht göttliches Leben zu nennen. Denn einmal ist unleugbar, dass die großen Potentaten vom heiligen Geiste selber Götter genennet werden, denn, gleich wie Gott im Himmel, also regieren große Herren auf Erden: Sind nun dieselben Götter, ey, so muss ja auch ihr Leben ein göttliches und demnach das alleredelste der ganzen Welt sein, welches ferner also kann erwiesen werden. Große Potentaten haben ihre fürnehmen Bediente, Räte, Amtleute und viele andere, die bei Hof aufwarten: Lasset uns nun betrachten die göttliche Hofhaltung droben im Himmel, so wird man befinden, dass das irdische Hofeleben mit dem himmlischen etlichermaßen wohl kann verglichen werden: Der allergrößte Monarch des Himmels und der Erden hat in seinem himmlischen Palast unzählich viel Diener, welchen wir der irdischen Potentaten Aufwarter und Hofleute auf gewisse Maße entgegensetzen wollen. [...]

Hyacinthe Rigaud (1659–1743): *Ludwig XIV.* (um 1700)

Über das Leben der Landbevölkerung *Pierre Goubert*

Ein Dorf mit hundert Haushalten zählte zu seinen Bewohnern ein oder zwei durch ihre Pflüge, ihre Gespanne, ihr Vieh und ihre Schuldforderungen mächtige Großbauern; etwa zehn Bauern waren mehr oder weniger selbstständig, ebenso viele oder etwas mehr arme Teufel, das heißt nur im Besitz einer Hütte, eines Gartens, eines Schafes oder, schlicht gesagt, Bettler; die übrigen – arme Schlucker, Tagelöhner, Lastträger, Winzer, Holzfäller, Weber – waren kleine Leute, die von winzigen Äckerchen und Zwergpachten kümmerlich lebten, sich aber auf alle möglichen kleinen handwerklichen Fertigkeiten verstanden. Die zehn dicken Bauern – in manchen Gegenden ein einziger Großbauer im Dorf – waren im Besitz aller Werkzeuge, Gespanne, Viehbestände und der Arbeitsmöglichkeiten, die den anderen wenigstens in guten Jahren zu existieren erlaubten.

1. Versetze dich in einen Menschen hinein, der im Absolutismus lebte (Bauer, Adliger, Staatsbediensteter, Soldat, König), und verfasse einen Lebensbericht.

Mind-Map – die Hintergründe der Epoche

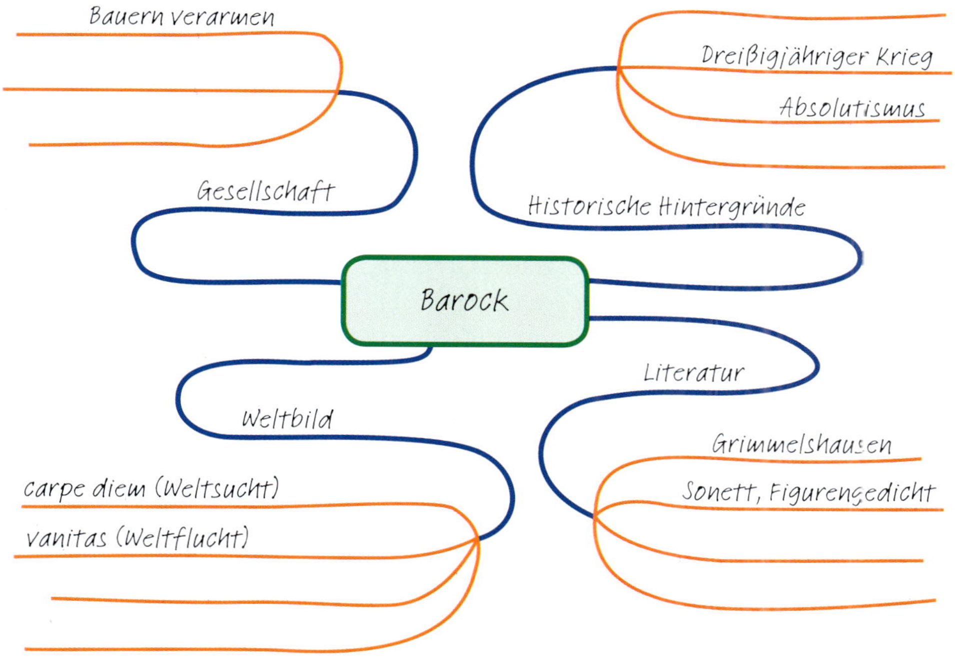

2. Ergänze die Mind-Map.

Lyrik des Barock

Johann Michael Eder:
Memento mori (1637)

Abgedankte Soldaten (1654)

Friedrich von Logau

Würmer im Gewissen,
Kleider wohl zerrissen,
Wohlbenarbte Leiber,
Wohlgebrauchte Weiber,
Ungewisse Kinder,
Weder Pferd noch Rinder,
Nimmer Brot im Sacke,
Nimmer Geld im Packe,
Haben mitgenommen,
Die vom Kriege kommen:
Wer denn hat die Beute?
Eitel fremde Leute.

Die Welt (1679)

Christian Hofmann von Hofmannswaldau

Was ist die Welt und ihr berühmtes Glänzen?
Was ist die Welt und ihre ganze Pracht?
Ein schnöder Schein in kurz gefassten Grenzen,
Ein schneller Blitz bei schwarz gewölkter Nacht,
Ein buntes Feld, da Kummerdisteln grünen,
Ein schön Spital, so voller Krankheit steckt,
Ein Sklavenhaus, da alle Menschen dienen,
Ein faules Grab, so Alabaster deckt.
Das ist der Grund, darauf wir Menschen bauen
Und was das Fleisch für einen Abgott hält.
Komm, Seele, komm und lerne weiter schauen,
Als sich erstreckt der Zirkel dieser Welt!
Streich ab von dir derselben kurzes Prangen,
Halt ihre Lust für eine schwere Last:
So wirst du leicht in diesen Port gelangen,
Da Ewigkeit und Schönheit sich umfasst.

Beschreibung vollkommener Schönheit (1695)

Christian Hofmann von Hofmannswaldau

Ein Haar, so kühnlich Trotz der Berenice spricht,
Ein Mund, der Rosen führt und Perlen in sich heget,
Ein Zünglein, so ein Gift für tausend Herzen träget,
Zwo Brüste, wo Rubin durch Alabaster bricht;

Ein Hals, der Schwanenschnee weit, weit zurücke sticht,
Zwei Wangen, wo die Pracht der Flora sich beweget,
Ein Blick, der Blitze führt und Männer niederleget,
Zwei Armen, deren Kraft oft Leuen hingericht;

Ein Herz, aus welchem nichts als mein Verderben quille,
Ein Wort, so himmlisch ist und mich verdammen kann,
Zwei Hände, deren Grimm mich in den Bann getan

Und durch ein süßes Gift die Seele selbst umhüllet;
Ein Zierrat, wie es scheint, im Paradies gemacht,
Hat mich um meinen Witz und meine Freiheit bracht.

Leuen: Löwen

Weitere Gedichte aus der Zeit des Barock findest du auf den Seiten 166, 174 und 243.

1. Wähle eines der abgedruckten Barockgedichte aus und interpretiere es (Vorarbeiten, erster Entwurf, überarbeitete Endfassung). Informiere dich dazu auch über die analytische Gedichtinterpretation auf den Seiten 96–103.
2. Stellt eure Interpretationen vor. Diskutiert dabei auch den Zusammenhang mit den auf dieser Seite abgedruckten Bildern. Welche Weltsicht des Barock wird hier dargestellt?

David Teniers (1610–1690):
Frau mit Gitarre

Kurzporträts

Hans Jakob Christoffel von Grimmelshausen

Hans Jakob Christoffel von Grimmelshausen

Er wurde um 1622 in Gelnhausen geboren. Nach der Verwüstung der Stadt 1634 geriet er durch die Wirren des Dreißigjährigen Krieges in ein abenteuerliches Soldaten- und Wanderleben; diente als Regimentsschreiber und Kanzleisekretär und blieb bis 1649 Soldat. Nach dem Krieg erwarb er Grundbesitz, heiratete und zeugte 10 Kinder. Grimmelshausen wurde Burgvogt auf der Ullenburg (1662–1665) und später Schultheiß von Renchen bei Straßburg. Er trat vom protestantischen zum katholischen Glauben über. Erst als er schon über vierzig Jahre alt war, begann er zu schreiben. Er veröffentlichte unter mehreren Pseudonymen und gilt als wichtigster deutscher Erzähler des 17. Jahrhunderts. Der von seinen eigenen Erlebnissen inspirierte Schelmenroman „Simplicissimus" ist der erste deutsche Prosaroman von Weltgeltung: ein Zeitroman mit abenteuerlichem Inhalt, derber Sprache und hintergründigem Humor. Grimmelshausen starb 1676 in Renchen.

Der abenteuerliche Simplicissimus Nach dem Erstdruck 1668
Hans Jakob Christoph von Grimmelshausen

Das 24. Kapitel ist das allerletzte und zeiget an, warum und welchergestalt Simplicius die Welt wieder verlassen.

Adieu Welt, denn auf dich ist nicht zu trauen, noch von dir nichts zu hoffen, in deinem Haus ist das Vergangene schon verschwunden, das Gegenwärtige verschwindet uns unter den Händen, das Zukünftige hat nie angefangen, das Allerbeständigste fällt, das Allerstärkste zerbricht und das Allerewigste nimmt ein Ende; also, daß du ein Toter bist unter den Toten; und in hundert Jahren läßt du uns nicht eine Stund leben. [...]

All diese Worte erwog ich mit Fleiß und stetigem Nachdenken und bewogen mich dermaßen, daß ich die Welt verließ und wieder ein Einsiedel ward: Ich hätte gern bei meinem Saurbrunnen im Mückenloch gewohnt, aber die Baurn in der Nachbarschaft wollten es nicht leiden, wiewohl es für mich eine angenehme Wildnis war; sie besorgten, ich würde den Brunnen verraten und ihre Obrigkeit dahin vermögen, daß sie wegen nunmehr erlangten Friedens Weg und Steg dahin machen müßten. Begab mich derhalben in eine andere Wildnis, ich fing mein Spessarter Leben wieder an; ob ich aber wie mein Vater sel. bis an mein End darin verharren werde, stehet dahin. Gott verleihe uns allen seine Gnade, daß wir allesamt dasjenige von ihm erlangen, woran uns am meisten gelegen, nämlich ein seliges

Ende

Martin Opitz

Opitz wurde 1597 in Breslau geboren. Er stammte aus einer wohlhabenden Familie. Er studierte Philosophie und Jura in Frankfurt/Oder und Heidelberg. Durch eigene Leistung und einflussreiche Gönner brachte es Opitz zum Gelehrten und gekrönten Poeten (poeta laureatus 1625) und wurde in den Adelsstand erhoben. Seit 1626 war er für verschiedene Herren diplomatisch tätig.

Opitz begann als Dichter wie alle großen Poeten des 17. Jahrhunderts in neulateinischer Sprache, er dichtete sein Leben lang zweisprachig. Sein Lebensprogramm aber war die Etablierung der deutschen Sprache als Kunstsprache, die aus dem Schatten des Lateinischen heraustreten sollte. Zum „Vater der deutschen Dichtkunst" wurde Opitz durch die von ihm verfasste Poetik, das *Buch von der Deutschen Poeterey* (1624), die als Richtschnur für die Dichtung des nächsten Jahrhunderts gilt. Darin fordert er u. a. Klarheit und Eleganz der Sprache (Vermeidung von Dialekt, Vulgärausdrücken und Fremdwörtern) und definiert die einzelnen Dichtungsgattungen. Seine Empfehlung macht den Alexandriner (6-hebiger Jambus, Zäsur nach der 6. Silbe) zum gebräuchlichsten Vers bis weit in die zweite Hälfte des 18. Jahrhunderts.

Poetik: Lehrbuch der Dichtung

Opitz starb 1639 in Danzig an der Pest. Er war von einem Bettler angesteckt worden, dem er ein Almosen gegeben hatte.

Ach Liebste, lass uns eilen (1624) *Martin Opitz*

Ach Liebste, lass uns eilen,
Wir haben Zeit:
Es schadet das Verweilen
Uns beiderseit.

Der edlen Schönheit Gaben
Fliehn Fuß für Fuß,
Dass alles, was wir haben,
Verschwinden muss.

Der Wangen Zier verbleichet,
Das Haar wird greis,
Der Augen Feuer weichet,
Die Brunst wird Eis.

Drumb lass uns jetzt genießen
Der Jugend Frucht,
Eh als wir folgen müssen
Der Jahre Flucht.

Das Mündlein von Korallen
Wird ungestalt,
Die Händ als Schnee verfallen,
Und du wirst alt.

Wo du dich selber liebest,
So liebe mich,
Gib mir, dass, wann du gibest,
Verlier auch ich.

Bartholomäus Strobel (1591–1644): *Martin Opitz*

1. Recherchiert selbst über weitere Dichter des Barock und fertigt Kurzporträts an. Stellt jeweils auch Ausschnitte aus ihrem Werk vor und erläutert sie vor dem Hintergrund der erarbeiteten Epochenaspekte.

Auf S. 166 findest du ein Kurzporträt und ein Bild von Andreas Gryphius.

Ausschnitte aus Schülerportfolios

Briefe an den Leser

1 Liebe Leserinnen und Leser,
mein Portfolio zeigt verschiedene Aspekte der Epoche des Barock. Zu Beginn war es zunächst wichtig, verschiedene Informationen über die Epoche in einer Mind-Map zu sammeln. Die dabei zusammengestellten Aspekte haben mir sehr bei der Bearbeitung der weiteren Aufgaben geholfen, da ich sie in verschiedenen Bereichen, z. B. bei der Gedichtinterpretation, verwenden konnte. […]

Odette

2 Lieber Leser,
dies ist mein Portfolio zur Epoche des Barock, das mich sehr viel Zeit und Mühe gekostet hat. […]

Während der Arbeit am Portfolio fiel es mir leicht, mich zwischen den verschiedenen Aufgaben zu entscheiden. Für das Malen eines Bildes habe ich mich entschieden, da mir kreatives Arbeiten erstens mehr Spaß macht, als etwas am Computer zu verfassen, und es zweitens ein Gegengewicht zu all den Texten darstellt. […]

Bettina

3 Liebe Leserinnen und Leser,
mein Portfolio zur Epoche des Barock enthält verschiedene Aufgaben, die es ermöglichen, die verschiedenen Facetten des Themas zu betrachten. […]

Dann habe ich mich an meine persönliche Herausforderung gemacht, die Gedichtinterpretation. Den ersten Versuch habe ich nach den Anmerkungen meines „learning buddy" überarbeitet und stellte fest, dass ich einerseits Freude daran hatte, zu sehen, wie sie sich verbessert, und andererseits auch Schwierigkeiten, das Gedicht vollständig zu interpretieren. […]

Die Aufgabe des Augenzeugenberichts machte mir überraschenderweise so viel Spaß, dass ich sie mehrmals überarbeitete, bis ich richtig zufrieden war mit der ausgedachten Geschichte.

Angelina

4 Lieber Leser,
anhand dieses Portfolios kannst du mitverfolgen, wie ich mich mit dem Thema „Barock" auseinandergesetzt habe. […]

Meiner Meinung nach war die Selbstreflexion die allerschwierigste Aufgabe. Ich weiß nicht, wie es den anderen ging, aber mir persönlich fiel es sehr schwer, über mich selbst zu urteilen. […]

Im Großen und Ganzen bin ich sehr zufrieden mit meinem Portfolio und hoffe, den Lesern aufschlussreiche Einblicke in die Epoche des Barock verschaffen zu können.

Irina

Beispiel einer Selbstreflexion: Portfolio als Gesamtwerk

I. Einschätzung der einzelnen Leistungen im Portfolio
(1 = trifft voll zu; 5 = trifft nicht zu)

	1	2	3	4	5
Mein Portfolio enthält alle verlangten Aufgaben.	X				
Mein Portfolio liefert Hinweise, wie ich mich im Verlauf der Unterrichtseinheit verbessert habe.		X			
Mein Portfolio liefert Hinweise auf meine Fähigkeit, Fakten darzustellen.			X		
Mein Portfolio liefert Hinweise auf meine Fähigkeit, effektiv zu arbeiten und zu schreiben.		X			
Mein Portfolio liefert Hinweise auf meine Fähigkeit, kreativ zu schreiben bzw. zu gestalten.		X			

II. Einschätzung der Anstrengung bei den einzelnen Teilen des Portfolios
(1 = habe mich sehr stark angestrengt; 5 = wenig angestrengt)

		Einschätzung/ Bewertur g
Pflichtaufgaben	Brief an den Leser	2
	Mind-Map	2
	Gedichtinterpretation	1
	Recherche zu Dichtern	5
Wahlaufgaben	Augenzeugenbericht	
	Gedichtillustration	1
	Figurengedicht	
	Personen aus Bild sprechen lassen	
	Lebensbericht	4
	Epochenrecherche	

III. Einschätzung meines Portfolios als Gesamtwerk: 1–2
(1 = sehr zufriedenstellend; 5 = nicht zufriedenstellend)

1. Vergleicht eure „Briefe an den Leser“ und eure Selbstreflexionsbögen.

Sprachbewusstsein entwickeln

Übersicht

Rechtschreibung im Überblick

Regeln der Getrennt- und Zusammenschreibung

Du findest hier sechs Regeln zur Getrennt- und Zusammenschreibung mit jeweils zwei Beispielsätzen. Der zweite Beispielsatz enthält eine offene Schreibweise.

1 Die Verbindung von **Adjektiv** und **Verb** kann **getrennt** und **zusammengeschrieben** werden, wenn das Adjektiv das Resultat eines Vorgangs bezeichnet.

a) *Früher mussten die Kinder ihren Teller immer leer essen/leeressen.*

b) *Heute achten die Kinder nicht mehr darauf, dass sie ihre Spielsachen nicht kaputt ___ machen.*

2 Die Verbindung von **Adjektiv** und **Verb** wird **zusammengeschrieben**, wenn die Zusammensetzung eine neue Bedeutung bildet.

a) *Der Richter hat den Angeklagten freigesprochen. Ein guter Redner sollte frei sprechen.*

b) *Ein politischer Gegner wird zuweilen kalt ___ gestellt. Zum Aufbewahren sollte man Speisen kalt ___ stellen.*

3 Die Verbindung aus zwei **Verben** wird **getrennt** geschrieben. Bei Verbindungen mit *bleiben* und *lassen* sowie bei *kennen lernen* ist bei übertragener Bedeutung auch eine Zusammenschreibung möglich.

a) *Es ist kein Hindernis für den späteren Schulerfolg, wenn man in der Schule einmal sitzengeblieben ist. Wenn ältere Menschen einen Platz in der Straßenbahn suchen, sollten jüngere nicht sitzen bleiben.*

b) *Meine Freundin habe ich auf einer Silvesterparty kennen ___ gelernt. – Erst bei schlechter Laune kann man manche Menschen richtig kennen ___ lernen.*

4 Die Verbindung aus **Substantiv** und **Adjektiv** wird **zusammengeschrieben**, wenn der erste Bestandteil mit einer Wortgruppe paraphrasierbar ist.

a) *Valentin betrat angsterfüllt die Geisterbahn. Valentin betrat von Angst erfüllt die Geisterbahn.*

b) *Jakob nahm freude ___ strahlend die Klassenarbeit entgegen. Jakob nahm vor Freude strahlend die Klassenarbeit entgegen.*

5 Verbindungen mit **adjektivisch gebrauchten Partizipien** können **getrennt** oder **zusammengeschrieben** werden.

a) *Die Rat suchenden/ratsuchenden Schüler wenden sich an den Vertrauenslehrer.*

b) *Ein selbst gebackener/selbstgebackener Kuchen schmeckt oft am besten.*

6 Verbindungen mit einem **unflektierten Adjektiv** als graduierender Bestimmung können **getrennt** oder **zusammengeschrieben** werden.

a) *Nicht alle Regeln sind allgemein gültig/allgemeingültig.*

b) *Die Lektüre in Deutsch war schwer verständlich/schwerverständlich.*

1. Schreibe die Beispielsätze b) in richtiger Schreibweise ab.
Merke dir die Kann-Regeln.

Regeln der Groß- und Kleinschreibung

1 Die **Wörter** *angst, bang, feind, gram, klasse, leid, pleite, recht, schuld, spitze, unrecht, weh* werden in Verbindung mit den Verben *sein, bleiben* oder *werden* **kleingeschrieben**.
Beispielwörter: *angst werden, feind bleiben, recht sein*

2 Die **Wörter** *recht* und *unrecht* können in Verbindung mit Verben wie *behalten, geben, haben, tun* **groß-** oder **kleingeschrieben** werden.
Beispielwörter: *recht/Recht geben, unrecht/Unrecht tun, recht/Unrecht haben*

3 **Ordnungszahlen** und **sinnverwandte Adjektive** werden **großgeschrieben**.
Beispielwörter: *am Ersten, jeder Zweite, als Dritter, fürs Erste, der Nächste, als Letztes*

4 **Unbestimmte Zahladjektive** werden **großgeschrieben**.
Beispielwörter: *Unzählige, Verschiedenes, das Ganze, als Ganzes, alles Übrige, alles Mögliche*

5 **Feste adverbiale Wendungen** mit *aufs* oder *auf das*, die mit *„Wie?"* erfragt werden können, kann man **groß-** oder **kleinschreiben**.
Beispielwörter: *aufs herzlichste – auf das Herzlichste, auf das einfachste – aufs Einfachste*

6 **Superlative,** nach denen mit *„Woran?"* (*„An was?"*) oder *„Worauf?"* (*„auf was?"*) gefragt werden kann, schreibt man **groß**.
Beispielwörter: *am Nötigsten, auf das Beste*

7 **Verbindungen aus Präposition** und **dekliniertem Adjektiv** ohne vorangehenden Artikel können **groß-** oder **kleingeschrieben** werden.
Beispielwörter: *von neuem/Neuem, von weitem/Weitem, auf weiteres/Weiteres, seit längerem/Längerem, binnen kurzem/Kurzem*

8 **Bestimmte Verbindungen** werden **großgeschrieben**, auch wenn sie mit einer Präposition verbunden sind.
Beispielwörter: *Jung und Alt, für Jung und Alt, Arm und Reich, für Arm und Reich, Gut und Böse, jenseits von Gut und Böse*

9 **Pronomen** werden **kleingeschrieben**, auch wenn sie substantivisch gebraucht sind.
Beispielwörter: *mancher, dieser und jener, einer, jeder, alles, die beiden*

10 Die **Zahladjektive** *viel, wenig, eine, andere* werden mit allen ihren Flexionsformen **kleingeschrieben**.
Beispielwörter: *die vielen, weniges, der eine und der andere, die anderen*

11 Will ein Schreiber zum Ausdruck bringen, dass das **Zahladjektiv substantivisch gebraucht** ist, kann er es auch **großschreiben**.
Beispielwörter: *die Anderen, die Vielen*

12 In **substantivischen Wortgruppen**, die zu festen Verbindungen geworden, aber keine Eigennamen sind, schreibt man Adjektive **klein**.
Beispielwörter: *das neue Jahr, die höhere Mathematik, die graue Maus, der bunte Hund*

13 In bestimmten substantivischen Wortgruppen werden **Adjektive großgeschrieben**, obwohl keine Eigennamen vorliegen.
Beispielwörter: *der Heilige Vater, der Regierende Bürgermeister, der Heilige Abend, der Erste Mai, die Gelbe Karte, die Erste Hilfe*

14 **Das erste Wort** in einer substantivischen Zusammensetzung oder Aneinanderreihung schreibt man auch dann **groß**, wenn es kein Substantiv ist.
Beispielwörter: *der Pro-Kopf-Verbrauch, das Auf-der-faulen-Haut-Liegen*

15 Die **Bezeichnungen von Tageszeiten** nach Adverbien wie *heute, gestern, morgen* werden **großgeschrieben**.
Beispielwörter: *vorgestern Morgen, heute Abend, morgen Mittag*

16 Von **geografischen Namen abgeleitete Wörter** auf *-er* schreibt man immer **groß**; die von geografischen Namen abgeleiteten Wörter auf *-isch* schreibt man **klein**, wenn sie nicht Teil eines Namens sind.
Beispielwörter: *der Kölner Dom, böhmische Dörfer, der Atlantische Ozean*

17 Die **Wörter** *hundert, tausend* oder *Dutzend* können **klein-** oder **großgeschrieben** werden, wenn mit ihnen unbestimmte Mengen angegeben werden.
Beispielwörter: *Hunderte/hunderte von Menschen, einige Tausend/tausend schreiende Fans*

18 Alle **zu einem mehrteiligen Namen gehörenden Adjektive, Partizipien, Pronomen** und **Zahlwörter** schreibt man **groß**. Nicht am Anfang des Namens stehende Adjektive werden gelegentlich auch **kleingeschrieben**.
Beispielwörter: *der Alte Fritz, der Börsenverein des Deutschen Buchhandels, Institut für angewandte Umweltforschung*

19 **Als Substantive gebrauchte Grundzahlen** werden **großgeschrieben**, wenn sie Ziffern bezeichnen.
Beispielwörter: *eine Zwei im Zeugnis, eine Vier beim Würfeln*

20 **Grundzahlen** unter einer Million werden **kleingeschrieben**.
Beispielwörter: *alle vier, gegen zwölf*

1. Bilde Sätze mit den Beispielwörtern.

Regeln der Zeichensetzung

Du findest hier 16 Regeln zur Zeichensetzung mit jeweils zwei Beispielen. Im zweiten Beispiel sind die Zeichen nicht gesetzt.

1 Bei entgegenstellenden Konjunktionen wie *aber, doch, jedoch, sondern* steht ein Komma, wenn sie zwischen gleichrangigen Wörtern oder Wortgruppen stehen.

a) *Ein Lehrer sollte nicht nur die guten, sondern auch die schlechten Schüler fördern.*

b) *Heute war es sonnig aber kalt.*

2 Zwischen selbstständigen Sätzen, die durch *und, oder, beziehungsweise, entweder–oder, nicht–noch* oder durch *weder–noch* verbunden sind, kann man ein Komma setzen, um die Gliederung des Ganzsatzes deutlich zu machen.

a) *Entweder du lernst mehr für Mathematik, oder du bekommst eine schlechte Note.*

b) *Weder machte er seine Hausaufgaben noch passte er im Unterricht auf.*

3 Wenn der Nebensatz aus einem Einleitungswort und weiteren Wörtern besteht, setzt man das Komma vor die ganze Wortgruppe.

a) *Ich gehe selten ins Kino, aber wenn ich einmal gehe, muss es ein besonderer Film sein.*

b) *Das Kino war restlos ausverkauft zwei Tage bevor der Filmstart losging.*

4 Eine Infinitivgruppe wird mit Komma abgegrenzt, wenn sie mit *um, ohne, statt, anstatt, außer, als* eingeleitet wird.

a) *Ein Fußgänger überquerte die Straße, ohne auf den Verkehr zu achten.*

b) *Der Autofahrer sprach mit seiner Beifahrerin anstatt auf den Verkehr zu achten.*

5 Eine Infinitivgruppe wird mit Komma abgegrenzt, wenn sie von einem Substantiv abhängt.

a) *Der Schüler wurde bei dem Versuch, in der Klassenarbeit zu täuschen, vom Lehrer überrascht.*

b) *Zum neuen Jahr fasste Jens den Vorsatz regelmäßig seine Hausaufgaben zu erledigen.*

6 Eine Infinitivgruppe grenzt man mit Komma ab, wenn sie von einem Verweiswort abhängt.

a) *Viele Jugendliche lieben es, ihre Freizeit beim Sport zu verbringen.*

b) *Die Fußballmannschaft des Gymnasiums hat nicht mehr damit gerechnet das Spiel noch zu gewinnen.*

7 Nachgestellte Erläuterungen, die häufig mit *also, besonders, das heißt, genauer, insbesondere, nämlich, und das, und zwar, zum Beispiel* oder dergleichen eingeleitet werden, grenzt man mit Komma ab.

a) *Sie isst gern Obst, besonders Apfelsinen und Bananen.*

b) *Nächste Woche schreibt die Klasse eine Mathematikarbeit und zwar am Dienstag.*

8 Wörter oder Wortgruppen, die durch ein hinweisendes Wort oder eine hinweisende Wortgruppe angekündigt werden, grenzt man mit Komma ab.

a) *So bepackt, den Rucksack auf dem Rücken, hielten sich die Schüler zum Ausflug bereit.*

b) *Dies auf einen Streich lachend zu reagieren zeichnete unseren Klassenlehrer aus.*

9 Nachgetragene Partizip- oder Adjektivgruppen grenzt man mit Komma ab.

a) *Unser Lehrer, aus vollem Hals lachend, begrüßte uns bereits auf dem Parkplatz der Schule.*

b) *Die Klasse diskutierte lange über das Problem überzeugt von dessen möglicher Lösung.*

10 Oft liegt es im Ermessen des Schreibenden, ob er etwas mit Komma als Zusatz oder Nachtrag kennzeichnen will oder nicht.

a) *Der Kranke hatte, entgegen ärztlichem Verbot, das Bett verlassen.*

b) *Das war nach allgemeinem Urteil eine ärztliche Fehlleistung.*

11 Ist eine Präposition mit dem Artikel verschmolzen, setzt man in der Regel keinen Apostroph.

a) *Man sollte nicht erhitzt ins Wasser springen.*

b) *Wenn man Arbeit übers Jahr verteilt entsteht weniger Stress zu bestimmten Zeiten.*

12 Ein Doppelpunkt steht vor angekündigten Aufzählungen, Angaben, Erläuterungen, Titeln usw. Folgt nach dem Doppelpunkt ein Ganzsatz, wird das erste Wort großgeschrieben.

a) *Tipps zu den Hausaufgaben: Man nehme sich in aller Ruhe Zeit und beginne sie nicht unausgeruht.*

b) *Folgende Dinge benötigt jeder Schüler ein Mäppchen Hefte und Bücher.*

13 Ein Semikolon kann zwischen gleichrangigen Sätzen oder Wortgruppen stehen, wo der Punkt zu stark, das Komma zu schwach trennen würde.

a) *Das Leben ist zwar schwer; doch man muss es ertragen.*

b) *In der Schule hat er alles versucht er hat aber nicht alles erreicht.*

14 Ein Semikolon kann verwendet werden, um zusammengehörige Gruppen in Aufzählungen zu markieren.

a) *Was sich so nicht alles auf den Straßen tummelt: Kinder- und Erwachsene; Pkw und Lkw; Katzen und Hunde.*

b) *Bei Sonnenschein kann man viel mehr unternehmen: schwimmen und plantschen Rad fahren und spazieren gehen im Garten sitzen und ein Buch lesen.*

15 Ein Bindestrich kann gesetzt werden, um einzelne Bestandteile von Zusammensetzungen hervorzuheben.

a) *Egoismus ist nur ein anderes Wort für große Ich-Sucht.*

b) *Friedrich Barbarossa lebte in der Hochzeit des Mittelalters.*

16 Ein Bindestrich kann in unübersichtlichen Zusammensetzungen verwendet werden.

a) *Wer mit dem Auto zur Lotto-Annahmestelle fährt, wird eher einen Unfall als sechs Richtige haben.*

b) *Für unseren Haushalt haben wir uns eine Mehrzweckküchenmaschine gekauft.*

1. Schreibe die Beispielsätze b) ab und setze die richtigen Zeichen.

Grammatik im Überblick

Adjektiv Das Adjektiv ist eine Wortart und dient dazu, eine Person, einen Gegenstand oder ein Geschehen zu charakterisieren. Es kann attributiv *(das schnelle Auto)*, prädikativ *(Das Auto ist schnell.)* oder adverbial *(Das Auto fährt schnell.)* verwendet werden. Ferner kann das Adjektiv gesteigert werden. Die Vergleichsstufen sind der Positiv *(schnell)*, der Komparativ *(schneller)* und der Superlativ *(am schnellsten, das schnellste Auto)*.

Adjektivattribut Das Adjektivattribut ist ein vorangestelltes Adjektiv. *(Das kleine Mädchen mit der roten Mütze heißt Rotkäppchen.)*
→ **Attribut**

Adverb Das Adverb ist eine Wortart und zeigt in einem Satz an, unter welchen Umständen etwas geschieht. Adverbien sind unveränderlich, nur wenige können gesteigert werden *(oft, öfter)*. Sie können sich beziehen auf ein Verb *(Er rennt blindlings über die Straße.)*, auf ein Adjektiv *(ein sehr schönes Haus)*, auf ein Substantiv *(das Auto dort)* und auf einen ganzen Satz *(Hoffentlich regnet es nicht.)*. Sie werden eingeteilt in Lokaladverbien *(abseits, dort, oben, abwärts)*, Temporaladverbien *(nachts, gestern, plötzlich, immer)*, Modaladverbien *(blindlings, flugs, kurzerhand)* und Kausaladverbien *(daher, nämlich, folglich, deswegen)*.

Adverbattribut Das Adverbattribut ist ein hinweisendes Adverb. *(Das Mädchen dort ist Rotkäppchen.)* → **Attribut**

Adverbial Das Adverbial oder die adverbiale Bestimmung ist ein Satzglied und ergänzt wie das Objekt die Satzaussage; es kann wie folgt unterschieden werden: Das Adverbial der Zeit (temporal) wird mit *wann, seit wann, wie lange,* usw. erfragt *(Am letzten Tag des Jahres feiern wir.)*, das Adverbial des Ortes (lokal) wird mit *wo, wohin, woher (Das Buch liegt auf dem Tisch.)*, das Adverbial des Grundes (kausal) mit *warum, weshalb (Er fehlt wegen einer Grippe in der Schule.)*, das Adverbial der Art und Weise (modal) mit *wie, womit, wodurch (Das Auto fährt mit rasender Geschwindigkeit durch die Stadt.) erfragt.*

Adverbialsatz Der Adverbialsatz ist ein Nebensatz bzw. Gliedsatz, der anstelle eines Adverbials steht.

Akkusativobjekt Das Akkusativobjekt ist ein Satzglied, das die Satzaussage ergänzt und mit *wen oder was (Der Lehrer korrigiert den Aufsatz.)* erfragt wird.

Aktiv und Passiv Aktiv und Passiv sind Verbformen. Sie drücken verschiedene Blickrichtungen auf einen Sachverhalt aus *(Der Arzt untersucht den Patienten. – Der Patient wird vom Arzt untersucht.)*, d. h. beim Passiv rückt der „Täter“ in den Hintergrund.

Apposition Die Apposition gehört zu den Attributen und ist eine nachgestellte Beifügung. Sie wird vom Bezugswort durch Kommas abgetrennt. *(Rotkäppchen, ein kleines Mädchen, trägt eine rote Mütze.)* → **Attribut**

Artikel Der Artikel ist eine Wortart und fungiert als vorangestellter Begleiter eines Substantivs. Er zeigt Genus, Numerus und Kasus an. Der unbestimmte Artikel kennzeichnet unbekannte Sachverhalte *(ein Mann)*, der bestimmte Artikel bekannte Sachverhalte *(der Mann)*.

Attribut Das Attribut bestimmt ein Bezugswort näher. Es ist kein eigenständiges Satzglied, sondern Teil von Satzgliedern. Es lässt sich unterscheiden in Genitivattribut, Adverbattribut, Präpositionalattribut und Apposition.

Attributsatz Der Attributsatz ist ein Nebensatz, der mit einer Konjunktion, einem Fragewort oder einem Relativpronomen eingeleitet wird und für ein Attribut steht. *(Hunde, die bellen, beißen nicht.)*

Dativobjekt Das Dativobjekt ist ein Satzglied, das die Satzaussage ergänzt und mit *wem* erfragt wird. *(Das Auto gehört meiner Mutter.)*

Demonstrativpronomen Das Demonstrativpronomen *(der, dieser, jener, derjenige, derselbe)* hat die Funktion des ausdrücklichen Hinweisens *(dieses Buch)*. In Texten verweist es auf vorher Genanntes. *(Birken, Erlen und Buchen stehen am Straßenrand. Diese Bäume bilden eine schöne Allee.)* → **Pronomen**

Finalsatz Der Finalsatz ist ein Nebensatz, der mit den Konjunktionen *damit, dass* eingeleitet wird und einen Zweck oder eine Absicht ausdrückt. *(Er macht regelmäßig Hausaufgaben, damit er Erfolg hat.)*

Fragewort Das Fragewort ist eine vor allem in Schulbüchern gebräuchliche Sammelbezeichnung für das Interrogativpronomen und das Interrogativadverb. → **Interrogativpronomen** und → **Interrogativadverb**

Genitivattribut Das Genitivattribut ist ein Substantiv im Genitiv. *(Die Mütze des Mädchens ist rot.)* → **Attribut**

Genitivobjekt Das Genitivobjekt ist ein Satzglied, das die Satzaussage ergänzt und mit *wessen* erfragt wird. *(Er wird des Diebstahls bezichtigt.)* Es steht nur nach wenigen Verben (z. B. *gedenken, bezichtigen, bedürfen, sich entledigen*).

Gliedsatz Der Gliedsatz ist ein Nebensatz, der für ein Satzglied steht. Oft wird die Bezeichnung gleichbedeutend mit *Nebensatz* gebraucht. → **Nebensatz**

Hauptsatz Der Hauptsatz ist ein selbstständiger Satz, der für sich selbst bestehen kann und grammatisch nicht von anderen Sätzen abhängig ist. *(Morgen wird das Wetter schön.)*

Indefinitpronomen Das Indefinitpronomen *(alle, einer, einige, etwas, jeder, jemand, keiner, man, niemand, nichts)* bezeichnet eine nicht näher bestimmte Menge von Personen oder Gegenständen. *(Niemand will es getan haben.)* *Vgl.* → **Pronomen**

Infinitiv, satzwertiger Der satzwertige Infinitiv ist eine Wortgruppe mit einem Infinitiv, die einen Nebensatz ersetzen kann und in gleicher Funktion gebraucht wird. *(Die beiden Freundinnen trafen sich, um gemeinsam zu lernen.)*

Interrogativadverb Das Interrogativadverb ist eine Unterklasse der Interrogativpronomen. Es wird nicht dekliniert und hat Eigenschaften eines Adverbs. Wie das Interrogativpronomen leitet es einen Fragesatz ein. *(Wann kommst du?)* → **Interrogativpronomen**

Interrogativpronomen Das Interrogativpronomen wird gebraucht, um einen Fragesatz einzuleiten. Man unterscheidet deklinable Interrogativpronomen *(wer, wessen, wem, wen, welcher, welche, welches)* und indeklinable Interrogativpronomen *(wann,* *wie, wo, woran, womit, wozu, weshalb, wohin, warum).* Die indeklinablen Interrogativpronomen werden auch Interrogativadverbien genannt. → **Interrogativadverb**

Kausalsatz Der Kausalsatz ist ein Nebensatz, der mit den Konjunktionen *weil, da* eingeleitet wird und für die Aussage im Hauptsatz einen Grund oder eine Begründung angibt. *(Ich ziehe mich warm an, weil es kalt ist.)*

Konditionalsatz Der Konditionalsatz ist ein Nebensatz, der mit den Konjunktionen *wenn, falls* eingeleitet wird und die Bedingung eines Geschehens ausdrückt. *(Wenn es regnet, wird die Straße nass.)*

Konjunktion Die Konjunktion ist eine Wortart und wird in nebenordnend sowie unterordnend unterschieden. Nebenordnende Konjunktionen *(und, oder, aber, denn, entweder … oder)* verbinden Wörter *(Geld oder Leben)*, Wortgruppen *(Viele Menschen träumen von einem großen Haus und einer weiten Reise.)* und Sätze *(Er ist zwar kein berühmter Star, aber seine Fans mögen ihn.)*. Unterordnende Konjunktionen *(dass, weil, nachdem, als, während, nachdem, wenn, obwohl, damit* usw.*)* verbinden Haupt- und Nebensätze. *(Er fehlt in der Schule, weil er krank ist.)*

Konjunktiv Der Konjunktiv ist ein Modus des Verbs. Konjunktiv I wird in der Redewiedergabe gebraucht *(Der Verteidiger meint, der Angeklagte könne nicht der Täter sein.)*, bei Anweisungen *(Man nehme 100 g Mehl.)* und bei Wünschen *(Er lebe hoch.)*. Konjunktiv II ist der Modus des Nichtwirklichen (Irrealis) und Möglichen (Potentialis). Mit ihm drückt man irreale Vorstellungen *(Man stelle sich vor, ich wäre nicht geboren.)*, unerfüllbare Wünsche *(Wäre ich doch nie geboren!)*, Vermutungen *(Der Angeklagte könnte der Täter sein.)*, höfliche Bitten *(Könnten Sie mir helfen?)* sowie Vorbehalte und Zweifel *(Glaubst du wirklich, der Angeklagte könnte der Täter sein?)* aus.

Konsekutivsatz Der Konsekutivsatz ist ein Nebensatz, der mit den Konjunktionen *sodass, so … dass* eingeleitet wird und die Folgen eines Geschehens beschreibt. *(Es regnete so sehr, dass die Keller unter Wasser standen.)*

Konzessivsatz Der Konzessivsatz ist ein Nebensatz, der mit den Konjunktionen *obwohl, obgleich, obschon, wenn auch, wenngleich* eingeleitet wird. Er wird gebraucht, um Einwänden zu begegnen. *(Obwohl es die ganze Nacht geschneit hat, fuhr er mit dem Fahrrad.)*

Lokalsatz Der Lokalsatz ist ein Nebensatz, der mit den Fragewörtern *wo, wohin, woher* eingeleitet wird und zur Angabe eines Ortes oder einer Richtung dient. *(Ich gehe dorthin, wo der Pfeffer wächst.)*

Modalsatz Der Modalsatz ist ein Nebensatz, der mit den Konjunktionen *indem, (dadurch) dass* eingeleitet wird und Angaben über die Art und Weise des Geschehens macht. *(Einen Nagel schlägt man in die Wand, indem man einen Hammer benutzt.)*

Nebensatz Der Nebensatz ist ein Teilsatz, der einem anderen Satz (Haupt- oder Nebensatz) untergeordnet ist und für ein Satzglied steht. Erkennbar ist er an einem Einleitungswort (Konjunktion, Pronomen, Fragewort) und an der Endstellung des Prädikats. *(Die Tochter lernt am Computer, während der Sohn Fußball spielt.)*

Objekt Das Objekt ist ein Satzglied, das die Satzaussage ergänzt und in Genitivobjekt, Dativobjekt, Akkusativobjekt und Präpositionalobjekt unterschieden wird.

Objektsatz Der Objektsatz ist ein Nebensatz oder ein Gliedsatz, der für ein Objekt stehen kann, beispielsweise für das Akkusativobjekt *(Peter weiß die Speisenfolge des Restaurants. – Peter weiß, welches Gericht im Restaurant zuerst kommt.)*, für das Dativobjekt *(Grete hilft ihrer Freundin. – Grete hilft, wem sie helfen will.)*, für das Genitivobjekt *(Sven rühmt sich seiner Klugheit. – Sven rühmt sich, dass er klug ist.)* oder für das Präpositionalobjekt. *(Er erinnert sich an ihre schwarzen Haare. – Er erinnert sich, dass sie schwarze Haare hatte.)*

Partizip Das Partizip wird aus dem Verb gebildet und in Partizip I und II unterschieden. Partizip I wird gebildet, indem man *-d* an den Infinitiv anfügt *(kommen-d, weinen-d)*. Partizip II enthält in der Regel die Vorsilbe *ge-* *(stellen–gestellt, schwimmen–geschwommen)*.

Partizip, satzwertiges Das satzwertige Partizip ist eine Wortgruppe mit einem Partizip, die einen Nebensatz ersetzen kann und in gleicher Funktion gebraucht wird. *(Vom Gewitter überrascht, wurde er nass.)*

Personalpronomen Das Personalpronomen fungiert als Stellvertreter von Substantiven. *(Miriam ist meine beste Freundin. Sie hat mich noch nie belogen.)* Darüber hinaus bezeichnet es Rollen im Gespräch. Dabei verweist es auf den Sprecher *(ich, wir)*, auf den oder die Angesprochenen *(du, ihr)* und auf den oder die Besprochenen bzw. das Besprochene *(er/sie/es, sie)*. → Pronomen

Possessivpronomen Das Possessivpronomen zeigt ein Besitzverhältnis *(mein Auto)* oder eine allgemeine Zugehörigkeit *(mein Verein)* an. Die Possessivpronomen entsprechen den Personalpronomen *(mein–ich, dein–du, sein–er/es, ihr–sie, unser–wir, euer–ihr, ihr–sie)*. → Pronomen

Prädikat Das Prädikat ist ein Satzglied und zeigt an, was in einem Satz geschieht oder was jemand tut. Es kann einteilig *(Der Lehrer korrigiert den Aufsatz.)* oder mehrteilig *(Der Lehrer hat den Aufsatz korrigiert.)* sein.

Prädikatsnomen Das Prädikatsnomen ist in der Regel ein Satzglied im Nominativ. Es ergänzt das Subjekt und steht nach den Verben *sein, werden* und *bleiben*. Das Prädikatsnomen kann aus einem Substantiv *(Er bleibt Klassensprecher.)* oder einem Adjektiv *(Wasser ist nass.)* bestehen.

Präposition Die Präposition ist eine Wortart und bezeichnet Beziehungen oder Verhältnisse zwischen Gegenständen, Lebewesen oder Sachverhalten *(auf dem Tisch, mit meinem Hund, ohne Gefahr)*.

Präpositionalattribut Das Präpositionalattribut ist mit einer Präposition an das Bezugswort angehängt. *(Das Mädchen mit der roten Mütze heißt Rotkäppchen.)* → Attribut

Präpositionalobjekt Das Präpositionalobjekt ist ein Satzglied, das die Satzaussage ergänzt und mit einem Fragewort sowie einer Präposition erfragt wird *(auf wen? mit wem?)*. *(Ich warte auf den Bus.)*

Pronomen Das Pronomen ist eine Wortart und fungiert als Stellvertreter von Substantiven. Es wird unterschieden in Personalpronomen, Indefinitpronomen, Interrogativpronomen, Possessivpronomen, Reflexivpronomen und Relativpronomen.

Reflexivpronomen Das Reflexivpronomen bezieht sich in der Regel auf das Subjekt des Satzes zurück. *(Ich sehe mich im Spiegel.)* → Pronomen

Relativadverb Mit einem Relativadverb *(wo, wann, wohin, woher, wie, weshalb, weswegen)* kann ein Relativsatz eingeleitet werden. Vom Relativpronomen unterscheidet es sich dadurch, dass es die Eigenschaft eines Adverbs hat. *(Der Zeitpunkt, wann er kommt, ist ungewiss.)* Im Grunde handelt es sich um die gleiche Unterscheidung wie bei Interrogativpronomen und Interrogativadverb.

Relativpronomen Das Relativpronomen *(der, die, das, welcher, welche, welches, wer, was)* leitet einen Nebensatz ein und bezieht sich auf ein Substantiv *(Der Arzt, der mich behandelt hat, ist nett.)* oder ein Pronomen. *(Ich tue alles, was du willst.)* → Pronomen

Satzgefüge Das Satzgefüge ist eine Verbindung von Haupt- und Nebensatz. *(Die Tochter lernt am Computer, während der Sohn Fußball spielt.)*

Satzglied Das Satzglied kann aus einem oder mehreren Wörtern bestehen und ist der Baustein eines Satzes. Welche Wörter zu einem Satzglied gehören, lässt sich durch die Umstellprobe ermitteln. *(Meiner besten Freundin / schreibe / ich / heute / einen langen Brief.)*

Satzreihe Die Satzreihe ist eine Verbindung von Hauptsätzen. *(Die Tochter lernt am Computer, und der Sohn spielt Fußball.)*

Subjekt Das Subjekt ist ein Satzglied und gibt Auskunft, wer oder was in einem Satz etwas tut. *(Der Lehrer korrigiert den Aufsatz.)*

Subjektsatz Der Subjektsatz ist ein Nebensatz bzw. Gliedsatz, der anstelle eines Subjekts steht. *(Dass du kommst, freut mich.)*

Substantiv Das Substantiv ist eine Wortart und bezeichnet abstrakte sowie konkrete Sachverhalte. Es lässt sich deklinieren und ist durch die Kategorien Genus (Geschlecht), Numerus (Singular und Plural) und Kasus (Fall) gekennzeichnet.

Temporalsatz Der Temporalsatz ist ein Nebensatz, der mit den Konjunktionen *als, solange, bis, während, seit, bevor, nachdem* eingeleitet wird und Auskunft über Zeit und Dauer eines Geschehens gibt. *(Als er aus dem Haus ging, regnete es.)*

Verb Das Verb ist ein Wortart und bezeichnet Tätigkeiten *(arbeiten)*, Vorgänge *(schwitzen)* und Zustände *(liegen)*. Es gibt infinite *(schlafen)* und finite Formen *(er schläft)*.
Verben lassen sich unterscheiden in starke *(gehen–ging–gegangen)* und schwache Verben *(lachen–lachte–gelacht)*, Hilfsverben *(haben, sein, werden)* und Modalverben *(dürfen, können, mögen, müssen, sollen, wollen)*.
Das Verb kann die Zeitstufen Gegenwart (Präsens), Vergangenheit (Präteritum, Perfekt, Plusquamperfekt) und Zukunft (Futur I und II) ausdrücken.

Teste dich

Wie gut sind deine Grammatikkenntnisse? Du kannst sie hier testen:

1 Oft ist es nicht leicht zu bestimmen, was ein Satzglied ist. Bei der Ermittlung der Satzglieder kann die _____ helfen.

2 Das Satzgefüge unterscheidet sich von der Satzreihe. Beim Satzgefüge sind Hauptsatz und _____ miteinander verbunden.

3 Das Adjektiv hat vielfältige Funktionen. Es kann attributiv, adverbial und _____ gebraucht werden.

4 Beim Genitivattribut wird bereits in der Bezeichnung angezeigt, welche Wortgruppen diesen Satzgliedteil bilden: Es besteht aus einem _____ im Genitiv.

5 Das Subjekt kann ergänzt werden. Eine Ergänzung ist das Prädikatsnomen. Es kann aus einem Substantiv oder einem _____ bestehen.

6 Die Satzaussage wird durch Objekte ergänzt. Ein Objekt ist das Akkusativobjekt; es wird mit _____ erfragt.

7 Nebensätze sind leichter zu erkennen, wenn man daran denkt, dass das Prädikat am Satzende steht und Nebensätze ein _____ haben.

8 Will man eine Bedingung ausdrücken, dann kann man einen Konditionalsatz verwenden. Erkennbar ist er an den Einleitungswörtern _____.

9 Im Sprachgebrauch verwenden wir zuweilen nachgestellte Beifügungen. Eine solche Beifügung heißt Apposition und wird den _____ zugeordnet.

10 Man spricht von einem Adverbial oder einer adverbialen Bestimmung. Es handelt sich um ein Satzglied und ergänzt neben den _____ die Satzaussage.

11 Das Verb hat vielfältige Formen. Der Konjunktiv ist eine davon und man nennt ihn auch einen _____ des Verbs.

1. Schreibe die Sätze ab und ergänze die Lücken. Wenn du die Antwort nicht weißt, kannst du das Lexikon zu Hilfe nehmen.

Moderne Legenden – der dressierte Hund

Moderne Legenden sind Geschichten, die weitererzählt und als glaubwürdig ausgegeben werden. Doch sie sind frei erfunden, wie die folgende Geschichte:

Es war ein lauer Sommerabend in Berlin (1). Eine ältere Frau wird diesen (2) Abend aber nicht so schnell vergessen. Weil es noch so warm war (3), entschloss sie sich zu einem Spaziergang (4) durch den Park. Wie immer (5) trug sie ihre Handtasche bei sich. An einer einsamen Stelle kam ihr plötzlich (6) ein Hund entgegen. Der Hund stellte sich knurrend (7) vor die verdutzte Frau und bei einer günstigen Gelegenheit (8) schnappte sich der Hund die Handtasche. Bevor die Frau überhaupt reagieren konnte, war der Hund schon wieder verschwunden (9). Die alte Frau wurde Opfer einer neuen Methode des Raubüberfalls (10). Die Russen-Mafia setzt eigens für diese Zwecke dressierte Hunde (11) ein. Diese Methode ist kaum gefährlich (12) für sie. Wenn man (13) den Hund erwischt, dann hat die Polizei keinen Zeugen, der (14) irgendwelche Informationen von sich geben könnte. Zum Glück ist der Frau nichts Schlimmeres passiert, denn ihr ist nur der Schrecken geblieben (15).

1 Um was für ein Attribut handelt es sich hier?
2 Welche Funktion hat das Demonstrativpronomen?
3 Welche Funktion hat der Kausalsatz?
4 Warum handelt es sich hier um ein Präpositionalobjekt?
5 Was für ein Adverbial wird hier verwendet?
6 Worauf bezieht sich das Adverb?
7 Handelt es sich hier um Partizip I oder Partizip II?
8 Wie lässt sich das temporale Adverbial erfragen?
9 In welchem Tempus wird hier das Verb gebraucht?
10 Woran ist das Genitivattribut zu erkennen?
11 Warum handelt es sich hier um ein Akkusativobjekt?
12 Warum ist dieses Wort ein Prädikatsnomen?
13 Warum handelt es sich hier um ein Indefinitpronomen?
14 Welche Funktion hat das Relativpronomen?
15 Handelt es sich hier um eine Satzreihe oder ein Satzgefüge?

2. Beantworte die Fragen, indem du das Lexikon zu Hilfe nimmst.
3. Formuliere ähnliche Fragen zu anderen Texten und lasse sie deinen Nachbarn beantworten.

Der eingebildet Kranke *Eugen Roth*

Dichter verwenden den Konjunktiv zuweilen recht eigentümlich. Nicht immer entspricht er den üblichen Regeln. Zu den mit Zahlen (1–6) markierten Formen findest du Erläuterungen (A–F).

Ein Griesgram denkt mit trüber List,
Er wäre 1 krank. (was er nicht ist!)
Er müsste nun, mit viel Verdruss,
Ins Bett hinein. (was er nicht muss!)
Er hätte, spräch 2 der Doktor glatt,
Ein Darmgeschwür. (was er nicht hat!)
Er soll 3 verzichten, jammervoll,
Aufs Rauchen ganz. (was er nicht soll!)

Und werde 4, heißt es unbeirrt,
Doch sterben dran. (was er nicht wird!)
Der Mensch könnt 5, als gesunder Mann
Recht glücklich sein. (was er nicht kann!)
Möchts 6 glauben er nur einen Tag,
Dass ihm nichts fehlt. (was er nicht mag!)

A Statt einer Konjunktivform wird ein Modalverb verwendet. Damit werden eine Möglichkeit und ein Wunsch ausgedrückt. Dies wäre allerdings auch mit einer Konjunktivform möglich gewesen.

B Hier wird Konjunktiv II verwendet, obwohl Konjunktiv I naheliegender gewesen wäre. Vielleicht soll Konjunktiv II eine Distanz zum Wiedergegebenen ausdrücken.

C Hier steht Konjunktiv I. Im Grunde die richtige Form: Fremde Meinung wird wiedergegeben. Der Gebrauch steht aber nicht im Einklang mit der sonstigen Verwendungsweise des Konjunktivs im Gedicht.

D Hier wird eine altertümliche Form des Konjunktivs verwendet, und zwar des Konjunktivs II. Üblich ist heute die Umschreibung mit „würde“.

E Hier wird Konjunktiv II verwendet. Damit soll eine Möglichkeit ausgedrückt werden.

F Hier wird eine Indikativform verwendet. Von der sonstigen Verwendungsweise im Gedicht ausgehend, müsste Konjunktiv II stehen.

1. Ordne die Erläuterungen A–F den einzelnen Konjunktiv- und Indikativformen (1–6) zu.
2. Sprecht darüber, wie der Konjunktiv die Aussage des Gedichts bestimmt.

Funktionen der Sprache

Nachschlagen → S. 307

Kommunikationsmodelle

Darstellung, Ausdruck und Appell

Der Sprachtheoretiker Karl Bühler (1879–1963) hat bereits im Jahre 1934 eine Abhandlung veröffentlicht, in der er zu grundlegenden Einsichten über die Funktion der Sprache kam. Du siehst hier ein Schaubild, das sich an seine Sprachtheorie anlehnt, und dazu Beschreibungen (A–C) sowie Beispiele (1–6).

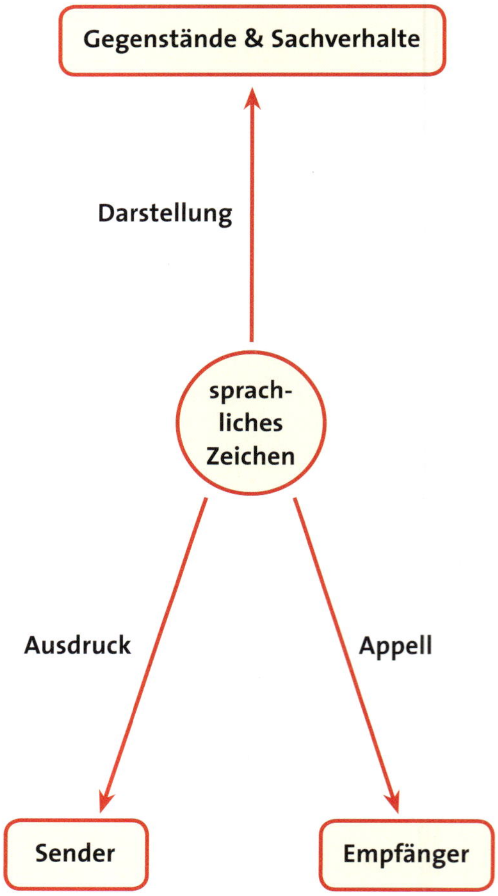

A Das sprachliche Zeichen ist ein Symbol für Gegenstände und Sachverhalte. Es geht um die reine Information, die ein Sprecher mitteilen will (z. B. in Sachtexten, Anleitungen etc.). Man spricht von der darstellenden oder deskriptiven Funktion der Sprache.

B Das sprachliche Zeichen sagt etwas über den Sprecher aus, der ein Gefühl oder eine Meinung vermitteln will. Man spricht von der Ausdrucks- oder der expressiven Funktion der Sprache.

C Das sprachliche Zeichen richtet sich an den Empfänger. Es soll den Empfänger zu etwas auffordern. Man spricht von der appellativen Funktion der Sprache.

1 Hurra, wir leben noch!
2 Das Betreten des Rasens ist verboten.
3 Oh, wie ist das schön!
4 Fußball kann als Sport die Völker verbinden.
5 Durch die Klimaerwärmung häufen sich die Unwetter in der Welt.
6 Du sollst nicht töten.

1. Ordne die Beschreibungen A–C und die Beispiele 1–6 dem Schaubild zu.
2. Finde weitere Beispiele zu den drei Sprachfunktionen.

Sprachfunktion und Textsorte

1 Lexikonartikel

Internet-Enzyklopädie Wikipedia

Kommunikation (lat. *communicare* „teilen, mitteilen, teilnehmen lassen; gemeinsam machen, vereinigen") bezeichnet auf der menschlichen Alltagsebene den wechselseitigen Austausch von Gedanken in Sprache, Gestik, Mimik, Schrift oder Bild.
Im erweiterten Sinn ist Kommunikation das wechselseitige Übermitteln von Daten oder von Signalen, die einen festgelegten Bedeutungsinhalt haben, auch zwischen tierischen und pflanzlichen Lebewesen und technischen Objekten oder Systemen.
Der Begriff ist eng verwandt mit dem der Interaktion, in vielen Bereichen sind diese Begriffe sogar synonym, besonders dann, wenn Wechselseitigkeit für den Kommunikationsbegriff vorausgesetzt wird. Gefühle, Emotionen, Stimmungen und Affekte sind ein Teil zwischenmenschlicher Kommunikation.

2 Werbeplakat

3 Romananfang: Die Leiden des jungen Werther *Johann Wolfgang von Goethe*

Wie froh bin ich, dass ich weg bin! Bester Freund, was ist das Herz des Menschen! Dich zu verlassen, den ich so liebe, von dem ich unzertrennlich war, und froh zu sein! Ich weiß, du verzeihst mir's. Waren nicht meine übrigen Verbindungen recht ausgesucht vom Schicksal, um ein Herz wie das meine zu ängstigen? Die arme Leonore! Und doch war ich unschuldig. Konnt' ich dafür, dass, während die eigensinnigen Reize ihrer Schwester mir eine angenehme Unterhaltung verschafften, dass eine Leidenschaft in dem armen Herzen sich bildete? Und doch – bin ich ganz unschuldig? Hab' ich nicht ihre Empfindungen genährt? Hab' ich mich nicht an den ganz wahren Ausdrücken der Natur, die uns so oft zu lachen machten, so wenig lächerlich sie waren, selbst ergetzt? Hab' ich nicht – o was ist der Mensch, dass er über sich klagen darf! Ich will, lieber Freund, ich verspreche dir's, ich will mich bessern, will nicht mehr ein bisschen Übel, das uns das Schicksal vorlegt, wiederkäuen, wie ich's immer getan habe; ich will das Gegenwärtige genießen, und das Vergangene soll mir vergangen sein.

4 Ein Mathe-Zaubertrick

Wer als Gedankenleser erscheinen will, sollte mit seinem Gegenüber das folgende Spiel durchführen. Fordere jemanden auf, sich eine beliebige Zahl zu denken. Der Einfachheit halber sollte diese Zahl zwischen 1 und 10 sein. Mache dann mit ihm einige Rechenoperationen: Addiere zu dieser Zahl die Zahl 5; addiere zu der Summe die Zahl 3; subtrahiere von der Summe die Zahl 2, usw. Diese Rechenoperationen musst du natürlich auch selbst machen, also zur 5+3−2, usw. Am Ende dieser Operationen forderst du dein Gegenüber auf, vom Ergebnis die eingangs gedachte Zahl abzuziehen. Natürlich ergibt sich dann das Ergebnis identisch mit dem Ergebnis der Rechenoperationen. Teile diese Zahl deinem Gegenüber mit. Er/sie wird überrascht sein, dass du das Ergebnis weißt, obwohl dir die gedachte Zahl nicht bekannt war.

5 Gewittertypen

Es lassen sich zwei Arten von Gewittern unterscheiden: Luftmassengewitter und Frontgewitter. Luftmassengewitter entstehen, wie der Name bereits andeutet, innerhalb einer einheitlichen, feuchtwarmen Luftmasse. Frontgewitter hingegen entstehen an der Grenze zweier unterschiedlicher Luftmassen, also an einer Front. Dabei kommt den Kaltfronten eine wesentlich größere Bedeutung zu als den Warmfronten, da vertikale Umlagerungen bzw. vertikale Winde an Warmfronten aufgrund der stabileren Luftschichtung eher unterdrückt werden. An Kaltfronten kommt es dagegen bevorzugt zu vertikalen Umlagerungen aufgrund dessen, dass sich die dichtere und damit schwerere Kaltluft bei ihrem Voranschreiten in Richtung der Warmluftmasse häufig wie ein Keil unter letztere schiebt und sie damit anhebt.

6 Das verlassene Mägdlein *Eduard Mörike*

Früh, wann die Hähne krähn,
Eh die Sternlein verschwinden,
Muss ich am Herde stehn,
Muss Feuer zünden.

Schön ist der Flammen Schein,
Es springen die Funken;
Ich schaue so drein,
In Leid versunken.

Plötzlich, da kommt es mir,
Treuloser Knabe,
Dass ich die Nacht von dir
Geträumet habe.

Träne auf Träne dann
Stürzet hernieder;
So kommt der Tag heran –
O ging' er wieder!

1. Welche Texte sind primär darstellend, expressiv oder appellativ?
2. Suche ähnliche Texte.

Das Kommunikationsquadrat

Friedemann Schulz von Thun hat in Anlehnung an Bühler mit dem Kommunikationsquadrat ein Nachrichtenmodell entworfen, das zwischenmenschliche Kommunikation differenzierter beschreibt. Es ist auch bekannt als „Vier-Ohren-Modell“. Wenn ein Sprecher etwas von sich gibt, ist er auf vierfache Weise wirksam. Jede seiner Äußerungen enthält, ob er will oder nicht, vier Botschaften gleichzeitig:

- Die Äußerung enthält eine Information zum Gesprächsgegenstand (**blau**).
- Sie sagt etwas über den Sprecher (**grün**).
- Sie gibt einen Hinweis, wie der Sprecher die Beziehung zum Hörer sieht (**gelb**).
- Mit der Äußerung soll etwas beim Hörer erreicht werden (**rot**).

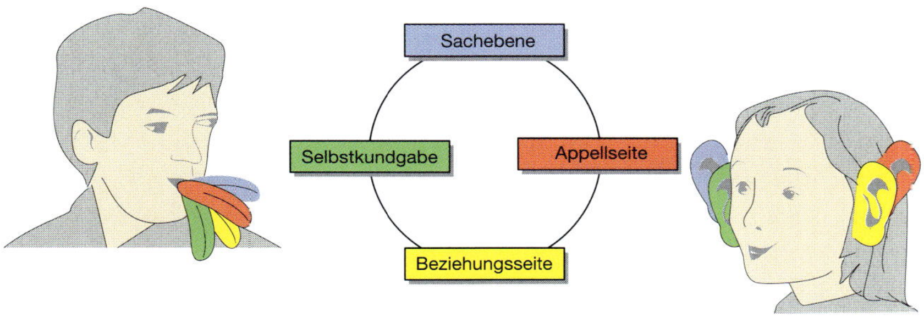

Stelle dir folgende Situation vor: Der Mathematiklehrer betritt das Klassenzimmer und findet eine ungeputzte Tafel vor. Er könnte Folgendes zu den Schülern sagen:

1 Die Tafel ist nicht geputzt. **2** Der Unterricht kann nicht ordnungsgemäß beginnen. **3** Ein Lehrer hat das Recht, eine geputzte Tafel zu erwarten. **4** Putzt sofort die Tafel. **5** Ich bin verärgert. **6** Erledigt in Zukunft eure Pflichten besser. **7** Ich bin enttäuscht über den Ordnungsdienst. **8** Es ist die Aufgabe des Ordnungsdienstes, die Tafel sauber zu halten.

1. Ordne die acht Sätze den vier Botschaften zu.
2. Erläutere, wie die anderen Botschaften jeweils mitschwingen.

INFO

Nachschlagen → S. 307

- Die Sprache hat nach **Bühler** eine darstellende, expressive und appellative Funktion.
- **Schulz von Thun** erweitert das Bühlersche Modell um einen zusätzlichen Aspekt: die Beziehungsseite einer Nachricht.

Nachschlagen → S. 307

Kommunikationsanalyse

Aspekte der Kommunikation

Der Psychologe Paul Watzlawick (geb. 1921) ist der Auffassung, dass viele seelische Probleme nicht ihre Ursache in der frühen Kindheit oder in einer Krankheit der Seele haben, sondern auf einen krank machenden sprachlichen Umgang der Menschen untereinander zurückzuführen sind. Bei seinen Bemühungen, unser sprachliches Miteinander zu verbessern, hat er zwischen dem Inhalts- und dem Beziehungsaspekt einer Kommunikation unterschieden. Im Folgenden wird zusammengefasst, wie Watzlawick den Inhalts- vom Beziehungsaspekt einer Kommunikation unterscheidet:

Wenn zwei Menschen miteinander sprechen, dann verständigen sie sich über einen bestimmten Inhalt. Beispielhaft dafür sind Diskussionen in allen Bereichen des Lebens, etwa in dem Gemeinderat eines kleinen Dorfs, wo es darum geht, durch den Austausch von Meinungen eine bestimmte Entscheidung herbeizuführen, etwa den Bau einer neuen Turnhalle. Und wenn der Lehrer mit den Schülern spricht, sie also etwas fragt, ihnen etwas erklärt oder mit ihnen diskutiert, geht es um die Vermittlung oder um den Austausch von Inhalten, etwa um das Verständnis eines literarischen Textes.

In allen Bereichen des Lebens lässt sich daneben beobachten, dass wir Gespräche führen, bei denen der Inhalt weniger wichtig ist. Smalltalk ist eine moderne Bezeichnung für diese Art des Kommunizierens. Die Gesprächspartner unterhalten sich über belanglose Dinge, die jeder von beiden schon weiß, etwa über das Wetter oder über ein Sportereignis. Vielleicht weil sie sich sympathisch sind und miteinander reden wollen. Hier geht es also in erster Linie um den Beziehungsaspekt der Kommunikation.

Watzlawick geht davon aus, dass es in Kommunikationssituationen auch darum gehen kann, die Beziehung zu einem Gesprächspartner zu definieren. Der Inhalt, über den man spricht, ist dafür nur ein Mittel. Mit jeder sprachlichen Äußerung definieren wir in irgendeiner Form eine Beziehung zum Gesprächspartner. Selbst wenn wir unser Gegenüber ignorieren und uns weigern, ein Wort mit ihm zu wechseln, kommunizieren wir auch mit ihm. In dem Moment definieren wir nämlich unsere Beziehung zu ihm dergestalt, dass er uns gleichgültig ist oder dass wir ihn gering schätzen.

In diesem Sinne ist ein bekannter Satz von Watzlawick zu verstehen: „Man kann nicht nicht kommunizieren." Selbst wenn offensichtlich eine Gesprächsverweigerung zu beobachten ist, also kein Austausch von Gesprächsinhalten erfolgt, kommunizieren wir, indem wir unsere Beziehung zum Gegenüber auf eine bestimmte Weise definieren.

1. Wie wird der Inhalts- und Beziehungsaspekt einer Kommunikation unterschieden? Fasse es zusammen.
2. Beschreibe weitere Gesprächssituationen, in denen der Inhalts- oder der Beziehungsaspekt dominiert.

Die Halskette

Frau Klausen wohnt erst seit Kurzem mit ihrem Mann in Neustadt. Nach außen gilt das Ehepaar als sehr vermögend. Gerüchte besagen allerdings auch, dass die Eheleute über ihre Verhältnisse leben. Bei einem Empfang des Bürgermeisters trägt Frau Klausen eine neue Halskette.

Stellt euch vor, dass sie während des Empfangs gefragt wird, ob die Perlenkette echt sei. Die Frage könnte von einer Frau Dombusch, einer Frau Gernrot oder einer Frau Heiß gestellt werden. Die drei fiktiven Frauen besitzen unterschiedliche Informationen über den Echtheitsgrad der Halskette und wollen mit ihren Fragen die Beziehungen zu Frau Klausen auf eine bestimmte Weise definieren.

Frau Dombusch meint zu wissen, dass die Halskette nicht echt ist. Sie hat Frau Klausen in einem Laden gesehen, in dem nur Imitate verkauft werden. Sie ist sich sicher, dass Frau Klausen ihre Halskette auch dort gekauft hat, zumal sie ein ähnliches Exemplar dort gesehen hat.

Frau Gernrot kennt Frau Klausens Mann sehr gut. Er hat ihr erzählt, dass er seiner Frau zum Hochzeitstag eine Kette mit echten Perlen geschenkt hat. Frau Gernrot schätzt Herrn Klausen und geht davon aus, dass er die Wahrheit sagt und die Halskette somit echt ist.

Frau Heiß besitzt keine Informationen über den möglichen Echtheitsgrad der Halskette. Sie ist ein offener Mensch und von Natur aus neugierig. So hat sie keine Hemmungen, andere Menschen das zu fragen, was sie gerade interessiert.

3. Was ist der Inhaltsaspekt dieser drei fiktiven Gespräche?
4. Welche unterschiedlichen Beziehungen stellen die drei Frauen zu Frau Klausen her?
5. Besprecht ähnliche Kommunikationssituationen in eurer Klasse, in denen der Beziehungsaspekt dominiert (z. B.: Jemand war offensichtlich beim Friseur und wird gefragt, ob er beim Friseur war).

Menschliche Beziehungen

Paul Watzlawick hat nicht nur zwischen dem Inhalts- und Beziehungsaspekt unterschieden. Er hat sich auch Gedanken darüber gemacht, wie menschliche Beziehungen beschaffen sein können. Im Folgenden findest du eine Zusammenfassung seiner wichtigsten Gedanken.

Menschliche Beziehungen können unterschiedliche Formen annehmen. Doch lassen sich zwischenmenschliche Kommunikationsabläufe nach Watzlawick grundsätzlich in symmetrische oder asymmetrische einteilen.

Im ersten Fall ist das Verhalten der beiden Gesprächspartner sozusagen spiegelbildlich. Sie stehen auf einer Ebene, sind sich ebenbürtig und ihre Interaktion ist daher symmetrisch. Beispielhaft dafür sind Diskussionen, in denen die Teilnehmer über gleiches Wissen verfügen und im Sozialgefüge nicht auf eine Unter- und Überordnung fixiert sind. Dennoch wird die Beziehung der beiden nicht symmetrisch sein, weil der Chef seinem Angestellten Anweisungen geben kann.

Eine asymmetrische Beziehung basiert von vornherein auf einer Unter- und Überordnung. Ein Partner nimmt die sogenannte superiore oder primäre Stellung ein, der andere die entsprechende inferiore oder sekundäre. Man darf mit solchen Beziehungen nicht sofort Negatives verbinden. Sie beruhen sehr oft auf gesellschaftlichen oder kulturellen Kontexten und sind allseits akzeptiert. Wenn wir einen Arzt aufsuchen, dann begeben wir uns in eine asymmetrische Beziehung. Der Arzt weiß mehr als wir und gilt für uns als eine Autorität, dessen Anweisungen wir befolgen. Wir akzeptieren diese Beziehungsdefinition als selbstverständlich. Eine solche Akzeptanz muss nicht immer sein.

Nach Watzlawick entstehen Konflikte sehr oft durch eine Vermengung von Inhalts- und Beziehungsaspekten. Zwei Personen streiten sich oder sind unterschiedlicher Meinung bezüglich einer Sachfrage. Auf den ersten Blick scheint die Klärung des Inhalts im Vordergrund zu stehen. Es kann aber auch sein, dass die Beziehung der beiden gestört ist und die Meinungsverschiedenheiten auf der Beziehungsebene liegen. Ein Beispiel kann dies verdeutlichen: Zwei Naturwissenschaftler unterhalten sich über einen physikalischen Sachverhalt. Auf einmal sagt der eine nur „Uran hat 93 Elektronen", worauf der andere das Gespräch abbricht und zornig von dannen zieht. Der Zorn scheint nicht durch ein ungeklärtes Problem auf der Inhaltsebene entstanden zu sein. Vielmehr lässt sich vermuten, dass die beiden Physiker in ihren Gesprächen versucht haben, jeweils eine andere superiore Position einzunehmen.

Solche Konflikte lassen sich nicht auf der Inhaltsebene lösen. Man kann in einem Buch nachschauen, wie viele Elektronen Uran hat. Die Meinungsverschiedenheit wird sich dann an anderen Inhalten fortsetzen. Vielmehr müssten die beiden Physiker sich zunächst mit sich selbst und ihrer Beziehung auseinandersetzen, d. h., sie müssten zur Anerkennung ihrer gemeinsamen Sachautorität kommen, dann würde auch die Kommunikation über physikalische Inhalte gelingen.

1. Fasse zusammen: Wie unterscheiden sich symmetrische und asymmetrische Beziehungen? Finde weitere Beispiele.
2. Wie entstehen viele Beziehungskonflikte? Welche Lösungsmöglichkeiten gibt es? Finde weitere Beispiele.

Die Angst vorm Reden und vorm Rendezvous

Wer kennt sie nicht: die Angst vor einer öffentlichen Rede? Am meisten fürchtet der Redner, dass er seine Nervosität nicht meistern kann. Vor allem der Gedanke erscheint ihm unerträglich, dass er beim Reden nervös wird. Im Vorfeld wird er nun verschiedene Strategien erproben, wie er seiner Nervosität Herr wird. In der Regel werden diese Strategien auf Selbstbeherrschung und Verheimlichung hinauslaufen. Der Redner wird sich vornehmen, sich gut vorzubereiten, sich zusammenzunehmen, mit klarer, sicherer Stimme zu sprechen, entspannt zu erscheinen und das Zittern seiner Hände zu verbergen.

Leider bewirken diese Strategien einen gegenteiligen Effekt: Der Redner wird nur noch nervöser. Je mehr er sich zusammennehmen will, umso verkrampfter erscheint er. Ihn wird vor allem der Gedanke beherrschen, dass er seine Nervosität vor dem Publikum nicht verbergen kann, gleichgültig was er versuchen wird.

Denkbar ist aber auch eine ganz andere Strategie. Der Redner soll nicht versuchen, seine Nervosität zu verbergen, sondern er soll sie publik machen. Seine einleitenden Worte auf dem Podium sollten so sein, dass er sehr nervös sei und das Lampenfieber ihn wahrscheinlich überwältigen werde. Mit dieser Strategie ist es eher möglich, dass seine Nervosität auf einmal wie weggeblasen ist.

Diese Strategie könnte aber auch noch in anderen Situationen erfolgreich sein. Wer kennt sie nicht: die Nervosität vor dem ersten Rendezvous mit der Angebeteten? Man trifft sich im Restaurant und wird ein intensives Gespräch führen. Bereits Stunden vorher wird man sich überlegen, was man sagt und wie man es sagt. Und je näher der Termin rückt, umso mehr wird die Angst zunehmen, dass man im richtigen Moment etwas Falsches sagt …

1. Wie ist die Beziehung von Redner und Publikum?
2. Warum soll der Redner seine Nervosität zugeben?
   Wie ändert sich dadurch der Beziehungsaspekt zum Publikum?
3. Wird diese Lösungstechnik auch beim ersten Rendezvous erfolgreich sein?
   Diskutiert darüber. Ihr könnt dabei noch andere Anwendungsbeispiele anführen, etwa die Nervosität vor einer Prüfung.

Känsterle *Rainer Brambach*

Warum interessieren Känsterle die Gewichtheber?

Wallfried Känsterle, der einfache Schlosser, sitzt nach Feierabend vor dem Fernsehschirm. Wo denn sonst? – Tagesschau, Wetterkarte; die Meisterschaft der Gewichtheber interessiert Känsterle.

„Mach den Ton leiser, die Buben schlafen!“, ruft Rosa, die in der Küche Geschirr gespült hat und nun hereinkommt. Känsterle gehorcht.

Welche Beziehung zwischen Rosa und ihrem Mann wird in diesen Äußerungen deutlich?

„Es ist kalt draußen“, plaudert sie, „wie gut, dass wir Winterfenster haben. Nur frisch anstreichen sollte man sie wieder einmal. Wallfried, im Frühjahr musst du unbedingt die Winterfenster streichen. Und kitten muss man sie! Überall bröckelt der Kitt. Niemand im Haus hat so schäbige Winterfenster wie wir! Ich ärgere mich jedes Mal, wenn ich die Winterfenster putze. Hast du gehört?“

„Ja, ja“, sagt Känsterle abwesend. „Was macht denn der da?“, fragt Rosa und deutet auf den Fernsehschirm. „Der könnte seine Kraft auch für was Besseres gebrauchen! Stell das doch ab, ich hab mit dir zu reden!“

„Gleich, gleich!“, sagt Känsterle und beugt sich etwas näher zum Schirm.

Warum erwähnt Rosa den Nachbarn Herrn Hansmann?

„Herr Hansmann im Parterre hat im letzten Sommer seine Winterfenster neu gekittet und gestrichen, obwohl es gar nicht nötig war. Nimm dir mal ein Beispiel an Herrn Hansmann! Seine ganzen Ferien hat er drangegeben. So ein ordentlicher Mann ... Übermorgen ist Sankt Nikolaus. Erinnerst du dich an Herrn Weckhammer? Ich hab heut im Konsum seine Frau getroffen, ganz in Schwarz. Der alte Weckhammer ist umgefallen, beim Treppensteigen, Herzschlag.“

Akzeptiert Wallfried Rosas Beziehungsdefinition, indem er den Fernseher ausschaltet?

Warum möchte Rosa, dass Wallfried den Nikolaus spielt?

Känsterle drückt auf die Taste ‚Aus‘. „Ein Trost“, fängt Rosa wieder an, „dass die Weckhammerschen Kinder aus dem Gröbsten raus sind. Die Witwe fragt, ob wir den Nikolaus gebrauchen könnten. Eine Kutte mit Kaninchenfell am Kragen, schöner weißer Bart, Stiefel, Sack und Krummstab, alles gut erhalten. Nur vierzig Mark will sie dafür, hat sie gesagt. Mein Mann wird kommen und ihn holen, hab ich da gesagt. Nicht wahr, Wallfried, du wirst Paul und Konradle die Freude machen?“

Känsterle schaut auf die matte Scheibe. „Wallfried!“, ruft Rosa.

Warum will Wallfried nicht den Nikolaus spielen?

„Aber Rosa“, murmelt Känsterle hilflos, „du weißt doch, dass ich nicht zu so was tauge. Was soll ich denn den Buben sagen? Ein Nikolaus muss ein geübter Redner sein! Muss gut und viel sprechen ...“ Rosa glättet mit der Hand das Tischtuch und schüttelt den Kopf, wobei der Haarknoten, trotz des Kamms, der ihn wie ein braunes Gebiss festhält, eigensinnig wackelt.

„Vermaledeiter Stockfisch!“, zischt sie. „Nicht einmal den eignen Buben willst du diese Freude machen! Dabei hab ich schon im Konsum Nüsse, Datteln, Feigen, ein paar Apfelsinen und alles eingekauft!“ Känsterles Gemüt verdüstert sich. Er denkt an das schwere, ihm aufgezwungene Amt.

Eine verstaubte Glühbirne wirft trübes Licht. Känsterle steht auf dem Dachboden; er verwandelt sich zögernd in einen Weihnachtsmann. Die Kutte, die den Hundertkilomann Weckhammer einst so prächtig gekleidet hat, ist dem gedrungenen Känsterle viel zu geräumig. Er klebt den Bart an die Ohren. Sein

Blick streift die Stiefel, und dabei versucht er sich an die Füße Weckhammers zu erinnern. Er zerknüllt ein paar Zeitungen und stopft sie in die steinharten Bottiche. Obwohl er zwei Paar grobwollene Socken anhat, findet er noch immer keinen rechten Halt. Er zieht die Kapuze über den Kopf, schwingt den vollen Sack über die Schulter und ergreift den Krummstab.

Der Abstieg beginnt. Langsam rutscht ihm die Kapuze über Stirn und Augen; der Bart verschiebt sich nach oben und kitzelt seine Nase. Känsterle sucht mit dem linken Fuß die nächste Treppenstufe und tritt auf den Kuttensaum. Er beugt den Oberkörper vor und will den rechten Fuß vorsetzen; dabei rollt der schwere Sack von der Schulter nach vorn, Mann und Sack rumpeln in die Tiefe.

Ein dumpfer Schlag.

In Känsterles Ohren trillert's.

Ein Gipsfladen fällt von der Wand.

„Oh! Jetzt hat sicher der Nikolaus angeklopft!", tönt Rosas Stimme hinter der Tür. Sie öffnet und sagt: „Mein Gott ... was machst du denn da am Boden? Zieh den Bart zurecht, die Kinder kommen!" Känsterle zieht sich am Treppengeländer hoch, steht unsicher da. Dann holt er aus und versetzt Rosa eine Backpfeife. Rosa heult auf, taumelt zurück; Känsterle stampft ins Wohnzimmer, reißt Rosas Lieblingsstück, einen Porzellanpfauen, von der Kommode und schlägt ihm an der Kante den Kopf ab. Dann packt er den Geschirrschrank; er schüttelt ihn, bis die Scherben aus den Fächern hageln. Dann fliegt der Gummibaum samt Topf durch ein Fenster und ein Winterfenster; auf der Straße knallt es.

Wie ist Wallfrieds gewaltsame Reaktion zu erklären?

„Er schlachtet die Buben ab!", kreischt Rosa durchs Treppenhaus. Auf allen Stockwerken öffnen sich Türen. Ein wildes Gerenne nach oben. Man versammelt sich um Rosa, die verdattert an der Wand steht und in die offene Wohnung zeigt. Als Erster wagt sich Herr Hansmann in die Stube, betrachtet die Zerstörungen; ein Glitzern kommt in seine Augen, und er sagt: „Mein lieber Känsterle, ist das alles?" Elend hockt der Weihnachtsmann im Sessel, während Paul und Konradle unter dem Sofa hervorkriechen.

Wie ist die Aussage Herrn Hansmanns zu verstehen?

Ein kalter Wind zieht durch die Stube.

4. Analysiere die Beziehung von Wallfried und Rosa, indem du die Fragen neben dem Text beantwortest.

INFO

Nachschlagen → S. 307

- Jede **Kommunikation** hat einen **Inhalts-** und einen **Beziehungsaspekt.**
- Beziehungen können **symmetrisch** oder **asymmetrisch** sein.
- **Beziehungskonflikte** entstehen durch die Vermengung von Inhalts- und Beziehungsaspekt.

Grundlagen des Argumentierens

Nachschlagen → S.307

Bereiche des Argumentierens

Wer wird Millionär?

So heißt eine beliebte Quizsendung im Fernsehen. Dabei erhält man zu einer Quizfrage vier mögliche Antworten wie in den folgenden Beispielen.

1 Welche der folgenden Personen starb während der Französischen Revolution nicht auf der Guillotine?

A Lavoisier | B Marat | C Robespierre | D Danton

2 Wie lang ist die Diagonale eines 17-Zoll-Computerbildschirms?

A 39 cm | B 17 cm | C 50 cm | D 90 cm

3 Welcher der Wissenschaftler erkannte zuerst, dass die Erde sich um die Sonne in einer Ellipse bewegt?

A Kopernikus | B Galilei | C Newton | D Kepler

4 Haben wir das moralische Recht auf eine Notlüge?

A Grundsätzlich ja | B Grundsätzlich nein | C Ja, zum eigenen Schutz | D Ja, zum Schutz anderer

5 Wie heißt die bedeutendste Ballade Schillers?

A Die Bürgschaft | B Die Glocke | C Der Handschuh | D Der Taucher

6 Welche der folgenden Erkrankungen wird durch Viren hervorgerufen?

A Grippe | B Pest | C Cholera | D Tuberkulose

7 Sollte die Prügelstrafe bei der Kindererziehung verboten werden?

A Ja | B Nein | C Nur bei Kindern über sechs Jahren | D Nur Schläge ins Gesicht

8 Welches Werk stammt nicht von Immanuel Kant?

A Kritik der reinen Vernunft | B Kritik der praktischen Vernunft | C Kritik der theoretischen Vernunft | D Kritik der Urteilskraft

1. Versuche, die Fragen zu beantworten. Welche hätten sinnvollerweise nicht in einem Quiz gestellt werden dürfen? Warum?

Bildung für alle!

Volkshochschulen oder andere Bildungseinrichtungen bieten neben den laufenden Kursen auch Vortragsreihen und Diskussionsforen an. Ein solches Programm könnte folgende Gestalt haben:

Dem Tod menschlich begegnen

Die holländische Ärztin Dr. Mareike Halst infomiert über die Sterbehilfe in ihrem Land.

Sie wird ansprechen:

- Motive für das Programm der Sterbehilfe
- Organisation des Programms
- Mögliche Schwierigkeiten bei der Durchführung.

Im Anschluss findet eine Podiumsdiskussion mit der deutschen Ärztin Dr. Irmela Bender und Pfarrer Heinrich Lebsam statt.

Alternative Medizin – Hilfe oder Humbug

Der Heilpraktiker Jens Lehmann und der Arzt der Allgemeinmedizin Dr. Horst Falk diskutieren über Möglichkeiten

- alternativer Diagnostik
- alternativer Therapieverfahren
- alternativer Medikamente.

Vor der Podiumsdiskussion informiert Jens Lehmann über alternative Medizin.

Mit 12 Schuljahren zum Abitur?

Lehrer, Politiker und Elternvertreter diskutieren über Vor- und Nachteile der verkürzten Schulzeit.

Die Diskussion leitet die Elternbeiratsvorsitzende Dr. Renate Breun-Steudel. Das Goethe-Gymnasium und die Parteien des Gemeinderates werden jeweils einen Vertreter entsenden.

Das Weltbild der modernen Physik

Die Physikerin Dr. Angela Jensen wird leicht verständlich in Einsteins Relativitätstheorie und in Heisenbergs Unschärferelation einführen.

Im Anschluss soll eine Diskussion über die Folgen für die Philosophie stattfinden:

- Wie genau erkennen wir die Wirklichkeit?
- Sind physikalische Theorien nur Modelle?

Vorkenntnisse sind nicht erforderlich!

1. Zu welchen Lebensbereichen gehören die einzelnen Vorträge und Podiumsdiskussionen?
2. Nenne Argumente, die bei den einzelnen Veranstaltungen vorgebracht werden könnten. Was meinst du: Bei welchen Themen besteht die Möglichkeit für eine einheitliche Meinungsbildung? Bei welchen nicht?

Tratsch im Lehrerzimmer

Wie überall gibt es auch im Lehrerzimmer viel Tratsch; und oft über Schüler:

1

A Die Jugend von heute ernährt sich ungesund.
B Wie kommen Sie darauf?
A Sie essen mehrmals in der Woche Pommes frites.

2

A Jugendliche essen in der Woche mehrmals Hamburger und Pommes.
B Woher wissen Sie so etwas?
A Nach der Schule ist McDonald's von unseren Schülern bevölkert.

3

A Jugendliche von heute wollen, dass Lehrer und Schüler sich grüßen.
B Das wäre schön, wenn es Tatsachen entspräche.
A Es ist so. Heute Morgen habe ich vergessen, meine Klasse zu begrüßen, und sie war empört.

4

A Für Jugendliche von heute ist Höflichkeit immer noch wichtig.
B Haben Sie da eigene Erfahrungen gemacht?
A Ja. Meine Schüler haben sich dafür ausgesprochen, dass Schüler und Lehrer sich grüßen sollen.

5

A Jugendliche von heute sind sehr anspruchsvoll.
B Warum?
A In den meisten Kinderzimmern steht schon ein Computer.

6

A Die meisten Jugendlichen haben schon einen eigenen Computer.
B Woher wissen Sie das?
A Ich habe in meiner Klasse eine Umfrage gemacht.

1. Schreibe aus diesen Gesprächen die Thesen (Behauptungen) und Argumente heraus und ordne sie entsprechend. Was fällt dir auf?

These	Argument
Die Jugend von heute ernährt sich ungesund.	Sie essen mehrmals in der Woche Hamburger und Pommes frites.

2. Erkläre davon ausgehend, wie Thesen und Argumente zu unterscheiden sind.

Nachschlagen → S. 307

INFO

- **Thesen** sind Behauptungen, die durch **Argumente** begründet werden. Ob ein Satz eine These oder ein Argument ist, lässt sich oft nur aus dem Zusammenhang erschließen.

Arten des Argumentierens

Nachschlagen → S. 308

Angelogen?

Jan hat eine neue Freundin. Lena heißt sie. Gestern Abend, an einem Donnerstag, rief er sie an, doch niemand meldete sich am Telefon. Auch nicht Lenas Eltern. Am nächsten Tag erklärt ihm Lena, dass sie allein zu Hause war und in ihrem Zimmer das Telefon nicht gehört habe. Dort habe sie sich auf die Mathematikarbeit des nächsten Tages vorbereitet.

Ein paar Tage später bekommt Jan das Gerücht zugetragen, Lena sei letzten Donnerstag in der Diskothek gewesen und habe mit anderen Jungen geflirtet. Jan ist entsetzt und befürchtet, angelogen worden zu sein. Er will unbedingt wissen, ob es stimmt, dass Lena letzten Donnerstag in der Diskothek war, und fragt Freunde und Bekannte, auch Lenas Eltern. Er erhält folgende Antworten:

A Sie war sicher dort. Mir hat eine Freundin erzählt, dass sie jemanden kennt, der Lena in der Diskothek gesehen hat. Sie hat heftig getanzt und mit mehreren Jungs geflirtet.

B Ich glaube schon, dass sie in der Diskothek war. Lena hat Donnerstag ihren Diskothekentag. Das hat sie mir persönlich gesagt. Im ganzen letzten Jahr war sie immer donnerstags in der Diskothek. Also wird sie auch letzten Donnerstag dort gewesen sein.

C Ich war letzten Donnerstag auch dort. Es war sehr voll. Lena habe ich aber nicht gesehen.

D Wir waren zu einer Geburtstagsfeier eingeladen. Lena wollte nicht mit, aber nicht, weil sie einen Diskothekenbesuch der Geburtstagsfeier vorzog. Sie wollte für die Mathematikarbeit des nächsten Tages lernen. Als wir gegen 22.00 Uhr nach Hause kamen, war sie über ihren Büchern eingeschlafen, und wir haben das Licht in ihrem Zimmer gelöscht.

E Ich wollte Lena auch anrufen und sie etwas wegen der Mathematikarbeit fragen. Es hat sich aber niemand gemeldet. Ich wohne schräg gegenüber von ihr, und in ihrem Zimmer brannte bis 22.00 Uhr Licht.

1. Zu welchem Urteil wird Jan kommen?
   Welche Antworten werden dafür den Ausschlag geben?
2. Fasse zusammen: Wann erscheinen uns Alltagsbehauptungen als begründet?

Interview mit einem Physikprofessor

Interviewer Herr Professor, Sie haben viele Bücher zur Geschichte der Physik geschrieben. In einem ist zu lesen, dass nach Aristoteles beim freien Fall die Geschwindigkeit eines fallenden Körpers umgekehrt proportional zu seinem Gewicht ist. Nach Galilei hingegen fallen schwere Körper gleich schnell. Wie kann man einem Laien erklären, dass Aristoteles nicht recht hatte?

Professor Schlagen sie in einem modernen Physikbuch nach, das bekanntlich nicht lügt. Dort steht es so, wie Galilei es vor mehr als 300 Jahren behauptet hat.

Interviewer Ist das ein ernst zu nehmender Ratschlag?

Professor Für den Laien schon! Der Experte kann es machen wie Galilei selbst. Ich gebe Ihnen hier einen Auszug aus seinen Schriften. Und das ist eine bessere Vorgehensweise.

Interviewer Und die beste?

Professor Auch hier können Sie es machen wie Galilei selbst, obgleich es sich wahrscheinlich um eine Legende handelt. Sie besteigen einen Turm und nehmen zwei Steine mit, wobei der eine doppelt so schwer ist wie der andere – natürlich umgangssprachlich ausgedrückt; wir wollen hier nicht von der Masse reden. Angeblich hat dies Galilei auch in Pisa vom berühmten Turm aus gemacht. Dann schauen Sie, was passiert. Welcher Stein wird wohl zuerst den Boden erreichen?

Der freie Fall

Galileo Galilei

Im ersten Falle behauptete er (= Aristoteles), dass sich verschiedene Körper in ein und demselben Medium mit verschiedener Geschwindigkeit bewegen, und zwar stets proportional zu den Gewichten; sodass z. B. ein 10-mal größeres Gewicht sich 10-mal schneller bewege. […] Ohne viele Versuche können wir durch eine kurze und bündige Schlussfolgerung nachweisen, wie unmöglich es sei, dass ein größeres Gewicht sich schneller bewege als ein kleineres, wenn beide aus gleichem Stoff bestehen. […] Wenn wir zwei Körper haben, deren natürliche Geschwindigkeit verschieden ist, so ist es klar, dass, wenn wir den langsameren mit dem schnelleren vereinigen, dieser letztere von jenem verzögert werden müsste, und der langsamere müsste vom schnelleren beschleunigt werden. […] Aber wenn dies richtig ist und wenn es wahr wäre, dass ein großer Stein sich z. B. mit 8 Maß bewegt und ein kleinerer mit 4 Maß, so würden beide vereinigt eine Geschwindigkeit von weniger als 8 Maß haben müssen; aber die beiden Steine zusammen sind doch größer, als jener größere Stein war, der 8 Maß Geschwindigkeit hatte; mithin würde sich nun der größere langsamer bewegen als der kleinere; was gegen Eure Voraussetzung war.

1. Welche Möglichkeiten der naturwissenschaftlichen Argumentation nennt der Professor?
2. Wende diese Art der Argumentation auf folgendes Thema an: *Hat die Erde ein Magnetfeld?*

Das Duell

Du findest im Folgenden eine kurze Inhaltsangabe zu Theodor Fontanes Roman „Effi Briest“ (A), einen Auszug daraus (B) und einen Lexikonartikel zum Thema Duell (C):

A Die Handlung spielt im deutschen Kaiserreich. Baron von Instetten heiratet die 21 Jahre jüngere Effi Briest. Schon bald fühlt sich Effi zu Major von Crampas hingezogen. Nach Jahren entdeckt Instetten Briefe von Crampas an Effi. Er fordert Crampas zum Duell heraus und tötet ihn. Instetten lässt sich scheiden, wobei ihm die Tochter aus der Ehe zugesprochen wird.

B „Es muss eine Verjährung geben, Verjährung ist das einzig Vernünftige; ob es nebenher auch noch prosaisch ist, ist gleichgültig; das Vernünftige ist meist prosaisch. Ich bin fünfundvierzig. Wenn ich die Briefe fünfundzwanzig Jahre später gefunden hätte, so wäre ich siebzig. [...] Treibt man etwas auf die Spitze, so übertreibt man und hat die Lächerlichkeit. Kein Zweifel. Aber wo fängt es an? Wo liegt die Grenze? Zehn Jahre verlangen noch ein Duell, und da heißt es Ehre, und nach elf Jahren oder vielleicht schon bei zehn und ein halb heißt es Unsinn. Die Grenze, die Grenze. Wo ist sie? [...] Ja, wenn ich voll tödlichem Hass gewesen wäre, wenn mir hier ein tiefes Rachegefühl gesessen hätte ... Rache ist nichts Schönes, aber was Menschliches und hat ein natürlich menschliches Recht. So aber war alles eine Vorstellung, einem Begriff zuliebe, war eine gemachte Geschichte, halbe Komödie. Und diese Komödie muss ich nun fortsetzen und muss Effi wegschicken und sie ruinieren und mich mit ... “

C Duell (*lateinisch duellum:* Zweikampf; altlateinisch für bellum: Krieg), im Voraus vereinbarter Kampf zwischen zwei Personen mit tödlichen Waffen, der in der Regel unter Beachtung bestimmter formaler Vorgaben und in Anwesenheit von Zeugen – den so genannten Sekundanten – stattfindet. [...] Bei dem Anlass handelt es sich in der Regel um eine Beleidigung oder Kränkung einer Person durch eine andere oder um einen Zwist in Sachen der Ehre. Im deutschen Kaiserreich war das Duell im Heer und bei der Marine offiziell akzeptiert, musste jedoch im Einzelfall von einem so genannten Ehrengericht zugelassen werden. [...]

Zu Beginn des 20. Jahrhunderts war das Duell schließlich in fast allen Ländern als Straftat verboten. Zum Verschwinden des Duells haben jedoch soziale Veränderungen und gesellschaftliche Missbilligung weit mehr beigetragen. Unter den sozialen Veränderungen war der Niedergang der Aristokratie die bedeutendste, denn das Duellieren war der Oberschicht vorbehalten.

1. Sollte das Duell verboten werden?
   Schreibe dazu mit Hilfe der Textstellen eine Stellungnahme aus der Sicht des 19. Jahrhunderts und aus heutiger Sicht.
2. Fasse zusammen: Wann wirken Argumente zu ethisch-moralischen Fragen überzeugend?

Bürgermeisterreden

Der Bürgermeister einer kleinen Gemeinde will auf einem nahen Waldstück eine chemische Fabrik ansiedeln. Er stellt dazu die Behauptung auf, dass dieses Werk für die Gemeinde wichtig sei. Die Kosten dafür sind enorm: Der Wald muss gerodet, das Grundstück erschlossen und Straßen müssen neu gebaut werden. Aber er hat in seiner Gemeinde viele Zweifler zu überzeugen. Hier drei Redebeispiele:

1 Natürlich bin ich mir der enormen Kosten bewusst. Doch bei einem solchen Projekt muss man politisch langfristig denken. In naher Zukunft werden alle Vorteile überwiegen. Die Steuereinnahmen der Gemeinde werden durch den neu angesiedelten Industriezweig steigen. Wir schaffen Arbeitsplätze und locken damit Neubürger in unsere Gemeinde. Diese wiederum brauchen Wohnungen. Wir werden neue Baugebiete erschließen und bisher brachliegende Grundstücke zu guten Preisen verkaufen können. Unsere Gemeinde wird blühen, und jeder, der politische Verantwortung trägt, muss sich bei einer Ablehnung fragen, ob ihm wirklich das Wohl seiner Gemeinde am Herzen liegt.

2 Natürlich bin ich mir bewusst, dass wir scheinbar der Umwelt einen großen Schaden zufügen. Ich sage aber bewusst scheinbar. Denn bei so einem Projekt muss man weiterblicken. Der gerodete Wald wird an anderer Stelle wieder aufgeforstet. Die chemische Fabrik wird kein Schaden für die Umwelt sein: Für Emissionen und Abwasser gibt es strenge gesetzliche Auflagen, deren Einhaltung von uns genauestens überwacht wird.

3 Natürlich kann ich mir vorstellen, dass viele von euch jetzt enttäuscht sind. Nun scheint kein Geld mehr da zu sein für Jugendprojekte. So kurzschlüssig darf man nicht denken. Die versprochenen Projekte wie ein Jugendzentrum oder der Ausbau der Sportanlagen wären bei der augenblicklichen Knappheit der öffentlichen Kassen eh nur dürftig ausgefallen. Mit den Steuergeldern aus der Industrieansiedlung sieht alles ganz anders aus. Ihr alle kommt noch in den Genuss eines modernen Jugendzentrums und modernster Sportanlagen. Erste Gespräche mit der Firmenleitung haben mir auch gezeigt, dass vielleicht bald ein neuer Sponsor für Jugendinteressen vor unserer Haustür steht.

1. Vergleiche die drei Redeausschnitte. Vor welchen Gruppen könnte der Bürgermeister gesprochen haben?
2. Wie ist es zu erklären, dass der Bürgermeister vor jeder Gruppe andere Argumente anführt? Wie argumentiert er jeweils?
3. Wie könnte er eine andere Gruppe überzeugen, etwa die Anwohner? Schreibe eine solche Rede.

Ganztagsschule – ja oder nein?

In einer 10. Klasse ist eine Diskussion entbrannt, ob die Ganztagsschule eingeführt werden sollte. Leider haben die Diskussionsteilnehmer nicht die Hinweise beachtet, die an der Pinnwand im Klassenzimmer angebracht sind:

Ich bin dagegen, weil für mich Freizeit wichtiger als Schule ist. Und bei der Ganztagsschule ist meine freie Zeit dahin. … Ich bin auch dagegen, weil der Staat sich nur Ganztagsschulen gar nicht leisten kann. Es müssten doppelt so viele Lehrer eingestellt werden, und das sprengt jeden Staatshaushalt. … Ich bin dagegen, weil es einfach keinen Spaß macht, auch nachmittags in der Schule zu sitzen. … Ich bin dafür. Mein Onkel, ein Einzelhandelskaufmann, hat mir vor Kurzem gesagt, dass die Ganztagsschule etwas Sinnvolles ist. … Ich bin entschieden dagegen. Denn im Winter kann es durchaus sein, dass ich erst nach Hause komme, wenn es dunkel ist. … Ich bin dagegen, weil ich dann auch mittags in der Schule essen muss. Ich bin gewohnt, zu Hause zu essen. Was immer schon war, kann nicht falsch sein. … Ich bin dafür, weil dadurch die schulischen Leistungen besser werden. Mein Vetter wechselte in einem anderen Bundesland in der sechsten Klasse auf eine Ganztagsschule. Seitdem sind seine Leistungen besser.

Regeln für richtiges Argumentieren
- Verallgemeinere nicht unzulässig einen Einzelfall.
- Berufe dich nicht auf eine fragwürdige Autorität.
- Argumentiere nicht mit einem nebensächlichen Aspekt.
- Achte auf die logische Haltbarkeit deines Arguments.
- Stütze dein Argument nicht durch Werte, die nur für dich wichtig sind.
- Argumentiere nicht subjektiv mit Gefühlen („Spaß“, „Lust“).
- Berufe dich nicht auf Traditionen und Gewohnheiten („Es war schon immer so“).

1. Welche Argumentationsfehler sind in den einzelnen Redebeiträgen enthalten?

INFO

- Alltagsbehauptungen und wissenschaftliche Behauptungen begründet man mit Erfahrungswerten, mit logischer Haltbarkeit und Autoritäten.
- Gesellschaftspolitische und ethisch-moralische Behauptungen sind durch den Rückgriff auf akzeptierte Werte zu begründen.
- Beim Argumentieren sollte man Einzelfälle nicht verallgemeinern, keine nebensächlichen Aspekte vorbringen, logisch sein, nicht emotional begründen sowie sich nicht auf fragwürdige Autoritäten berufen.

Nachschlagen → S. 308

Sprache und Stil

Nachschlagen → S. 308

Der Nominalstil

Zitate, Sprüche und Redensarten

Zitate, Sprüche und Redensarten (A–H) sind stilistisch meist einfach gehalten. Es geht aber auch anders, wie die Beispiele 1–8 zeigen:

A Ich kam, sah und siegte.
Julius Caesar

B Und sie bewegt sich doch.
Galileo Galilei

C Wenn es dem Esel zu wohl wird,
geht er aufs Eis tanzen.
Sprichwort

D Ich stehe hier und kann nicht anders.
Martin Luther

E Wer sich selbst erhöht, wird erniedrigt werden. Wer sich selbst erniedrigt, wird erhöht.
Matthäus 23,12

F Wer andern eine Grube gräbt,
fällt selbst hinein.
Sprichwort

G Ich denke, also bin ich.
René Descartes

H Wer hat, dem wird gegeben.
Wer nichts hat, dem wird genommen.
Matthäus 13,12

1 An dieser Stelle meinen Platz einnehmend habe ich in meinem Handeln keine andere Wahl.

2 Der Besitzende erhält weitere Gaben bis zum Überfluss. Dem Nichtbesitzenden werden die in seinem Besitz sich befindlichen Gegenstände genommen.

3 Und sie ist doch in Bewegung.

4 Das Graben einer Grube kann als Folge ein eigenes Hineinfallen haben.

5 Nach erfolgter Ankunft und nach Besichtigung der Verhältnisse war mir die Erringung des Sieges möglich.

6 Bei Eseln ist bei allzu großem Wohlbefinden die Neigung zum Tanzen auf dem Eis vorhanden.

7 Die Folge eigentätiger Selbsterhöhung ist die Selbsterniedrigung. Im umgekehrten Falle hat die Selbsterniedrigung die Selbsterhöhung zur Folge.

8 Aus erfolgten Reflexionen des Geistes ist der Schluss auf die eigene Existenz möglich.

1. Ordne die Umformulierungen den ursprünglichen Zitaten zu.
2. Wie wurden die Zitate in den Umformulierungen geändert?

Definitionen

Du findest hier drei Definitionen zum Nominalstil aus unterschiedlichen Quellen:

1 Aus der Internet-Enzyklopädie Wikipedia

Als Nominalstil bezeichnet man Satzkonstruktionen, in denen weitgehend auf den Gebrauch von Vollverben verzichtet wird und stattdessen Nominalgruppen vorherrschen. Er findet sich häufig in amtlichen Texten als so genanntes „Kanzleideutsch“ sowie in technischen Handbüchern.

Typische Merkmale des Nominalstils sind Substantivierungen *(die Weigerung des Ministers* statt *der Minister weigerte sich)*, Komposita *(Fernstraßenbauprivatfinanzierungsgesetz)*, Funktionsverbgefüge *(in Betracht ziehen statt betrachten)* sowie gehäufte, untergeordnete Attribute *(die Vorlage des Treffens der Minister der Länder)*.

2 Duden-Redaktion

Eine Ausdrucksweise, in der viele Substantive (Nomen) und umfangreiche Substantivgruppen in einem Satz verwendet sind, nennt man Nominalstil. Häufig anzutreffen im sogenannten Amtsdeutsch, aber auch in der Verwaltungs- und Rechtssprache sowie allgemein im geschäftlichen Schriftverkehr. Besonders unschön ist dabei auch der Gebrauch schwerfälliger Bildungen wie *Inanspruchnahme, Nichtbefolgung, Außerachtlassung, Zurverfügungstellung* etc. Soweit es geht, sollte man eine Häufung von Substantivbildungen vermeiden, da eine solche Ausdrucksweise im Allgemeinen schwerer verständlich ist als entsprechende Fügungen mit einem Verb.

3 Aus einer Stillehre *Willy Sanders*

Der Nominalstil im Ganzen ist die Summe verschiedener Einzelerscheinungen wie: substantivische Neubildungen und Substantivreihung, Funktionsverben und Funktionsverbgefüge, substantivierte Infinitive und Verbalableitungen auf *-ung* usw. – sie sind als Wesenszüge des Zeitstils unserer Gegenwartssprache ernst zu nehmen und im Sprachgebrauch „kommunikativ adäquat“ anzuwenden. Erst an diesem Punkt kommt die Stillehre zum Zuge: Alle Neuentwicklungen, und so auch der Nominalstil, tendieren gerade auf dem Höhepunkt ihrer Geltung häufig dazu, über das gebotene Maß hinauszuschießen. Vor solchen Auswüchsen, nicht aber vor dem Nominalstil als solchem, ist aus der Stilperspektive zu warnen. Diese Warnung lässt sich in zwei allgemeine Regeln fassen, die auf sämtliche genannten Erscheinungen anwendbar sind: Ihr Gebrauch sollte erstens in jedem einzelnen Falle wohlüberlegt und zweitens nicht in übertriebener Häufigkeit erfolgen. Darüber hinaus ist generell ein ausgewogenes Verhältnis zwischen nominalem und verbalem Stil anzustreben.

3. Welche Informationen kannst du diesen Definitionen jeweils entnehmen?
4. Bestimme, ausgehend von diesen Definitionen, warum es sich bei den umformulierten Zitaten, Sprüchen und Redensarten auf S. 278 um einen Nominalstil handelt.

Behördenschreiben

Im Folgenden findest du ein Behördenschreiben, in dem gehäuft Nominalisierungen vorkommen.

Stadt Horlach
Baurechtsamt
Am Markt 5
91 245 Horlach

Horlach, 15. Juli ...

An die SMV des Schiller-Gymnasiums
Waldstraße 4
91 245 Horlach

Ihr Antrag vom 1. Juli ...

Sehr geehrte SMV,

Bezug nehmend auf Ihren Antrag vom 1. Juli hinsichtlich der Erstellung einer Überdachung der Raucherecke an Ihrer Schule zwecks der Möglichkeit ungestörten Rauchens auch beim Aufkommen von Regenfällen ergeht an Sie die Mitteilung, dass Ihrem Antrag vom Gemeinderat eine Ablehnung erteilt wurde. Bei sorgfältiger Prüfung des zur Behandlung anstehenden Antrages im Rahmen rechtlicher Verordnungen und unter Einbeziehung moralischer sowie pädagogischer Überlegungen und der häufigen Forderung „Rauchverbot an Schulen“ angesichts der schädlichen Auswirkungen des Rauchens auf die Gesundheit der Schülerinnen und Schüler hat der Gemeinderat einstimmig den Beschluss zur Ablehnung gefasst.

Mit freundlichen Grüßen
Berner, Leiter des Baurechtsamts

Umformung des ersten Satzes

Wir beziehen uns auf Ihren Antrag vom 1. Juli. Darin bitten Sie die Stadt, die Raucherecke an Ihrer Schule zu überdachen. Der Grund ist, dass Sie auch dann ungestört rauchen können, wenn es regnet. Wir teilen Ihnen mit, dass der Gemeinderat Ihren Antrag abgelehnt hat.

1. Vergleiche die Umformung mit dem Brief. Was stellst du fest?
2. Versuche, auch den zweiten Satz des Behördenschreibens in dieser Weise umzuformen.

Rotkäppchen auf Amtsdeutsch

In amtlichem Sprachgut beinhaltet durch Thaddäus Troll

Im Kinderfall unserer Stadtgemeinde ist eine hierorts wohnhafte, noch unbeschulte Minderjährige aktenkundig, welche durch ihre unübliche Kopfbekleidung gewohnheitsmäßig Rotkäppchen genannt zu werden pflegt.

Der Mutter besagter R. wurde seitens ihrer Mutter ein Schreiben zustellig gemacht, in welchem dieselbe Mitteilung ihrer Krankheit und Pflegebedürftigkeit machte, der Großmutter eine Sendung von Nahrungs- und Genussmitteln zu Genesungszwecken zuzustellen.

Vor ihrer Inmarschsetzung wurde die R. seitens ihrer Mutter über das Verbot betreffs Verlassens der Waldwege auf Kreisebene belehrt. Dieselbe machte sich infolge Nichtbeachtung dieser Vorschrift straffällig und begegnete beim Übertreten des amtlichen Blumenpflückverbotes einem polizeilich nicht gemeldeten Wolf ohne festen Wohnsitz. Dieser verlangte in gesetzwidriger Amtsanmaßung Einsicht in das zu Transportzwecken von Konsumgütern dienende Korbbehältnis und traf in Tötungsabsicht die Feststellung, dass die R. zu ihrer verschwägerten und verwandten, im Baumbestand angemieteten Großmutter eilend war.

Da seitens des Wolfes Verknappungen auf dem Ernährungssektor vorherrschend waren, fasste er den Entschluss, bei der Großmutter der R. unter Vorlage falscher Papiere vorsprachig zu werden. Weil dieselbe wegen Augenleidens krankgeschrieben war, gelang dem in Fressvorbereitung befindlichen Untier die diesfallsige Täuschungsabsicht, worauf es unter Verschlingung der Bettlägerigen einen strafbaren Mundraub zur Durchführung brachte.

Ferner täuschte das Tier bei der später eintreffenden R. seine Identität mit der Großmutter vor, stellte Ersterer nach und in der Folge durch Zweitverschlingung der R. seinen Tötungsvorsatz unter Beweis.

Der sich auf einem Dienstgang befindliche und im Forstwesen zuständige Waldbeamte B. vernahm Schnarchgeräusche und stellte deren Urheberschaft seitens des Tiermaules fest. Er reichte bei seiner vorgesetzten Dienststelle ein Tötungsgesuch ein, das dortseits zuschlägig beschieden und pro Schuss bezuschusst wurde. Nach Beschaffung einer Pulverschießvorrichtung zu Jagdzwecken gab er in wahrgenommener Einflussnahme auf das Raubwesen einen Schuss ab. Dieser wurde in Fortführung der Raubtiervernichtungsaktion auf Kreisebene nach Empfangnahme des Geschosses ablebig.

Die gespreizte Beinhaltung des Totgutes weckte in dem Schussgeber die Vermutung, dass der Leichnam Menschenmaterial beinhalte. Zwecks diesbezüglicher Feststellung öffnete er unter Zuhilfenahme eines Messers den Kadaver zur Totvermarktung und stieß hierbei auf die noch lebhafte R. nebst beigehefteter Großmutter. Durch die unverhoffte Wiederbelebung bemächtigte sich beiden Personen ein gesteigertes, amtlich nicht zulässiges Lebensgefühl, dem sie durch groben Unfug, öffentliches Ärgernis erregenden Lärm und Nichtbeachtung anderer Polizeiverordnungen Ausdruck verliehen, was ihre Haftpflichtigmachung zur Folge hatte.

Der Vorfall wurde von den kulturschaffenden Gebrüdern Grimm zu Protokoll genommen und starkbekinderten Familien in Märchenform zustellig gemacht. Wenn die Beteiligten nicht durch Hinschied abgegangen und in Fortfall gekommen sind, sind dieselben derzeitig noch lebhaft.

3. Welche Absicht verfolgt der Autor mit diesem Text? Inwieweit hilft ihm dabei der Nominalstil?

Ein Irrweg der Wissenschaft

Der folgende Text enthält viele Nominalisierungen, die jeweils unterstrichen sind. Als Schreibvariante wird ein Nebensatz angegeben, der kursiv in Klammern danebensteht.

Die Geschichte der Wissenschaft verläuft nicht immer geradlinig und ohne Irrtümer. Ein Beispiel dafür ist der 1814 in Heilbronn geborene Arzt Robert Mayer *(, der Arzt von Beruf ist und 1814 in Heilbronn geboren wurde)*. Berühmt wurde er durch die Formulierung des Energieerhaltungssatzes *(, weil er den Energieerhaltungssatz formulierte)*.

Dieser Satz besagt die Unveränderlichkeit aller einzelnen Energien bei jedem physikalischen Vorgang *(, dass die Summe aller einzelnen Energien bei jedem physikalischen Vorgang unverändert bleibt)*. Zu dieser Entdeckung kam er 1840 während seiner Arbeit als Arzt auf Java *(, als er als Arzt auf Java arbeitete)*. Bei der Untersuchung des Blutes der dort lebenden Europäer *(Als er das Blut dort lebender Europäer untersuchte,)* bemerkte er keinen Farbunterschied von arteriellem (sauerstoffreichem) und venösem (sauerstoffarmem) Blut *(, dass sich die Farbe von arteriellem und venösem Blut kaum unterschied)*. Wegen der hohen Außentemperaturen musste der Körper dem Blut weniger Sauerstoff zur Verbrennung und Wärmeerzeugung entziehen *(, um zu verbrennen und Wärme zu erzeugen)*. Demnach standen Wärme und Energie in einer Wechselbeziehung.

Nach seiner Rückkehr 1841 *(Als er 1841 zurückkehrte,)* fertigte er einen Artikel über seine Entdeckung an. In Fachkreisen wurde der Artikel aber nicht entsprechend gewürdigt. Johann Christian Poggendorff, Herausgeber der bedeutendsten Fachzeitschrift für Physik, lehnte eine Veröffentlichung ab. Er antwortete dem enttäuschten Arzt *(, der enttäuscht war,)* nicht einmal. Auch nach der Veröffentlichung in einer anderen Zeitschrift *(Auch als die Arbeit in einer anderen Zeitschrift veröffentlicht wurde,)* änderte sich nichts. Im Gegenteil: Die Ablehnung ging sogar so weit, dass ein Tübinger Professor einen kränkenden Verriss schrieb.

Die persönliche Situation Robert Mayers verschlimmerte sich noch: Familiäre Probleme und eine Gehirnhautentzündung führten dazu, dass er sich im Delirium aus dem Fenster stürzte und sich auf Anraten einiger Freunde 1852 in eine Heilanstalt zur Kur begab. Erst 1862 wird die Arbeit Robert Mayers durch den Einsatz des englischen Physikers John Tyndall in der Fachwelt gewürdigt *(, weil der englische Physiker Tyndall sich für ihn eingesetzt hat)*.

Robert Mayer (1814–1878)

1. Wo im Text sind die Nominalisierungen sinnvoll, wo nicht? Begründe deine Entscheidung.

Der Wasserkreislauf

Du findest hier zwei Texte zum Wasserkreislauf; der eine ist im Nominalstil, der andere im Verbalstil verfasst:

A Der Wasserkreislauf ist die zeitliche Abfolge der Orts- und Zustandsänderungen des Wassers und dient der Beschreibung der Zirkulation des Wassers in der Erdatmosphäre. Der Wasserkreislauf wird durch Sonnenenergie und Schwerkraft in Bewegung gehalten. Infolge einer Wärmeentwicklung kommt es zu einer Verdunstung von Wasser aus Meeren, Flüssen und Seen. Der bei der Verdunstung entstehende Wasserdampf steigt auf und kehrt nach einer Wolkenbildung als Regen oder Schnee zur Erde zurück. Dort kommt es zu einer Versickerung durch verschiedene Sand-, Erd- und Gesteinsschichten in einer unterirdischen Wasserlandschaft. Das Grundwasser strömt in Richtung Meer und kommt nach seiner Ankunft durch die Wärmentwicklung der Sonne wieder zur Verdunstung. Der Wasserkreislauf schließt sich.

B Der Wasserkreislauf ist die Orts- und Zustandsänderung des Wassers, die zeitlich abläuft, und beschreibt die Zirkulation des Wassers in der Erdatmosphäre. Der Wasserkreislauf wird durch Sonnenenergie und Schwerkraft bewegt. Indem sich Wärme entwickelt, verdunstet Wasser aus Meeren, Flüssen und Seen. Der Wasserdampf, der bei der Verdunstung entsteht, steigt auf und kehrt, nachdem sich Wolken gebildet haben, als Regen oder Schnee zur Erde zurück. Dort versickert das Wasser durch verschiedene Sand-, Erd- und Gesteinsschichten in einer unterirdischen Wasserlandschaft. Das Grundwasser strömt in Richtung Meer und, nachdem es angekommen ist und sich Wärme entwickelt hat, verdunstet es wieder. Der Wasserkreislauf schließt sich.

2. Schreibe aus beiden Versionen einen Text, der dir angemessen erscheint. Diskutiert über eure Entwürfe.

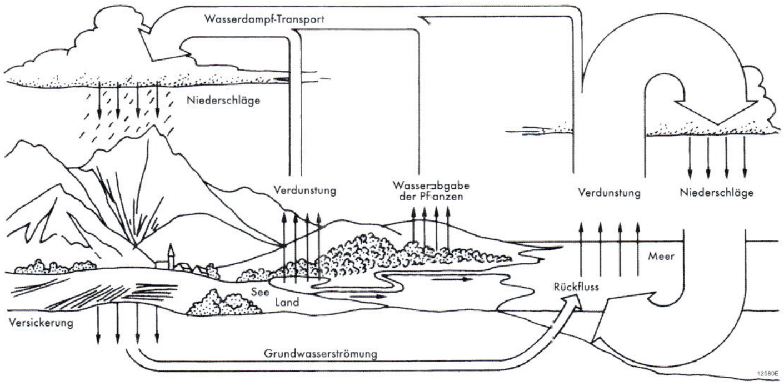

INFO

- Der **Nominalstil** hat Merkmale wie **Funktionsverbgefüge**, **substantivierte Verben** und **ausgedehnte Attribute**.
- Der Nominalstil wirkt störend, wenn nominale Wendungen im Satz gehäuft auftreten und die Aussage dadurch unklar wird.
- Der Nominalstil ist sinnvoll, wenn er in geraffter Form Sachverhalte vermittelt.

Nachschlagen → S. 308

Nachschlagen → S. 308

Denotat und Konnotat

Woran ich denke bei …

Zwei Personen, die in unterschiedlichen Gegenden wohnen, wurden gefragt, woran sie bei verschiedenen Wörtern denken. Hier sind ihre Antworten:

Person A

Bei *Schnee* denke ich vor allem an Gefahr, etwa an eine Lawine, aber auch an lange Abende und an kurze Tage.

Bei *Auto* denke ich vor allem an die Umweltverschmutzung, aber auch an mangelnde Bewegung. Wir gehen viel zu wenig zu Fuß.

Bei *Tiere* denke ich vor allem daran, dass sie unsere Lebensgrundlage sind. Ein Haustier kann aber auch die langen Abende schöner und unterhaltsamer machen.

Bei *Mode* denke ich an gar nichts. Ich mache mir nichts daraus. Zuweilen muss ich an einen Pfau denken, wenn jemand so ausstaffiert durch die Gegend läuft.

Bei *Medien* fällt mir auch nicht so viel ein. Das Fernsehen ist keine schlechte Erfindung. Es kann die langen Abende wirklich verkürzen.

Person B

Bei *Schnee* denke ich vor allem an Skifahren, an schneebedeckte Pisten. Wenn nur nicht das Schneeschippen wäre …

Bei *Auto* denke ich an das bequemste Fortbewegungsmittel, das es gibt. Es macht unabhängig und lässt mich in kürzester Zeit dort sein, wo ich will.

Bei *Tiere* denke ich vor allem daran, dass sie schwierig zu halten sind. So ein kleines Haustier ist für mich schon denkbar.

Bei *Mode* fällt mir sofort ein, dass ich mich auf diese Weise besser darstellen kann. Sie verstärkt den Eindruck, den wir von einem anderen Menschen haben.

Medien sind aus unserem Leben nicht mehr wegzudenken. Vor allem das Internet hat vieles revolutioniert, etwa unsere Art, sich zu informieren, aber auch die Art und Weise, wie wir heute einkaufen.

1. Wo könnten die beiden Personen leben?
2. Wie sind diese unterschiedlichen Äußerungen zu erklären?
3. Schreibt ähnliche Äußerungen von zwei Menschen mit unterschiedlichem Alter, unterschiedlichem Geschlecht und aus unterschiedlichen Kulturkreisen auf.

Definitionen

1 Aus einem linguistischen Fachbuch

Jedem Wort ist eine Grundbedeutung zu eigen, die Denotation. Bei vielen Wörtern allerdings schwingen noch Assoziationen mit, die nicht in der Grundbedeutung des Wortes angelegt sind. Das, was von der Sprecherin / vom Sprecher bei einem Wort assoziiert wird, nennt man Konnotation. So bedeutet *Haus* zunächst einmal, in der Denotation, nur ein Gebäude, das vier Wände und ein Dach aufweist und das Wohn-, Aufenthalts- oder Arbeitsraum für Menschen bietet. Es schwingen aber noch Assoziationen mit wie Schutz vor Regen und Kälte, Geborgenheit u. Ä. Dies macht die Konnotation des Wortes aus. Konnotation ist einerseits kulturabhängig, andererseits aber auch innerhalb desselben Kulturkreises individuell leicht verschieden. Die hier vorliegende Beziehung verläuft nicht zwischen zwei Wörtern, sondern innerhalb eines Wortes, nämlich zwischen seiner Grundbedeutung und dem, was hinzugedacht wird.

2 Internet-Enzyklopädie Wikipedia

Das Denotat *(lat. denotatum: das Genannte)* ist sprachwissenschaftlich die eigentliche Bedeutung eines Worts.

Ein Denotat ist ein vom Sprecher bezeichneter Begriff, Gegenstand oder Sachverhalt, der sich in der außersprachlichen Wirklichkeit mit einem Bild verbindet außerhalb jeder Emotion, im Gegensatz zum Konnotat.

Das Konnotat *(lat. connotare: mitbezeichnen)* ist der Wortinhalt neben dem rein begrifflichen Inhalt (Denotat): emotionale Begleitvorstellungen, die ein Wort hervorruft, wie Glück, Freude, Angst, Schreck.

Beispiele

- Der Begriff *Pferd* verbindet sich als Denotat mit Vierbeiner, Huftier.
- Die Wörter *Ehefrau* und *Gattin* haben das gleiche Denotat und sind damit synonym, sie gehören aber verschiedenen Stilebenen an bzw. können nicht ohne Weiteres in allen Kontexten ausgetauscht werden.
- Der Eigenname *Rhein* benennt den bekannten Fluss „Rhein“, der Fluss selbst ist das Denotat des Namens *Rhein*.
- Der Begriff *Sonne* verbindet sich als Konnotat mit „heiß“.
- Der Begriff *Krebs* verbindet sich mit plötzlich überraschend auftretend, schmerzhaft, lebensbedrohend.

4. Fasse zusammen, wie *Denotat* und *Konnotat* definiert werden.
5. Wende diese Erkenntnisse auf die vorherige Seite an:
   Wie unterscheiden sich Denotat und Konnotat?

Filmplakate

1. Was seht ihr auf den Filmplakaten?
2. Was assoziiert ihr beim Betrachten von Text und Bild?

Bild und Ton

In der sprachwissenschaftlichen Diskussion werden Denotate und Konnotate auch mit Filmen in Verbindung gebracht. Du findest hier eine Zusammenfassung dieser Diskussion:

Denotate und Konnotate werden normalerweise bezogen auf eine uns umgebende Wirklichkeit. Sie lassen sich aber in abgewandelter Form auch auf künstlerische Objekte wie den Film übertragen. Denn der Film ist nichts anderes als eine inszenierte Wirklichkeit. Dabei spielen Bild und Ton eine wichtige Rolle. Das Haus im Film wird für uns das Haus in der Wirklichkeit sein. Das Gleiche gilt für den Ton. Wenn wir etwa hören, dass in dem Haus eine Tür geöffnet oder zugeschlagen wird, dann sind diese Geräusche denen ähnlich, die wir im wirklichen Leben hören. Der Kinobesucher glaubt, dass das Bild das ist, was es abbildet.

Vor dem Hintergrund der künstlerischen Absichten des Regisseurs ermöglichen Filmbild und Filmton auch Konnotationen. Denn auch Filmbild und Filmton haben mehr Bedeutung, als die Summe ihrer Denotationen umfasst. Sie zeigen zwar nur das Abgebildete, meinen aber viel mehr und transportieren so zusätzliche Bedeutungen, die je nach Betrachter unterschiedlich ausfallen können. Nehmen wir an, das Haus, in dem die Familie wohnt, wirkt schäbig, dann kann sofort der Gedanke an Armut und soziale Not kommen.

Diese konnotative Bedeutungsebene wird aus ganz verschiedenen Quellen gespeist. Zum einen hängt es von der psychischen Verfassung des Betrachters ab, welche Konnotationen beim Betrachten eines Filmes entstehen. Wenn er traurig ist, wird er den Film ganz anders sehen als in gehobener Stimmung. Zudem spielt unser kultureller Hintergrund, den wir nicht an der Kinokasse ablegen können, eine wichtige Rolle. Wird etwa in dem Haus ein Fensterkreuz in einer Nahaufnahme gezeigt, dann ist das unter Umständen im christlichen Abendland mehr als nur ein Denotat. Es kann zusätzlich etwa „Leid“ oder „Opfer“ bedeuten, also im schäbigen Haus das Gefühl sozialer Verarmung bestärken.

Anders als in der Wirklichkeit können Filmbilder auch Konnotationen haben, die so im realen Leben nicht entstehen können. Ein Film lebt von der Kameraperspektive und der Verknüpfung von Einstellungen; ein Film kann uns Bilder, Töne und Ereignisse zeigen, die wir in gleicher Weise in der Wirklichkeit nicht wahrnehmen könnten. Man denke nur an das Quidditch-Spiel in den Harry-Potter-Filmen. Nahezu jedes Bild kann im Film durch Montage konnotative Bedeutungen entwickeln.

3. Fasse zusammen, welche Bedeutung Denotate und Konnotate im Film haben.

4. Bezieht eure Ergebnisse auf die Filmplakate und den Film *Blueprint*.

Vgl. dazu auch das Kapitel *Literaturverfilmung – ‚Blueprint‘*, S. 214 – 229

INFO

- Unter **Denotat** versteht man die Grundbedeutung eines Wortes.
- Unter **Konnotat** versteht man subjektiv gefärbte Zusatzbedeutungen.
- Denotative und konnotative Bedeutungen gibt es auch in Filmen, etwa in der Art der künstlerischen Verwendung von Bild und Ton.

Nachschlagen → S. 308

Wort- und Sprachkunde

Nachschlagen → S. 309

Bedeutungslehre

Literarische Fachbegriffe

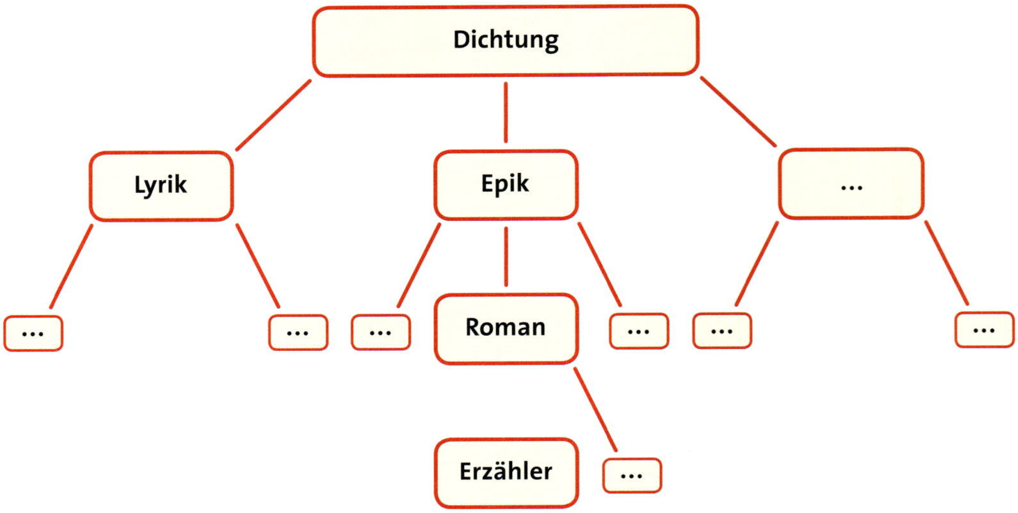

Fachbegriffe:
Dramatik – Figur – Sonett – innerer Monolog – Enjambement – Epilog – Volkslied – Rhythmus – Novelle – Metrum – Akt – Exposition – Blankvers – Erzählperspektive – Strophe – Anapher – Tragödie – Peripetie – Figurenkonstellation – Jambus – Erzählbericht – Reimschema – Szene – Botenbericht – Verszeile – Stabreim – Dialog – Trochäus – Handlungsstrang – Figurenrede – Hebung/Senkung – Mauerschau – Endreim – erlebte Rede – Monolog – Katastrophe – männliche/weibliche Kadenz – Ich-Erzähler – szenische Darstellung – Komödie

1. Nach welchem System ist das Schema aufgebaut?
2. Ordne die Fachbegriffe aus dem Kasten in das Schema ein.
3. Entwickle ein neues Schema und trage die Begriffe ein.
4. Diskutiert eure Lösungen (mit Expertengruppen für die einzelnen Hauptzweige).
5. Wozu ist die Einteilung in Ober- und Unterbegriffe nützlich?

Methoden der Begriffserklärung

In eurem Schulalltag habt ihr viele Fachbegriffe und ihre Definitionen kennen gelernt. Häufig müsst ihr aber auch selbst Begriffe definieren bzw. erklären. Im Folgenden findet ihr verschiedene Methoden, wie ihr Begriffe erklären könnt:

1 Erklärung durch ein Synonym

Eine einfache Form der Begriffserklärung stellt die Erklärung durch ein Synonym dar: Wenn ein bedeutungsgleiches Wort zur Verfügung steht, das man bei seinem Gesprächspartner als bekannt voraussetzen darf, so kann man damit unkompliziert übersetzen (z. B. *Lexikon = Wörterbuch; Rabatt = Preisnachlass*).

2 Die analytische Methode

Die analytische Methode der Begriffserklärung besteht darin, einen Begriff durch Zuordnung zu einem übergeordneten Sachverhalt und die Angabe seiner spezifischen Unterscheidungsmerkmale zu identifizieren (z. B. *Oktogon* wird bestimmt als *Vieleck mit acht Seiten*).

3 Die synthetische Methode

Die synthetische Methode der Begriffserklärung stellt Beziehungen zwischen einem bereits vertrauten Ausdruck und dem zu erklärenden Begriff her und fertigt eine begriffliche Orientierungskarte an (z. B. *mündig* [bekannt] → *Toleranz*).

4 Erklärung anhand von Beispielen

Anhand von Beispielen kann man häufig sehr anschaulich erläutern, in welche Kontexte ein zu erklärender Begriff passt, und Hinweise auf die Bandbreite seiner Verwendung geben, z. B. Textbeispiele für Ballade *(Goethe: Erlkönig)* oder Kitsch *(Arztromanheft)*.

5 Die hinweisende Erklärung

In einem mündlichen Referat ist man nicht darauf angewiesen, einen Begriff ausschließlich sprachlich zu erklären. Man kann seine Ausführungen auch dadurch unterstützen, dass man den gemeinten Sachverhalt optisch und/oder akustisch direkt oder symbolisch präsentiert, z. B. durch *Foto, Film, Zeichnung, Skizze, Grafik*.

1. Versuche, die folgenden Begriffe zu erklären bzw. zu definieren: *Gedicht, Roman, Kurzgeschichte.*
   - Arbeite mit deiner Methode deiner Wahl. Versuche, Texte zu verfassen (d. h. in zusammenhängenden Sätzen zu schreiben).
   - Besprecht eure Definitionsversuche. Diskutiert auch über Vorteile und Schwächen der einzelnen Methoden. (Bietet sich evtl. eine Mischung an?)

Weibliche Wesen (Ausschnitt) *Winfried Ulrich*

Den Mann verlockt und beglückt das Weib;
Es stimmt ihn zufrieden die Frau;
Mit der Gattin lebt er mal so und mal so;
Doch mit der Gemahlin muss er sich arrangieren.
[...]

1. Welche gemeinsamen semantischen Merkmale weisen die vier Bezeichnungen für „weibliche Wesen“ auf? Welche Unterschiede zeigen sie?

„Frau“ – gestern und heute *Lexikonartikel*

Frau: *Mhd.* vrouwe, *ahd.* frouwe (wie der *aisl.* Name der Göttin Freyja) weibliche Bildungen zu einem im *Dt.* untergegangenen *germ.* Wort für „Herr“, das in *got.* frauja, *asächs.* froio, *aengl.* friega „Herr“ und dem aisl. Namen des Gottes Freyr bewahrt ist, mit anderer Bildung auch in gleichbed. *ahd.* fro, *asächs.* frao, *aengl.* frea (s. die Wörter um Fron). Die eigentliche Bedeutung des Maskulinums ist „der erste“. Es gehört zu *idg.* *pro- „vorwärts, vorn“ (vgl. ver ...); vgl. z. B. die verwandten Bildungen *aind.* purva – h „der erste, vorderste“, *alban.* pare „der erste, vorderste“. Ebenso hat auch *dt.* Fürst (s. d.) seine Bedeutung gewonnen. Dieser Herkunft gemäß ist ‚Frau‘ im *Dt.* lange Zeit vor allem die Bezeichnung der Herrin und der Dame von Stand gewesen, wovon heute noch die Gegenüberstellung mit Herr in der Anrede (auch als ‚gnädige Frau‘) ebenso zeugt wie die Bezeichnung Marias als „Unsere [Liebe] Frau“. Auch Hausfrau (*mhd.* husvrouwe) bedeutet eigentlich „Hausherrin, Gattin“. An die ehrende Anrede weiblicher Götter und Geister erinnert noch der Name Frau ‚Holle‘ ($\uparrow^{2}$ Holle). Als Standesbezeichnung ist ‚Frau‘ seit dem 17. Jh. von ‚Dame‘ (s. d.) verdrängt worden, andererseits ist es in der Bed. „erwachsene weibliche Person, Ehefrau“ an die Stelle von *mhd.* wip getreten (↑Weib). Abl.: **Fräulein** (seit dem 12. Jh. bezeichnet *mhd.* vrouwelin als Verkleinerungsbild zu vrouwe besonders die unverheiratete junge Frau vornehmen Standes; die Bezeichnung war bis ins 18./19. Jh. dem Adel vorbehalten und wurde dann auch auf bürgerliche junge Frauen ausgedehnt; danach galt sie allgemein für die unverheiratete [jüngere] Frau); **fraulich** „der Art einer [reifen] Frau entsprechend“ (*mhd.* vrouwelich „der ‚vrouwe‘ gemäß“). Zus.: **Frauenzimmer** (das Wort, *spätmhd.* vrouwenzimmer, bezeichnete zunächst die Räume der Herrin, dann die Räume des weiblichen Hofstaates und die Frauengemächer allgemein, schließlich kollektiv die darin wohnenden weiblichen Personen; die Bezeichnung wurde seit Anfang des 17. Jh.s ähnlich wie ‚Bursche‘, ‚Rat‘ u. a. – auf die einzelne Person übertragen und vor allem im Sinne von „Frau von vornehmem Stand, Dame“ verwendet, dann abgewertet und seit dem 19. Jh. meist verächtlich für „liederliche, leichtfertige Frau“ gebraucht).
(Aus: DUDEN – Herkunftswörterbuch)

2. Wie hat sich die Bedeutung des Wortes „Frau“ verändert?
3. Schlage in einem etymologischen Lexikon (Herkunftswörterbuch) folgende Begriffe nach: *Magd, Dirne, Weib.* Was stellst du fest?

Was heißt eigentlich Freiheit?

Große Freiheit

Einigkeit und Recht und Freiheit für das deutsche Vaterland, danach lasst …

Der Weg in die Freiheit

Art. 2 Abs. 2 GG
Jeder hat das Recht auf Leben und körperliche Unversehrtheit. Die Freiheit der Person ist unverletzlich …

Stadtluft macht frei

Freie Fahrt für freie Bürger

Freiheit und Abenteuer

4. Wie wird der Begriff *Freiheit* in diesen Beispielen gebraucht?
5. Bildet Gruppen und untersucht, wie der Begriff *Freiheit* in folgenden Bereichen verwendet wird: *Gesetzestexten/Grundgesetz, Freiheitsliedern / politischer Lyrik, Redewendungen, Schlagern, Songs, etymologischen Wörterbüchern, Werbung.*

Bedeutungsänderungen

Viele Wörter haben im Laufe der Zeit ihre Bedeutung geändert, aber nicht immer in gleicher Weise. Auf den Karten 1–5 wird beschrieben, wie diese Änderungen eingeteilt werden können.

1 Bei der **Bedeutungsverengung** werden der Bedeutungsumfang und damit auch die Verwendungsmöglichkeiten eines Wortes eingeschränkt. Es können also mit einem Wort nicht mehr so viele Sachverhalte bezeichnet werden wie zuvor.

2 Bei der **Bedeutungserweiterung** ist der Vorgang umgekehrt: Der Bedeutungsumfang und die Verwendungsmöglichkeiten werden erweitert.

3 Die **Bedeutungsübertragung** ist eine Bedeutungserweiterung, allerdings als Resultat einer metaphorischen Verwendung. Dabei wird die Bedeutung eines Wortes auf andere Sachverhalte in übertragenem Sinne erweitert.

4 Bei der **Bedeutungsverschlechterung** wird eine ursprünglich neutrale oder positive Bedeutung ins Negative verkehrt.

5 Bei der **Bedeutungsverbesserung** ist der Vorgang umgekehrt: Eine ursprünglich neutrale oder negative Bedeutung erhält eine positive Aufwertung.

A Der **Marschall** war ursprünglich ein Pferdeknecht. Heute ist das Wort die Bezeichnung für einen sehr hohen militärischen Rang.

B Eine **Mähre** ist heute ein Klappergaul, ein schlechtes Pferd. Früher war es die Bezeichnung für eine Stute.

C Eine **Hochzeit** bedeutete früher jedes kirchliche und weltliche Fest. Heute versteht man darunter nur noch die Feier bei der Eheschließung.

D Eine **Nadel** war früher nur ein Gerät zum Nähen. Heute gibt es eine Stecknadel, eine Kompassnadel oder eine Tachonadel.

E Ein **Kamel** ist ein Wüstentier. Mit dem Wort lässt sich aber auch ein Mensch bezeichnen, dem man Dummheit zusprechen will.

Götze | Kanzler | Gift | Messe | spinnen

1. Ordne die Beispiele A–E den Regeln 1–5 zu.
2. Schlage in einem etymologischen Wörterbuch nach. Welchen Regeln lassen sich die Wörter auf den roten Karten zuordnen?

In einem fernen Land ...

In einem fernen Land beklagen sich die Bürger über ungerechte Steuergesetze. So gibt es eine Wegesteuer, die für einen Pfad, einen Weg oder eine Straße gleich ist. Außerdem gibt es eine Gebäudesteuer, die keinen Unterschied macht, ob es sich um eine Hütte, ein Haus oder eine Villa handelt. In diesem Punkt sehen die Bürger eine Ungerechtigkeit. Zudem plant die Regierung die Einführung einer Spielesteuer: Für ein Fußballspiel, ein Kartenspiel oder ein sonstiges Spiel soll eine Steuer erhoben werden.

Zu diesem Zweck werden von der Regierung drei Kommissionen eingesetzt. Die ersten beiden sollen jeweils klären, wie sich Pfad–Weg–Straße und Hütte–Haus–Villa unterscheiden, um so unterschiedliche Steuern festzulegen. Die dritte Kommission soll festlegen, was ein Spiel ist, um dann Steuern erheben zu können. Alle drei Kommissionen befragen Expertengruppen. Die Antworten für die Spiele-Kommission fallen so aus:

A Wer spielt, amüsiert sich, das scheint eine Grundtatsache allen Spielens zu sein. Deshalb kann eine Definition von Spiel folgendermaßen lauten: Spiel ist eine Tätigkeit, die den Teilnehmern Spaß macht.

B Die Lottozahlen am Samstag sind für die meisten Menschen eine große Enttäuschung: wieder nichts gewonnen. Und der Glücksfaktor scheint für Spiele wichtig zu sein. Ein Spiel ist also eine Tätigkeit, bei der das Glück über Verlauf und Ausgang entscheidet.

C Gestern wurde ein Fußball-Länderspiel im Fernsehen übertragen; kurz danach ein Tennismatch. Was man da sehen konnte, kann als Definition für Spiel gelten: Spiel ist eine Tätigkeit, die von mindestens zwei Personen gemeinsam ausgeübt wird.

D Nach dem Ausscheiden bei der Fußballweltmeisterschaft war die ganze deutsche Fußballnation enttäuscht. Verlieren und Gewinnen scheint für ein Spiel unabdingbar zu sein. Deshalb hat jedes Spiel Wettbewerbscharakter, bei dem zwei Parteien aufeinandertreffen.

1. Wie reagiert die dritte Kommission auf die Definition der Experten?
2. Legt als Expertengruppe für die Kommission fest, wie sich Hütte–Haus–Villa und Pfad–Weg–Straße unterscheiden.

INFO

- **Bedeutungen** ändern sich im Laufe der Geschichte.
- Bei der Definition bzw. Erklärung von Begriffen kann man verschiedene Methoden verwenden.
- Begriffe lassen sich in der Regel nicht genau definieren: Sie haben offene Ränder.

Nachschlagen → S. 309

Nachschlagen → S.309

Fachsprachen

Fachsprachen-Mix

1 Für die fristlose Kündigung gelten die gesetzlichen Vorschriften. Sie bedarf der Schriftform. Für die Rechtzeitigkeit ist ihr Zugang maßgebend.

Setzt der Mieter nach Ablauf der Mietzeit den Gebrauch der Mietsache fort, so tritt eine stillschweigende Verlängerung des Mietverhältnisses (§ 568 BGB) nicht ein. Die bisherigen Vertragsbestimmungen sind für die Abwicklung des Vertragsverhältnisses maßgebend, aber auch für den Fall des erneuten Zustandekommens eines Mietverhältnisses zwischen den Parteien, soweit keine anderen Vereinbarungen getroffen werden. [...]

2 *Honda XR 400 R* Motor: Luftgekühlter Einzylinder-Viertaktmotor, eine Ausgleichswelle, eine oben liegende, kettengetriebene Nockenwelle, vier Ventile pro Zylinder, radial angeordnet, Kipp- und Schlepphebel, Trockensumpfschmierung, Keihin-Schiebevergaser, 36 mm, kontaktlose Kondensatorzündung, keine Abgasreinigung, Kickstarter.

Fahrwerk: Einschleifenrahmen aus Stahlrohr, geschraubtes Stahl-Rahmenheck, Telegabel, verstellbare Zug- und Druckstufendämpfung, Zweiarmschwinge aus Aluprofilen, Scheibenbremse vorne. [...]

3 Sonnenenergie, die im Innern der Sonne erzeugte Energie (sekundl. Erzeugungsrate 0,19 W je Tonne Sonnenmasse), die v. a. durch Strahlungstransport an die Sonnenoberfläche gelangt und abgestrahlt wird. Die je Sekunde abgestrahlte Energie beträgt insgesamt $3{,}9 \times 10^{2}$ d. h. 63 MJ pro m^2 Sonnenoberfläche. – In der Energietechnik versteht man unter Sonnenenergie die mit Hilfe von Sonnenkollektoren, Sonnenöfen und Sonnenbatterien techn. genutzte bzw. nutzbare Strahlungsenergie der Sonnenstrahlung. [...]

4 Investieren Sie in den Index, der für Sie arbeitet und Ihnen die besten Renditen sichert. Mehr als 700 % Wertzuwachs gegenüber den herkömmlichen 350 % sind ein deutliches Plus, das übrigens nicht mit einem Plus an Risiko erkauft wurde. Denn unser Produkt setzt sich aus den dividendenstärksten Aktien zusammen. Jetzt können Sie gemäß Ihrer Anlegermentalität an diesen Vorteilen partizipieren. Entweder linear über ein neues Indexzertifikat oder mit Hebel über einen unserer Optionsscheine. [...]

1. Zu welchen Wissensgebieten gehören diese Textausschnitte? Inwiefern handelt es sich hier um Fachsprachen? Diskutiert darüber.
2. Welche Fachsprachen kennst du noch? Bringe entsprechende Texte in den Unterricht mit.

Diagnose: Links-Herz-Dekompensation

Du findest hier einen Arztbrief, den ein Stationsarzt bei der Entlassung seiner Patientin für ihren Hausarzt mitgegeben hat. In einem Angehörigengespräch erklärt er dagegen der Tochter der Patientin, an welcher Erkrankung ihre Mutter leidet.

Text 1 Arztbrief

Sehr geehrter Herr Kollege Dr. Schmidt,

Frau Peter wurde mit V. a. auf eine akute Links-Herz-Dekompensation im Rahmen einer hypertensiven Krise in unserem Klinikum stationär aufgenommen. Klinisch und radiologisch lag ein Lungenödem vor. Unter der antihypertensiven und diuretischen Therapie besserte sich der klinische Zustand der Patientin rasch. Es wurde eine weiterführende Diagnostik bezüglich der Herzinsuffizienz durchgeführt. Bei echokardiographisch nachgewiesener mittelgradig eingeschränkter LV-Funktion wurde die medikamentöse Therapie mit einem Digitalispräparat, einem ACE-Hemmer und einem Diuretikum eingeleitet. Damit konnte die Patientin beschwerdefrei in die weitere hausärztliche Betreuung entlassen werden.
Mit kollegialen Grüßen

Text 2 Arzt-Angehörigen-Gespräch

Frau Becker Wie geht es meiner Mutter, Dr. Taunus?

Dr. Taunus Sie ist wohlauf, allerdings möchte ich sie einige Tage bei uns behalten, da sie eine plötzlich eingetretene Herzschwäche hat. Als sie bei uns eingeliefert wurde, war ihr Blutdruck sehr hoch, das schwache Herz war nicht in der Lage, das Blut dagegenzupumpen. Die Folge davon war, dass sich Wasser in der Lunge angestaut hat.

Frau Becker Verstehe. Was kann man da tun?

Dr. Taunus Ihr Blutdruck wurde gesenkt und sie bekam Wassertabletten, um das Wasser aus dem Körper zu entfernen.

Frau Becker Ist das Herz meiner Mutter jetzt vollkommen gesund?

Dr. Taunus Nein, im Herz-Ultraschall hat man gesehen, dass die linke Herzkammer dauerhaft geschwächt ist. Wir haben Ihrer Mutter Medikamente verabreicht, um das Herz zu stärken. Aber sie muss ihr Herz schonen.

Frau Becker Ich hoffe, dass sie bald nach Hause kommt. Ich danke Ihnen, Herr Doktor.

1. Wodurch ist der erste Text sprachlich charakterisiert?
2. Schreibe aus dem Text die Begriffe heraus, die dir unbekannt sind. Kläre ihre Bedeutung mit Hilfe des Arzt-Angehörigen-Gesprächs.
3. Welche Funktion hat die medizinische Fachsprache im ersten Text?

Aus einem medizinischen Lexikon

Ödem: *(gr. oidema: Geschwulst, Schwellung)* n: schmerzlose, nicht gerötete Schwellung infolge Ansammlung wässriger (seröser) Flüssigkeit in den Gewebespalten, z. B. der Haut und Schleimhäute.

Insuffizienz: *(lat. in-: un-; lat. sufficiens: hinreichend, genügend)* f: Schwäche, ungenügende Leistung eines Organs oder Organsystems; z. B. Herzinsuffizienz, Leberinsuffizienz, Niereninsuffizienz.

Diuretikum: *(gr.-lat.)* n: Arzneimittel, das durch Hemmung der renalen Rückresorption v. a. von Na^+-Ionen eine erhöhte Ausscheidung von Na^+–Cl^- u. HCO_3^--Ionen sowie (indirekt) von Wasser bewirkt und dadurch das Plasmavolumen senken und Stauungssymptome verbessern kann.

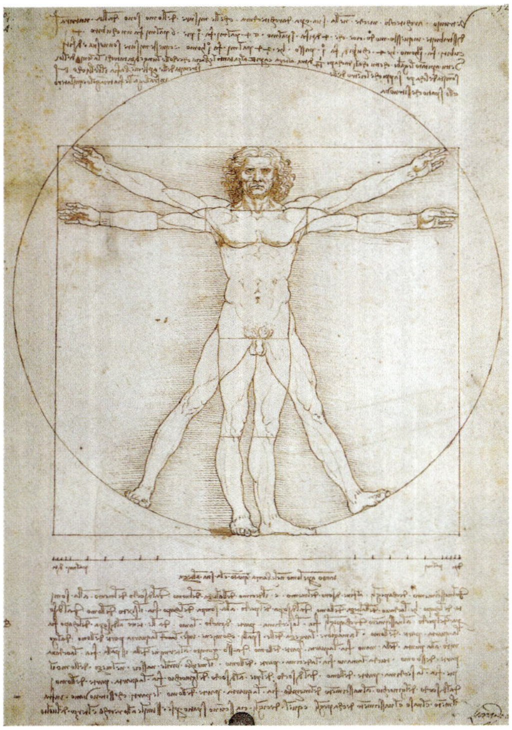

Leonardo da Vinci (1452–1519): *Proportionszeichnung* (1490)

Dekompensation: (*lat. de-:* von, herab, weg; *lat. compensatio:* Ausgleich) f: der nicht mehr ausreichende Ausgleich einer verminderten Funktion oder Leistung bzw. dessen Folgezustände; z. B. beim Schock.

Echokardiographie: (*gr. kardia:* Herz; *gr. graphein:* Aufzeichnungs-, Darstellungsverfahren) f: Verfahren der Ultraschalldiagnostik des Herzens unter Anwendung des Impulsechoverfahrens als Timemotion (sog. M-Mode) oder Real-time-Verfahren (zweidimensionales B-Bild-Verfahren) sowie des Dauerschallverfahrens (Doppler-Verfahren, auch farbcodiert) bzw. die Kombination aus beidem.

1. Erkläre anhand der Beispiele, wie Fachwörter entstehen.

Was ist der Mensch? – unterschiedliche Definitionen

Biologie

Homo sapiens, im Hinblick auf seine geistigen Fähigkeiten und die Möglichkeit, die Welt zu erkennen (Bewusstsein) und zu verändern, das höchst entwickelte Lebewesen. [...] Der Mensch stammt mit den Menschenaffen von gemeinsamen Ahnen ab (Paläanthropologie, Hominisation) und verfügt daher unter anderem über Eigenschaften, die ursprünglich Anpassungen an eine Baum bewohnende (arboricole) Lebensweise darstellen (Herrentiere). Dazu gehören unter anderem die Greifhand (Hand) u. die nach vorne verlagerten, einander genäherten Augen, die eine fast völlige Überschneidung der Sehfelder und dadurch ein gutes räumliches Sehen ermöglichen. Beides waren u. a. wichtige Voraussetzungen dafür, die Umwelt zu „manipulieren“ u. dadurch auch Werkzeuge herzustellen – eine der biologischen Grundlagen für die kulturelle Evolution des Menschen (Kultur).

Anthropologie

Die im europäischen Denken geschichtsmächtigste Definition des Menschen lautet: Der Mensch ist ein vernunftbegabtes Lebewesen (griech.: *zoon logon echon,* lat.: *animal rationale*). Als Lebewesen ist der Mensch ein Teil der Natur, als Vernunftwesen reicht er bis in die Sphäre des Göttlichen. Teils tierischer, teils göttlicher Natur, steht der Mensch zwischen Natur und Gott. Er vereinigt in sich zwei wesensverschiedene Naturen. Er ist ein Zusammengesetztes aus beseeltem Körper und naturentrückter Vernunft. Dieser Gedanke zieht sich stereotyp durch die Philosophiegeschichte des Abendlandes hindurch. Aristoteles (384 bis 322 v. Chr.), einer der bedeutendsten griechischen Philosophen, schreibt dazu: „Der Mensch ist aber das einzige Lebewesen, das Sprache/Vernunft *(logos)* besitzt.“

1. Vergleiche die verschiedenen Definitionen des Menschen. Worin unterscheiden sie sich?
2. Welche Funktion haben die unterschiedlichen Definitionen in den Fachsprachen?

INFO

Nachschlagen → S. 309

- In verschiedenen Wissensgebieten (Rechtswissenschaft, Technik oder Naturwissenschaft) oder auch Berufen wird jeweils eine spezifische Sprache verwendet. Man nennt sie **Fachsprache**.
- Die Verwendung von Fachsprachen ermöglicht exakte, eindeutige und schnelle Verständigung unter Fachleuten. Fachsprachen unterscheiden sich voneinander vor allem durch ihre **spezifische Terminologie**.
- Der Fachwortschatz hat oft griechisch-lateinischen Ursprung.
- Die verschiedenen Fachsprachen zusammengenommen erklären komplexe Sachverhalte in der Welt.

Sprechen und Schreiben

Kapitel Praktische Rhetorik

Seite 26 Sprech- und Redetraining

Sprechübungen dienen zur Vorbereitung von Reden. Mit ihnen sollen Artikulation, Sprechhaltung, Atmung und Lautstärke geschult und die sprachliche Präsentation vorbereitet werden. Gleichzeitig lernt man beim Reden das „Sprechdenken“, d.h., seine Gedanken zu entwickeln.

Seite 28 Die Rede

Es gibt **Informations-**, **Meinungs-** und **Gelegenheitsreden**. Die drei Benennungen kennzeichnen verschiedene Redeabsichten und verweisen auf den Situationsbezug von Reden. Während bei der Informationsrede die Vermittlung eines Sachverhalts im Vordergrund steht, hat die Meinungsrede den Zuhörer im Visier: Er soll von einer bestimmten Ansicht überzeugt werden. Die Gelegenheitsrede benötigt einen speziellen Anlass, wie z. B. eine Festveranstaltung.

Analog zur Erörterung sollte auch die Rede geplant werden. So steht am Anfang die **Stoffsammlung**: Die „Inventio“ sollte entsprechend ein möglichst breites Spektrum von Gesichtspunkten erfassen. Daraus folgt ihre **Gliederung** („Dispositio“). Und am Ende steht die **Schlussfolgerung** aus den Redeaspekten („Conclusio“).

Die Gliederung einer Rede ist ein wichtiges Element, um die Aufmerksamkeit der Zuhörer zu erlangen, aber auch, um den Gedankengang überzeugend zu gestalten. Neben dem klassischen Dreischritt von „Einleitung – Hauptteil – Schluss“ kann man den Hauptteil nochmals durch eine Drei-Punkte-Gliederung oder eine Fünf-Punkte-Gliederung unterteilen.

Die Redeeröffnung sollte erreichen, dass der Zuhörer Interesse zeigt. Möglichkeiten sind z. B.: aktuelle Ereignisse und persönliche Erlebnisse.

Anschaulichkeit und Überzeugungskraft einer Rede können durch die gezielte Verwendung von **rhetorischen Mitteln** gesteigert werden. Diese Mittel, die auf der Ebene des Wortes (z. B. Anapher) und des Satzes (z. B. rhetorische Frage) angesiedelt sein können, wirken nur dann im gewünschten Sinne, wenn sie zielgerichtet und behutsam eingesetzt werden. Übertriebene Häufungen wirken eher komisch.

Aussagekraft und Redewirkung werden durch **Artikulation**, aber auch durch eine ausgeprägte **Körpersprache** verstärkt. Für den Redner gilt es, das angemessene Zusammenspiel von Aussage und Körpersprache zu berücksichtigen, nicht jedes Wort mit einer entsprechenden Geste zu unterlegen und nicht in hektisches Gestikulieren zu verfallen.

Seite 40 Redeanalyse

Zunächst wird man bei Redeanalysen prüfen, wie der Redner seine Rede eröffnet und wie er sie gliedert. Besonderes Augenmerk ist auf die Verwendung **rhetorischer Mittel** zu richten (z. B. rhetorische Fragen, Anapher, Klimax usw.). Redeanalysen können helfen, eigene rhetorische Fähigkeiten zu verbessern und fremde Reden kritisch zu hinterfragen.

Kapitel Das Schreiben lernen

Seite 45 Schreiberfahrungen

Es gibt neben den schulischen Schreibanlässen noch eine ganze Reihe interessanter anderer Anlässe außerhalb der Schule, z. B. literarische Schreibwettbewerbe (Erzählung, Kurzgeschichte). Die Jury bewertet die eingereichten Texte nach genau festgelegten Kriterien. Diese beziehen sich bei einer Erzählung z. B. auf die bekannten fünf Faktoren (Perspektive, Idee, Milieu, Person, Handlung).

Seite 49 Schreibprozesse

Um die **Aufgabenstellung** in einem Deutschaufsatz sicher zu lösen, müssen zunächst die konkreten Vorgaben und die Anforderungen klar sein. Der Arbeitsauftrag „Prüfe die Notwendigkeit einer solchen Maßnahme" (S. 49) verlangt z. B. vom Schreiber, dass er eine Meinung, Aussage oder These nachvollzieht und auf der Grundlage eigenen Wissens beurteilt.

Bewertungskarten bieten Orientierung bei der **Schreibkonferenz** und Formulierungshilfe beim **Schülerkommentar**, gleichzeitig sind sie sehr hilfreich für die **Textüberarbeitung**. Sowohl der Bewertete als auch der Bewertende können so ihre Schreibfähigkeit verbessern.

Die schriftliche Selbsteinschätzung bzw. **Selbstdiagnose** basiert auf Selbstständigkeit, Ehrlichkeit und Selbstkritik. Sie trägt dazu bei, bestehende Schreibprobleme detailliert zu erkennen, genau zu analysieren und dadurch für zukünftige Schreibvorhaben gezielte Lösungswege zu ermöglichen.

Kapitel Erörtern

Seite 58 Die dialektische Erörterung

Der einfache (lineare) und der dialektische (antithetische) Erörterungsaufsatz haben einige Elemente gemeinsam. In beiden Aufsatztypen muss der Verfasser in der **Einleitung** zum Thema hinführen. Dafür stehen ihm vier Möglichkeiten zur Verfügung: Er kann das Thema erläutern, es also mit eigenen Worten umschreiben, oder er kann einen geschichtlichen Überblick geben. Auch aktuelle Ereignisse und persönliche Erlebnisse sind geeignete Anknüpfungspunkte, um vom Thema zum Hauptteil hinzuführen.

Der **Schlussteil** des linearen und des dialektischen Erörterungsaufsatzes unterscheiden sich nur geringfügig. Der Verfasser einer linearen Erörterung kann die im Hauptteil genannten und ihm persönlich wichtigen Argumente noch einmal **zusammenfassen**, ohne indes alle nennen zu müssen, oder er kann das Thema ausweiten, d. h. aufzeigen, dass das Aufsatzthema Teil einer weiter reichenden Fragestellung ist (so kann z. B. das Thema „Warum soll man einem Verein beitreten?" vor dem Hintergrund der Frage betrachtet werden, welche Möglichkeiten es gibt, die Freizeit sinnvoll zu gestalten). Auch mit einem persönlich gehaltenen Appell, z. B. der Aufforderung zu einem bestimmten Verhalten, kann ein linearer Erörterungsaufsatz abgeschlossen werden.

Ähnliche Varianten des Schlusstyps finden sich beim dialektischen Erörterungsaufsatz. Der Schreiber kann das Thema ausweiten, die im Hauptteil genannten Argumente zusammenfassen oder zu der im Thema genannten Problemstellung persönlich Stellung nehmen, indem er z. B. seine persönliche Betroffenheit zum Ausdruck bringt. Wurde der Schreiber im Laufe seiner Erörterung in seiner Entscheidungsfindung beeinflusst, so kann er sich im Schlussteil noch einmal kritisch mit dem Thema auseinandersetzen oder sich begründet für eine These entscheiden.

Die für beide Aufsatztypen geeignete Gliederungsskizze ist die **Dezimalklassifikation** (1.1., 1.2, 1.2.1 ...). Bei der dialektischen Erörterung vom Typ 1 werden im Hauptteil in einem zusammenhängenden Block zunächst die Argumente für eine These genannt und in einem zweiten Block die Argumente dagegen (oder umgekehrt). Bei der dialektischen Erörterung vom Typ 2 werden sowohl in der Gliederung als auch in der Ausformulierung des Hauptteils in beide Argumentationsblöcke Gegenargumente oder Einwände eingefügt. In Aufsätzen des Typs 2 wird das dialektische Element also nicht in Gestalt von zwei sich gegenüberstehenden Argumentationsblöcken (pro und kontra) dargestellt, sondern es wird in den beiden Argumentationsblöcken zusammengeführt. Man spricht daher von einer **binnendifferenzierten** Argumentation.

Die eigentliche Argumentation in allen Formen der Erörterung besteht aus fünf Bestandteilen:

- Dem Argument *(„weil, denn, da ...")*
- Der Entfaltung *(„d. h., darunter versteht man, mit anderen Worten ...")*
- Dem Beleg *(„so zeigt sich ...")*

- Dem Beispiel *(„z. B., dies lässt sich im Einzelnen dadurch verdeutlichen, dass …")*
- Der Folgerung *(„dadurch, somit, also …")*

Seite 68 Die textgebundene Erörterung

Die textgebundene Erörterung beschäftigt sich – in Abgrenzung von der sogenannten „freien" Erörterung – mit einer Textvorlage, die in aller Regel ein nicht-fiktionaler, d. h. ein Sachtext ist (z. B. Zeitungstext, Abhandlung).

Die textgebundene Erörterung erfolgt in zwei Schritten. Bevor man sich mit dem Inhalt der Textvorlage auseinandersetzt, muss dieser zunächst geklärt werden. Dazu können verschiedene Instrumente genutzt werden: vor allem die Feststellung der **Schlüsselbegriffe** und **Kernsätze** sowie die **Textwiedergabe**.

Letztere erfolgt nach den gleichen Arbeitsschritten wie bei der Inhaltsangabe eines literarischen Textes (z. B. Basissatz): Entscheidend ist auch hier die Textraffung. Allerdings, anders als bei der Inhaltsangabe, ist es wichtig, die Wiedergabe fremder Meinung kenntlich zu machen (z. B. durch Formulierungen wie: *Einleitend skizziert die Autorin* oder *Daraus folgert die Verfasserin* oder auch durch den Gebrauch des Konjunktivs).

Erst wenn der Inhalt der Textvorlage geklärt ist, kann in angemessener Form ihre Erörterung bzw. die Auseinandersetzung mit ihrem Problem-Gehalt, d. h. beispielsweise auch mit zentralen Aspekten oder Thesen der Kernsätze (etwa *perfides System* und *Markendurchsetzer*) stattfinden.

Dabei ist, vor allem was die schriftliche Form der textgebundenen Erörterung betrifft, darauf zu achten, dass die üblichen Anforderungen wie Entfaltung der Argumente und Aufbauschema (‚Einleitung', ‚Hauptteil', ‚Schluss') erfüllt werden. In diesem Zusammenhang bietet es sich an, auch eine Gliederung (etwa in Form der Dezimalklassifikation) anzulegen.

Seite 74 Die literarische Erörterung

Die literarische Erörterung bezieht sich auf fiktionale bzw. poetische Texte. Wie bei der textgebundenen Erörterung muss auch bei dieser besonderen Schreibform zunächst der Inhalt geklärt werden, d. h. durch Analyse und Interpretation wird das Textverständnis gesichert. Dabei kann eine **Analyse- und Interpretationsskizze** dienlich sein. Was den Gehalt oder die Aussage z. B. der Kurzgeschichte *San Salvador* von Peter Bichsel betrifft, so ist zunächst das Gewohnheitsproblem festzustellen, in das Paul, die Hauptfigur, verstrickt ist und unter dem er offensichtlich leidet (denn er möchte aus der „Kälte" seiner Beziehung in die Wärme San Salvadors flüchten).

Erst auf dieser Verständnisbasis des literarischen Textes lässt sich sein Problemgehalt angemessen erörtern. Gegebenenfalls können auch Informationen in Form eines Zusatztextes (in diesem Fall des Zeitungsartikels *Rituale – die verkannten Baumeister des Alltags*) einen weiteren Impuls geben, sich mit dem Problem der Gewohnheit, auch vor dem Hintergrund eigener Erfahrungen, auseinanderzusetzen.

Hinsichtlich der schriftlichen Form der literarischen Erörterung sollte auch hier das argumentative Moment der Darstellung bedacht werden: Argumente müssen begründet und entfaltet werden. Gleichzeitig ist das übliche Aufbauschema zu berücksichtigen (‚Einleitung', ‚Hauptteil', ‚Schluss').

Kapitel Interpretieren

Seite 82 Der gestaltende Interpretationsaufsatz: Kurzprosa

Der gestaltende Interpretationsaufsatz verlangt wie der analytische eine sorgfältige Interpretationsarbeit am Text. Allerdings wird gemäß der Arbeitsanweisung ein eigener Text produziert, der ein überprüfbares Textverständnis der Vorlage vermitteln sollte. Der Zusammenhang mit dem Ausgangstext bleibt dabei stets gewahrt.

Je nach Arbeitsanweisung muss durch Einfühlung in die Figur die **Figurenperspektive** übernommen werden. Die Darstellungsweise sollte der Textvorlage und den Figuren entsprechen. Z. B. darf der Papierhändler in der Kurzgeschichte *Das Eiserne Kreuz* nicht plötzlich reumütig alles zugeben und die Frau nicht gegen ihren Mann rebellieren. Die gestaltende Interpretation verlangt also eine klare Figurenzeichnung, die gerade bei den Textsorten **innerer Monolog** und **Dialog** von zentraler Bedeutung ist. Bei der gestaltenden Interpretation sind die Merkmale der gewählten Textsorte (z. B. Brief, Tagebuch, innerer Monolog, Dialog oder auch Zeitungskommentar) zu beachten.

Seite 88 Der analytische Interpretationsaufsatz: Kurzprosa

Der analytische Interpretationsaufsatz verlangt eine gründliche Analyse der inhaltlichen und formalen Elemente. Dabei müssen Inhalt und Form des Textes in ihrer Wechselbeziehung erfasst werden.

Zur Vorbereitung ist das **Vorlesen** eines Textes, der aus der Ich-Perspektive geschrieben ist, besonders geeignet, da so die Figur und ihre Denkweise zum Ausdruck kommen. Ein sich anschließendes **Rundgespräch** klärt das erste noch subjektive Verstehen im Austausch mit anderen. Der Inhalt des Textes wird erfasst, ein erstes Verständnis gewährleistet.

Die **Analyse-** und **Interpretationsskizze** ist eine systematische Form der Textwahrnehmung in tabellarischer Darstellung. Die Trennung von Analyse und Interpretation ist als Vorarbeit für den eigentlichen Interpretationsaufsatz zu verstehen. Wichtig ist, dass die Deutungen direkt auf die Analyse bezogen werden, d. h. parallel notiert werden. Der Aufsatz folgt einer klaren Gliederungsstruktur von Einleitung, Hauptteil und Schluss. Es ist sinnvoll, eine **Interpretationshypothese** in der Einleitung zu formulieren, die einen ersten Deutungsansatz eröffnet und der Analyse eine Richtung gibt. Diese Hypothese kann aufgrund der Untersuchungsergebnisse erweitert und vertieft werden.

Im Schlussteil bietet es sich an, auf diese Hypothese zurückzukommen und so den Aufsatz abzurunden.

Auf das korrekte Zitieren muss geachtet werden.

Seite 96 Die analytische Gedichtinterpretation

Die analytische Gedichtinterpretation verlangt sorgfältige Vorarbeiten wie genaues Lesen, Textmarkierung, Notizen sowie deren Systematisierung in einer Analyse- und Interpretationsskizze. Die Kenntnis der wichtigsten **lyrischen Gestaltungsmittel** und deren **Fachausdrücke** (z. B. Metrum, Reim, Rhythmus und lyrisches Ich) sind notwendig, um eine Beobachtung zu benennen. Dabei sollte das Wechselspiel zwischen Inhalt und Form für die Deutung genutzt werden. Wichtig ist, dass die Interpretation dem Leser eine nachvollziehbare Deutung vermittelt und zu einem Verständnis des Gedichts führt.

Beim **Gedichtvergleich** ist es für das Verständnis beider Gedichte hilfreich, wenn zunächst ein gemeinsamer Nenner gefunden wird, der den Vergleich sinnvoll macht. Es bietet sich an, ein Gedicht in bewährter Weise nach Textinhalt und Textform genau zu analysieren, wobei der vergleichende Aspekt stets im Blick sein sollte. Das zweite Gedicht wird ergänzend im Hinblick auf ausgesuchte Vergleichsaspekte untersucht, was so zu einem vertieften Verständnis beider Gedichte beiträgt. Entsprechend sinnvoll ist es, bei der Vorbereitung zunächst Vergleichsaspekte, z. B. in einer Mind-Map, zusammenzutragen.

Mit Texten und Medien umgehen

Kapitel Erzählende Texte

Seite 105 Parabel, Satire und Parodie

Die **Parabel** lässt sich in zwei Formen unterscheiden: die geschlossene und die offene. Bei der ersteren ist der Gleichnischarakter oder die parabolische Aussage eindeutig (s. *Der Gesandte* von Bertolt Brecht: etwa die Formel ‚Der Erfolg muss nicht immer Glück bringen'; und *Hinausschauen* von Günter Kunert: etwa die Formel ‚Immer wachsam sein / Nicht bloß in eine Richtung schauen'); bei der zweiten Form ist er mehrdeutig (s. *Die kaiserliche Botschaft* von Franz Kafka und *Der Zettel* von Igor Irtenjew).

Die offene Form erlaubt grundsätzlich mehrere Deutungszugänge. Entsprechend bietet es sich an, diese Deutungsvielfalt auch zu thematisieren (s. die Diskussion der Deutungsvorschläge am Beispiel *Die kaiserliche Botschaft*). So kann auch das Ergebnis der gestaltenden Aufgabe zur Parabel *Der Zettel* (s. *Eine neue Figur erfinden*) unterschiedlich ausfallen; es ist denkbar, dass Poljakows Reaktion sowohl ‚natürlich' als auch ‚überzogen' genannt werden kann.

Ähnlich wie bei der Parabel lassen sich auch bei der **Satire** zwei Formen unterscheiden: die literarische (s. *Das Stellengesuch* von Robert Walser) und die journalistische (s. den Zeitungstext *Pomp auf Pump*). Dabei ist die zentrale Absicht beider Formen gleich: Entlarvung menschlicher Schwächen und gesellschaftlicher Missstände. Nur hinsichtlich der darstellerischen Mittel unterscheiden sie sich: Die literarische Satire tarnt die kritische Absicht in einer fiktionalen Story (s. das Verhalten Wenzels), die journalistische Satire prangert unverhohlen reale Erscheinungen an (s. die Erlebnisfahrt der Zeitungsredakteure in der Luxuskarosse Maybach).

Auch die **Parodie** trägt satirische Züge und überzeichnet häufig in ihrer kritischen Absicht. Sie bezieht sich auf eine als bekannt vorausgesetzte Vorlage, die sie in bissiger Weise umformt und damit verspottet (s. die *Bundestagsrede* Loriots: Er macht sich in überzogener Weise, d. h. völlig bedeutungsloser Syntax, lustig über die Inhaltsleere und nichtssagenden Phrasen in vielen Politikerreden).

Seite 116 Kurzgeschichten: DDR-Literatur

Kurzgeschichten erzählen in der Regel mit sparsamer und oft lückenhafter Gestaltung (plötzlicher Anfang und offener Schluss, keine Ausgestaltung von Personen, Räumen, Handlungen) menschliche Lebenssituationen. Neben allgemein menschlichen Themen (z. B. Liebe, Generationenkonflikt, Probleme von Jugendlichen usw.) haben Kurzgeschichten auch häufig eine politische oder soziale Thematik. Dies lässt sich z. B. bei vielen Kurzgeschichten von Autoren aus der ehemaligen DDR erkennen, in denen die Lebenswirklichkeit der Menschen in einem sozialistischen Staat am Beispiel von einzelnen Erlebnissen beleuchtet wird (vgl. *Schwer leserlicher Brief*).

Gerade weil Kurzgeschichten so knapp sind und vieles offenlassen, fordern sie den Leser zum Nachdenken und Interpretieren auf. Dabei ist es bei politischen Kurzgeschichten wichtig, sich über die politischen und sozialen Hintergründe zu informieren, auf die sie Bezug nehmen. Um Kurzgeschichten aus der DDR verstehen zu können, muss man z. B. über das Spitzelsystem, die Ausreiseproblematik oder das Verhältnis zwischen Volk und Regierenden Bescheid wissen.

Seite 128 Zeitroman: Nationalsozialismus

Bevor man den historischen Hintergrund eines Zeitromans untersucht, muss zunächst die Inhaltsebene geklärt werden. Deswegen ist es ratsam, sich mit den Personen zu beschäftigen: etwa in Form eines **Soziogramms**, das die Personenkonstellation widerspiegelt. Mit Hilfe von Metaplankärtchen, auf denen die Namen der Personen stehen, kann man an einer Wandtafel Gruppen zusammenstellen – Sidonie und ihre Familienangehörigen sind z. B. eine Gruppe – und diese mit Hilfe von Pfeilen, beschrifteten Linien udgl. von anderen Gruppen absetzen.

Nachdem die Personenkonstellation ermittelt worden ist, können weitere Aspekte eines Zeitromans untersucht werden, z. B. der geschichtliche Hintergrund. Ein Autor wie Ernst Hackl hat historisch verbürgte Ereignisse zu einem Zeitroman verarbeitet. Diese geschichtlichen Quellen können z. B. Zeugenberichte, Propagandaplakate, Erlasse oder Zeitungstexte sein. Sie alle haben Spuren im Text hinterlassen. Der Leser eines Zeitromans wird diesen besser verstehen, wenn er diesen Spuren folgt und zusätzliche historische Quellen heranzieht oder ihm unbekannte Begriffe in einem Geschichtslexikon nachschlägt (z. B. „Obersalzberg").

Hilfreich ist es auch, werkkritische Texte zu einem Zeitroman zu lesen, weil in diesen der Autor darlegt, wie er zu seinem Romanstoff gekommen ist. Dadurch erhält der Leser weitere Impulse für das Verständnis des Werkes.

Kapitel Lyrik – Thema: Zeitgedichte

Seite 162 Gestaltender Umgang mit Gedichten

Manche Zeitgedichte sind auf den ersten Blick schwer zu verstehen, weil sie Inhalte stark verknappen oder aus der subjektiven Perspektive einer bestimmten Person darstellen. Der Leser hat in solchen Fällen viel Spielraum, wenn es darum geht, eigene Gefühle, Gedanken und Assoziationen zu entwickeln. So kann man z. B. ein besseres Textverständnis dadurch gewinnen, dass man zu Personen, die im Gedicht nur angedeutet werden, wie z. B. in Erich Frieds *Einer singt*, eine Gedankensammlung anlegt, in der die als „Einer" angedeuteten Personen mit Leben gefüllt werden. Eine weitere Möglichkeit, sich solchen Gedichten zu nähern, besteht darin, sie in eine andere Textsorte umzugestalten. Wenn man z. B. Daniel Falbs *Umgeworfene BMWs* in eine detailgenaue Reportage umarbeitet, muss man viele Informationen, die das Gedicht nicht liefert, passend zum Gerüst, das das Gedicht darstellt, selbst entwickeln.

Seite 166 Analytischer Umgang mit Gedichten

Viele Gedichte lassen sich besser verstehen, wenn man die historischen Bedingungen kennt, unter denen sie entstanden sind, oder aber wenn man bestimmte Phasen der Biografie des Verfassers hinzuzieht. Manchmal enthalten solche Gedichte ausdrückliche Nennungen historischer Personen oder Orte, die sich nur mit Hilfe zeitgeschichtlicher Zusatzinformationen klären lassen. Vor allem Zeitgedichte sind oft in ganz bestimmten Kommunikationssituationen entstanden, deren Kenntnis für die Gedichtinterpretation wichtig ist. So ist z. B. Andreas Gryphius' *Tränen des Vaterlandes* ohne den Bezug zum Dreißigjährigen Krieg nur wenig verständlich; Georg Trakls *Grodek* erschließt sich mit Hilfe von Zusatzmaterialien zum Ersten Weltkrieg und zu Trakls persönlichem Werdegang als Heeresapotheker deutlich besser. Auch Rose Ausländers *Ich vergesse nicht* liest sich erst dann als komprimierte Fassung ihrer Biografie, wenn man sich ihren persönlichen Lebensweg und die Lebensumstände im Czernowitz der nationalsozialistischen Ära vergegenwärtigt hat.

Kapitel Klassisches und episches Drama – Frauengestalten

Seite 182 Friedrich Schiller: Maria und Elisabeth

Historische Hintergrundinformationen sind für das Verständnis von Literatur wichtig. Im Hinblick auf das Drama *Maria Stuart* dienen sie dazu, die fiktionale Absicht Schillers – die Figuration Marias und Elisabeths – genauer zu erfassen.

Rollensätze sind Sätze der Figuren. Die Auswahl von aussagekräftigen Rollensätzen und das laute Sprechen begleitet von entsprechender Mimik und Gestik verdeutlichen als szenisches Verfahren, welche Interessen die Figuren im Drama verfolgen und welche Haltungen sie einnehmen. Auch das Sprechen von Dramentexten verlangt vom Sprecher ein Sich-Einfühlen in die Rolle, um so Sprechsituationen und die Gefühle sowie Gedanken der Figur zum Ausdruck zu bringen. Dafür sind Monologe oder auch längere Passagen eines Dialogs besonders geeignet.

Das **Rollenbuch eines Regisseurs** zeigt, wie der Regisseur den Dramentext in einen Spieltext umsetzt. Entsprechend seinem Spielkonzept stellt er eine Streichfassung her, indem er Passagen oder auch ganze Szenen streicht, Kommentare für die Schauspieler notiert oder auch notiert, was später mit allen Beteiligten diskutiert werden soll. Entsprechend finden sich darin auch Notizen zum Bühnenbild, zur Beleuchtung, zu Kostümen oder auch Gedanken, denen noch nachgegangen werden muss.

Subtexte kommentieren und interpretieren die Leerstellen in einem Dramentext und sprechen die geheimen Gedanken und Gefühle einer Figur aus.

Seite 192 Bertolt Brecht: Shen Te/Shui Ta

Der Rollenwechsel in Brechts Drama macht den inneren Widerspruch der Figur durch die Aufspaltung einer Figur in zwei gegensätzliche Verhaltensweisen deutlich (z. B. kann Shen Te nicht gut sein und gleichzeitig finanziell überleben oder sie kann nicht einfach lieben, ohne dabei ausgebeutet zu werden). Dies zeigt Brecht, indem die gute Shen Te gleichzeitig auch der böse Shui Ta ist. Subtexte tragen dazu bei, diesen Widerspruch aufzudecken.

Verfremdungseffekte – Brecht nennt sie V-Effekte – sind Mittel des epischen Theaters. Sie haben die Aufgabe, dem Zuschauer eine kritische Haltung gegenüber der Bühnenhandlung zu vermitteln. Z. B. wird durch die Verwandlung von Shen Te in Shui Ta eine Identifikation mit der Bühnenfigur verhindert. Gleichzeitig zeigt dieser V-Effekt, wie die gesellschaftlichen Verhältnisse beschaffen sind, in denen Güte sich nicht lohnt. Auch die Songs in Brechts Drama sind V-Effekte, da sie nicht den Text untermalen, sondern eine gegensätzliche Wirkung zu der Bühnenhandlung anstreben. Der Zuschauer wird somit aufgefordert, sich kritisch mit der gezeigten Situation und den Figuren auseinanderzusetzen.

Mit Hilfe der **szenischen Improvisation** können z. B. Handlungszusammenhänge oder Verhaltensweisen geklärt werden, mit denen das Textverständnis vertieft wird. So kann die Szenenimprovisation, in der sich die Frauengestalten aus verschiedenen Dramen begegnen, zur Klärung von unterschiedlichen Liebeskonzepten und gesellschaftlichen Hintergründen beitragen. Auch der **Vergleich von Frauengestalten** im klassischen und im epischen Drama vertieft das Verständnis des jeweiligen Textes.

Seite 198 Schiller und Brecht: unterschiedliche Dramenkonzepte

Dem **klassischen Drama** als **geschlossener Form** ist das **epische Drama** Brechts als **offene Form** gegenüberzustellen. Vor allem die Gestaltung des Handlungsaufbaus und der Zeitstruktur sowie die Auswahl und Darstellung der Personen sind dafür entscheidend. Während im klassischen Drama die Handlung sich auf eine knappe Raum-, Zeit- und Ereignisspanne beschränkt und der Schluss zu einem eindeutigen Ende führt, wird im offenen Drama Brechts eine längere Zeitspanne mit wechselnden Handlungsorten und Ereignisentwicklungen dargestellt. Der Schluss bleibt offen und verlangt vom Zuschauer ein Weiterdenken. Auch die Dramenstruktur spiegelt diese Gegensätzlichkeit wider: Schillers Drama zeigt einen symmetrischen Aufbau mit dem 3. Akt als Achse des Stücks, während Brechts Drama viele Szenen aneinanderfügt, ohne dass eine Szene wirklich zum Drehpunkt wird.

Brecht hat Gegensätze formuliert, die sein Konzept der epischen Form des Theaters deutlich von der dramatischen Form abgrenzen. Ein zentraler Gegensatz ist z. B., dass bei der epischen Form der Zuschauer als distanzierter Betrachter fungiert, während er bei der dramatischen Form in die Handlung miteinbezogen wird.

Kapitel Sachtexte

Seite 204 Navigierendes Lesen

Sachtexte finden sich nicht nur in Büchern, sondern auch im Internet. Solche Internettexte sind häufig als **Hypertexte** aufgebaut, was der Leser daran erkennt, dass er manche Begriffe, sogenannte **Hyperlinks**, mit seiner PC-Maus anklicken kann. Dadurch werden zusätzliche Textfenster geöffnet, in denen die angeklickten Begriffe erläutert werden. Da aber die Zusatztexte ihrerseits wieder Hyperlinks enthalten können, bewegt sich der Leser eines Hypertextes nicht nur horizontal durch den Text wie z. B. bei der Lektüre eines Romans, sondern auch vertikal. D. h. er unterbricht, sofern er es für nötig hält, sein „kontinuierliches" Lesen und liest Zusatzinformationen auf einer tieferen Ebene. (Man spricht deshalb auch von „diskontinuierlichen" Texten.) Er navigiert. Dafür kann er auch die Navigationsleiste benutzen, die sich am Textrand befindet und Oberbegriffe enthält, zu denen sich weitere Textfenster öffnen, wenn er sie anklickt. Beim navigierenden Lesen bestimmt der Leser, je nach Informationsbedürfnis, ob er einen Hyperlink nutzt oder nicht.

Seite 208 Vergleichendes Lesen

Bei meinungsbildenden Sachtexten werden die Sachinformationen, wie man sie z. B. in einem Lexikon findet, durch subjektive Wertungen ergänzt. Sachtexten dieser Art begegnet man z. B. in Zeitungsreportagen (s. *Das dicke Ende*), deren Verfasser nicht nur informieren, sondern auch die Meinung ihrer Leser beeinflussen und sie unterhalten wollen. Durch vergleichendes Lesen kann ein Leser feststellen, wie Sachinformationen unterschiedlich gewichtet werden.

Seite 211 Das Exzerpt

Soll zu einem Sachtext ein Exzerpt, d. h. ein auf das Wesentliche gekürzter Inhaltsauszug, geschrieben werden, so müssen zunächst mit Hilfe geeigneter **W-Fragen** die Kernaussagen ermittelt werden. Diese werden dann unter Oberbegriffen wie „Ursachen", „Folgen", „Formen" udgl. zusammengefasst und in Form einer **Mind-Map** dargestellt, die als Schreibgerüst für das Exzerpt dient. Der Schreiber muss sich vor der Niederschrift eine plausible Reihenfolge der Bearbeitungsschritte überlegen: Sollen z. B. zuerst die Formen von Essstörungen oder deren Ursachen genannt werden? Im Unterschied zu einer Textwiedergabe ist das Exzerpt eine **kürzelhafte Zusammenstellung** wesentlicher Elemente eines Sachtextes.

Kapitel Literaturverfilmung – „Blueprint"

Seite 215 Buch und Film

Der Roman *Blueprint – Blaupause* von Charlotte Kerner und die Verfilmung *Blueprint* von Rolf Schübel erzählen beide die Geschichte von Iris und Siri, die zugleich Mutter und Tochter wie auch eineiige Zwillinge sind. Roman und Film werfen Fragen nach den ethischen Möglichkeiten bzw. Grenzen des Klonens auf und thematisieren die Suche der Hauptfigur(en) nach einer persönlichen Identität.

Jedoch funktionieren Film und Buch nach unterschiedlichen Kriterien. Während der Roman über viele Seiten hinweg den Seelenzustand von Siri und den Konflikt mit Iris beschreibt, stellt der Film dazu nur wenige Bilder bereit. Diese Bilder müssen so wirken, dass der Zuschauer auch ohne Worte und Erklärungen den inneren Zustand der Hauptfigur Siri versteht. Dies geschieht im Film z. B. durch die Mimik und Gestik der Schauspieler, aber auch durch die Verwendung von Symbolen und Leitmotiven (vgl. der gelbe Stern, Spiegelmotiv). Wenn Siri sich nach dem Konzert einen gelben Davidstern mit der Aufschrift „Klon" anheftet, assoziiert der Zuschauer dies mit der Judenverfolgung und überträgt die Unterdrückung sowie Missachtung, die die Juden erleiden mussten, auf Siri.

Durch die Musik im Film können beim Zuschauer die verschiedensten Gefühle hervorgerufen werden: z. B. Angst, Glücksempfindungen.

Seite 222 Filmanalyse

Zu den wesentlichen filmischen Gestaltungsmitteln zählen Kameraeinstellungen, -perspektiven und -bewegung, Special Effects, Ton, Montage und Filmschnitt, Einsatz von Farben und Licht, Schauplätze sowie Kostüme, Make-up und Verhalten der Figuren. Ein Film dauert in der Regel 90 bis 120 Minuten und ist meist nach einer Dreiaktstruktur (Exposition, Konfrontation, Auflösung) mit zwei Wendepunkten (Plot Points) gebaut. Der erste Wendepunkt in *Blueprint* ist Siris Rückkehr nach Deutschland, der zweite Wendepunkt ist der Moment, als Prof. Fisher seine Arbeiten veröffentlicht und Siri erfährt, dass sie geklont ist. Beide Ereignisse kommen so im Roman nicht vor und sind von den Filmemachern erfunden, um die Filmstory in den erforderlichen Rahmen zu bringen.

Grundlage jedes Films bildet das **Drehbuch**, wobei man zwischen zwei Formen unterscheidet: Das literarische Drehbuch gibt den exakten Handlungsverlauf in Szenen aufgeteilt wieder, nennt alle Dialoge und macht genaue Beschreibungen der Schauplätze; im technischen Drehbuch ist die Geschichte in einzelne Einstellungen zerlegt, Einstellungsgrößen, Kameraführung und die Bewegungen der Figuren werden darin festgehalten.

Ergänzt werden kann die Filmanalyse durch die Betrachtung verschiedener Filmkritiken, da auch sie in der Regel analytische Aspekte entfalten.

Kapitel Epoche: Barock – ein Portfolio

Seite 230 Was ist Barock?

Als Epoche des Barock bezeichnet man die Kunst und Literatur des 17. und beginnenden 18. Jahrhunderts. Das Barock ist eine europäische Kunstbewegung, man findet Vertreter in Deutschland, Italien, Holland, Spanien, Frankreich usw.

Als entscheidender politischer Hintergrund in Deutschland ist der Dreißigjährige Krieg (1618–1648) zu nennen. Dieser Glaubenskrieg zwischen Katholiken und Protestanten verbindet sich mit einer Auseinandersetzung der Großmächte (kaiserliches Habsburg, Dänemark, Schweden, Frankreich), die auf deutschem Boden ausgetragen wird. Der Krieg endet mit einer furchtbaren Verwüstung großer Teile Deutschlands.

Gleichzeitig erfolgt der rasche Aufstieg Frankreichs unter Ludwig XIV., dessen Absolutismus Vorbild für ganz Europa wird. Die kulturelle Führung geht auch in Deutschland vom städtischen Bürgertum auf die Höfe über, in denen sich nach dem Vorbild Ludwigs XIV. die barocke Gesellschaft um einen absoluten Fürsten als Mittelpunkt versammelt. Während das Volk unter den Folgen des Dreißigjährigen Krieges verelendet, entfaltet sich an den Höfen ein prunkvoller Lebensstil.

Neben einer starr festgelegten Gesellschaftsordnung wirken auch die religiösen Mächte und Institutionen mit einem dogmatisch verfestigten Weltbild auf die Menschen ein, indem sie in der durch Kriegskatastrophen erschütterten Zeit an die Vergänglichkeit der Welt und des Menschen erinnern: Das Diesseits ist nichtig, sein Elend unabwendbar, erst im Jenseits findet der Mensch Erlösung.

Gleichzeitig streben die Wissenschaften neuen Erkenntnissen zu. Galilei, Kepler, Newton erschüttern mit ihren Forschungen das Welt- und Gottesbild der Menschen.

Der Widerstreit extremer Gegensätze von leidenschaftlicher Lebensgier *(carpe diem)*, Verzweiflung über die Nichtigkeit des irdischen Lebens *(vanitas)*, das Bewusstsein von der Allgegenwart des Todes *(memento mori)* wie auch wissenschaftlicher Erkenntnisdrang und die darauf folgende religiöse Erschütterung prägen das Leben der Menschen.

Dieses Weltbild spiegelt sich auch in der Literatur und Kunst des Barock. Herausragende deutsche Vertreter sind etwa Grimmelshausen, Opitz, Gryphius, Hofmannswaldau. In der **Romandichtung** ist das wichtigste Beispiel Grimmelshausens *Der abenteuerliche Simplicissimus*. In der barocken **Lyrik** herrscht die strenge Form des Sonetts vor.

Sprachbewusstsein entwickeln

Kapitel Rechtschreibung im Überblick

Die Regeln für die Groß- und Kleinschreibung, die Getrennt- und Zusammenschreibung sowie für die Zeichensetzung finden sich auf den Seiten 247–251.

Kapitel Grammatik im Überblick

Siehe dazu das Grammatiklexikon auf den Seiten 252–256.

Kapitel Funktionen der Sprache

Seite 260 Kommunikationsmodelle

Bereits im Jahre 1934 kam der Sprachtheoretiker Bühler zu grundlegenden Einsichten über die Funktionen der Sprache. Danach sprechen wir mit Sprache über eine uns umgebende Wirklichkeit, d. h. über Gegenstände und Sachverhalte. Bühler spricht in diesem Zusammenhang von der **Darstellungsfunktion** oder von der deskriptiven Funktion der Sprache. Mit Sprache können wir aber auch unsere innere Einstellung ausdrücken, also etwa unsere Gefühle beschreiben, und demnach hat Sprache auch eine **Ausdrucksfunktion** oder eine expressive Funktion. Schließlich können wir mit Sprache andere Menschen dazu bewegen, etwas zu tun. Sprache hat also auch noch eine **Appellfunktion**.

Diese drei Funktionen können in allen Texten erscheinen. In manchen Texten kommt jedoch eine Funktion gehäuft vor und bestimmt so die gesamte Textsorte. Informierende Texte, wie etwa ein Lexikonartikel, oder ein normierender Text, wie etwa eine Gesetzesvorschrift, werden hauptsächlich darstellende bzw. deskriptive Anteile haben. Werbetexte beeinflussen uns und werden deshalb appellativer Art sein. Und wenn in literarischen Texten Gefühle zum Ausdruck kommen, dann sind diese Texte expressiv bestimmt. Schulz von Thun hat das Modell der Sprachfunktionen von Bühler erweitert und das Kommunikationsquadrat entwickelt. Bekannt geworden ist dieses Modell auch als „Vier-Ohren-Modell". Jede menschliche Äußerung enthält vier Botschaften gleichzeitig: eine Sachinformation, eine Selbstkundgabe, einen Beziehungshinweis und einen Appell.

Seite 264 Kommunikationsanalyse

Mit Sprache reden wir mit anderen Menschen und so hat Sprache eine kommunikative Funktion. Wie **Kommunikation** abläuft, wird in der Sprachwissenschaft anhand von Modellen erläutert. Der Kommunikationstheoretiker Schulz von Thun betont in Anlehnung an Bühler, dass neben den sprachlichen Funktionen noch eine Beziehungsebene bedeutsam ist. Der Psychologe Watzlawick führt diesen Gedanken weiter, indem er zwischen dem **Inhalts-** und **Beziehungsaspekt** unterscheidet. Für ihn wird mit jeder sprachlichen Äußerung neben der Vermittlung von Inhalten eine Beziehung zum Gesprächspartner definiert. Eine solche Beziehung kann **symmetrisch** oder **asymmetrisch** sein. Je nachdem, ob wir diese Beziehungsdefinition akzeptieren oder auch nicht, können Beziehungskonflikte entstehen, die sich nur auf einer Metaebene lösen lassen: wenn wir nicht mehr über Inhalte, sondern über die Beziehung reden.

Kapitel Grundlagen des Argumentierens

Seite 270 Bereiche des Argumentierens

Fakten oder **Tatsachen** sind vorgegeben und entsprechen dem, was unter der objektiven Wirklichkeit zu verstehen ist. **Werte** hingegen sind subjektive Festlegungen der Menschen und somit nur bedingt allgemeingültig.

Argumentiert wird sowohl im **Bereich des Faktischen** als auch im **Bereich der Werte**. Der Bereich des Faktischen entspricht häufig dem Gegenstandsbereich der Naturwissenschaften, der Bereich der Werte dem Gegenstandsbereich der Geisteswissenschaften. So sind in der Regel Argumente im naturwissenschaftlichen Bereich leichter zurückzuweisen oder anzunehmen als im geisteswissenschaftlichen Bereich.

Eine These ist eine Behauptung, die als noch nicht bewiesen angesehen wird und einer Begründung bedarf. Diese Begründung erfolgt durch Argumente. **These** und **Argument** sind relative Unterscheidungen. Denn je nach Zusammenhang kann eine Aussage als These oder als Argument verwendet werden.

Seite 273 Arten des Argumentierens

Alltagsbehauptungen werden in der Regel mit der sinnlichen Wahrnehmung oder mit einer Autorität begründet. Logische Überlegungen spielen nur begrenzt eine Rolle.

Das **Experiment** ist das geeignete Verfahren, um wissenschaftliche Behauptungen zu begründen. Eine wichtige Rolle spielen auch **logische Überlegungen**, denn jedes Argument muss widerspruchsfrei sein.

Experimente und logische Überlegungen können aber in den seltensten Fällen eigenständig angestellt werden. Deshalb stützen wir uns auch im naturwissenschaftlichen Bereich häufig auf anerkannte Autoritäten, etwa auf Lehrbücher der Physik.

Begründungen im ethischen Bereich hängen im hohen Maße von Werten ab. Wer hier überzeugend argumentieren will, muss darauf achten, sich auf anerkannte Werte zu stützen. Ansonsten wird seine Begründung nicht überzeugend wirken.

Auch gesellschaftspolitische Behauptungen müssen sich auf Werte stützen, die für gesellschaftliche Gruppen bedeutsam sind.

Kapitel Sprache und Stil

Seite 278 Der Nominalstil

Der Nominalstil hat die folgenden typischen Züge: Statt Verben werden Streckformen in **Funktionsverbgefügen** verwendet (*Und sie bewegt sich doch! – Und sie ist doch in Bewegung!*); finite Verbformen werden durch **substantivierte Verben** ersetzt (*Wer andern eine Gruppe gräbt, fällt selbst hinein. – Das Graben einer Grube kann als Folge ein eigenes Hineinfallen haben.*); und häufig sind ausgedehnte und erweiterte **Attribute** zu finden (*Wer nichts hat, dem wird genommen. – Dem Nichtbesitzenden werden die in seinem Besitz sich befindlichen Gegenstände genommen.*).

Der Nominalstil ist häufig zu finden in Fach- und Verwaltungssprachen. Grundsätzlich kann er in diesen Zusammenhängen durchaus sinnvoll verwendet werden, vor allem, wenn er Sachverhalte rafft. Er wirkt allerdings störend, wenn durch gehäuft auftretende Nominalisierungen das Verstehen unnötig erschwert wird. Entsprechend erscheinen Nominalisierungen nur dann angebrachter, wenn sie knapp und verständlich sind. So scheint es beispielsweise geraten, eher das Präpositionalgefüge *zur Verbrennung und Wärmeerzeugung* zu verwenden statt des satzwertigen Infinitivs *um zu verbrennen und Wärme zu erzeugen*.

Seite 284 Denotat und Konnotat

Das Denotat ist die **Grundbedeutung** eines Wortes, wie sie in jedem Bedeutungswörterbuch festgehalten ist. Das Konnotat drückt eine variable **affektive Zusatzbedeutung** aus. Je nach kulturellem oder sozialem Hintergrund kann das gleiche Wort von mehreren Menschen unterschiedlich gebraucht und verstanden werden.
Im Film sind Konnotate aus Gründen der künstlerischen Absicht des Regisseurs bedeutsam. Zwar gibt es scheinbar objektive Bild- und Tonsequenzen, die Abbilder von der Wirklichkeit sind und damit Denotate. Häufig sind sie aber so gestaltet, dass sie im Sinne der künstlerischen Wirkungsabsicht konnotative Bedeutungen entstehen lassen.

Kapitel Wort- und Sprachkunde

Seite 288 Bedeutungslehre

Mit **Ober-** und **Unterbegriffen** ordnen und gliedert man Begriffe, um die Welt oder die Wirklichkeit überschaubar zu machen. Die grafische Darstellung erfolgt häufig in Form eines Baumdiagramms.

Definitionen oder Begriffserklärungen lassen sich mit unterschiedlichen Methoden vornehmen: Erklärung durch ein Synonym, analytische und synthetische Methode, Erklärung anhand von Beispielen, hinweisende Erklärung. Es ist in bestimmten Zusammenhängen nützlich, Begriffe zu definieren bzw. zu erklären (z. B. im Zusammenhang mit Aufgabenstellungen zur Erörterung).

Bedeutungen verändern sich im Laufe der Zeit. Dabei können sich positiv besetzte Begriffe zu negativen wandeln *(wip → Weib)*.

Bedeutungsänderungen können in zwei Gruppen eingeteilt werden: in **Bedeutungsverengung** und **Bedeutungserweiterung**. Das Phänomen der Bedeutungserweiterung tritt häufiger auf. Deshalb gibt es dazu noch Untergruppen: Bedeutungsübertragung, -verschlechterung, -verbesserung.

Manche Begriffe lassen sich in ihrem Inhalt und Umfang nicht deutlich eingrenzen. Sie haben sozusagen offene Ränder. Beispielsweise lässt sich der Unterschied von *Villa* und *Haus* nicht exakt benennen.

Seite 294 Fachsprachen

Fachsprachen haben sich in allen Wissensgebieten (z. B. Mietrecht) und den dazugehörigen Berufen mit einer bestimmten **Terminologie** herausgebildet.

Fachsprachen haben einen **spezifischen Wortschatz** und werden von Fachleuten zwecks einer schnellen und exakten Verständigung benutzt, z. B. in der Medizin. Für den Laien müssen spezifische Wörter einer Fachsprache umschrieben werden.

Sehr oft besteht der Fachwortschatz aus Fremdwörtern, die aus dem Griechischen *(Ödem – oidema)* oder Lateinischen *(Dekomposition – de- + compositio)* stammen. In neuster Zeit werden viele Fachwörter aus dem Englischen übernommen.

Die unterschiedlichen Definitionen vom Menschen aus biologischer und anthropologischer Sicht (z. B. *Greifhand – Vernunftwesen*) tragen zur Erklärung der Vielschichtigkeit des Phänomens Mensch bei. Somit haben die Fachsprachen auch die Funktion der Klärung komplexer Sachverhalte.

Methodenlexikon und Arbeitstechniken

Fragetechniken Seite 14

In einem Interview kommt es auf die richtigen Fragen an. Doch nur, wenn man etwas weiß, kann man auch gute Fragen stellen. Deshalb sollte man nicht ohne Vorinformationen über Person / Sache / Problemfeld ins Interview gehen. Man unterscheidet folgende Fragetypen:

- **Geschlossene Fragen**: können mit Ja oder Nein oder mit konkreten Fakten beantwortet werden. Oft bekommt man hier nur kurze Antworten, die nicht sehr ergiebig sind. Ein geübter Gesprächspartner redet nach einer solchen Antwort einfach weiter über das, was er will.
- **Offene Fragen**: laden zu längeren Antworten ein, entlocken dem Gesprächspartner persönliche Einschätzungen, Hintergründe, Erlebnisse.
- **Sehr offene Fragen**: fragen nach der Meinung oder der Weltanschauung des Gesprächspartners, und der kann sich aussuchen, was er sagen will. Geübte Gesprächspartner übernehmen hier gerne die Regie des Interviews, ungeübte kommen leicht ins Stocken und wissen nicht, was sie sagen sollen.
- **Mehrfachfragen**: Wenn mehrere Fragen auf einmal gestellt werden, sucht sich der Gesprächspartner in der Regel die aus, die er am leichtesten beantworten kann, und vergisst die anderen einfach.

Gruppenpuzzle Seite 171

Das Gruppenpuzzle ist eine spezielle Form der Gruppenarbeit, während der die Gruppen mehrfach umgebildet werden. Die Mitglieder jeder **Stammgruppe** beschäftigen sich arbeitsteilig jeweils in **Expertengruppen** mit unterschiedlichen Bereichen eines Themengebiets. Das Verfahren spricht jedem der Teilnehmer viel Eigenständigkeit und Verantwortungsbewusstsein zu; arbeitet ein Stammgruppenmitglied nicht engagiert in seiner Expertengruppe, können die anderen Stammgruppenmitglieder am Ende nur unzureichend informiert werden.

Das Verfahren eignet sich für Themengebiete, die verschiedene Aspekte haben, und lässt sich in jedem Fach anwenden.

Zunächst werden **Stammgruppen** mit so vielen Mitgliedern gebildet, wie es Themenbereiche gibt. Die Themenbereiche werden so auf die Gruppenmitglieder verteilt, dass jeder für einen zuständig ist.

Nun werden die Gruppen so umgebildet, dass sich alle Schüler mit demselben Themenbereich in einer **Expertengruppe** zusammenfinden. Gestaltet sich die Expertenarbeit aufgrund der Gruppengröße schwierig, kann ein Expertenteam in zwei themengleiche Gruppen aufgeteilt werden.

Wenn der Arbeitsauftrag in den Expertenteams ausgeführt und die Ergebnisse zu einem kurzen, informativen Aufschrieb zusammengestellt worden sind, kehren alle wieder in ihre **Stammgruppen** zurück, in denen sich die Gruppenmitglieder anhand ihrer Aufschriebe gegenseitig über ihre Spezialgebiete informieren. Abschließend können die Mitglieder jeder Stammgruppe über Parallelen und Unterschiede ihrer Themenbereiche sprechen, sofern es sich anbietet, bzw. ihre Arbeitsergebnisse weiterführend diskutieren.

Literatur- und Quellenverzeichnis Seite 13

Der Teil einer schriftlichen Dokumentation, in dem alle verwendeten Quellen, d. h. Buch- und Internetquellen sowie Bildnachweise, alphabetisch und nach bestimmen Regeln aufgeführt werden. Der Verfasser weist mit dem Literatur- und Quellenverzeichnis nach, dass er sorgfältig und wissenschaftlich recherchiert hat.

Die Regeln, nach denen es erstellt wird, können geringfügig variieren. Wichtig ist, dass sie innerhalb einer Arbeit einheitlich und konsequent verwendet werden. Grundlage bei der Erstellung des Literatur- und Quellenverzeichnisses ist das

→ **Quellenprotokoll**; vgl. auch → **schriftliche Dokumentation**.

Portfolio Seite 232

Ein Portfolio *(frz. portefeuille, Brieftasche)* ist eine geordnete Sammlung von Dokumenten unterschiedlichster Art. In Schule und Ausbildung wird ein Portfolio häufig benutzt als gesammelter Nachweis darüber, was während eines bestimmten Zeitraums gelernt und gemacht wurde (z. B. Bescheinigungen, Zeugnisse, Gutachten, persönliche Arbeiten).

Ein Portfolio wird vom Schüler über einen bestimmten Zeitraum hinweg selbstständig geführt und sollte mindestens folgende Elemente enthalten:

- Eine Selbstdarstellung des Besitzers über das Portfolio
- Eine Auswahl eigener Texte bzw. Arbeiten (Pflicht- und Wahlaufgaben)
- Eine Selbstbewertung dieser Texte und Arbeiten
- Ein Feedback von jemand anderem (z. B. Lehrer oder Mitschüler)

Quellenprotokoll Seite 13

Während der Recherche erstelltes, durchnummeriertes Verzeichnis aller verwendeten Quellen, in das neben genauen Angaben zum Autor, Titel, Erscheinungsort, Erscheinungsdatum etc. jeder Quelle zusätzlich persönliche Notizen zum Inhalt und zur Verwendbarkeit der Quelle einfließen. Es kann am Computer oder handschriftlich erstellt werden. Insbesondere durchnummerierte Karteikarten eignen sich hierfür. Das Quellenprotokoll stellt die Grundlage für das → **Literatur- und Quellenverzeichnis** dar; da es die spätere Arbeit an jenem erleichtert, sollte es sorgfältig geführt werden.

Rundgespräch Seite 90

Das Rundgespräch dient dazu, einen Klärungsprozess voranzutreiben und subjektive Lesarten eines Textes im Gespräch zu überprüfen. Folgende Aspekte gilt es dabei zu beachten: Der Gesprächsleiter kann in einer ersten Phase allen Teilnehmern die Möglichkeit geben, sich frei zu äußern; eine weitere Möglichkeit besteht darin, dass der Gesprächsleiter die Diskussion mit einer gezielten Frage eröffnet; im weiteren Verlauf achtet der Gesprächsleiter darauf, dass alle zu Wort kommen und dass am Thema diskutiert wird; er kann auch moderierend den Zwischenstand der Diskussion festhalten; sollte die Diskussion sich verlieren, achtet er darauf, dass die Teilnehmer sich wieder auf das Thema konzentrieren; auf jeden Fall ist es seine Aufgabe, auf die Zeit zu achten.

Schlagwort Seite 12

Ein Wort, mit Hilfe dessen bei der elektronischen Literaturrecherche, z. B. über den Katalog einer Bibliothek, nach Quellen zu einem bestimmten Inhalt gesucht wird. Mit der Eingabe des Schlagworts „Medizin" könnte man z. B. nach allen Medien suchen, die inhaltlich etwas mit dem Sachgebiet der Medizin zu tun haben. Ein Schlagwort erscheint im Gegensatz zum → **Stichwort** nicht notwendigerweise im Titel der Quelle.

Stichwort Seite 12

Eines der zentralen Wörter des Titels oder Untertitels einer Quelle, nach der bei der elektronischen Literaturrecherche, z. B. über den Katalog einer Bibliothek, gesucht wird. Mit der Eingabe des Stichworts „Medizin" kann man z. B. nach allen Medien suchen, die im Titel oder Untertitel den Begriff „Medizin" enthalten. Die Stichwortsuche bietet sich also v. a. dann an, wenn man nach einem bestimmten Titel sucht.
→ **Schlagwort**

Schriftliche Dokumentation Seite 22

Eine schriftliche Dokumentation setzt sich i. d. R. aus folgenden Teilen zusammen: einem *Titelblatt*, einem *Inhaltsverzeichnis*, evtl. einem *Vorwort*, einer *Einleitung*, einem *Hauptteil*, der mit einer Zusammenfassung, einem Fazit und evtl. einem (persönlichen) Ausblick enden kann, einem *Literatur- und Quellenverzeichnis*, einem *Anhang* mit veranschaulichenden Materialien, auf die im Textteil hingewiesen wird, und einer

Selbstständigkeitserklärung, in der der Verfasser erklärt, dass er die Arbeit ohne fremde Hilfe verfasst und fremdes Gedankengut in Form von Zitaten als solches kenntlich gemacht hat.

Die durchgehende Seitenzählung einer schriftlichen Dokumentation beginnt mit dem Titelblatt, wobei die Seitenzahl erst ab dem Inhaltsverzeichnis (also normalerweise ab der S. 2) gedruckt erscheint. Die Seiten des Anhangs werden neu gezählt und üblicherweise römisch nummeriert.

Umfrage Seite 15

Bei einer Umfage müssen Vor- und Nachname, Alter, Beruf und Wohnort des Befragten dokumentiert werden. Es eignen sich vor allem offene Fragen zu Meinung/Einstellungen/Weltsicht des Befragten.

Die Äußerungen des Befragten sollten möglichst wörtlich wiedergegeben werden. Deshalb empfiehlt es sich, entweder sofort alles mitzuschreiben oder ein Aufnahmegerät einzusetzen.

Zitiertechniken Seite 19

Unter „Zitieren" versteht man die wörtliche oder sinngemäße Wiedergabe einer Aussage oder einer Textstelle.

Wenn eine Aussage einer Person oder eines Textes besonders wichtig erscheint, zitiert man sie **wörtlich**, d. h. man darf nichts weglassen oder hinzufügen. Um diese Übernahme zu kennzeichnen, setzt man sie in Anführungszeichen. Am Ende des Zitats gibt man die Quelle (bei Textstellen z. B. Strophe, Seite, Zeile) an.

Man kann ganze Sätze, Satzteile oder einzelne Wörter zitieren. Kürzungen werden durch Auslassungspunkte in eckigen Klammern [...], grammatische Veränderungen, die sich durch Einbindung des Zitats in den eigenen Text ergeben, werden durch eckige Klammern [] gekennzeichnet.

Beim **sinngemäßen Zitieren** wird auf eine Aussage oder eine Textstelle verwiesen, ohne dass sie wortwörtlich wiedergegeben wird. Man gibt den Inhalt der Aussage mit eigenen Worten wieder und verweist auf die Quelle (vgl. S. xy, siehe Zeile xy).

Jedes Zitat sollte möglichst geschickt in den Sinnzusammenhang des eigenen Textes eingebaut werden. Dabei kann man das Zitat voranstellen, in den eigenen Satz einbinden oder nachstellen.

Sachregister

Lösungen zu S. 203

1b • 2c • 3c • 4a • 5c • 6a • 7b

Textquellen

Alle Texte, die nicht im Autoren- und Quellenverzeichnis aufgeführt sind, sind Eigentexte der Autorinnen und Autoren dieses Buches.

Andersch, Alfred Der lesende Klosterschüler; S. 139.
Aus: A. Andersch: Sansibar oder der letzte Grund. Zürich: Diogenes 1970.

Ausländer, Rose Ich vergesse nicht; S. 170.
Rezitationsteppich mit Gedichten von Rose Ausländer; S. 172
Aus: R. Ausländer: Gesammelte Werke in sieben Bänden. Hrsg. von Helmut Braun. Frankfurt/M.: Fischer 1984.

Bichsel, Peter San Salvador; S. 74.
Aus: P. Bichsel: Eigentlich möchte Frau Blum den Milchmann kennen lernen. Erzählungen. Freiburg/Olten: Walter 1964, S. 35 f.

Biermann, Wolf Ermutigung; S. 179.
Aus: W. Biermann: Alle Gedichte. Köln: Kiepenheuer & Witsch 1995.

Birken, Sigmund von Waage; S. 237.
Aus: Text als Figur. Visuelle Poesie von der Antike bis zur Moderne. Ausstellungskatalog der Herzog August Bibliothek Wolfenbüttel. Hrsg. von J. Adler und U. Ernst. Weinheim: VDH Verlagsgesellschaft 1987, S. 162.

Bostel, Nikolaus von Abschied an eine Geliebte; S. 237.
Aus: Text als Figur. Visuelle Poesie von der Antike bis zur Moderne. Ausstellungskatalog der Herzog August Bibliothek Wolfenbüttel. Hrsg. von J. Adler und U. Ernst. Weinheim: VDH Verlagsgesellschaft 1987, S. 96.

Brambach, Rainer Känsterle; S. 268.
Aus: R. Brambach: Für sechs Tassen Kaffee. Zürich: Diogenes 1972.

Brecht, Bertolt Der Gesandte; S. 105
Wenn die Haifische Menschen wären; S. 144.
Aus: B. Brecht: Gesammelte Werke. Bd. 2. Prosa 2. Frankfurt/M.: Suhrkamp 1967, S. 394–396.
Rückkehr; S. 161
An meine Landsleute; S. 178.
Aus: B. Brecht: Gesammelte Werke in 20 Bänden./ Gedichte III. Frankfurt/M.: Suhrkamp 1967, S. 965.
Bertolt Brecht: Der gute Mensch von Sezuan; S. 181.
Zwischenspiel vor dem Vorhang; S. 193.
Der Tabakladen (5. Bild): Die Verwandlung einer Figur; S. 194.
Bild 8: Das Lied vom achten Elefanten; S. 195.
Epilog; S. 196.
Brecht: 10. Bild; S. 197.
Aus: B. Brecht: Der gute Mensch von Sezuan. Frankfurt/M.: Suhrkamp 1963.
Aus Brechts Arbeitsjournal; S. 200.
Aus: B. Brecht: Arbeitsjournal. Hrsg. von Werner Hecht. Bd. 1 (1938–1942). Frankfurt/M.: Suhrkamp 1973.
Die dramatische und die epische Form des Theaters; S. 201.
Aus: B. Brecht: Gesammelte Werke in 20 Bänden. Bd. 17. Frankfurt/M.: Suhrkamp 1975, S. 1009 f.

Brinkmann, Rolf Dieter Einen jener klassischen; S. 100.
Aus: R. D. Brinkmann: Westwärts 1 & 2. Gedichte. Reinbek bei Hamburg: Rowohlt 1975, S. 25.

Bungter, Georg Geh'n wir uns selber vergiften im Park; S. 148.
Aus: Tintenfisch. 14. Jahrbuch für Literatur. Hrsg. von Michael Krüger. Berlin: Wagenbach 1978.

Einzmann, Nadja Etwas zu erzählen?; S. 88.
Da kann ich nicht nein sagen; S. 93.
Aus: N. Einzmann: Da kann ich nicht nein sagen. Frankfurt/M.: Fischer 2001, S. 95–98; S. 18.

Engelke, Gerrit Herbst; S. 99.
Aus: Deutsche Großstadtlyrik vom Naturalismus bis zur Gegenwart. Hrsg. von Wolfgang Rothe. Stuttgart: Reclam 1973, S. 187.

Enzensberger, Hans Magnus ins lesebuch für die oberstufe; S. 178.
Aus: H. M. Enzensberger: Verteidigung der Wölfe. Gedichte. Frankfurt/M.: Suhrkamp 1957, S. 85.

Falb, Daniel umgeworfene BMWs; S. 163
Aus: Lyrik von jetzt. Hrsg. von Björn Kuhligk und Jan Wagner. Köln: DuMont 2003, S. 77

Fleming, Paul Gedanken über die Zeit; S. 174
Aus: Deutsche Gedichte. Hrsg. von J. M. Lappenberg. Stuttgart 1865.

Flenter, Kersten Friss dieses Land (Reprise); S. 179.
Aus: K. Flenter: Bunter Raben Verlag 1996.

Fried, Erich Herrschaftsfreiheit; S. 79.
Aus: E. Fried: Beunruhigungen. Berlin: Wagenbach 1984, S. 53.
Einer singt; S. 162
Aus: E. Fried: Gedichte. München: Deutscher Taschenbuch Verlag 1995, S. 15.

Galilei, Galileo Der freie Fall; S. 274.
Aus: Galileo Galilei: Schriften – Briefe – Dokumente. Hrsg. von Anne Mudry. Bd. 1. München: Beck 1987, S. 224 ff.

Gernhardt, Robert Verlassen stieg; S. 150.
Aus: R. Gernhardt: Wörtersee. Zürich: Hoffman Verlag 1989, S. 170.

Goethe, Johann Wolfgang von Die Leiden des jungen Werther (Romananfang); S. 261.
Aus: J.W. von Goethe: Die Leiden des jungen Werther. Ditzingen: Reclam 2002.

Goubert, Pierre Über das Leben der Landbevölkerung; S. 239.
Aus: P. Goubert: Ludwig XIV. und zwanzig Millionen Franzosen. Berlin: Propyläen Verlag 1973, S. 32.

Grimmelshausen, Hans Jakob Christoph von
Der abenteuerliche Simplicissimus; S. 231.
Der abenteuerliche Simplicissimus (27. Kapitel); S. 235.
V. Buch, 24. Kapitel (Schluss); S. 242.
Aus: H. J. Chr. von Grimmelshausen: Der abenteuerliche Simplicissimus. Projekt Gutenberg-DE. www.projekt.gutenberg.de/grimmels/simpl/simpl.htm.

Gryphius, Andreas Tränen des Vaterlandes; S. 166.
Vanitas! Vanitatum Vanitas!; S. 231.
Aus: Gedichte. Hrsg. von A. Elschenbroich. Stuttgart: Reclam 1968.
Tränen in schwerer Krankheit, anno 1640; S. 174.
Aus: Lyrische Gedichte. Hrsg. von H. Palm. Tübingen 1884.
An die Welt; S. 236.
Aus: Andreas Gryphius: Gesamtausgabe. Hrsg. von M. Szyrocki und H. Powell. Tübingen 1963, S. 61.

Hackl, Erich „Sehend gemacht. Eine Bilanz"; S. 129.
Sidonie; S. 131.
„Diesbezügliche Verfügungen"; S. 134.
Josefa und Hans – Sidonies Zieheltern; S. 136
Aus: E. Hackl: Abschied von Sidonie. Zürich: Diogenes 1991.

Heine, Heinrich Nachtgedanken; S. 161.
Anno 1839; S. 175.
Die schlesischen Weber; S. 176.
Aus: H. Heine: Werke in 5 Bänden. Bd. 1: Gedichte. Berlin: Aufbau Verlag 1968.

Herwegh, Georg Wiegenlied; S. 175.
Aus: Deutschland, Deutschland. Politische Gedichte vom Vormärz bis zur Gegenwart. Hrsg. von Helmut Lamprecht. Bremen: Schünemann 1969.

Hofmann von Hofmannswaldau, Christian
Die Welt; S. 240.
Aus: Gedichte und Interpretationen. Band 1: Renaissance und Barock. Hrsg. von V. Maid. Stuttgart: Reclam 1982.
Beschreibung vollkommener Schönheit; S. 241.
Aus: Neukirchs Anthologie Herrn von Hofmannswaldaus u.a. Neudruck. Tübingen: Niemeyer 1961, S. 88.

Holzschuh, Sonja Der Mann auf dem Plakat; S. 46.
Aus: 15. Landeswettbewerb Deutsche Sprache und Literatur. Baden-Württemberg 2005. http://landeswettbewerb-deutsch.de (26. 7. 2006).

Honecker, Erich Festansprache zum 40. Jahrestag der DDR am 7. 10. 1989; S. 116.
Aus: Neues Deutschland, 9. 10. 1989.

Höss, Dieter Maria Stuart oder Elisabeth Tudor?; S. 150.
Aus: D. Höss: An ihren Dramen sollt ihr sie erkennen. 50 starke Stücke. Frankfurt/M.: Bärmeier und Nikel 1967, S. 31.

Irtenjew, Igor Der Zettel; S. 108
Aus: Nieder mit der Mafia! Neue russische Kurzprosa. Russisch/Deutsch. Hrsg. und übersetzt von V. Bally. Stuttgart: Reclam 2000, S. 114 ff.

Kafka, Franz Eine kaiserliche Botschaft; S. 106.
Aus: Franz Kafka: Die Erzählungen. Frankfurt/M.: Fischer 1961, S. 149.
Der Aufbruch; S. 143.
Die Heimkehr; S. 143.
Aus: F. Kafka: Sämtliche Erzählungen. Hrsg. von Paul Raabe. Frankfurt/M.: Fischer 1970, S. 320 f.

Kanewskij, Alexander Im Kreis; S. 142.
Aus: Nieder mit der Mafia! Neue russische Kurzprosa. Russisch/Deutsch. Hrsg. u. übersetzt von V. Bally. Stuttgart: Reclam 2000, S. 121 f.

Kästner, Erich Kennst du das Land, wo die Kanonen blühn?; S. 177.
Aus: E. Kästner: Gesammelte Schriften für Erwachsene. Zürich: Atrium 1969.

Kennedy, John F. Rede am 26. 6. 1963 in Berlin; S. 41.
Aus: J. F. Kennedy: Dämme gegen die Flut. Frankfurt/M.: Fischer 1964, S. 181.

Kerner, Charlotte Gelbe Schleife; S. 216.
Iris – Siri, gespiegelte Namen; S. 218.
„Tautropfen" – Musik im Roman; S. 220.
Romanauszug; S. 226.
Aus: Charlotte Kerner: Blueprint – Blaupause. Weinheim: Verlag Beltz und Gelberg 1999.

Klüger, Ruth Frauen lesen anders; S. 180.
Aus: Ruth Klüger: Frauen lesen anders. München: Deutsche Taschenbuch Verlag 1996, S. 90.

Kunert, Günter Hinausschauen; S. 105.
Sintflut; S. 145.
Aus: G. Kunert: Tagträume in Berlin und andernorts – kleine Prosaerzählungen. Frankfurt/M.: Fischer 1974.

Latka-Jöhring, Sigrid Terror mit den echten Jeans; S. 68.
Aus: Sonntag aktuell, Nr. 46, 13. 11. 1994.

Löhle, Jügen Das dicke Ende; S. 208.
Aus: Sonntag aktuell, 27. 11. 2005, S. 14.

Loerke, Oskar Blauer Abend in Berlin; S. 100.
Aus: Deutsche Großstadtlyrik. Hrsg. von Wolfgang Rothe. Stuttgart: Reclam 1973, S. 164.

Logau, Friedrich von Des Krieges Buchstaben; S. 161
Aus: Barocklyrik mit Materialien. Ausgewählt von Peter Reichartz. Stuttgart: Klett 1984, S. 8.
Abgedankte Soldaten; S. 240:
Aus: F. von Logau: Sinngedichte. Ditzingen: Reclam 1984.

Loriot (Vicco von Bülow) Der Vampyr. Eine Rechtfertigung; S. 31
Aus: Loriot: Sehr verehrte Damen und Herren … Reden und Ähnliches. Hrsg. von Daniel Keel. Zürich: Diogenes 1997, S. 34f.
Redeeröffnung (1,2); S. 33.
Aus: Loriot: Sehr verehrte Damen und Herren … Reden und Ähnliches. Hrsg. von Daniel Keel. Zürich: Diogenes 1997, S. 22, 43.
Die Bundestagsrede; S. 114.
Aus: Loriot's Dramatische Werke. Zürich: Diogenes Verlag 1981, S. 171/172.

Malkowski, Rainer Schöne seltene Weide; S. 79.
Aus: R. Malkowski: Was für ein Morgen. Frankfurt/M.: Suhrkamp 1975, S. 51.

Morgner, Irmtraud Das Seil; S. 154.
Aus: Auskunft. Neue Prosa aus der DDR. Hrsg. von Stefan Heym. München: Bertelsmann o. J., S. 65–73

Mörike, Eduard Um Mitternacht; S. 150.
Das verlassene Mägdlein; S. 262.
Aus: Mörikes Werken in zwei Bänden. Hrsg. von E. von Sallwürk. Stuttgart: Reclam o. J.

Müller, Heiner Das Eiserne Kreuz; S. 84
Aus: H. Müller: Die Prosa. Werke 2. Hrsg. von Frank Hörnigk. Frankfurt/M.: Suhrkamp 1999, S. 72–74.

Neubauer, Katrin
Angst vor dem eigenen Gewicht; S. 211.
Aus: www.lichtblick99.de/theresst1.html, entnommen am 14. 1. 2003.

Opitz, Martin Carpe diem; S. 231.
Aus: Deutsche Barock-Lyrik. Hrsg. von H. Cysarz. Stuttgart: Reclam 1957.
Ach Liebste, lass uns eilen; S. 243.
Aus: Epochen der deutschen Lyrik. Bd. 4. Gedichte 1600–1700. Hrsg. von Christian Wagenknecht. München 1969, S. 56.

Rathenow, Lutz
Böse Geschichte mit gutem Ende; S. 118.
Aus: Lutz Rathenow: Die lautere Bosheit, Maulwurf, 92.

Richter, Alexander Die KAM Neunzehnhundertsechsunddreißig; S. 123.
Aus: Alexander Richter: Die gestohlene Himmelfahrt. 14 Geschichten aus der DDR. Böblingen: Anita Tykve Verlag 1988, S. 11–14.

Rist, Johann Über das Hofleben; S. 238.
Aus: Barock – Lyrik. Hrsg. von D. Steinbach. Stuttgart: Klett 1984, S. 66ff.

Roth, Eugen Der eingebildete Kranke; S. 259.
Aus: E. Roth: Der Wunderdoktor. München: Hanser 1950, S. 72.

Schädlich, Hans Joachim
Schwer leserlicher Brief; S. 117.
Tibaos; S. 151.
Aus: Hans Joachim Schädlich: Versuchte Nähe. Prosa. Reinbek bei Hamburg: Rowohlt 1980, S. 64f., 59.

Schiller, Friedrich
Friedrich Schiller: Maria Stuart; S. 181.
Elisabeths Entscheidung für Marias Tod (IV, 10); S. 186)
Marias Todesbereitschaft (V, 6); S. 187.
Die Begegnung der beiden Königinnen (III, 4): Der Beginn; S. 190.
Die Begegnung der beiden Königinnen (III, 4): Das Ende; S. 191.
Letzter Auftritt; S. 197.
Aus: F. Schiller: Maria Stuart. Ein Trauerspiel. Mit Anmerkungen von Chr. Grawe und einem entstehungsgeschichtlichem Anhang von D. Bode. Stuttgart: Reclam 2003.
Aus Schillers Briefen zu „Maria Stuart“; S. 200.
Aus: Schillers Werke. Nationalausgabe. Begründet von Julius Petersen. Hrsg. von Lieselotte Blumenthal und Benno von Wiese. Schillers Briefe 1798–1800. Weimar: Böhlau 1961.

Schneider, Rolf Herr K. und das Saxophem; S. 149.
Aus: Rolf Schneider: Aus zweiter Hand. Literarische Parodien. Berlin/Weimar: Aufbau Verlag 1958, S. 24.

Schubert, Helga Himmel; S. 151.
Aus: H. Schubert: Das verbotene Zimmer. Geschichten. Darmstadt/Neuwied: Luchterhand Literaturverlag 1988, S. 7.

Trakl, Georg Grodek; S. 168.
Aus: Lyrik des Expressionismus. Hrsg. von S. Vietta. Tübingen: Niemeyer 1976, S. 130.

Troll, Thaddäus Rotkäppchen; S. 273.
Aus: Th. Troll: Das große Thaddäus-Troll-Lesebuch. Hamburg: Hoffmann und Campe 1981.

Tucholsky, Kurt
Ratschläge für einen guten Redner; S. 35.
Aus: K. Tucholsky: Gesammelte Werke, Band 8, Reinbek bei Hamburg: Rowohlt 1993, S. 290–292.

Ulrich, Winfried
Weibliche Wesen (Ausschnitt); S. 290.
Aus: W. Ulrich: Linguistik für den Deutschunterricht. Braunschweig: Westermann 1977, S. 175.

Vogel, Heinrich Kreuzgedicht; S. 237.
Aus: Text als Figur. Visuelle Poesie von der Antike bis zur Moderne. Ausstellungskatalog der Herzog August Bibliothek Wolfenbüttel. Hrsg. von J. Adler und U. Ernst. Weinheim: VDH Verlagsgesellschaft 1987, S. 66.

Walser, Robert Das Stellengesuch; S. 110.
Aus: R. Walser: Kleine Wanderung. Mit Genehmigung der Karl Sehling-Stiftung. Zürich/Frankfurt/M.: Suhrkamp 1978 und 1995.
Basta; S. 146.
Aus: R. Walser: Das Gesamtwerk. Hrsg. von Joachim Greven. Bd. 2. Genf/Hamburg: Helmut Kossodo 1971, S. 262–265.

Wittek, Alexander
Jurastudium: Was sagt das Arbeitsamt?; S. 16.
Aus: StudJur, Heft 01/2003, S. 13–15 http://www.studjur-online.de/stud_rl/impressum/impress_archiv.lasso, entnommen am 14. 2. 2006.

Wolfenstein, Alfred Städter; S. 96
Aus: Menschheits-Dämmerung. Ein Dokument des Expressionismus. Hrsg. von Kurt Pinthus. Hamburg: Rowohlt 1959, S. 45.

Zesen, Philipp von Palmbaum; S. 237.
Aus: Text als Figur. Visuelle Poesie von der Antike bis zur Moderne. Ausstellungskatalog der Herzog August Bibliothek Wolfenbüttel. Hrsg. von J. Adler und U. Ernst. Weinheim: VDH Verlagsgesellschaft 1987, S. 83.

Texte ungenannter und unbekannter Verfasserinnen und Verfasser

FAQ Studieninteressenten; S. 16.
Aus: Webseite der Zeitschrift Jurawelt. http://www.jurawelt.com/studenten/10447#faq_arbeitsmarkt, entnommen am 14. 2. 2006.

Nur mit Zusatzqualifikationen haben Juristen eine Chance; S. 17.
Aus: Webseite der Burschenschaft Franconia in Münster. http://www.franconia-muenster.de/neuigkeiten.htm, entnommen am 15. 2. 2006.

Im Rausch der Tiefe ...; S. 18.
Text A: Aus: Handbuch Tauchen, München, Wien, Zürich: BLV Verlagsgesellschaft 1996.
Text B: http://www.tauchsport.de/buch/tiefenrausch.html, entnommen am 19. 1. 2006.

Noch mehr Ratschläge ...; S. 35.
Iacocca *Aus: Lee Iacocca: Eine amerikanische Karriere. Berlin: Econ-Verlag 1985.*
Lec *Aus: Das große Buch der unfrisierten Gedanken. Hrsg. von Karl Dedecius. München: 1971.*
Luther *Aus: Martin Luther: Tischreden. Ditzingen: Reclam 1981.*
Nietzsche *Aus: Friedrich Nietzsche: Die Unschuld des Werdens. Stuttgart: Krömer 1978.*

Philosophy for Kids; S. 57.
Aus: http://www.philosophyforkids.com/startup/bausatz_zum_philosophieren.rtf

Rituale – die verkannten Baumeister des Alltags; S. 76.
Aus: Stuttgarter Zeitung, 21. 1. 1997.

Was heißt Interpretieren?; S. 80.
Beyer. *Aus: Marcel Beyer: Vorsprechen, einreden, unterhalten, verschweigen. Aus: Vierzehn Poetikvorlesungen und Vorträge zum Erzählen in den 90er Jahren. Essen: Klartext Verlag 1998, S. 26.*
Grondin *Aus: Jean Grondin: Einführung in die philosophische Hermeneutik. Darmstadt: Wissenschaftliche Buchgesellschaft 1991.*
Switalla. *Aus: Bernd Swittalla: Wann ist Interpretation? Was ist Interpretation? Internetquelle: http://www. uni-bielefeld.de/lili/personen/switalla/interpretation.html, entnommen am 27. 11. 2006.*

Pomp auf Pump; S. 112
Aus: Sonntag aktuell, 26. 6. 2005, S. 16.

... und Stasi-Akten, S. 122.
Aus: Hans Joachim Schädlich (Hrsg.): Aktenkundig. Berlin: Rowohlt 1992, S. 71f.

Zwei Zeugenberichte; S. 133.
Aus: Dokumentations- und Kulturzentrum der deutschen Sinti und Roma, Heidelberg. www.sintiundroma.de

Aus einem Erlass von Heinrich Himmler, 1938; S. 135.
Aus: Ministerialblatt des Reichs- und Preußischen Ministers des Innern, Jg. 99, Nr. 51, 14. 12. 1938, S. 2105–2110.

Aus der Zeitschrift des Deutschen Ärztebundes, 1938; S. 135.
Aus: Michail Krausnick: Abfahrt Karlsruhe. Hrsg. vom Verband der Sinti und Roma, Karlsruhe e.V. 2. Auflage 1991, S. 53.

Erlass des Reichskriminalamtes, 1938; S. 135.
Aus: Ausführungsanweisung des Reichskriminalpolizeiamts vom 1. 3. 1939 zum Runderlass des Reichsführers SS und Chefs der Deutschen Polizei vom 8. 12. 1938. Abgedruckt im Deutschen Kriminalpolizeiblatt vom 20. März 1939, 12. Jahrgang, Sondernummer, hrsg. vom Reichskriminalpolizeiamt in Berlin.

Weltanschaulicher Hintergrund; S. 141.
Aus: Ausstellungsführer „Entartete ‚Kunst'". Abschrift aus dem Original-Katalog der Münchner Ausstellung von 1937.
Aus: http://www.kunstzitate.de/bildendekunst/manifeste/nationalsozialismus/entartet_1937.htm, entnommen am 7. 7. 2006.

Definition des „Reichsgerichts"; S. 149.

Definition der „Eisenbahn" 1879; S. 149,
Aus: Deutsche Literatur- und Gebrauchsparodien. Hrsg. von Wolfgang Gast. Stuttgart: Reclam 1958, S. 37.

Kino als Sprengstoff-Lager; S. 165
Aus: Süddeutsche Zeitung, Nr. 210, 10. 9. 2004.

Ein Briefwechsel; S. 183.
(1) Maria Stuart: Ich flehe, ich fordere, ich bekenne! Der Königin Briefe, ausgewählt und übertragen von

H. H. von Voigt-Alastair. Heidelberg/Berlin/Leipzig 1941.
(2) Die Briefe der Königin Elisabeth von England, 1533–1603. Hrsg. von G. B. Harrison. Ins Deutsche übertragen von Hans Reisiger. Wien 1938.
Übergewicht – Wie gut weißt du Bescheid?; S. 201.
Aus: www.stern.de/Wissenschaft/Ernährung.
Fettsucht; S. 204.
Hyperlinks; S. 206.
Aus: Microsoft Encarta Enzyklopädie 2002.
© Microsoft Corporation.
Klavierkonzert „Für Siri" – Die Filmmusik; S. 221.
Aus: Presseheft zu „Blueprint", S. 23.
Vom Buch zum Drehbuch; S. 227.
Aus: Stiftung Lesen (Hrsg.): Blueprint. Ideen für den Unterricht. Mainz 2003, S. 19.
„Blueprint" im Spiegel der Kritik; S. 228.
(1) http://www.moviesection.de/v3/filme/1719/Blueprint/, entnommen am 9. 5. 2006.
(2) http://www.charivari.de/filmkritiken/filmkritiken_010104.php, entnommen am 9. 5. 2006.
(3) http://www.cineclub.de/filmarchiv/2004/blueprint.html, entnommen am 9. 5. 2006.
(4) http://phlow.net/mag/video_clip_film_kritik/blueprint.php, entnommen am 9.5.2006.
(5) F.-M. Helmke, http://www.filmszene.de/kino/b/blueprint.html, entnommen am 20. 4. 2006.
Augenzeugenbericht; S. 234.
Aus: Joachim Baetkius: Das Ende Germaniens.
Aus: Guggenbühl/Huber: Quellen zur allgemeinen Geschichte. Bd 3. Zürich:Schulthess 1972, S. 182.
Aus einer Schrift über den absolutistischen Herrscher; S. 238.
Aus: D. Albers: Der europäische Absolutismus. Stuttgart: Klett 1971, S. 11f.
Lexikonartikel „Kommunikation"; S. 261.
Aus: www.wikipedia.de, entnommen am 25. 11. 2006

Das Duell; S. 275.
(B) Aus: Th. Fontane: Effi Briest. München: Deutscher Taschenbuch Verlag 1998.
(C) Aus: Microsoft Encarta Enzyklopädie 2001.
© Microsoft Corporation. Definitionen von „Nominalstil"; S. 279.
(1) Aus: www.wikipedia.de, entnommen am 25. 11. 2006.
(2) http://www.duden de/index2.html?service/newsletterarchiv/2003/030505.html, entnommen am 25. 11. 2006.
(3) Aus: Willy Sanders: Gutes Deutsch – besseres Deutsch. Darmstadt: Wissenschaftliche Buchgesellschaft 1990, S. 142.
Definitionen von Denotat und Konnotat; S. 285.
(1) Aus: Daheim, C./Feld, S./Heising, A./Pflugmacher, T.: Alles, was Sie schon immer über Sprache wissen wollten, aber nie zu fragen wagten – Script zum Grundkurs Linguistik. Universität Gesamthochschule Essen, General and Theoretical Paper No. 488, Essen: LAUD 2000, S. 78–79.
(2) Aus: *www.wikipedia.de, entnommen am 25. 11. 2006.*
„Frau" – gestern und heute; S. 290.
Aus: Duden. Das Herkunftswörterbuch. Etymologie der deutschen Sprache. Mannheim: Bibliografisches Institut & F. A. Brockhaus AG 1989, S. 202f.
Aus einem medizinischen Lexikon; S. 296.
Aus: Pschyrembel: Klinisches Wörterbuch. Berlin: de Gruyter 1998.
Was ist der Mensch? – unterschiedliche Definitionen; S. 297.
Biologie. Aus: Lexikon der Biologie. Bd. 5. Freiburg: Herder 1985.
Anthropologie. Aus: Funkkolleg: Der Mensch. Anthropologie heute. Hrsg. vom Deutschen Institut für Fernstudien an der Universität Tübingen. Tübingen 1992, Studieneinheit 3, S. 45.

Bildquellen

S.10, 37, 68: Klaus G. Kohn, Braunschweig. **S.15:** Atmel Germany GmbH, Heilbronn. **S.16:** Fotostudio Druwe und Polastri, Weddel. **S.19:** Martina Geiger, Heilbronn. **S.21, 27, 31, 34, 45, 61, 115, 258, 265, 267, 281:** Illustrationen von Niels Schröder, Berlin. **S.24:** action press, Hamburg / Axel Schmidt. **S.25 (o.), 133:** bpk, Berlin. **S.25 (m.), 110, 128 (o. re., u. li.), 138, 166, 167, 181 (o.), 235, 238, 242, 243, 282:** akg-images, Berlin. **S.25 (u.), 88, 117, 120, 121 (o.), 128 (u. re.), 168:** ullstein, Berlin. **S.41:** akg-images, Berlin / Gert Schütz. **S.43:** picture-alliance, Frankfurt / Main / dpa , © Alfred Hennig. **S.44, 160, 202, 246:** Marei Schweitzer, Hamburg. **S.56:** © 1990, Photo Scala, Florence. **S.64:** CCC, www.C5.net / Hanel. **S.74, 80, 83, 89, 106, 109, 110, 119, 123, 125, 142, 145, 146, 156, 159 269:** Illustrationen von Christiane Grauert, Milwaukee, USA. **S.82:** picture-alliance, Frankfurt / Main / ZB © Thomas Lehmann. **S.93:** Edward Hopper: Morgensonne, 1952. Ohio, Columbus Museum of Art. Artothek, Weilheim. **S.100:** akg-images, Berlin / Erich Lessing. **S.104:** F. Léger, Die Lesende (Mutter und Kind), 1922. Privatsammlung. akg-images, Berlin. © VG Bild-Kunst, Bonn 2007 **S.112, 113:** mpi photoservice, Stuttgart. **S.116:** picture-alliance, Frankfurt /Main / dpa / © Thomas Wattenberg. **S. 121 (u.):** picture-alliance, Frankfurt / Main / ZB / Wolfgang Kluge. **S.123:** Alexander Richter, Emsdetten. **S.127:** picture-alliance, Frankfurt / Main / dpa / © AFP. **S.128 (o. li.):** picture-alliance, Frankfurt / Main / akg-images. **S. 129, 131, 132, 136:** © 2000 Diogenes Verlag AG, Zürich. **S.139:** © Ernst Barlach Lizenzverwaltung, Ratzeburg. **S.140 (li.):** Otto Dix: Der Schützengraben. akg-images, Berlin. © VG Bild-Kunst, Bonn 2007 **S.140 (re.):** Hans Schmitz-Wiedenbrück: Triptychon, mittlerer Teil, Arbeiter, Bauern und Soldaten. Aus dem Katalog der „Großen Deutschen Kunstausstellung 1941". Historisches Archiv Haus der Kunst, München. **S.162:** picture-alliance, Frankfurt / Main / dpa / epa AFP Feferberg. **S.164:** © Stefan Malzkorn, Hamburg; www.malzkornfoto.de. **S.169:** Otto Dix: Flandern 1934–36. akg-images, Berlin. © VG Bild-Kunst, Bonn 2007 **S.170:** ullstein bild, Berlin / dpa. **S.171:** akg-images, Berlin / János Kalmár. **S.176:** Käthe Kollwitz: Weberauszug, 1897. akg-images, Berlin. © VG Bild-Kunst, Bonn 2007 **S.180 (li.), 181 (u.):** picture-alliance, Frankfurt / Main / dpa. **S.180 (re.), 192:** Theater Freiburg / © Maurice Korbel. **S.182 (li.):** Mary Evans Picture Library, London. **S.182 (re.), 230, 231, 234, 241:** Artothek, Weilheim. **S.186, 187:** Bernd Uhlig, Berlin. **S.205:** Masterfile, Düsseldorf / © Marnie Burkhart. **S.208:** Barmer Krankenkasse. **S.209:** Andreas Friese, Michendorf. **S.210:** Globus Infografik GmbH, Hamburg. **S.212:** IFA Bilderteam, München / Gyssels. **S.214 (re.), 215 (o., u.), 217, 219 (li. o.), 222 (re. o., li. u., re. u.), 226:** © RELEVANT FILM, Hamburg / Bernd Spauke. **S.214 (li.):** Beltz & Gelberg, Weinheim. **S.215 (m. o., m. u.), 219 (re. o., li. u., re. u.), 221, 222 (li. o., li. m., re. m.), 225, 286:** defd-pwe Verlag, Hamburg. **S.223:** Verlagsarchiv Braunschweig. **S.236 (o.):** Ingrid Kesper, Salzkotten. **S.236 (u.):** mauritius-images, Mittenwald / Werner Otto. **S.237:** aus: Jeremy Adler und Ulrich Ernst: Text als Figur. Visuelle Poesie von der Antike bis zur Moderne. © Herzog August Bibliothek Wolfenbüttel 1987. **S.240:** Bildarchiv Trux, Rosenheim. **S.261:** SOS-Kinderdorf e.V., München. **S.263:** Tegra Westermann, Braunschweig. **S.283:** More Media, Hamburg. **S. 291:** Illustrationen von Charlotte Wagner, Dortmund. **S.291:** picture-alliance, Frankfurt / Main. **S.296:** Gallerie dell' Accademia, Venedig.